Einblicke in die Zweitspracherwerbsforschung
und ihre methodischen Verfahren

DaZ-Forschung. Deutsch als Zweitsprache,
Mehrsprachigkeit und Migration 1

Herausgegeben von

Bernt Ahrenholz
Christine Dimroth
Beate Lütke
Martina Rost-Roth

De Gruyter

Einblicke in die Zweitspracherwerbsforschung und ihre methodischen Verfahren

Herausgegeben von

Bernt Ahrenholz

De Gruyter

ISBN 978-3-11-048468-7
e-ISBN 978-3-11-026782-2
ISSN 2192-371X

Library of Congress Cataloging-in-Publication Data

A CIP catalog record for this book has been applied for at the Library of Congress.

Bibliografische Information der Deutschen Nationalbibliothek

Die Deutsche Nationalbibliothek verzeichnet diese Publikation in der Deutschen Nationalbibliografie; detaillierte bibliografische Daten sind im Internet über http://dnb.dnb.de abrufbar.

Druck: Hubert & Co. GmbH & Co. KG, Göttingen
∞ Gedruckt auf säurefreiem Papier

Printed in Germany

www.degruyter.com

Inhaltsverzeichnis

Methodische Verfahren der Zweitspracherwerbsforschung – zur Einführung

Bernt Ahrenholz

Der vorliegende Band geht auf zwei Ringvorlesungen an der Friedrich-Schiller-Universität Jena zurück, zu der die Vortragenden mit der Bitte eingeladen wurden, forschungsmethodische Fragen in Zusammenhang mit einem ihrer Projekte vorzustellen und zu diskutieren. Der Band versucht nicht eine systematische Darstellung von Forschungsmethoden (dies erfordert ein eigenes Handbuch), sondern setzt an der wissenschaftlichen Praxis an, bei der auf der Basis einer Forschungsfrage im Kontext eines theoretischen Ansatzes ein bestimmtes methodisches Design gewählt wird. Das Ergebnis sind vertiefte „Einblicke" in methodische Verfahren; das Resultat eher ein Kaleidoskop der Praxis eines außerordentlich aktiven Forschungsfeldes, das seit Anfang der 70er Jahre seine eigene Methodologie entwickelt hat und weiter entwickelt.

Das Resultat ist entsprechend vielfältig. Auf eine inhaltliche Gruppierung der Beiträge wurde verzichtet, weil sich vielfältige Verbindungen ergeben. Die Beiträge werden daher in alphabetischer Reihenfolge präsentiert.

Vorab sollen aber einige Aspekte der Methodik der Zweitspracherwerbsforschung dargestellt werden, um Bezüge zwischen den Artikeln deutlich zu machen. Die Beiträge werden am Ende auch noch einzeln kurz skizziert.

Zweitspracherwerb wird hier verstanden als ein Spracherwerb, der erkennbar nach der Erstsprache einsetzt, die bis zu diesem Zeitpunkt bereits eigene Strukturen ausgeprägt hat. Welcher früheste Zeitpunkt hier anzunehmen ist, also ob man das dritte oder vierte Lebensjahr ansetzt (vgl. Diskussion zu Meisel 2009 in der ZfS H. 28 und Grimm & Schulz in diesem Band), bleibt dabei offen. Als Zweitspracherwerb ist hier derjenige Spracherwerb zu verstehen, der sich wesentlich in und durch Kommunikation vollzieht und nicht wie beim Fremdspracherwerb wesentlich durch spezifischen Sprachunterricht erfolgt. Dies gilt auch dann, wenn die Lerner einen Kindergarten oder später die Schule besuchen. Zwar liegen in diesen Fällen durch den hohen Anteil bedeutungsvoller Kommunikation in der Zweitsprache im Vergleich zum Zweitspracherwerb vieler Erwachsener gute Voraussetzungen vor, dennoch sind entscheidende Rahmenbedingungen für den Spracherwerb typisch für das, was hier im Sinne von Klein (1987) als Zweitspracherwerb betrachtet wird.

Zweitspracherwerb im Kontext von Kindergarten oder Schulunterricht ist heute aufgrund veränderter gesellschaftlicher Verhältnisse und nicht zuletzt aufgrund internationaler Vergleichsstudien zu den Kompetenzen der Schülerinnen und Schüler stärker als in vielen früheren Untersuchungen Gegenstand wissenschaftlicher Erforschung. Entsprechend beziehen sich die Beiträge zum Teil auf den Zweitspracherwerb Erwachsener, zum Teil aber auch auf den frühen und kindlichen Spracherwerb. Gleichzeitig haben wir es mit einem Gegenstandsbereich zu tun, der nicht nur von der Soziolinguistik, Psycholinguistik und Zweitspracherwerbsforschung, sondern auch von der empirischen Bildungsforschung, der Erziehungswissenschaft und der Sprachdidaktik mit ihren jeweiligen wissenschaftlichen Methoden untersucht wird. Der vorliegende Band nimmt bewusst verschiedene wissenschaftliche Disziplinen und ihre Methoden mit auf, geht damit z.T. deutlich über das engere Feld der Zweitspracherwerbsforschung hinaus und nimmt auch Untersuchungen zum Deutschen als Fremdsprache mit auf. Er ist dabei von der Überzeugung getragen, dass der hier betrachtete Ausschnitt gesellschaftlicher Wirklichkeit nur so angemessen ins Blickfeld gerückt wird und ist von der Hoffnung geprägt, dass sich die unterschiedlichen theoretischen und methodischen Ansätze wechselseitig befruchten könnten.

1. Einige Entwicklungslinien in der Zweitspracherwerbsforschung: Querschnittsstudien – Längsschnittstudien – Fallanalysen

Der Zweitspracherwerb, verstanden als der wesentlich ohne Unterstützung von Sprachunterricht sich vollziehende Erwerb einer Sprache, der erkennbar später als der Erstspracherwerb erfolgt, ist etwa seit Anfang der 1970er Jahre Gegenstand umfassenderer wissenschaftlicher Analysen. In der Folge zunehmender Migration nach Deutschland, die sich in der Nachkriegszeit v.a. in Zusammenhang mit den Anwerbeabkommen für ausländische Arbeitnehmer zwischen 1955 und 1968 entwickelt, rückt auch das Phänomen des ungesteuerten Zweitspracherwerbs ins Bewusstsein der Sozio- und Psycholinguistik. Eine der ersten Publikationen hierzu waren Beobachtungen von Clyne (1968) zum „Deutsch der Gastarbeiter“. Das erste 1973 bis 1979 durchgeführte große Projekt war das „Heidelberger Forschungsprojekt ‚Pidgin-Deutsch'" (HPD), in dem der ungesteuerte Zweitspracherwerb von 48 italienischen und spanischen Arbeitern in Hinblick auf verschiedene linguistische Merkmale untersucht wurde. Zentrale methodische Merkmale sind: die Datenerhebung erfolgte in einer Querschnittstudie, die Informanten waren alle Erwachsene, die unterschiedlich lange in der BRD waren und alle eine romanische Sprache als Erstsprache hatten. Es gab eine Vergleichsgruppe von Heidelberger Arbeitern mit Deutsch als L1, Basis der Analysen waren Äußerungen, die in Situationen „zwanglosen Sprechens" (HPD 1977: 21) in einem „soziolinguistischen Interview" gewonnen wurden. Ähnlich in der Anlage war das später durchgeführte Projekt zum „Zweitspracherwerb italienischer und spanischer Arbeiter (ZISA)" (Clahsen/Meisel/Pienemann 1983). Beide Projekte sind bis heute in der einen oder anderen Weise Bezugsgröße auch heutiger Projekte (s.u.).[1]

Mit der Erfahrung dieser ersten Projekte stellten sich verschiedene Fragen und Probleme, die für den methodischen Ansatz einiger Folgeprojekte zentral wurden. Dies waren a) die Einsicht in die Notwendigkeit von Längsschnittstudien in Ergänzung zu Querschnittsstudien, b) die Notwendigkeit, eine größere Bandbreite an Ausgangs- und Zielsprachen zu berücksichtigen und c) eine differenziertere Erfassung sprachlicher Kompetenzen durch die Berücksichtigung unterschiedlicher Diskurstypen.

Untersuchungen zum Zweitspracherwerb, die auf Daten basieren, die in natürlichen oder quasi-natürlichen Gesprächssituationen erhoben werden, sind aufwendig (im HPD wurden ca. 100 Stunden Gespräche aufgezeichnet). Deshalb wurden zunächst *Querschnittsstudien* durchgeführt, bei denen man auf der Basis getroffener Gruppenbildung (z.B. auf der Basis der Aufenthaltsdauer oder der Verwendung bestimmter syntaktischer Strukturen) versuchte, Erwerbsprozesse zu interpolieren. Da aber bekannt ist, dass Spracherwerb sich auch individuell sehr unterschiedlich vollziehen kann und da Querschnittsdaten keinen wirklichen Einblick in individuelle Erwerbsprozesse erlauben, sind die anschließenden großen Projekte *Längsschnittuntersuchungen*. Hier sind insbesondere das 1984 bis 1993 durchgeführte europäische Projekt „Second Language Acquisition by Adult Immigrants" (kurz ESF-Projekt, Perdue 1993, Becker in diesem Band)[2] und das mit diesem Forschungsverbund assoziierte „Projekt Modalität in Lernerva-

[1] Das HPD ist mit seinen Nachfolgeprojekten auch in diesem Band vertreten (vgl. insbesondere die Beiträge von Becker und Dittmar); Wirkungen des ZISA-Projektes zeigen sich in dem Beitrag von Grießhaber.

[2] Die Daten des ESF-Projektes und des P-MoLL-Projektes waren u.a. Datenbasis einiger Folgeprojekte (vgl. z.B. Hendriks 2005, Dimroth & Starren 2003, Ahrenholz 2005).

rietäten im Längsschnitt“ (kurz P-MoLL, 1985-1990, vgl. Dittmar et al. 1990, Dittmar in diesem Band) zu nennen. In beiden Projekten wurde der Erwerb verschiedener Informanten über ca. 2,5 Jahre untersucht.[3]

Bis heute gilt die Untersuchung von Erwerbsprozessen in der Längsschnittperspektive als ein wichtiger Ansatz in der Zweitspracherwerbsforschung. So werden in dem in den 1990er Jahren durchgeführten „Essener Projekt zum Spracherwerb von Aussiedlern“ (ESA) Daten von 53 Lernern über 12 Monate (Baur & Nickel 2008, Nickel in diesem Band) erhoben. In dem 2000 bis 2002 durchgeführten DaF-AF-Projekt wird der Zweitspracherwerb von zwei russischen Schwestern über 18 Monate (vgl. Dimroth 2008) erfasst. Haberzettl (2005) untersucht den Erwerb von sechs Kindern aus dem Wegener-Korpus (dokumentierter Erwerbszeitraum 24 Monate), Thoma und Tracy (2006) analysieren den frühkindlichen Zweitspracherwerb, der sich über einen Zeitraum von ca. 12 Monaten erstreckt.

Auch Untersuchungen zum Zweitspracherwerb im institutionellen Kontext sind z.T. als Längsschnittstudie angelegt. In dem 2003-2005 durchgeführten Projekt „Förderunterricht und Deutsch als Zweitsprache“ (kurz FöDaZ, vgl. Ahrenholz 2006) werden Erwerbsprozesse von 29 Kindern über zwei Jahre untersucht; das Projekt „Deutsch & PC“ (Grießhaber 2008) gilt Entwicklungen während der ersten vier Schuljahre; im MILA-Projekt werden 120 Kinder über zweieinhalb Jahre (5 Mal mit 6 Monaten Abstand) untersucht (vgl. Grimm & Schulz in diesem Band); das „BeFo-Projekt“ versucht in einer über ein Jahr laufenden Interventionsstudie mit 377 beteiligten Schülerinnen und Schülern den Ansprüchen quantitativer Forschung gerecht zu werden (vgl. Felbrich, Stanat, Paetsch & Darsow in diesem Band).

Längsschnittuntersuchungen, die so umfassend Daten erheben, wie dies beispielsweise im ESF-Projekt oder dem P-MoLL-Projekt geschah, haben natürliche Grenzen in Hinblick auf die Datenerhebung und Datenauswertung. Beispielsweise umfasst das Franca-Korpus, ein Teilkorpus des P-MoLL-Projektes zu der italienischen Deutschlernerin Franca, 21 Aufnahmen aus einer Zeit von 35 Monaten mit einer Gesamtdauer von ca. 19 Std. Sprechzeit mit 105 aufgaben- und diskursspezifischen Transkripten im Umfang von ca. 89 000 Tokens.[4]

---

3 Aus dem europäischen Kontext sei neben dem ESF-Projekt das PAVIA-Projekt als Beispiel genannt, in dem der Italienischerwerb in einer Längsschnittstudie von 6 bis 12 Monaten untersucht wurde (Bernini 1994).

4 Vgl. Ahrenholz (2007a: 171). Franca ist eine von drei italienischen und 16 polnischen Deutschlernern (neben weiteren muttersprachlichen Informanten); aber nicht alle nahmen über den gesamten Zeitraum teil (vgl. Dittmar in diesem Band). Der eigentliche

Längsschnittstudien geben einen genaueren Einblick in Erwerbsprozesse, sind aber schwierig in der Anlage. Dies hängt damit zusammen, dass es nicht leicht ist, Lerner dafür zu gewinnen, über entsprechend lange Zeiträume (1,5 bis 3 Jahre) an einer Untersuchung mitzuwirken, eine Schwierigkeit, die sich besonders bei erwachsenen Lernern, die im Berufsleben stehen, zeigt (vgl. Dittmar in diesem Band). Bei Untersuchungen in Bildungseinrichtungen ist dies etwas leichter, aber auch hier ist aufgrund von Umzügen etc. mit einer Reduktion der Teilnehmer zu rechnen.

Eine Folge von Längsschnittstudien mit großen Datenmengen bei einer überschaubaren Zahl an Informanten sind *Fallanalysen.* In qualitativen Studien zu einzelnen Lernern werden Erwerbsprozesse detailliert aufgezeigt (z.B. in Schumacher & Skiba 1992, Dittmar & Skiba 1992, Ahrenholz 2005, Rost-Roth 1999). Besonders minutiös wird im Projekt DaZ-AF der Zweitspracherwerb von zwei Schwestern mit Russisch als L1 aufgezeichnet. Der Erwerbsweg wird für beide Lernerinnen, die als Schwestern im Alter von acht und vierzehn Jahren (zu Beginn des Projektes) unter hochgradig vergleichbaren Bedingungen Deutsch als Zweitsprache erwerben, bei wöchentlichen Aufnahmen über eineinhalb Jahre erfasst (vgl. Dimroth 2008, Pagonis 2009).

Um bessere verallgemeinerbare Aussagen machen zu können, werden z.T. Korpora aus verschiedenen Untersuchungen zusammengeführt und gemeinsam ausgewertet, beispielsweise in Ahrenholz (2007a), in dem Daten aus dem P-MoLL-Projekt (4 MS und 1 NMS), dem KIH-Korpus (29 MS und 62 NMS) und dem Crespi-Günther-Korpus (2 NMS) vergleichend analysiert werden.[5]

In vielen Untersuchungen wird mit einer Anzahl von Lernern gearbeitet, die *Quantifizierungen* über den Einzelfall hinaus erlauben, ohne aber große

---

Zeitaufwand für die Datenerhebung und Datenaufbereitung ist allerdings wesentlich höher als die reine Aufnahmezeit, da die durchgeführten Aufgaben auch zahlreiche außersprachliche Handlungen enthielten (wie das Spielen einer Szene, vgl. Becker in diesem Band) und Zeiten für Vor- und Nachgespräche u.a.m nicht erfasst sind. Hinzu kommen außerordentlich lange Zeiten für die Transkription sowie die mehrfache Kontrolle der Transkription durch unterschiedliche Mitarbeiter.
Die aus den großen Projekten wie dem P-MoLL-Projekt oder dem ESF-Projekt derart aufwendig gewonnenen Daten sind auch heute noch sehr brauchbare Korpora und können für weitere Analyseaspekte, die bisher nicht durchgeführt werden konnten, ausgewertet werden (vgl. Skiba 2008 und Dittmar in diesem Band).

5 Im KIH-Korpus werden Beratungsgespräche und universitäre Sprechstunden mit Nichtmuttersprachlern und Muttersprachlern erfasst (vgl. Rost-Roth 2008). Im Crespi Günther-Korpus ist der Deutscherwerb von zwei italienischen Erwachsenen in Freiburg dokumentiert (vgl. Crespi Günther 1999).

Populationen bildungswissenschaftlicher Untersuchungen anzustreben. So nehmen beispielsweise an der Untersuchung von Ellert (in diesem Band) 32 Sprecher teil, Schimke (in diesem Band) bezieht sich auf 48 Lerner, bei Carroll und Flecken (in diesem Band) werden Produktionen von 60 Lernern untersucht.

Die übliche Unterscheidung von qualitativen, Hypothesen bildenden und quantitativen, Hypothesen testenden Untersuchungen lässt sich sicherlich auch auf verschiedene Projekte im weiten Feld der Zweitspracherwerbsforschung treffen. Zu diskutieren bleibt aber die Frage, welcher Größenordnungen es in Hinblick auf das Verständnis von Spracherwerbsprozessen bedarf, für die es große individuelle und gruppenspezifische Variation gibt. Unabhängig hiervon scheint in der Soziolinguistik jedoch ein Konsens zu bestehen, dass v.a. eine *Verbindung qualitativer und quantitativer Verfahren* dem Gegenstand gerecht wird (vgl. Dittmar 1988).

In vergleichbarer Weise bestehen auch in der Sprachlehr- und –lernforschung seit einiger Zeit Ansätze, qualitative und quantitave Methoden in *hybriden Designs* zu verbinden (vgl. Riemer 2007). Hier ist das MiKi-Projekt zur Untersuchung von Sprachförderung in Kindrgärten zu nennen (Gültekin, Demirkaya & Riemer 2009) und das MILA-Projekt, in dem für 120 (zu Beginn 169) Lerner Längsschnitt- und Querschnittsdaten, psycholinguistische Tests, Spontansprache und LiSe-DaZ und SETK als standardisierte Verfahren eingesetzt werden (Grimm & Schulz in diesem Band).

Die methodische Anlage von Projekten muss sich auch immer wieder mit der Frage der *Güte* der Forschungsinstrumente auseinandersetzen. Settinieri (in diesem Band) zeigt einige Schwierigkeiten bei der Erfassung von Sprachkompetenzen in Bezug auf sprachstandsdiagnostische Verfahren in einem Vergleich von Sismik/Seldak und Delfin 4, deren Resultate in Bezug auf Förderempfehlungen zu einem bedeutenden Prozentsatz voneinander abweichen.

2. Ausgangs- und Zielsprachen

Während im HPD und im ZISA-Projekt Lerner mit romanischen Ausgangssprachen untersucht wurden, waren es im ESF-Projekt bei 40 Lernern 6 Ausgangssprachen (Arabisch, Finnisch, Italienisch, Punjabi, Spanisch, Türkisch) und 5 Zielsprachen (Deutsch, Englisch, Französisch, Niederländisch und Schwedisch; vgl. Becker in diesem Band), im P-MoLL-Projekt neben

Italienisch v.a. Polnisch und muttersprachliche Daten auf Polnisch, Italienisch und Deutsch (vgl. Dittmar in diesem Band).

Der Spracherwerb von Lernern mit Türkisch als L1 ist Gegenstand im ESF-Projekt (und Deutsch bzw. Niederländisch als L2). Außerdem gibt es eine Reihe von Untersuchungen im schulischen Kontext. Hier sind für die frühen Phasen der ZSE-Forschung die Arbeiten von Meyer-Ingwersen (1975, 1977), Rehbein 1982, Apeltauer 1986, Oomen-Welke 1987 u.a. zu nennen (vgl. auch Überblick in Rehbein & Grießhaber 1996).

Die Migrationssituation in der Zeit nach den Anwerbeverträgen hat sich sehr stark verändert. Neben den „klassischen" v.a. aus den Anwerbestaaten stammenden Migranten ist eine große Gruppe von Asylsuchenden, Kontingentflüchtlingen oder russischsprachigen Spätaussiedlern nach Deutschland gekommen oder es sind aus der ehemaligen DDR stammende Vertragsarbeiter v.a. vietnamesischer Herkunft in Deutschland geblieben. In der Folge weisen alle Untersuchungen zur Sprachenvielfalt in Deutschland relativ übereinstimmend ca. 100 Sprachen bei den Schülerinnen und Schülern aus, wobei Türkisch, Polnisch, Russisch, Arabisch, Serbisch/Bosnisch/Kroatisch oder Albanisch zu den häufigsten gehören (vgl. Chlosta & Ostermann 2008).[6] Da sich die Forschungen zum Zweitspracherwerb nach PISA v.a. mit kindlichen und jugendlichen Lernern befassen, finden sich in den Untersuchungen eine entsprechend veränderte Bandbreite an Ausgangssprachen. Zugenommen hat insbesondere die Befassung mit russischsprachigen Lernern (Nickel in diesem Band für erwachsene, Terrasi-Haufe et al. in diesem Band für jugendliche Lerner, Dimroth 2008 für eine kindliche und eine jugendliche Lernerin). Aber viele Untersuchungen beziehen sich auch auf schulische Kontexte allgemein, so dass Daten von Lernern unterschiedlichster Ausgangssprachen erhoben werden (vgl. z.B. Haberzettl 2005 für polnische, russische und türkische Kinder, Thoma & Tracy 2006 für Arabisch, Russisch und Türkisch, im FöDaZ-Projekt für Arabisch, Bosnisch, Französisch, Kurdisch, Polnisch, Russisch, Türkisch, vgl. Ahrenholz 2006).

Methodisches Prinzip vieler Projekte war außerdem die Erhebung *muttersprachlicher Vergleichsdaten*. So wurden im HPD Interviews mit Heidelberger Arbeitern geführt, im P-MoLL-Projekt Vergleichsdaten von deutschen, polnischen und italienschen Muttersprachlern erhoben. Im HPD ging es dabei wesentlich darum, über die Erfassung sozial und regional vergleichbarer Daten einen präziseren Eindruck von dem Input zu erhalten,

---

6 Auch Untersuchungen zu den Erstsprachen erwachsener Migranten in Deutschland weisen entsprechend bis zu 135 Sprachen aus (Schuller, Lochner & Rother 2011:124).

der die Bedingung für den Spracherwerb war. Im P-MoLL-Projekt war es das Ziel, auch die muttersprachlichen Realisierungen der Diskurstypen und Gattungen im gesprochenen Deutsch (und Italienisch etc.) zu erforschen, um eine angemessene Vergleichsgröße für die Untersuchung von lernersprachlichen Realisierungen zu haben (vgl. z.B. Ahrenholz 1998, 2007b). Im FöDaZ-Projekt war es zudem das Ziel, einen Einblick in die diskursspezifischen Sprachkompetenzen von Kindern einer bestimmten Altersgruppe zu gewinnen. Insofern leistet die Zweitspracherwerbsforschung auch einen Beitrag zur Gesprochenen-Sprache-Forschung.

3. Sprechanlässe und Impulse

Zunächst bildeten *Gespräche über die Migrationsgeschichte* und den Alltag am Arbeitsplatz und in der Freizeit eine wesentliche Form der Datenelizitierung (z.B. im HPD). Für viele der zunächst untersuchten Aspekte wie Syntax oder Subjektrealisierungen oder die Verwendung von Pronomen war dies auch ausreichend (z.B. Klein & Rieck 1982 zu Personalpronomen im HPD). Jedoch konnten hierdurch bestimmte sprachliche Bereiche nicht angemessen untersucht werden. Zum Beispiel eignen sich entsprechende Datensammlungen kaum, den Erwerb von Interrogation zu untersuchen, da die Informanten selbst wenig Anlass hatten, etwas zu fragen. Auch die Verwendung bestimmter modaler Mittel lag weniger nahe im Rahmen einer solchen Datenelizitierung.

Da man aber den Sprachgebrauch in *quasi-natürlichen Kontexten* erfassen wollte, wurde in den genannten Projekten auch meist auf bestimmte experimentellere Settings wie die Verwendung von Grammatikalitätsurteilen oder Tests verzichtet.[7]

Es wurde hingegen versucht, über verschiedene *Aufgabenformate* vergleichbare kommunikative Anlässe zu schaffen, die zur Realisierung unterschiedlicher Diskurstypen und Gattungen führten. Hierzu gehören *Rollenspiele*, wie Regieanweisungen im ESF-Projekt (vgl. Becker in diesem Band) oder dem P-MoLL-Projekt (vgl. Dittmar in diesem Band).

Andere Formate sind *Filmnacherzählungen* beispielsweise zu Ausschnitten aus „Modern Times“ (z.B. im ESF-Projekt, vgl. Klein & Perdue 1992: 7ff.), oder dem Zeichentrickfilm „Reksio“ (vgl. Dimroth, in diesem

---

7 Allerdings wurden vereinzelt auch andere Tests ergänzt; z.B. ein Nachsprechtest im HPD (Klein 1987: 83 ff.) zu Überprüfung, wieviel Lerner vermutlich wahrgenommen und behalten haben.

Band, Ahrenholz 2006) sowie *Bild-gestützte Erzählungen* wie die berühmte „Frog Story“ (vgl. Berman & Slobin 1994 für den Erstspracherwerb) oder die „Cat Story“ und „Horse Story“ von Hickmann, Liang und Hendriks (1989). Bild-gestützte Erzählungen finden insbesondere auch in Untersuchungen zu kindlichem Zweitspracherwerb Verwendung und werden auch für schriftliche Produktionen eingesetzt (vgl. z.B. Grießhaber 2001).

In Hinblick auf diese Bildimpulse ist eine Entwicklung zu erkennen von der Übernahme *fertiger Filme* oder Bildergeschichten hin zu speziell *konstruierten*, bestimmte Sprachbereiche eng fokussierenden *Bildimpulsen* (vgl. Dimroth in diesem Band). In dieser Entwicklung findet sich auch eine zunehmende Tendenz, bestimmte Erwerbsaspekte – z. T. auch auf der Satzebene – mit Hilfe von sehr kurzen, auf enge Fragestellungen hin angelegten *Videoclips* zu untersuchen (vgl. Carroll & Flecken in diesem Band).[8]

Für die Untersuchung bestimmter Diskursphänomene wie Mittel der Kohärenzbildung oder anaphorische Verweise eigenen sich die genannten Verfahren unter Einsatz von Bildimpulsen sehr gut, sie haben allerdings ihre Grenzen in Hinblick auf Kompetenzen wie Erzählfähigkeit, da infolge der Aufgabenstellung eine Erzählquaestio und eine Beschreibungsquaestio miteinander konkurrieren.[9]

Relativ selten sind Untersuchungen auf der Basis *authentischer Aufnahmen*. Im Projekt „Kommunikation in der Hochschule“ (KIH) wurden authentische universitäre Beratungsgespräche und Sprechstunden aufgenommen, an denen Nichtmuttersprachler und Muttersprachler beteiligt sind, und in Hinblick auf Interrogationen und pragmatische Aspekte (Rost-Roth 2008, 2011) sowie in Bezug auf die Verwendung von Demonstrativa untersucht (Ahrenholz 2007a). Auch die Untersuchung von zweitsprachlichen Kompetenzen, die sich im Unterricht zeigen, basieren auf authentischer Kommunikation (vgl. z.B. Ahrenholz 2010 zu bildungssprachlichen Kompetenzen oder Ahrenholz 2009 zu Inputbedingungen im Unterricht).

---

8 Für bestimmte linguistische Fragestellungen maßgeschneiderte Filmvorlagen gab es beispielsweise mit der „Pear Story“ (z.B. Chafe 1982, Thierroff 1986) bereits sehr früh in der Spracherwerbsforschung, nur war zunächst der Aufwand für die Produktion und den Einsatz unvergleichlich aufwendiger als heute.

9 Vgl. hierzu auch Bredel (2001) im Kontext sprachdidaktischer Fragestellungen.

4. Sprachproduktion, Sprachrezeption und Sprachverarbeitung

Viele Untersuchungen zum Zweitspracherwerb und zu Deutsch als Zweitsprache erwachsener Lerner gelten den Sprachproduktionen von Lernern. Hierbei werden zumeist mündliche Produktionen untersucht, da sie den häufigsten Verwendungskontexten im ungesteuerten Zweitspracherwerb entsprechen. Im schulischen Kontext gibt es hingegen auch verschiedene Untersuchungen zu schriftlichen Produktionen (vgl. z.B. Knapp 1997).

Eingeschränkt ist hingegen die Zahl der Untersuchungen, die der Sprachverarbeitung und Sprachrezeption gelten. Für den vorliegenden Band geben die Arbeiten von Ellert zu *Eye-tracking* und von Schimke (zu *selbstgesteuertem Hören* und *Bildauswahlaufgaben*) Einblicke in mögliche methodische Ansätze für die Sprachverstehensforschung. Carroll und Flecken zeigen mit der Verwendung von *videoclip-basierten Aufgaben*, bei denen kurze Handlungen, die unter *Zeitdruck* zu benennen sind, einen Ansatz, bei dem automatisierte Sprachverarbeitung eine spezifische Rolle spielt. Im MILA-Projekt von Grimm und Schulz (in diesem Band) werden – neben Daten zur Sprachproduktion, zum Beispiel über *Spontandaten* in Spielsituationen – ebenfalls Daten zum Sprachverstehen erhoben, z.B. mit Hilfe von *exhaustiven W-Fragen* oder *Fragen zu Bildsequenzen.*

5. Sprachbereiche

Untersuchungen zum Zweitspracherwerb fokussieren häufig den Erwerb bestimmter sprachlicher Mittel auf der Basis z.T. unterschiedlicher Methoden. Im Folgenden werden einige Beispiele für syntaktische, morphologische, lexikalische und pragmatische Kompetenzen sowie für die Aussprache gegeben.[10]

Im Zentrum vieler Untersuchungen steht die Syntax von Aussagesätzen. Hierbei handelt es sich um einen zentralen Bereich des Sprachverstehens und der Sprachproduktion; für die Datenerhebung wird dabei seit dem HPD meist auf Formen alltäglicher Kommunikation bzw. *Alltagserzählungen* oder bestimmte Formen elizitierter *Erzählungen* zurückgegriffen, denn nur

---

[10] Neben diesen Wissensbeständen spielen v.a. im schulischen Kontext einige andere Kompetenzen wie z.B. orthographische Kenntnisse oder spezifisches Textsortenwissen eine Rolle; auf diese Bereiche wird hier nicht eingegangen.
Für kindlichen Zweitspracherwerb vgl. auch den Überblick in Landua, Maier-Lohmann & Reich (2008).

in solch diskursiven Kontexten sind beispielsweise unterschiedliche Besetzungen des Vorfeldes zu erwarten.

Der Erwerb syntaktischer Mittel gilt vielfach als wesentlicher Indikator für die Entwicklung des Spracherwerbs (vgl. z.B. Tracy 2007) und wird deshalb auch von Grießhaber (u.a. in diesem Band) in der *Profilanalyse* als zentrales sprachdiagnostisches Kriterium gesehen. Besonders wichtig und vielfach untersucht ist dabei die Stellung der Verben (vgl. Klein & Perdue 1992, Thoma & Tracy 2006, Ahrenholz 2010, Grießhaber in diesem Band).

Auch Mittel der Kohärenzbildung wie anaphorische Verweise können in Interviews und Alltagserzählungen (Klein & Rieck 1982 zu Personalpronomen) oder auf der Basis von Diskursen mit engeren Vorgaben wie *Bildgestützten Erzählungen* untersucht werden (vgl. Ahrenholz 2005, Ellert in diesem Band).

Der Erwerb morphologischer Mittel wird auch vielfach auf der Basis von verschiedenen Erzählformen untersucht (HPD 1977, Dimroth 2008, Pagonis 2009), zu Verbflexion (Dimroth & Haberzettl 2008) und dem Erwerb von Genus- und Kasusmarkierungen z.B. Kaltenbacher & Klages (2006) oder Jeuk (2008) unter Verwendung von *HAVAS 5*.

Die relativ wenigen Untersuchungen zum Erwerb lexikalischer Mittel basieren zum Teil auf unterschiedlichen Typen von elizitierten Äußerungen (Klein & Rieck 1982 zu Personalpronomen, Broeder 1995), auf einer breiten Sammlung *authentischer Daten* (für Interaktionen im Kindergarten Apeltauer 2006 und Jeuk 2003), oder auf Bildergeschichten wie der „Horse Story", die genauere Aussagen über die Semantik und den Einsatz lernersprachlicher Mittel erlauben (vgl. z.B. Ahrenholz 2011).

Bestimmte Wortarten werden auch mittels spezifischer Aufgaben elizitiert: Modalverben anhand von *Instruktionen* (Ahrenholz 1995), Modalpartikeln z.B. im Rahmen des P-MoLL-Projektes auf der Basis von *elizitierten Meinungsformulierungen und Argumentationen* (Rost-Roth 1999), Aspektmarkierung mit Hilfe von *kurzen Videoclips* zu unterschiedlichen Handlungen (Carroll & Flecken in diesem Band). Präpositionalphrasen werden z.T. anhand von *Interviews* untersucht (Nickel in diesem Band), oder auch auf der Basis von *Bilderfolgen* (Grießhaber 1999, Lütke 2011) bzw. *Videoclips* (Lütke 2011).

Pragmatische Kompetenzen werden anhand von *Rollenspielen* oder auch auf der Basis *authentischer Aufnahmen* untersucht (Rost-Roth 2011).[11]

---

[11] Für einen Überblick zur Erforschung pragmatischer Mittel vgl. auch Kasper & Dahl (1991).

Aspekte des Ausspracheerwerbs werden im zweitsprachlichen Kontext sehr selten untersucht. Im ESA-Projekt werden entsprechende Analysen auf der Basis von *Raterurteilen zu Interviewmitschnitten* vorgenommen (Baur & Nickel 2009), andere Methoden sind *Nachsprech-* und *Leseaufgaben* (Kaltenbacher 1998) oder *Filmnacherzählungen* (Chen 2009).

In *konzeptorientierten Ansätzen* wird die Entwicklung der sprachlichen Ausdrucksmöglichkeiten in verschiedenen Referenzbereichen unter Verwendung spezifischer Aufgabenstellungen untersucht. Für den Erwerb von sprachlichen Mitteln zu Raumkonzepten waren dies v.a. *Regieanweisungen* und *Beschreibungen* (vgl. Becker in diesem Band, Becker & Carroll 1997), zu Temporalität *Erzählungen* unterschiedlicher Art (freie Erzählungen zur Migrationsgeschichte u.a.m. und *Filmnacherzählungen* (Dietrich, Klein & Noyau 1995), zu Modalität v.a. *Regieanweisungen* und *Instruktionen* zum Zusammenbau oder zur Nutzung von Geräten (Dittmar & Reich 1993, vgl. auch Dittmar in diesem Band). Aber auch Untersuchungen zur Finitheit auf der Basis spezifisch *konzipierter Videoclips* (Dimroth in diesem Band, Schimke in diesem Band), zur Negation (ebenda) oder Untersuchungen zur Interrogation und pragmatischen Aspekten in natürlichen Kontexten mit Hilfe von *authentischen Daten* (Rost-Roth 2011) sind konzeptorientierte Arbeiten.

6. Technik

6.1. Geräte

Die Methoden der Zweitspracherwerbsforschung sind auch von technischen Möglichkeiten mitbestimmt. In den 1970er Jahren erleichterte die Entwicklung von relativ kleinen transportablen Audioaufzeichnungsgeräten die Erforschung gesprochener Sprache wesentlich (vgl. auch Auer 1993), heute sind es kleine digitale Audio- und v.a. Videoaufzeichnungsgeräte, die die Möglichkeiten insbesondere der unterrichtsbezogenen Erwerbsforschung aber auch generell Aufnahmen „im Feld“ wesentlich erleichtern (vgl. Knapp & Ricart Brede in diesem Band).

Die technische Entwicklung führt auch für experimentellere Designs zu neuen Möglichkeiten. So ist beispielsweise die Eye-tracking-Technik wesentlich verfeinert (vgl. Ellert in diesem Band) und es gibt seit kurzem Eye-Tracking-Anlagen, die transportabel sind und Datenaufzeichnungen im Kindergarten oder der Schule erlauben.

6.2. Datenaufbereitung und Auswertung

Wichtiger noch als die Größe der Aufnahmegeräte ist das digitale Format, das die Datenspeicherung, Datenaufbereitung und Datenauswertung substantiell verändert hat. Im HPD und ESF-Projekt wurden die Gespräche etc. zunächst mit Hilfe analoger Audio- oder später (ab dem ESF-Projekt und P-MoLL) auch Videoaufnahmen aufgezeichnet, dann handschriftlich und anschließend mit der Schreibmaschine bzw. später am PC verschriftet. Für wissenschaftliche Untersuchungen zu gesprochener Sprache gab es noch keine einheitlichen Konventionen bzgl. der Verschriftung und Verfahren der computergestützten Erfassung und Auswertung standen noch am Anfang. Damit war u.a. die Menge der auswertbaren Daten eingeschränkt (im HPD bezog man sich z.B. für die Syntaxanalysen auf 100 Sätze pro Sprecher; i.e. 5400 Sätze). Konkordanzprogramme wie WORDCruncher (vgl. Müller 1993) erleichterten dann beispielsweise im P-MoLL-Projekt die Auswertung großer Datenmengen und lösten Versuche, eigene Software zu entwickeln, ab (vgl. Dittmar in diesem Band).

Während sich in der Gesprochene-Sprache-Forschung mehr oder weniger GAT 2 (Selting et al. 2009) als Konvention durchgesetzt hat, fehlt ein entsprechender Konsens in der Zweitspracherwerbsforschung (zu Transkriptionssystemen vgl. auch Dittmar 2009). Zum Teil werden eigene Systeme eingesetzt, zum Teil die CHAT-Konventionen des CHILDES-Projektes (childes.psy.cmu. edu/).

Möglichkeiten der Annotation von digitalisierten Transkripten ergaben sich erst mit dem für die Erstspracherwerbsforschung im CHILDES-Projekt entwickelten Programm CLAN, heute haben daneben EXMARaLDA und ELAN ihren festen Platz in der Zweitspracherwerbsforschung.

Entsprechend der heutigen Möglichkeiten, Audio- und Videodateien in digitaler Form zu verwenden, in Programmen wie ELAN und EXMARaLDA zu annotieren und in Verbindung mit Metadaten auszuwerten, hat es auch in anderen Bereichen der Zweitspracherwerbs- und Unterrichtsforschung neue methodische Möglichkeiten auf der Basis technischer Entwicklungen gegeben. Insbesondere die im Kontext von Unterrichtsanalysen entwickelten Programme zur Videographie, bei der in einem Programm (oder auch mehreren Programmen über Export-/Importfunktionen) Datenerfassung, Datenklassifizierung und Datenauswertung verbunden werden können, erleichtern die Verbindung qualitativer und quantitativer Auswertung (vgl. Knapp & Ricart Brede in diesem Band).

7. Bedingungen von Zweitspracherwerb

Von Anfang der Zweitspracherwerbsforschung an war eine der zentralen Fragen immer auch, von welchen Faktoren die Entwicklung der Sprachkompetenzen abhängt. Hier lassen sich verschiedene Fragestellungen unterscheiden, die ihre eigenen Methoden erfordern. Auch wenn zu diesem sehr weiten Feld an dieser Stelle nur sehr wenig angedeutet werden kann, so seien doch einige Verfahren genannt.

Der Zusammenhang von Spracherwerb und sozialen Faktoren wurde im HPD mit Hilfe eines *Fragebogens* erfasst, dessen Befunde mit Spracherwerbsfaktoren wie Syntaxerwerb korreliert wurden. Dabei zeigte sich beispielsweise, dass Kontakt zu Deutschen in der Freizeit etwa im Gegensatz zur Aufenthaltsdauer die beste Rahmenbedingung für Erwerbsprozesse ist (vgl. HPD 1977). Einen ganz anderen Weg geht Ohm (in diesem Band), der mithilfe von *narrativen Interviews* versucht, die den Erwerb begünstigenden Faktoren zu erfassen. Dieser sprachbiographische Ansatz findet – in unterschiedlicher methodischer Ausprägung - zunehmend Beachtung (vgl. z.B. Apeltauer & Senyildiz 2011, Meng 2001).

Auch der Altersfaktor hat in den letzten Jahren verstärkt Aufmerksamkeit gefunden (vgl. z.B. Grotjahn 2003 und Pagonis 2009). Während vielfach über Untersuchungen zur Aussprache Indikatoren gefunden wurden, sind in den letzten Jahren eine Reihe von Untersuchungen durchgeführt worden, die anhand von vergleichenden *Langzeitstudien zur Entwicklung verschiedener Kompetenzbereiche* im frühen und kindlichen Zweitspracherwerb Aussagen bezüglich der kritischen Periode zu gewinnen suchten (Dimroth & Haberzettl 2008, Dimroth 2008, Pagonis 2009).

Auch die Untersuchungen, die sich mit Sprachkompetenzen von Schülerinnen und Schülern (oder Kinder in Kindertagesstätten) befassen, versuchen zum Teil und auf sehr verschiedene Weise Rahmenbedingungen für den Zweitspracherwerb zu erfassen. Auch hier ist das Feld wieder so weit, dass nur ein paar Hinweise möglich sind (für einige Aspekte vgl. Kuhs 2008, Esser 2006). Beispielsweise wird in der PISA-Studie der Zusammenhang von Schichtzugehörigkeit, Migration und Schulerfolg thematisiert.

Untersuchungen im schulischen Kontext verwenden als Methoden der Sprachstandsdiagnose z.T. *C-Tests* (z.B. Grießhaber 2008), syntaktisch basierte Analysen wie die *Profilanalyse* (Grießhaber in diesem Band) oder LiSe-DaZ (Tracy, Schulz & Wenzel 2008, Grimm & Schulz in diesem Band) oder untersuchen die Sprachförderung mit Hilfe *videographischer Erfassung* und Auswertung (Knapp & Ricart Brede in diesem Band).

Eine wichtige Frage ist die nach der besten Unterstützung des Sprachlernprozesses durch die Schule oder im Kindergarten. Hier wird z.T. sehr viel Geld investiert, um die gesellschaftlichen Rahmenbedingungen für den Zweitspracherwerb von Kindern und Jugendlichen zu verbessern, aber sowohl die Entwicklung und Umsetzung von sprachdidaktischen Konzepten ist schwierig, wie auch die Evaluation der verschiedenen Maßnahmen (vgl. Kaltenbacher & von Stutterheim 2009). Antworten können hier vermutlich große Interventionsstudien wie das BeFo-Projekt geben (Felbrich, Stanat, Paetsch & Darsow in diesem Band, Rösch & Rotter in diesem Band). Hier werden umfassende *quantitative Verfahren* eingesetzt, um für eine ausreichend große Stichprobe (hier 377 Schülerinnen und Schüler) Effekte von Sprachfördermaßnahmen zu erfassen. In dem im BeFo-Projekt gewählten Design, in dem eine experimentelle Anlage als Interventionsstudie mit einer quasi-natürlichen Umsetzung (von Unterricht) verbunden wird, wurde eine eigene Lösung für Randomisierung, Standardisierung und Kontrollgruppen gefunden (vgl. Febrich, Stanat, Paetsch & Darsow in diesem Band). Als Instrumente für die Erfolgsmessung wurden z.B. unterrichtstypische *Lückentexte* verwendet (vgl. Rösch & Rotter in diesem Band).

8. Hinweise zu den einzelnen Beiträgen

Angelika Becker stellt am Beispiel des Referenzbereiches Raum den konzeptorientierten Forschungsansatz des ESF-Projektes *Second Language Acquisition by Adult Immigrants* vor. Es handelt sich um eine funktionale Herangehensweise, in der Zweitspracherwerb aber auch Sprachgebrauch allgemein in Hinblick auf die Realisierung kognitiver Basiskonzepte wie Raum, Zeit oder Modalität untersucht wird. Ein solcher Ansatz erlaubt es sehr gut, Äußerungen in unterschiedlichen Sprachen oder unterschiedlichen Lernervarietäten zu vergleichen. Angelika Becker stellt das Gesamtprojekt vor und zeigt für das Konzept Raum, mit Hilfe welcher Parameter der Erwerb von Lokalisierungsausdrücken beschrieben werden kann, wie die entsprechenden Daten erhoben wurden und welche Vorteile und Grenzen die eingesetzten Elizitierungsverfahren haben.

Mary Carroll und *Monique Flecken* arbeiten in ihrer Untersuchung zur Aspektmarkierung mit elizitierten Äußerungen zu kurzen *Videoclips* in Verbindung mit *Zeitdruck* und vergleichen die Produktionen mit denen ohne Zeitdruck. Über den Faktor Zeitdruck soll Einblick in den Grad der Grammatikalisierung gewonnen werden. Als Probanden werden deutsche und niederländische und deutsch-niederländisch bilinguale Sprecher gewählt. Vergleichend werden Daten von italienischen Sprechern hinzugezogen

Christine Dimroth stellt das Arbeiten mit speziell konstruierten Filmimpulsen am Beispiel des Videoclips *Finite Story* vor. Nachdem zunächst die Tradition unbewegter und bewegter Bildimpulse in der Spracherwerbsforschung skizziert wird, die eine Entwicklung der visuellen Impulse zu immer genauer konstruierten Sprechanlässen zeigt, werden Anlage und theoretischer Hintergrund der *Finite Story* dargestellt, mit der u.a. Aspekte der Diskurskohärenz bei unerwarteten Handlungsabläufen (markierte Informationsstrukturen) und die Verwendung von Negations- und Gradpartikeln sowie Verumfokus untersucht werden können. Anschließend werden Befunde sowohl für die Spracherwerbsforschung als auch aus sprachvergleichenden Untersuchungen vorgestellt.

Der methodische Ansatz des DFG-Projektes *Modalität von Lernervarietäten im Längsschnitt* (P-MoLL) ist das Thema von *Norbert Dittmar*. In dieser über zweieinhalb Jahre laufenden Longitudinalstudie, bei der eine enge Kooperation mit dem von Becker vorgestellten ESF-Projekt bestand, wurde für acht erwachsene Lerner mit Polnisch und einer Lernerin mit Italienisch als L1 der Erwerb modaler Mittel untersucht. Hierfür wurden in einem zyklischen Design und einer komplexen Anlage von Diskurstypen Aufgabenbatterien entwickelt, ein eigenes Transkriptionssystem erstellt und die Daten und Metadaten für weitere Nutzung aufbereitet. Da gleichzeitig Vergleichsdaten von deutschen Muttersprachlern erhoben wurden, stellt das Korpus zugleich ein Fundus für die Gesprochene-Sprache-Forschung dar.

Miriam Ellert stellt die Augenbewegungsmessung bei der Sprachverarbeitung (eye-tracking) als Verfahren vor, bei dem online, also während der Sprachverarbeitung, Aspekte der Prozessierung beobachtet werden können, so dass man unmittelbaren Einblick erhält, auf welche Wissensbestände und welche außersprachlichen Kontexte bei der Sprachverarbeitung mit einer hohen Wahrscheinlichkeit Bezug genommen wird. Sie stellt den Einsatz des Verfahrens sodann bei niederländischen Lernern des Deutschen als Fremdsprache vor, die Aufgaben zum Verstehen von anaphorischen pronominalen Verweisen mit Personalpronomen und *d*-Pronomen erhalten.

Ein wichtiger Teil der Beschäftigung mit Zweitspracherwerb und Deutsch als Zweitsprache gilt der Sprachförderung. Allerdings leiden die Konzepte, Projekte und Fördermaßnahmen im Allgemeinen daran, dass sie vielleicht theoretische Überzeugungskraft besitzen, aber eine angemessene wissenschaftliche Evaluierung und Erforschung fehlen. Welche methodischen Herausforderungen sich stellen, wenn man die Effektivität eines Sprachfördermodells in einer Interventionsstudie mit so großen Schülergruppen experimentell erproben will, dass sie bestimmten Ansprüchen quantitativ orientierter Forschung genügen, zeigen *Anja Felbrich, Petra Stanat, Jennifer Paetsch und Annkathrin Darsow* in ihrem Beitrag. Ausführlich werden Merkmale wie Randomisierung, Standardisierung, Kontrollgruppen oder Probleme der Merkmalskonfundierung diskutiert, um anschließend die Umsetzung eines entsprechenden Designs im *BeFo-Projekt* darzustellen, in dem die Effekte sprachsystematischer Förderung von Kindern mit Deutsch als Zweitsprache im Vergleich zu einem eher bedeutungsorientierten sprachdidaktischen Ansatz geprüft werden.

Wilhelm Grießhaber stellt die Profilanalyse als ein Verfahren vor, mit dem auf der Basis syntaktischer Strukturen ein allgemeiner Überblick über gegebene Sprachkompetenzen eines individuellen Lerners oder auch von Lernergruppen gewonnen werden kann. Das von ihm entwickelte und vielfach eingesetzte Instrument knüpft an ältere Untersuchungen zur Erfassung von syntaktischen Erwerbssequenzen bei Lernern mit Deutsch als Zweitsprache an und ist so vereinfacht, dass es sowohl diagnostisch für den Einsatz im schulischen Alltag von Nutzen ist, als auch für Untersuchungen zum Zweitspracherwerb eingesetzt werden kann.

In dem von *Angela Grimm* und *Petra Schulz* vorgestellten *MILA*-Projekt (The role of migration background and language impairment in children's language achievement) werden verschiedene Erhebungsinstrumente in einem kombinierten Querschnitt- und Längsschnittdesign eingesetzt. Die Verbindung von standardisierten Testverfahren, psycholinguistischen Experimenten und Spontansprachanalysen soll Aufschluss über Erwerbswege und Erwerbsgeschwindigkeit im typischen und im auffälligen Zweitspracherwerb geben. In dieser Breite unterscheidet sich *MILA* von bisherigen morphosyntaktisch orientierten Fallstudien. Für das Projekt wurden neben sprachunauffälligen monolingualen Kindern und sprachunauffälligen frühen Zweitsprachlernern des Deutschen jeweils auch gezielt Kinder mit Sprachentwicklungsstörungen rekrutiert. Mit Hilfe von Elternfragebögen wurden von den Kindern zahlreiche sprachbiographische Hintergrundvariablen erhoben. Im Rahmen des Projekts werden die rezeptiven und produktiven Fähigkeiten in sprachlichen Teilbereichen der Phonologie, Morphosyntax und Semantik untersucht. Ausgewählte Erhebungen werden nicht nur im Deutschen, sondern auch in den Erstsprachen Türkisch, Russisch und Italienisch durchgeführt, um die Fähigkeiten in Erst- und Zweitsprache zu vergleichen. Nach einer einführenden Darstellung des Forschungsstandes und des Forschungsdesigns präsentieren die Autorinnen erste Ergebnisse eines standardisierten Testverfahrens für das Verständnis von Verbbedeutung, W-Fragen und Negation.

Werner Knapp und *Julia Ricart Brede* plädieren in ihrem Beitrag für den Einsatz von Videographie in der Unterrichts- und Sprachlehr- und -lernforschung. Insbesondere für die Analyse von Interaktionen im Unterricht und in Sprachfördermaßnahmen oder für die Beobachtung von Sprachkompetenzen in natürlichen Kontexten ist die videotechnische Erfassung heute fast unverzichtbar. Die Autoren stellen die Potenziale heutiger Ansätze der „Videographie" umfassend dar, systematisieren verschiedene videoanalytische Ansätze und stellen einige Einzelaspekte am Beispiel der videographischen Untersuchung der Sprachfördermaßnahme *Sag mal was!* dar.

Aneta Nickel diskutiert forschungsmethodische Fragen im Rahmen des *Essener Projektes zum Spracherwerb von Aussiedlern* (ESA) am Beispiel des Erwerbs von Präpositionalphrasen. Die Datenerhebung erfolgt im ESA-Projekt über *Gespräche*, die Interpretation der Daten wesentlich *fehleranalytisch*. In ihrem Beitrag stellt Nickel v.a. die besonderen Schwierigkeiten dar, den Gebrauch von Präpositionen zu erfassen.

Jeder Zweitspracherwerb ist eng mit der Lebensgeschichte der Lerner verwoben. *Udo Ohm* stellt in seinem Beitrag das autobiographisch-narrative Interview als ein Forschungsinstrument vor, mit dem die biographische Perspektive des Zweitspracherwerbs aus der Sicht der Betroffenen rekonstruiert werden kann. Inhaltlich fokussiert er dabei auf das wechselseitige Bedingungsverhältnis von Zweitspracherwerb und Identitätskonstruktion. Er kann aufzeigen, dass Identitäten von Zweitsprachenlernern in wechselseitigen Selbst- und Fremdpositionierungen mit Zielsprachensprechern konstruiert werden. In diesem konfliktträchtigen Aushandlungsprozess werden die Betroffenen nicht nur mit der Begrenztheit ihrer kommunikativen Möglichkeiten, sondern auch mit den eigenen vielfältigen und nicht selten widersprüchlichen Motiven ihrer Lernbemühungen und der damit verbundenen Auseinandersetzung mit der Zielsprache, den Zielsprachensprechern und der Zielsprachenkultur konfrontiert.

Heidi Rösch und *Daniela Rotter* stellen das *BeFo-Projekt* als vergleichende Interventionsstudie vor, in der der Focus-on-Form-Ansatz bezüglich seiner sprachförderlichen Qualitäten mit dem Focus-on-Meaning-Ansatz verglichen werden soll. Sie gehen dabei besonders auf die interne Evaluation im Kontext typischer Unterrichtsaktivitäten ein, wobei sie Aktivitäten mit Übungscharakter, Aktivitäten mit Aufgabencharakter und Aktivitäten mit doppeltem Fokus unterscheiden (vgl. auch Felbrich, Stanat, Paetsch & Darsow in diesem Band).

Sarah Schimke zeigt den Einsatz psycholinguistischer Experimente in der Zweitspracherwerbsforschung am Beispiel zum selbstgesteuertem Hören und zu Bildauswahlaufgaben. Zunächst werden die Möglichkeiten, Grenzen und Schwierigkeiten ausführlich dargestellt, um anschließend den Einsatz von sich ergänzenden Verfahren anhand einer eigenen Untersuchung zur Verarbeitung der Verbstellung in Verbindung mit dem Erwerb von Verbstellung und Finitheit zu diskutieren. In der Untersuchung wird u.a. der Frage nachgegangen, ob die Lerner, die in der freien Produktion nicht-finite Verben verwenden, auch in der Verarbeitung entsprechend verfahren, sie also kein Wissen über die Funktion Finitheit zu haben scheinen. Finite Formen werden von einigen Lernern anscheinend aspektuell interpretiert, während sich mit dem Erwerb der finiten Formen auch ein Wissen über ihre Funktion herausbildet.

Julia Settinieri setzt sich in ihrem Beitrag anhand der verbreiteten Verfahren SISMIK und SELDAK mit der Prüfung konvergenter Validität sprachdiagnostischer Verfahren auseinander. Sie zeigt die Bedingungen und Schwierigkeiten auf, zuverlässige und ökonomische Verfahren zu entwickeln, deren Ziel es ist, im Vorschulbereich Erzieherinnen und Institutionen eine Hilfe an die Hand zu geben, in einem selektiven Verfahren den vorhandenen Förderbedarf in Hinblick auf die Anzahl der betroffenen Kinder zu erkennen. Hierfür werden die allgemeinen Anforderungen an entsprechende Testverfahren dargelegt und Fragen der Testgüte aus testtheoretischer Sicht dargestellt. Anschließend wird die Frage der Validität auf der Basis des Vergleichs der genannten Verfahren untersucht und gezeigt, dass die beiden Verfahren nur zu 30% bis 50% dasselbe messen, so dass es teilweise zu nicht vergleichbaren Förderentscheidungen kommt. Offen bleibt, inwieweit die Verfahren überhaupt angemessen einen Förderbedarf abbilden und worin diese Förderung eigentlich bestehen müsste. Die Untersuchung bestätigt hingegen Annahmen und Befunde, wonach nur hochgradig regelhafte Strukturen Indikatoren für Sprachstand sein können; dies gilt jedenfalls für entsprechende quantitative Verfahren, könnte man hinzufügen.

Elisabetta Terrasi-Haufe, *Anastassiya Semyonova*, *Tobias Kallfell*, *Elena Lebedeva* und *Julia Schmidt* stellen den theoretischen Hintergrund und das Design des Projektes *InterMig* (Interkulturelle Interaktion und Integration am Beispiel jugendlicher russischsprachiger Migranten in Niedersachsen) vor. Sie stellen zunächst die unterschiedlichen Betrachtungsebenen von Unterrichtsinteraktion aus diskurs-, konversationsanalytischer und interkultureller Perspektive sowie Probleme der Sprachstandsmessung jugendlicher Migranten dar. Die zentrale Frage der Integration wird unter Rückgriff auf humankapitalspezifische, kulturelle und bildungspolitische Modelle sowie unter Berücksichtigung von Ergebnissen aus der Diskriminierungsforschung operationalisiert. Weiter wird gezeigt, wie verschiedene dieser Parameter in einer aufwendigen empirischen longitudinalen Untersuchung mit Hilfe von Unterrichtsvideos, Interviews und Sprachstandsmessungen untersucht wurden und welche Probleme sich bei der praktischen Umsetzung ergaben.

Der vorliegende Band gibt Einblicke in ein weites Feld methodischer Ansätze, die der Erforschung des Zweitspracherwerbs und des Deutschen als Zweitsprache insbesondere gelten. Eine systematische Darstellung kann und soll hier nicht geleistet werden; dies bleibt eine Aufgabe für die Zukunft.

Ich danke allen Beteiligten, dass sie sich auf dieses Projekt eingelassen und geduldig den Entstehungsprozess des Buches begleitet haben. Mein Dank gilt weiter der Friedrich-Schiller-Universität Jena, die die Ringvorlesungen finanziert hat. Zu danken habe ich auch Diana Maak und Julia Ricart Brede für kritische Kommentare, Wolfgang Zippel für die Hilfe bei der Erstellung des Registers und Ute Henning, Annegret Kießling und Romy Bierwirth für sorgfältige Lektorentätigkeit und Formatierung.

9. Literatur

Ahrenholz, Bernt (1995): Lehrwerkanalyse zum Modalfeld auf der Folie der Zweitspracherwerbsforschung. In Dittmar, Norbert & Rost-Roth, Martina (Hrsg.): *Deutsch als Zweit- und Fremdsprache. Methoden und Perspektiven einer akademischen Disziplin*. Frankfurt am Main: Lang, 165-193.

Ahrenholz, Bernt (1998): *Modalität und Diskurs. Instruktionen auf deutsch und italienisch. Eine Untersuchung zum Zweitspracherwerb und zur Textlinguistik*. Tübingen: Stauffenburg.

Ahrenholz, Bernt (2005): 'Reference to Persons and Objects in the Function of Subject' in Learner Varieties. In Hendriks, Henriëtte (ed.): *The Structure of Learner Varieties*. Berlin, New York: Mouton de Gruyter, 19-64.

Ahrenholz, Bernt (2006): Zur Entwicklung mündlicher Sprachkompetenzen bei Schülerinnen und Schülern mit Migrationshintergrund. In Ahrenholz, Bernt & Apeltauer, Ernst (Hrsg.): *Zweitspracherwerb und curriculare Dimensionen.*

Empirische Untersuchungen zum Deutschlernen in Kindergarten und Grundschule. Tübingen: Stauffenburg, 91-109.

Ahrenholz, Bernt (2007a): *Verweise mit Demonstrativa im gesprochenen Deutsch. Grammatik, Zweitspracherwerb und Deutsch als Fremdsprache*. Berlin, New York: de Gruyter.

Ahrenholz, Bernt (2007b): Diskurstypen und Aufgaben im DFG-Projekt 'Förderunterricht und Deutsch-als-Zweitsprache-Erwerb'. In Vollmer, Helmut J. (Hrsg.): *Synergieeffekte in der Fremdsprachenforschung. Empirische Zugänge, Probleme, Ergebnisse*. Frankfurt am Main: Lang, 151-166.

Ahrenholz, Bernt (2009): *der Stunde, der Socke, der Geschichte* - L2-Input für DaZ-Schüler. In Nauwerck, Patrizia (Hrsg.): *Kultur der Mehrsprachigkeit in Schule und Kindergarten. Festschrift für Ingelore Oomen-Welke*. Freiburg i.Br.: Fillibach, 149-169.

Ahrenholz, Bernt (2010): Bildungssprache im Sachunterricht der Grundschule. In Ahrenholz, Bernt (Hrsg.): *Fachunterricht und Deutsch als Zweitsprache*. 2., durchgesehene und aktualisierte Auflage. Tübingen: Narr, 15-35.

Ahrenholz, Bernt (2011): Verbale Ausdrucksmöglichkeiten von Schülerinnen und Schülern in einer dritten und vierten Grundschulklasse. In Apeltauer, Ernst & Rost-Roth, Martina: *Sprachförderung Deutsch als Zweitsprache. Von der Vor- in die Grundschule*. Tübingen: Stauffenburg, 117-141.

Apeltauer, Ernst & Senyildiz, Anastasia (2011): *Lernen in mehrsprachigen Klassen - Sprachlernbiographien nutzen*. Berlin: Cornelsen.

Apeltauer, Ernst (1986): Verbale und nonverbale Bewertungshandlungen türkischer und deutscher Grundschullehrer im Unterricht mit türkischen Schülern. In Rehbein, Jochen (Hrsg.): *Interkulturelle Kommunikation*. Tübingen, 242-257.

Apeltauer, Ernst (2006): Förderprogramme, Modellvorstellungen und empirische Befunde. Zur Wortschatz- und Bedeutungsentwicklung bei türkischen Vorschulkindern. In Ahrenholz, Bernt (Hrsg.): Kinder mit Migrationshintergrund. Spracherwerb und Fördermöglichkeiten. Freiburg i. Br.: Fillibach, 11-33.

Auer, Peter (1993): Über <SYMBOL> [Aufnahmetaste]. *Zeitschrift für Literaturwissenschaft und Linguistik* 90/91: 104-138.

Baur, Rupprecht S. & Nickel, Aneta (2008): ESA. Das Essener Projekt zum Spracherwerb von Aussiedlern - und was man damit machen kann. In Ahrenholz, Bernt (Hrsg.): *Zweitspracherwerb. Diagnosen, Verläufe, Voraussetzungen. Beiträge aus dem 2. Workshop Kinder mit Migrationshintergrund*. Freiburg i.Br.: Fillibach, 185-207.

Baur, Rupprecht S. & Nickel, Aneta (2009): „Man kann doch sowieso merken, dass wir nicht Deutsch bin“. Phonetische Analysen am ESA-Korpus. In Ahrenholz, Bernt (Hrsg.): *Empirische Befunde zu DaZ-Erwerb und Sprachförderung. Beiträge aus dem 3. Workshop Kinder mit Migrationshintergrund*. Freiburg i.Br.: Fillibach, 313-331.

Becker, Angelika & Carroll, Mary (Hrsg.) (1997): *The Acquisition of Spatial Relations in a Second Language*. Amsterdam, Philadelphia: John Benjamins.

Berman, Ruth A. & Slobin, Dan Isaac (eds.) (1994): *Relating Events in Narrative. A Crosslinguistic Developmental Study*. Hilldale: Erlbaum.

Bernini, Giuliano (1994): La banca dati del progetto di Pavia sull'italiano lingua seconda. *Studi Italiani di Linguistica Teorica e Applicata*, 23 (2), Nuova Serie: 221-236.

Bredel, Ursula (2001): OHNE WORTE - Zum Verhältnis von Grammatik und Textproduktion am Beispiel des Erzählens vor Bildergeschichten. *Didaktik Deutsch* 11: 4-21.

Broeder, Peter (1995): Acquisition of Pronominal Reference: A Longitudinal Perspective. *Second Language Research* 11 (2): 178-191.

Chafe, Wallace L. (1982): *The Pear Stories: Cognitive, Cultural, and Linguistic Aspects of Narrative Production*. Norwood, NJ: Ablex.

Chen, Aoju (2009): Intonation and reference maintenance in Turkish learners of Dutch: A first insight. *AILE - Acquisition et Interaction en Langue Etrangère*, 28 (2), 67-91.

Chlosta, Christoph & Ostermann, Torsten (2008): Grunddaten zur Mehrsprachigkeit im deutschen Bildungssystem. In Ahrenholz, Bernt & Oomen-Welke, Ingelore (Hrsg.): *Deutsch als Zweitsprache*. Baltmannsweiler: Schneider Hohengehren, 17-30.

Clahsen, Harald; Meisel, Jürgen M. & Pienemann, Manfred (1983): *Deutsch als Zweitsprache. Der Spracherwerb ausländischer Arbeiter*. Tübingen: Narr.

Clyne, Michael (1968): Zum Pidgin-Deutsch der Gastarbeiter. *Zeitschrift für Mundartenforschung* 35: 130-139.

Crespi Günther, Marina (1999): La subordinazione nel tedesco di italofoni. In Dittmar, Norbert & Giacalone Ramat, Anna (Hrsg.): *Grammatik und Diskurs / Grammatica e Discorso. Studi sull'acquisizione dell'italiano e del tedesco / Studien zum Erwerb des Deutschen und des Italienischen*. Tübingen: Stauffenburg, 55-87.

Dietrich, Rainer; Klein, Wolfgang & Noyau, Colette (eds.) (1995): *The Acquisition of Temporality in a Second Language*. Amsterdam, Philadelphia: John Benjamins.

Dimroth, Christine & Haberzettl, Stefanie (2008): Je älter desto besser: der Erwerb der Verbflexion im Kindesalter. In Ahrenholz, Bernt; Bredel, Ursula; Klein, Wolfgang; Rost-Roth, Martina & Skiba, Romuald (Hrsg.): *Empirische Forschung und Theoriebildung. Beiträge aus der Soziolinguistik, Gesprochene-Sprache- und Zweitspracherwerbsforschung. Eine Festschrift für Norbert Dittmar zum 65. Geburtstag*. Frankfurt am Main u.a.: Lang, 227-238.

Dimroth, Christine & Starren, Marianne (Hrsg.) (2003): *Information Structure and the Dynamics of Language Acquistion*. Amsterdam, Philadelphia: Benjamins.

Dimroth, Christine (2008): Kleine Unterschiede in den Lernvoraussetzungen beim ungesteuerten Zweitspracherwerb: Welche Bereiche der Zielsprache Deutsch sind besonders betroffen? In Ahrenholz, Bernt (Hrsg.): *Zweitspracherwerb.*

Diagnosen, Verläufe, Voraussetzungen. 2. 'Workshop Kinder mit Migrationshintergrund'. Freiburg i.Br.: Fillibach, 117-134.

Dittmar, Norbert (1988): Quantitative - qualitative Methoden. In: Ammon, Ulrich, Dittmar, Norbert & Mattheier, Klaus (Hrsg.): *Handbuch der Soziolinguistik/ Handbook of Sociolinguistics*. Berlin, New York: De Gruyter, 879-893.

Dittmar, Norbert & Reich, Astrid (Hrsg.) (1993): *Modality in Language Acquisition / Modalité et acquisition des langues*. Berlin, New York: de Gruyter.

Dittmar, Norbert & Skiba, Romuald (1992): Zweitspracherwerb und Grammatikalisierung. Eine Längsschnittstudie zur Erlernung des Deutschen. In Leirbukt, Oddleif & Lindemann, Beate (Hrsg.): *Psycholinguistische und didaktische Aspekte des Fremdsprachenlernens/Psycholinguistic and Pedagogical Aspects of Foreign Language Learning*. Tübingen: Narr, 25-61.

Dittmar, Norbert (2009): *Transkription: Ein Leitfaden mit Aufgaben für Studenten, Forscher und Laien*. 3. Auflage. Wiesbaden: Verlag für Sozialwissenschaften.

Dittmar, Norbert; Reich, Astrid; Schumacher, Magdalene; Skiba, Romuald & Terborg, Heiner (1990): Die Erlernung modaler Konzepte des Deutschen durch erwachsene polnische Migranten. Eine empirische Längsschnittstudie. *Info DaF*, 17 (2): 125-172.

Esser, Hartmut (2006): *Sprache und Integration. Die sozialen Bedingungen und Folgen des Spracherwerbs von Migranten*. Frankfurt, New York: Campus.

Grießhaber, Wilhelm (1999): *Die relationierende Prozedur. Zu Grammatik und Pragmatik lokaler Präpositionen und ihrer Verwendung durch türkische Deutschlerner*. Münster u.a.: Waxmann.

Grießhaber, Wilhelm (2001): Erst- und zweitsprachliche Textproduktion nach Bildvorlage. In Wolff, Armin & Winters-Ohle, Elmar (Hrsg.): *Wie schwer ist die deutsche Sprache wirklich?* Regensburg: FaDaF, 102-114.

Grießhaber, Wilhelm (2008): Zu den Bedingungen der Förderung in Deutsch als Zweitsprache. In Ahrenholz, Bernt (Hrsg.): *Zweitspracherwerb. Diagnosen, Verläufe, Voraussetzungen. Beiträge aus dem 2. Workshop Kinder mit Migrationshintergrund*. Freiburg i.Br.: Fillibach, 211-227.

Grotjahn, Rüdiger (2003): Der Faktor "Alter" beim Fremdsprachenlernen. Mythen, Fakten, didaktisch-methodische Implikationen. *Deutsch als Fremdsprache* 40 (1): 32-41.

Gültekin, Nazan; Demirkaya, Sevilen & Riemer, Claudia (2009): Vorschulische Sprachförderung für Kinder mit Migrationshintergrund: Das Bielefelder Forschungsprojekt MIKI. In Schramm, Karen & Schroeder, Christoph (Hrsg.): *Empirische Zugänge zu Sprachförderung und Spracherwerb in Deutsch als Zweitsprache*. Münster, New York: Waxmann, 131-156.

Haberzettl, Stefanie (2005): *Der Erwerb der Verbstellungsregeln in der Zweitsprache Deutsch durch Kinder mit russischer und türkischer Muttersprache*. Tübingen: Niemeyer.

Heidelberger Forschungsprojekt "Pidgin-Deutsch" (1977): *Heidelberger Forschungsprojekt "Pidgin-Deutsch spanischer und italienischer Arbeiter in der Bundesrepublik": Die ungesteuerte Erlernung des Deutschen durch spanische und italienische Arbeiter. Eine soziologische Untersuchung*. Osnabrücker Beiträge zur Sprachtheorie, Beiheft 2.

Hendriks, Henriëtte (Hrsg.) (2005): *The Structure of Learner Varieties*. Berlin, New York: Mouton de Gruyter.

Hickmann, Maya; Liang, James & Hendriks, Henriëtte (1989): Diskurskohäsion im Erstspracherwerb. Eine sprachvergleichende Untersuchung. *Zeitschrift für Literaturwissenschaft und Linguistik* 73: 53-74.

Jeuk, Stefan (2003): *Erste Schritte in der Zweitsprache Deutsch. Eine empirische Untersuchung zum Zweitspracherwerb türkischer Migrantenkinder in Kindertageseinrichtungen*. Freiburg i. Br.: Fillibach.

Jeuk, Stefan (2008): 'Der Katze sieht den Vogel' Aspekte des Genuserwerbs im Grundschulalter. In Ahrenholz, Bernt (Hrsg.): *Zweitspracherwerb: Diagnosen, Verläufe, Voraussetzungen. Beiträge aus dem 2. Workshop Kinder mit Migrationshintergrund*. Freiburg i.Br.: Fillibach, 135-150.

Kaltenbacher, Erika & Klages, Hana (2006): Sprachprofil und Sprachförderung bei Vorschulkindern mit Migrationshintergrund. In Ahrenholz, Bernt (Hrsg.): *Kinder mit Migrationshintergrund - Spracherwerb und Fördermöglichkeiten*. Freiburg i.Br.: Fillibach, 80-97.

Kaltenbacher, Erika & Stutterheim, Christiane von (2009): *Stellungnahme zur EVAS-Studie*. http://www.deutsch-fuer-den-schulstart.de/upload/ stellungnahme1.pdf (02.04.2012).

Kaltenbacher, Erika (1998): Zum Sprachrhythmus des Deutschen und seinem Erwerb. In Wegener, Heide (Hrsg.): *Eine zweite Sprache lernen. Empirische Untersuchungen zum Zweitspracherwerb*. Tübingen: Narr, 21-38.

Kasper, Gabriele & Dahl, Merete (1991): Research Methods in Interlanguage Pragmatics. *Studies in Second Language Acquisition* 13 (2): 215-247.

Kasper, Gabriele (1998): Datenerhebungsverfahren in der Lernersprachenpragmatik. *Zeitschrift für Fremdsprachenforschung* 9 (1): 85-118.

Klein, Wolfgang & Perdue, Clive (eds.) (1992): *Utterance Structure. Developing Grammars Again*. Amsterdam, Philadelphia: John Benjamins.

Klein, Wolfgang & Rieck, Bert-Olaf (1982): Der Erwerb der Personalpronomina im ungesteuerten Spracherwerb. *Zeitschrift für Literaturwissenschaft und Linguistik* 45: 35-71.

Klein, Wolfgang (1987): *Zweitspracherwerb. Eine Einführung*. Frankfurt am Main: Athenäum.

Knapp, Werner (1997): *Schriftliches Erzählen in der Zweitsprache*. Tübingen: Niemeyer.

Kuhs, Katharina (2008): Einflussfaktoren auf die schulische L2-Kompetenz von Schülerinnen und Schülern mit Deutsch als Zweitsprache. In Ahrenholz, Bernt

& Oomen-Welke, Ingelore (Hrsg.): *Deutsch als Zweitsprache*. Baltmannsweiler: Schneider Hohengehren, 395-408.

Landua, Sabine; Maier-Lohmann, Christa & Reich, Hans H. (2008): Deutsch als Zweitsprache. In Ehlich, Konrad; Bredel, Ursula & Reich, Hans H.: *Referenzrahmen zur altersspezifischen Sprachaneignung - Forschungsgrundlagen*, Bonn, Berlin: BMBF, 171-201.

Lütke, Beate (2011): *Deutsch als Zweitsprache in der Grundschule. Eine Untersuchung zum Erlernen lokaler Präpositionen.* Berlin, Boston: De Gruyter.

Meisel, Jürgen M. (2009): Second Language Acquisition in Early Childhood. *Zeitschrift für Sprachwissenschaft* 28 (1): 5-34.

Meng, Katharina (2001): *Russlanddeutsche Sprachbiografien. Untersuchung zur sprachlichen Integration von Aussiedlerfamilien. Unter Mitarbeit von Ekaterina Protassova*. Tübingen: Narr.

Meyer-Ingwersen, Johannes (1975): Einige typische Deutschfehler bei türkischen Schülern. *Zeitschrift für Literaturwissenschaft und Linguistik* 18 (5): 68-77.

Meyer-Ingwersen, Johannes; Neumann, Rosemarie & Kummer, Matthias (1977): *Zur Sprachentwicklung türkischer Schüler in der Bundesrepublik*. Kronberg/ Ts.: Scriptor.

Müller, Heinrich H. (1993): Stärken und Schwächen vier microcomputerfähiger Programme zur Textanalyse. In Lenders, W. (Hrsg.): *Computereinsatz in der Angewandten Linguistik. Konstruktion und Weiterverarbeitung sprachlicher Korpora*. Frankfurt am Main: Lang, 77-84.

Oomen-Welke, Ingelore (1987): Türkische Grundschüler erzählen und schreiben. "da macht der raus - Er riß den Baum aus". *Osnabrücker Beiträge zur Sprachtheorie* 36: 110-132.

Pagonis, Giulio (2009): Überlegungen zum Altersfaktor am Beispiel eines kindlichen und jugendlichen DaZ-Erwerbs. In Ahrenholz, Bernt (Hrsg.): *Empirische Befunde zu DaZ-Erwerb und Sprachförderung. Beiträge aus dem 3. Workshop Kinder mit Migrationshintergrund*. Freiburg i. Br.: Fillibach, 193-212.

Perdue, Clive (ed.) (1993): *Adult Language Acquisition: Cross-Linguistic Perspectives. Vol I: Field Methods*. Cambridge: Cambridge University Press.

Rehbein, Jochen & Grießhaber, Wilhelm (1996): L2-Erwerb versus L1-Erwerb: Methodologische Aspekte ihrer Erforschung. In Ehlich, Konrad (Hrsg.): *Kindliche Sprachentwicklung. Konzepte und Empirie*. Opladen: Westdeutscher Verlag, 67-119.

Rehbein, Jochen (1982): Worterklärungen türkischer Kinder. *Osnabrücker Beiträge zur Sprachtheorie* 22: 122-157.

Riemer, Claudia (2007): Entwicklung in der qualitativen Fremdsprachenforschung: Quantifizierung als Chance oder Problem? In Vollmer, Hans J. (Hrsg.): *Synergieeffekte in der Fremdsprachenforschung. Empirische Zugänge, Probleme, Ergebnisse*. Frankfurt am Main: Lang, 31-42.

Rost-Roth, Martina (1999): Der Erwerb der Modalpartikeln. Eine Fallstudie zum Partikelerwerb einer italienischen Deutschlernerin mit Vergleichen zu anderen

Lernervarietäten. In Dittmar, Norbert & Giacalone Ramat, Anna (Hrsg.): *Grammatik und Diskurs / Grammatica e Discorso. Studi sull'acquisizione dell 'italiano e del tedesco / Studien zum Erwerb des Deutschen und des Italienischen*. Tübingen: Stauffenburg, 165-209.

Rost-Roth, Martina (2008): Der zweitsprachliche Erwerb der Interrogation. Theoretische Implikationen und empirische Befunde. In Ahrenholz, Bernt; Bredel, Ursula; Klein, Wolfgang; Rost-Roth, Martina & Skiba, Romuald (Hrsg.): *Empirische Forschung und Theoriebildung. Beiträge aus der Soziolinguistik, Gesprochene-Sprache- und Zweitspracherwerbsforschung. Eine Festschrift für Norbert Dittmar zum 65. Geburtstag*. Frankfurt am Main u.a., Lang, 307-319.

Rost-Roth, Martina (2011): Formen und Funktionen von Interrogationen. Fragen in grammatischen Beschreibungen, empirischen Befunden und Lehrwerken für Deutsch als Fremdsprache. *Linguistik Online* 49: 91-117. http://www.linguistik-online.de/49_11/rost-roth.pdf (27.06.2012).

Schuller, Karin; Lochner, Susanne & Rother, Nina (2011): *Das Integrationspanel. Ergebnisse einer Längsschnittstudie zur Wirksamkeit und Nachhaltigkeit von Integrationskursen*. Nürnberg: BAMF.

Schulz, Petra; Tracy, Rosemarie & Wenzel, Ramona (2008): Linguistische Sprachstandserhebung - Deutsch als Zweitsprache (LiSe-DaZ): Theoretische Grundlagen und erste Ergebnisse. In Ahrenholz, Bernt (Hrsg.): *Zweitspracherwerb. Diagnosen, Verläufe, Voraussetzungen. Beiträge aus dem 2. Workshop Kinder mit Migrationshintergrund*. Freiburg i.Br.: Fillibach, 17-41.

Schumacher, Magdalene & Skiba, Romuald (1992): Prädikative und modale Ausdrucksmittel in den Lernervarietäten einer polnischen Migrantin. Eine Longitudinalstudie. Teil II. *Linguistische Berichte* 142: 451-476.

Selting, Margret et al. (2009): Gesprächsanalytisches Transkriptionssystem 2 (GAT 2). *Gesprächsforschung - Online-Zeitschrift zur verbalen Interaktion* 10, 353-402.www.gespraechsforschung-ozs.de/heft2009/px-gat2.pdf (27.06. 2012).

Skiba, Romuald (2008): Korpora in der Zweitspracherwerbsforschung. Internetzugang zu Daten des ungesteuerten Zweitspracherwerbs. In Ahrenholz, Bernt; Bredel, Ursula; Klein, Wolfgang; Rost-Roth, Martina & Skiba, Romuald (Hrsg.): *Empirische Forschung und Theoriebildung. Beiträge aus der Soziolinguistik, Gesprochene-Sprache- und Zweitspracherwerbsforschung. Eine Festschrift für Norbert Dittmar zum 65. Geburtstag*. Frankfurt am Main: Lang, 21-29.

Thieroff, Helga (1986): Linguistische Analyse von Filmnacherzählungen deutscher und türkischer Schüler. *Deutsch lernen* 11 (4): 32-70.

Thoma, Dieter & Tracy, Rosemarie (2006): Deutsch als frühe Zweitsprache: zweite Erstsprache? In Ahrenholz, Bernt (Hrsg.): *Kinder mit Migrationshintergrund - Spracherwerb und Fördermöglichkeiten*. Freiburg i.Br.: Fillibach, 58-97.

Tracy, Rosemarie (2007): *Wie Kinder Sprachen lernen. Und wie wir sie dabei unterstützen können*. Tübingen: Francke.

Konzeptorientierte Ansätze: Der Ausdruck von Raum

Angelika Becker

1. Einleitung

Der vorliegende Beitrag befasst sich mit einem Ansatz, der sich bereits in den 1980er Jahren in der Zweitspracherwerbsforschung etabliert hat, dem sog. „konzeptorientierten Ansatz". Die Bezeichnung geht zurück auf von Stutterheim und Klein, die auch die Grundpositionen des konzeptorientierten Ansatzes umrissen haben (von Stutterheim & Klein 1986). Eine zusammenfassende Darstellung von konzeptorientierten Verfahren gibt Bardovi-Harlig (2007), eine herausragende Vertreterin des Ansatzes.

Der Fokus des konzeptorientierten Ansatzes liegt auf der Entfaltung der Mittel, die erwachsene Lerner zum Ausdruck spezifischer Konzepte, etwa temporaler, modaler oder räumlicher Art, im Verlauf des Zweitspracherwerbs einsetzen. Das Untersuchungsinteresse des Ansatzes ist an bestimmte methodische Vorgehensweisen gebunden. Diese sollen hier am Beispiel einer Untersuchung zum Erwerb räumlicher Konzepte dargestellt werden. Die Untersuchung fand im Rahmen eines inzwischen ‚historischen' europäischen Projekts statt, dem von der European Science Foundation in den Jahren 1982 bis 1988 geförderten Projekt "Second Language Acquisition by Adult Immigrants" (abgekürzt: ESF-Projekt).[1] Bevor auf dieses Projekt und die spezifische Untersuchung eingegangen wird, sollen erst einige allgemeine Ausführungen zum konzeptorientierten Ansatz gemacht werden.

2. Der konzeptorientierte Ansatz in der Zweitspracherwerbsforschung

Konzeptorientierten Ansätzen liegt eine funktionale Perspektive auf Sprache und auf Spracherwerb zugrunde. In funktionaler Sicht ist die Struktur von ausgebildeten Sprachen wie von Lernersprachen in der Funktion von Sprache als Mittel der Kommunikation begründet. Der Ausdruck von Be-

---

1 Eine umfassende Darstellung des Projekts und seiner Ergebnisse gibt Perdue (1993).

deutung in Diskursaktivitäten sowie Sprachverarbeitungsbedingungen während der aktuellen Sprachverwendung werden als Faktoren betrachtet, die Sprachstruktur wesentlich prägen. Sprachliches Wissen wird als Zuordnung von Formen zu Funktionen (bzw. von Funktionen zu Formen) angesehen.

Der konzeptorientierte Ansatz teilt eine funktionale Sicht auf Sprache, ist aber an keine spezifische Erwerbstheorie gebunden und stellt auch selber kein Erwerbsmodell dar. Vielmehr handelt es sich um eine bestimmte Perspektive auf den Erwerbsprozess und ein spezifisches analytisches Vorgehen. Dem Ansatz liegen allerdings zwei zentrale Annahmen zu Erwerbsprozessen Erwachsener zugrunde (s. von Stutterheim & Klein 1986).

Die erste Grundannahme ist, dass erwachsene Lerner vor der kommunikativen Notwendigkeit stehen, von Beginn des Erwerbsprozesses an bestimmte Bedeutungen auszudrücken. Sie müssen Situationen (Zustände, Handlungen, Ereignisse) sprachlich vermitteln und dabei auf Personen und Objekte referieren, sie müssen die Situationen in der Zeit verankern, müssen die modale Geltung von Situationen (Faktizität, Möglichkeit, Notwendigkeit) kennzeichnen und räumliche Konstellationen in Situationen anzeigen. Muttersprachlern stehen dazu differenzierte lexikalische, morphologische und syntaktische Mittel zur Verfügung. In Lernersprachen sind dagegen – vor allem in frühen Erwerbsphasen – ‚die Mittel rar'.[2] Die Frage ist somit, wie Lerner auf elementaren Erwerbsniveaus vorgehen, um in Diskursaktivitäten elementare Bedeutungen auszudrücken, und wie die Mittel graduell ausgebaut werden.

Die zweite Grundannahme besagt, dass erwachsene Lerner über die relevanten Konzepte verfügen und wissen, welchen Ausdruck diese in ihrer ersten Sprache haben. "We may assume that a second language learner – in contrast to a child acquiring his first language – does not have to acquire the underlying concepts. What he has to acquire is a specific way and specific means of expressing them." (von Stutterheim & Klein 1986: 194). Lerner müssen also erkennen, welche Rolle bestimmte Konzepte in der Zielsprache spielen. Ein in einer Sprache zentrales Konzept kann in einer anderen Sprache nur von marginaler Bedeutung sein. Beispielsweise bietet das Türkische breite Möglichkeiten einer Lokalisierung durch das Kasussuffix *–DE*, das auf so unterschiedliche Konstellationen angewendet werden kann wie: etwas befindet sich am Fenster/im Zimmer/auf dem Balkon, etwas hängt an der Wand, jemand sitzt am Tisch etc. Einen mit *–DE* vergleichbaren Lokalisierungsausdruck bietet das Deutsche nicht (s. im

---

2 Zur Struktur einfacher Lernervarietäten s. Klein & Perdue (1997).

Einzelnen Becker 1994). Weiterhin müssen Lerner analysieren, wie Konzepte in der Zielsprache enkodiert werden, welche Form-Funktions-Zuordnungen also in der Zielsprache vorgenommen werden. Der Bedeutung einer Form in Sprache A können zwei oder mehr Formen in Sprache B entsprechen. So deckt beispielsweise engl. *on* (im Wesentlichen) die Bedeutung von *auf* und *an* ab. Und schließlich können sich die Wortklassen (Präpositionen, Adverbien, Verben etc.), die dem Ausdruck lokaler Bedeutungskomponenten dienen, zwischen Sprachen unterscheiden.

Aus diesen Grundannahmen resultiert nun ein bestimmter Zugang zu Erwerbsprozessen. Gefragt wird, welche Mittel und Strategien Lerner einsetzen, um bestimmte Konzepte auszudrücken und wie sich diese im Verlauf des Erwerbsprozesses ändern. Die Analyse der Lernerdaten zieht alle sprachlichen Ebenen mit ein. Alle dem Lerner zur Verfügung stehenden Mittel werden berücksichtigt, seien sie pragmatischer, lexikalischer, morphologischer oder syntaktischer Art. Welches Gewicht einzelne Mittel haben und wie sie jeweils zusammenspielen, ändert sich von Erwerbsstufe zu Erwerbsstufe.[3]

Um die Erwerbsverläufe erfassen zu können, setzen konzeptorientierte Untersuchungen in der Regel in frühen Erwerbsphasen an und beobachten die Entwicklung bis in fortgeschrittene Erwerbsstadien. Nur so ist es möglich, die innere Logik des Erwerbsprozesses aufzuspüren. Dabei wird prinzipiell das sprachliche Verhalten von Lernern in seiner Eigengesetzlichkeit betrachtet. Lernersprachen werden als eigenständige, in sich konsistente Systeme betrachtet, die Ausdruck des menschlichen Sprachvermögens sind. Damit unterscheidet sich dieser Ansatz deutlich von normativen Perspektiven auf Lernersprachen, die primär den (Nicht-)Erwerb formal-grammatischer Mittel im Auge haben (s. hierzu Klein 2000). Im konzeptorientierten Ansatz interessiert nicht, was ein Lerner tun sollte, sondern was er tut.

Besonders häufig wurde der konzeptorientierte Ansatz bei der Untersuchung des Ausdrucks von Temporalität in Lernersprachen verfolgt (von Stutterheim 1986; Sato 1990; Dietrich, Klein & Noyau 1995; Bardovi-Harlig 2000). Weitere Untersuchungsbereiche bildeten der Ausdruck von Modalität (Ahrenholz 1998; Dittmar & Terborg 1991; Giacalone Ramat 1992; Schumacher & Skiba 1992a und b; Salsbury & Bardovi-Harlig 2000), die Referenz auf Personen (Broeder 1991) und der Ausdruck räumlicher Rela-

---

3 Wie pragmatische, lexikalische und morpho-syntaktische Mittel auf verschiedenen Erwerbsniveaus interagieren, zeigt sich besonders deutlich beim Erwerb von Temporalität. Einen knappen Überblick über die Entwicklung gibt Ortega (2009: 126f).

tionen (Giaccobe 1993; Schenning & van Hout 1994; Becker & Carroll 1997), auf den unten detailliert eingegangen werden soll.

3. Generelle methodische Orientierung des konzeptorientierten Ansatzes

Der konzeptorientierte Ansatz arbeitet bevorzugt mit Sprachproduktionsdaten, die in möglichst natürlichen Kommunikationssituationen gewonnen werden. Da von der Annahme ausgegangen wird, dass Lerner Bedeutung konstruieren, um kommunikative Anforderungen zu bewältigen, werden Daten typischerweise in Situationen erhoben, in denen Lerner komplexe sprachliche Aufgaben zu erfüllen haben. Diese kommunikativen Aufgaben müssen so gewählt werden, dass die in Frage stehenden Konzepte durch den Lerner vermittelt werden müssen. Kommunikative Aufgaben sind etwa Erzählungen persönlicher Erlebnisse, Filmnacherzählungen, Beschreibungen oder Instruktionen. Beispielsweise beruhen konzeptorientierte Untersuchungen zum Ausdruck von Temporalität häufig auf der Analyse von Erzähldaten. Zur Erfassung des Ausdrucks von Raumrelationen sind naturgemäß Aufgaben zu stellen, die möglichst zahlreiche Lokalisierungen verlangen.

Die Datengrundlage der Analysen sind also Diskursaktivitäten mit spezifischer Diskursstruktur. Folgt man dem Quaestio-Ansatz, ergibt sich die Diskursstruktur in erster Linie aus der Aufgabe, die eine Diskursaktivität zu erfüllen hat (Klein &von Stutterheim 1987; von Stutterheim 1997). Diese Aufgabe resultiert aus einer (impliziten oder expliziten) Textfrage, der sog. Quaestio, auf die der Text bzw. die Diskursaktivität als Ganzes eine Antwort darstellt. Angenommen ein Lerner sollte eine Filmsequenz wiedergeben, in der sich eine Person im Raum bewegt und dabei die Position von Objekten verändert. Die Quaestio der Filmwiedergabe würde etwa lauten: Wohin bewegt sich die Person zu aufeinanderfolgenden Zeitpunkten und welche Objekte bewegt sie von wo nach wo? Die Diskursaktivität wird also durch die Quaestio konzeptuell vorstrukturiert. Sie bietet somit dem Lerner – wie jedem Sprecher – das Gerüst für die konzeptuelle Organisation des Diskurses. Gleichzeitig liefert sie einen Analyserahmen für die lernersprachliche Entwicklung beim Ausdruck konzeptueller Strukturen. Um die Entwicklung eines Lerners zu verschiedenen Entwicklungszeitpunkten zu erfassen und die Entwicklung verschiedener Lerner miteinander zu vergleichen, benötigt man ein *tertium comparationis*. In konzeptorientierten Untersuchungen sind es semantische Konzepte, die diese Vergleichbasis bilden.

4. Das ESF-Projekt: Die Anlage der Untersuchung

Umfängliche Untersuchungen zum Spracherwerb Erwachsener sind nicht zahlreich, wobei allerdings bereits in der ‚Frühzeit' der Zweitspracherwerbsforschung zwei größere Forschungsprojekte zum ungesteuerten Erwerb des Deutschen durchgeführt wurden, die durch kommunikative Probleme ausländischer Arbeitsmigranten motiviert waren: das „Heidelberger Forschungsprojekt ‚Pidgin-Deutsch' spanischer und italienischer Arbeiter" (Klein & Dittmar 1979) und das „ZISA-Projekt" (Zweitspracherwerb italienischer, spanischer und portugiesischer Arbeiter) (Clahsen, Meisel & Pienemann 1983). Beide Projekte waren *cross-sectional* angelegt: Ausgewählt wurden Lerner unterschiedlicher Erwerbsniveaus, mit denen jeweils einmalig eine Datenerhebung durchgeführt wurde. Aus den unterschiedlichen strukturellen Eigenschaften der Lernersprachen wurde dann auf eine Erwerbsabfolge rückgeschlossen. Im Vergleich damit stellt das hier zu behandelnde ESF-Projekt in mehrerer Hinsicht einen beträchtlichen methodischen Fortschritt dar:

- Das Projekt war longitudinal angelegt. Über zweieinhalb Jahre hinweg wurden mit erwachsenen Lernern in monatlichen Abständen Datenerhebungen (Audio- und Videoaufzeichnungen) durchgeführt. Die Lerner sollten sich erst kurze Zeit im jeweiligen Land aufgehalten haben, sie sollten keine oder nur minimale Vorkenntnisse der Zielsprache haben und keinen Sprachkurs besuchen, die Zweitsprache also ungesteuert erwerben. Die Lerner waren junge Erwachsene mit eher niedrigem Bildungsniveau. Sie waren eingereist, um Arbeit zu suchen oder einem Familienmitglied nachzufolgen.
- Das Projekt war sprachvergleichend angelegt. Es wurde in fünf europäischen Ländern (England, Frankreich, Deutschland, Niederlande, Schweden) parallel durchgeführt. Jede der fünf Zielsprachen (Englisch, Französisch, Deutsch, Niederländisch, Schwedisch) sollte mit je zwei Ausgangssprachen so kombiniert werden, dass das relative Gewicht der Erstsprache und der Zweitsprache bei der Ausbildung von Lernersprachen möglichst gut kontrolliert werden konnte.

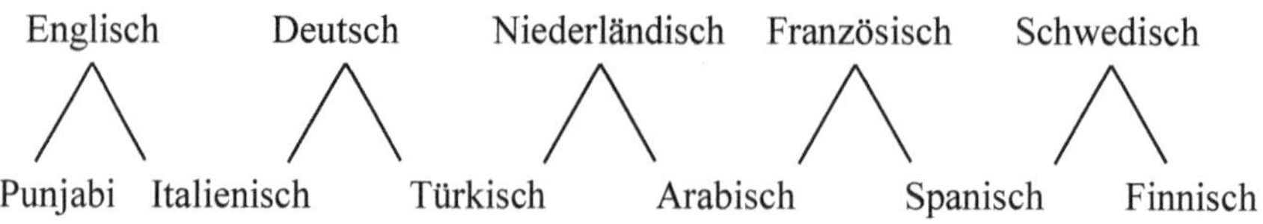

- Es wurden Daten zu unterschiedlichen Diskursaktivitäten erhoben, z.B. freie Konversationen, Filmnacherzählungen, Bildbeschreibungen und Rollenspiele. Der Datenerhebungszeitraum war in drei Zyklen gegliedert. In jedem Zyklus wurden dieselben Erhebungsformen eingesetzt, so dass jeder Lerner jede Aufgabe dreimal – zu einem frühen, einem mittleren und einem späteren Erwerbszeitpunkt – durchführen musste. Somit war eine gute Vergleichbarkeit über die Zeit und über die Lerner hinweg sichergestellt.
- Pro Sprachenkombination wurden die Daten von (mindestens) vier Lernern ausgewertet. Die Datenauswertung erfolgte zu unterschiedlichen Erwerbsbereichen. Analysiert wurden die Struktur der Äußerung, Prozesse der Verstehensherstellung, die Entwicklung des Lexikons, sowie der Ausdruck von Temporalität und von Raum, auf den in der Folge näher eingegangen werden soll. (Eine zusammenfassende Darstellung der Ergebnisse des Projekts gibt Perdue 1993, Vol. II.)

5. Der Erwerb von Lokalisierungsausdrücken

5.1. Untersuchungsgegenstand

Räumliche Konzepte zählen zu den elementaren Kategorien menschlicher Wahrnehmung und menschlichen Denkens. In vielen Diskursaktivitäten muss angezeigt werden, wo sich etwas befindet, wohin sich jemand bewegt oder wohin etwas bewegt wird. Damit stehen auch Lerner von Beginn des Erwerbsprozesses an vor der Aufgabe, Lokalisierungen vorzunehmen. Die Frage ist, wie Lerner diese Mittel erwerben und in der Kommunikation einsetzen. Die Untersuchungsfragen lauteten:

- Wie nehmen Lerner auf unterschiedlichen Erwerbsstufen Lokalisierungen im Raum vor?
- Wie entwickelt sich das Inventar an sprachlichen Mitteln zum Ausdruck von Lokalisierungen im Verlauf des Erwerbsprozesses?
- Welche Faktoren bedingen die Entwicklung?

5.2. Form-Funktions-Zuordnung bei Lokalisierungen

Ziel des Erwerbs ist die Zuordnung von Form und Funktion, d.h. im gegebenen Fall von Lokalisierungsausdruck und Bedeutung. Um eine solche Zuordnung vornehmen zu können, müssen Lerner den zielsprachlichen Input verarbeiten. Dabei können sie sich auf folgende Wissensbestände stützen: a) Wissen über die muttersprachlichen Mittel der Lokalisierung und deren syntaktische Eigenschaften, b) Wissen über die Bedeutung dieser Mittel und die durch sie ausgedrückten räumlichen Konzepte, c) Wissen über die spezifischen Verwendungsbedingungen dieser Ausdrücke, d.h. Wissen über die Konstellationen, auf die sie angewendet werden können, d) Wissen über die Kontextabhängigkeit von insbesondere deiktischen Ausdrücken, deren Interpretation von der Position und Orientierung des Sprechers/Hörers im Raum abhängt (z.B. *hier/da/dort, rechts/links*) und e) Weltwissen zu Gestalt, Größe und Funktion von Objekten und typischen Objektkonfigurationen (Becker & Carroll 1997).

Somit besteht die Ausgangsbasis des Erwerbsprozesses, der 'initial state', im Wissen über die Form-Funktions-Zuordnung in der Erstsprache. Dieses Wissen kann bei der Analyse der zielsprachlichen Lokalisierungsausdrücke eingesetzt werden. Allerdings stellt es – wie oben bereits erwähnt – nur eine grobe Orientierungshilfe dar, da das ‚Gewicht' bestimmter Konzepte sich von Sprache zu Sprache unterscheidet, bestimmte Konzepte in einer Sprache differenzierter ausgedrückt werden als in einer anderen und sich die Verwendungsbedingungen auch semantisch ähnlicher Ausdrücke typischerweise nicht decken. Zudem können sich die Wortarten, durch die räumliche Information enkodiert wird, zwischen Sprachen unterscheiden.

Neben dieser Wissensbasis spielen Eigenschaften des Inputs eine zentrale Rolle. Im ungesteuerten Erwerb, in dem die Verarbeitung von geschriebener Sprache von nachgeordneter Bedeutung ist, besteht der Input aus Schallwellen und paralleler Kontextinformation (Klein 1991). Die erste Aufgabe des Lerners besteht in der Segmentierung des Lautstroms und der phonologischen Diskriminierung von Formen. Räumliche Präpositionen sind oft kurze, typischerweise unbetonte Wörter in wenig salienter Position. Dies kann die Diskriminierung von Formen und die Herstellung von Bedeutungsoppositionen erschweren, z.B. bei engl. *in/on* (in/auf) oder dt. *auf/aus.* Hinzu kommen Unterschiede in den phonologischen Systemen von Ausgangs- und Zielsprache, die die Wahrnehmung und Produktion zielsprachlicher Minimalpaare behindern, z.B. im Falle von frz. *au-dessus de* (über) vs. *au-dessous de* (unter). Ebenso zentral ist die Verarbeitung der parallelen Kontextinformation. Ein Lerner muss die Bedeutung eines Lokalisierungsausdrucks aus der Bandbreite der räumlichen Konstellationen ableiten, auf die der Ausdruck angewandt wird. Hört ein Lerner Lokalisierungen wie *die Tasse steht im Schrank, hier ist ein Haar in der Suppe, ich habe den Schirm im Auto vergessen,* kann er – so sein Lexikon ausreichend ist – zu dem Schluss gelangen, dass *in* das Enthaltensein in einem Innenraum ausdrückt. Sehr viel schwieriger ist es aber beispielsweise im Falle von *an*, den ‚gemeinsamen Nenner' für Konstellationen wie *das Hotel ist am Bahnhof, der Spiegel kommt an die rechte Wand, sie sitzt wieder am Schreibtisch* zu finden.

Wie einfach oder schwer eine Form-Funktions-Zuordnung vorgenommen werden kann, hängt auch vom Verarbeitungsaufwand ab, den das Verstehen eines Lokalisierungsausdrucks erfordert. Um eine Lokalisierung wie *der Hund liegt rechts von dem Baum, vor dem Baum* zu interpretieren, muss nicht nur die relative Position von Hund und Baum berücksichtigt werden, sondern auch die Perspektive des Sprechers auf die räumliche Konstellation. Es muss also mehr Information verarbeitet werden als bei einer Lokalisierung wie *der Hund liegt auf dem Sofa.*

5.3. Die universale Strukturierung von Raum

Wie generell in konzeptorientierten Ansätzen wurde im ESF-Projekt davon ausgegangen, dass es elementare universale Konzepte gibt, die in allen Sprachen – wenn auch in unterschiedlicher Weise – einen Ausdruck finden und die Sprechern aller Sprachen zugänglich sind.[4] So liegt der Konzeptualisierung von Raum im Alltagsdenken universal ein dreidimensionaler Anschauungsraum zugrunde (s. Becker 1994):

- Der Anschauungsraum besteht aus räumlich zusammenhängenden Orten, die über Objekte, die die Orte einnehmen, fassbar werden.

---

[4] Ob sich diese Annahme halten lässt, sei dahingestellt. Inwieweit Sprache die Ausbildung kognitiver Kategorien (mit-)bestimmt, ist eine offene Frage (Levinson & Wilkins 2006). Bei der Analyse der in Frage stehenden Lernerdaten hat sich die Vorgehensweise jedoch bewährt.

- Der Anschauungsraum hat eine topologische Struktur[5]: Wird ein Ort (bzw. das von ihm eingenommene Objekt) als begrenzt vorgestellt, dann eröffnet sich die Vorstellung einer räumlichen ,Nachbarschaft' dieses Ortes. Ein anderer Ort (wieder identifiziert über ein Objekt) kann ganz oder teilweise in diesem Ort oder in seiner Nachbarschaft enthalten sein.
- Der Anschauungsraum ist in drei Dimensionen gegliedert: die Oben-Unten-Dimension, dieVorn-Hinten-Dimension und die Rechts-Links-Dimension.
- Ferner werden bestimmte Orte als Kontinuum vorgestellt, als ,Weg' von einem Ausgangsort zu einem Zielort.
- Einen herausragender Ort im Raum stellt die „Origo" (Bühler 1934) dar, die mit der Position des Sprechers (seltener des Hörers oder einer dritten Entität) gegeben ist. Die Dimensionen werden im Prinzip relativ zur Origo festgelegt.

5.4. Die für Lokalisierungen relevanten räumlichen Konzepte

Voraussetzung für die Planung der Datenerhebung und die Analyse der Lernerdaten ist die Erfassung der für Lokalisierungen relevanten Konzepte.

Zunächst einmal ist der Begriff der Lokalisierung konzeptuell zu fassen. Eine Lokalisierung wie *das Buch liegt auf dem Tisch* bestimmt den Ort eines zu lokalisierenden Objekts (im Beispiel: das Buch) relativ zum Ort eines zweiten Objekts (im Beispiel: der Tisch). Das zu lokalisierende Objekt stellt das Thema, das Objekt, relativ zu dem die Lokalisierung erfolgt, das Relatum dar. Das Relatum ist typischerweise eine leicht zu identifizierende Entität, deren Position dem Hörer bekannt ist. Durch die Verwendung der Präposition *auf* im obigen Beispiel wird die Suchdomäne weiter eingeschränkt. Das Thema wird einem Teilraum des Tisches, seinem ,Auf-Raum' zugeordnet. Damit besteht eine Lokalisierung aus drei Komponenten: dem Thema, dem Relatum und der räumlichen Relation zwischen den beiden Entitäten. Die Raumrelation wird dadurch etabliert, dass ein Teilraum des Relatums spezifiziert und das Thema diesem Teilraum zugeordnet wird.

---

[5] Der Begriff ,topologisch' geht auf die mathematische Topologie zurück. In der Topolgie geht es um die Abbildung von Punktmengen unter Wahrung bestimmter Zusammenhangsverhältnisse. Man stelle sich Punktmengen auf elastischem Material vor. Bei Verformung bleiben bestimmte Eigenschaften erhalten, z.B. innere Punkte bleiben innere Punkte, benachbarte Punkte bleiben benachbart. Geometrische Eigenschaften und Größeneigenschaften werden bei dieser Betrachtung ausgeblendet.

Man kann zwischen statischen und dynamischen Lokalisierungen unterscheiden. Bei statischen Lokalisierungen nimmt ein Thema für einen bestimmten Zeitraum eine bestimmte Position im Raum ein. Bei dynamischen Lokalisierungen findet dagegen eine Ortsveränderung von einem (oft impliziten) Ausgangsort zu einem Zielort statt, das Thema bewegt sich oder wird bewegt.

Weiterhin sind die Teilräume des Relatums, relativ zu denen die Lokalisierung des Themas erfolgen kann, zu bestimmen. Entsprechend der oben dargestellten Konzeptualisierung des Wahrnehmungsraums können zwei Arten von Raumrelationen unterschieden werden: topologische und dimensionale (auch ‚projektive' genannt). Die topologische Struktur des Raums kann als elementar betrachtet werden.

Durch die topologische Strukturierung des Raums ergeben sich folgende Teilräume:

- ein Innenraum
- eine Begrenzung des Innenraums, ein Rand (typischerweise die äußere Fläche des Relatums)
- ein durch diese Begrenzung konstituierter Außenraum
- und eine ebenfalls durch die Begrenzung eröffnete Nachbarschaft/Peripherie, eine Art Einflussbereich des Relatums

Schematisch können die Teilräume folgendermaßen dargestellt werden:

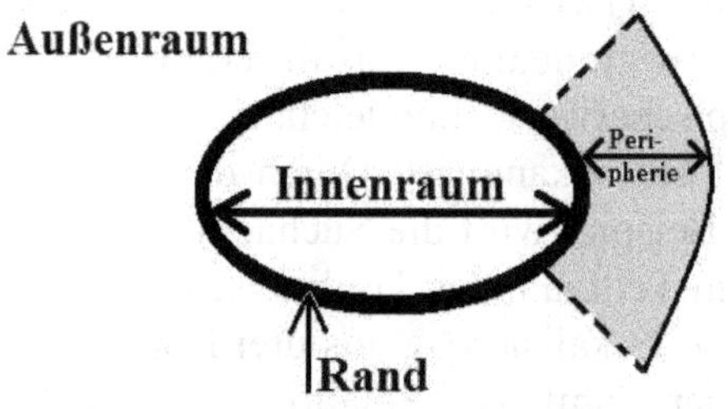

Zuordnung zum/zur
- Innenraum: *in, drinnen*
- Außenraum: *draußen*
- Rand: *auf, an*
- Peripherie: *bei*

Abb. 1. Topologische Teilräume

Einige Sprachen bieten auch die Möglichkeit einer teilraumunspezifischen Lokalisierung relativ zum Eigenort des Relatums, so Spanisch (*en*) und Türkisch (*-DE*) (s. die Beispiele zum Türkischen in Abschnitt 2). Eine solche neutrale Relation existiert auch im Französischen (*à*) und im Englischen (*at*), wobei aber deutlich stärkere Restriktionen als im Spanischen und Türkischen vorliegen. Eine vergleichbare Möglichkeit der teilraumneutralen topologischen Lokalisierung ist im Deutschen nicht gegeben.

Für die topologische Strukturierung in Teilräume spielen Objekteigenschaften wie etwa asymmetrische Seiten eines Objekts oder die Betrachterperspektive auf Objekte keine Rolle.

Dies gilt nicht für dimensionale Teilräume, die über drei privilegierte Richtungen, die Vertikale (Oben-Unten-Richtung), die Transversale (die Vorn-Hinten-Richtung) und die Laterale (Rechts-Links-Richtung), bestimmt werden. Die besondere Bedeutung dieser drei Richtungen hat vermutlich anthropozentrische Gründe, etwa die aufrechte Haltung des Menschen und die Erfahrung der Schwerkraft (Vertikale) oder die Vorn-Hinten-Asymmetrie des Körpers und die Standardbewegungsrichtung (Transversale) (Lyons 1977). Die Rechts-Links-Richtung ist konventionell über die Position des Herzens bestimmt. Ein dreidimensional rechtwinkliges Koordinatensystem kann in jedem Objekt verankert werden:

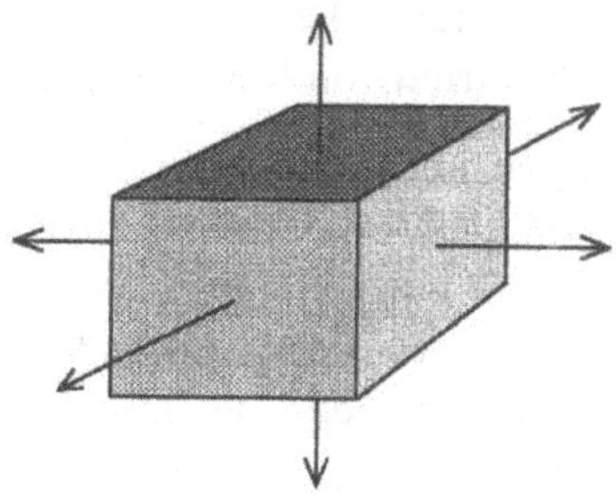

Abb. 2. Verankerung der Koordinatenachsen

Über die Achsen lassen sich dann obere/untere, vordere/hintere und rechte/linke Teilräume ausgrenzen. Die Zuordnung dimensionaler Teilräume zu Objekten setzt allerdings deren Orientiertheit voraus. Bestimmte, aber nicht alle, Objekte haben eine ‚intrinsische' Orientierung. Relativ unproblematisch ist bei vielen Entitäten die Bestimmung der Oben-Unten-Orientierung, die sich bereits aus der kanonischen Lage des Objekts ergibt, wie etwa bei der Oberseite eines Tisches oder eines Hauses. Schwieriger ist die Bestimmung der Vorn-Hinten-Ausrichtung. Objekte wie etwa ein Schrank oder ein Auto haben – aufgrund gestaltmäßiger Asymmetrien und funktionaler Eigenschaften – eine intrinsische Vorder- und Rückseite. Bei Objekten wie einem Baum oder einem Ball ist dies nicht gegeben. Hier muss die Vorne-Hinten-Orientierung „extrinsisch“ festgelegt werden, und zwar über die Origo. Die Vorn-Hinten-Ausrichtung der Origo, die in der Regel durch den Sprecher gegeben ist, wird auf das Relatum übertragen.[6] Um also die Position eines Objekts zu bestimmen, das beispielsweise *vor einem Baum* liegt, muss die Position des Sprechers und seine Perspektive auf den Baum in Rechnung gestellt werden.

5.5. Die Erhebung der Daten

Die Datenerhebungsformen sollten folgenden Ansprüchen genügen:

- Von allen Lernern sollte eine ausreichende und vergleichbare Menge von Lokalisierungen zu verschiedenen Entwicklungszeitpunkten erhoben werden.
- Es sollte – soweit wie möglich – kontrollierbar sein, was ein Lerner mit einem bestimmten Lokalisierungsausdruck ausdrücken will.
- Die Datenerhebung sollte räumliche Konstellationen einbeziehen, die das oben beschriebene Spektrum von Raumrelationen abdecken.

Diese Anforderungen konnten nur dadurch eingelöst werden, dass Daten gezielt elizitiert wurden. Die Datenelizitierung sollte in Diskursaktivitäten eingebettet sein. Diese mussten einerseits so gesteuert sein, dass die Vergleichbarkeit der Daten und die erforderliche Datenbreite garantiert war. Andererseits sollten die Lerner bei der Bewältigung der Aufgaben aber auch einen gewissen Freiraum haben, damit deutlich werden konnte, wie Bedeutung im Diskurs konstruiert wird.

In die Analyse wurden zwei Typen von Daten einbezogen, Kerndaten und komplementäre Daten. Die Kerndaten wurden im Rahmen von zwei Aktivitäten erhoben, einer sog. ‚Regieanweisungsaufgabe' und einer Bildbeschreibung. Beide Aufgaben hatten speziel das Ziel, Lokalisierungen zu elizitieren. Als komplementäre Daten wurden weitere Erhebungsformen herangezogen, die in erster Linie anderen Untersuchungsbereichen dienten, etwa Filmnacherzählungen, Wegbeschreibungen oder Konversationen. Bei der Erhebung der Kerndaten wurde folgendermaßen vorgegangen:

a) Regieanweisung:

Die Regieanweisungsaufgabe ist eine Art Rollenspiel. Dem Lerner wurde von einem Mitglied des Untersuchungsteams eine kurze stumme Szene vor-

[6] Wie diese Übertragung im Einzelnen erfolgt, ist in Becker (1994) ausgeführt.

gespielt. In dieser Szene bewegte sich diese Person im Raum an verschiedene Orte und veränderte dabei die Position von Objekten. Der Lerner wurde dann aufgefordert, einer dritten Person, die die Szene (vermeintlich) nicht kannte, Anweisungen derart zu geben, dass diese die Szene genau nachspielen konnte. Der Lerner fungierte also als eine Art Regisseur, der die Bewegungen der Person im Raum und deren sonstige Handlungen lenkte. Die Szenen hatten einen kleinen Plot, so dass sie einfach nachzuvollziehen und zu memorieren waren. Der Plot wurde über die drei Zyklen etwas variiert, um Trainingseffekte zu vermeiden. Eine der Szenen hatte beispielsweise folgenden Inhalt: Die Person betritt den Raum. Sie trägt zwei Taschen. Sie geht zu zwei nebeneinander stehenden Stühlen und stellt eine der Taschen zwischen die Stühle. Dann geht sie zu einem Tisch und setzt sich. Die zweite Tasche stellt sie neben sich. Sie nimmt eine Zeitung aus der Tasche, öffnet sie und liest. Auf dem Tisch befindet sich ein Aschenbecher. Die Person verdeckt den Aschenbecher mit der Zeitung und steckt ihn in ihre Tasche, d.h. sie stiehlt den Aschenbecher. Dann steht sie auf, nimmt ihre Tasche, geht zu den Stühlen, nimmt ihre zweite Tasche und verlässt den Raum.

Das Vorführen der Szene dauerte etwa drei Minuten, das Nachspielen etwa 15 Minuten. Im Hintergrund war ein drittes Mitglied des Aufnahmeteams anwesend, das eingreifen konnte, wenn der Lerner Teile der Szene falsch erinnert oder vergessen hatte. Das Spiel wurde auf Video aufgenommen. Die Lerner wurden angewiesen, bei den Instruktionen keine Gestik einzusetzen. Dieser Aufforderung konnten aber Lerner auf sehr einfachen Lernniveaus nicht immer nachkommen.

b) Bildbeschreibung:

In der Regieanweisungsaufgabe steht die Bewegung von Personen im Raum und damit verbunden die Manipulation von Objekten im Mittelpunkt. Die Wahl von Thema und Relatum sowie die Spezifizierung der Raumrelationen ist durch den szenischen Ablauf weitgehend vorgegeben. In der Bildbeschreibungsaufgabe standen dem Lerner dagegen mehr Optionen offen, räumliche Konstellationen auf dem Bild zu beschreiben. Bestimmte Strategien und erwerbsspezifische Präferenzen sollten so deutlicher zu Tage treten. Außerdem war die Bildbeschreibungsaufgabe so angelegt, dass der Untersuchungsleiter und der Lerner das Bild nicht gemeinsam einsehen konnten, es also keinen gemeinsamen visuellen Kontext bei der Beschreibung gab.

Die Lerner wurden aufgefordert, die auf dem Bild abgebildeten Szenen so genau und vollständig wie möglich zu beschreiben. Die Bildvorlage sollte so gewählt werden, dass möglichst viele Lokalisierungen relativ zu möglichst unterschiedlichen Raumkonstellationen erhoben werden konnten. Beispielsweise wurde ein Bild aus einer Bilderserie[7] gewählt, das in naiver Malweise den innerstädtischen Bereich einer idyllischen Kleinstadt zeigt mit einem zentralen Platz und davon abgehenden Straßen, durchflossen von einem kleinen Bach. Der Platz und die Straßen werden von Häusern gesäumt, in denen sich Restaurants, Cafés, Läden und Handwerksbetriebe befinden. Überall sieht man Personen, die bestimmten Beschäftigungen nachgehen. Der Lerner sollte die Objekte und Personen auf dem Bild so genau lokalisieren, dass der Untersuchungsleiter sie auf seiner Vorlage identifizieren konnte. Um die Genauigkeit der Beschreibung zu erhöhen, wurde ein weiteres Verfahren ausgetestet, das sich gut bewährt hat. Dem Lerner wurden zwei Bilder der Bilderserie vorgelegt, die im Prinzip dieselbe Szene abbilden. Auf dem zweiten Bild haben jedoch eine Reihe markannter Veränderungen stattgefunden (ein Haus wurde abgerissen, ein Geschäft hat geschlossen usw.). Dem Untersuchungsleiter lag nur das erste der beiden Bilder vor.

5.6. Einschätzung der Erhebungsverfahren

Positiv kann gesagt werden, dass es im Großen und Ganzen gelungen ist, für verschiedene Entwicklungszeitpunkte eine ausreichende Menge an Lokalisierungsausdrücken zu erheben. Die Typen von Aufgabenstellungen haben sich im Prinzip bewährt. Negativ ist anzumerken, dass man die Aufgaben noch stärker hätte strukturieren und kontrollieren können und sollen. Jede Variation über die drei Zyklen hinweg hätte vermieden werden sollen. Bei Lokalisierungen spielen oft vermeintlich kleine Unterschiede in Objektkonstellationen, z.B. Gestalt- und Größeneigenschaften oder Funktionen der beteiligten Objekte, eine wichtige Rolle. Dies wurde bei der Aufgabenplanung zum Teil unterschätzt. Auch hätten die Vorgehensweisen der Teams stärker aufeinander abgestellt werden müssen. Es wurden nicht immer dieselben Impulse (gleiche Szenen, gleiche Bildvorlagen) verwendet, was die Vergleichbarkeit erschwert hat. Allerdings muss man auch

---

7 Es handelte sich um eine Bilderserie von Jörg Müller (1976): „Hier fällt ein Haus, dort steht ein Kran, und ewig droht der Baggerzahn oder Die Veränderung der Stadt". Aarau, Frankfurt/Main: Verlag Sauerländer.

bedenken, dass das Projekt in der ‚Steinzeit' der medialen Kommunikation stattfand: Unterlagen wurden noch per Post verschickt, Absprachen fanden – abgesehen von regelmäßigen Treffen – am Telefon statt. Generell ist es bei Untersuchungen dieser Art empfehlenswert, Pretests durchzuführen, und aufgrund der dabei gewonnenen Erkenntnisse die Vorgehensweisen rigide festzulegen.

5.7. Ergebnisse[8]

Bedauerlicherweise wurden nicht alle Ausgangs-/Zielsprachenkombinationen in die Analyse einbezogen. Die folgende knappe Darstellung der Ergebnisse berücksichtigt nur die Zielsprachen Deutsch, Englisch und Französisch. Dabei soll zunächst auf die Entwicklung von der Frühstufe des Erwerbs bis zum Erwerbsniveau der Basisvarietät, einer einfachen aber sehr funktionstüchtigen Lernervarietät[9], eingegangen werden. Anschließend wird der Ausbau dieser einfachen Varietät – unter Bezug auf die entwicklungsbestimmenden Faktoren – kurz skizziert und an Beispielen illustriert.

5.7.1. Von den Anfängen zur Basisvarietät

Die frühen Lernervarietäten weisen unabhängig von Ausgangs- und Zielsprache einen hohen Grad an Übereinstimmung auf. Das Vorgehen bei Lokalisierungen scheint generelle Präferenzen kognitiver, perzeptueller und funktionaler Art abzubilden. Alle Lerner suchen nach Mitteln, um a) die Bewegung von Personen und Objekten im Raum und die Richtung der Bewegung auszudrücken und b) eine elementare topologische Strukturierung des Raums vorzunehmen.

Beim Ausdruck von Bewegung orientieren sich die Lerner an der für die Zielsprache typischen Verpackung der Information (Talmy 1985, Slobin 1997). Lerner einer *satellite-framed* Sprache wie Deutsch, in der die Richtung durch *Satelliten* wie trennbare Verbpartikel oder Richtungspräpositionen und -adverbien angegeben wird, greifen Elemente wie *weg/raus, rechts/links*, *zu* auf, teilweise kombiniert mit einem neutralen Bewegungs-

---

8 Eine ausführliche Darstellung der Ergebnisse findet sich in Becker & Carroll (1997) und in Carroll et al. (1993).

9 Struktureigenschaften der Basisvarietät werden umfassend in Klein & Perdue (1997) dargestellt.

verb wie *kommen*, dessen deiktische Implikationen noch nicht erkannt sind. Lerner einer *verb-framed* Sprache wie Französisch, in denen die Spezifizierung der Richtung im Verbstamm enthalten ist, integrieren erste entsprechende Verbformen wie *sorti*, abgeleitet von *sortir* (weggehen) oder *arrive*, abgeleitet von *arriver* (ankommen) in ihr Lexikon. Der Ausdruck von Bewegung und Richtung hat einen deutlichen Vorsprung vor dem Ausdruck von Lokalisierungsrelationen.

Die ersten Lokalisierungen von Entitäten erfolgen bei allen Lernern relativ zu zwei Bezugsorten: dem (Eigen-)Ort des Relatums und dem Ort des Sprechers.

Die Zuordnung zum Ort des Relatums erfolgt zunächst ohne Teilraumspezifizierung: Es wird einfach durch ein Nomen bzw. eine NP auf das Relatum referiert (z.B. *die tasche die stuhl* ≈ stell die Tasche neben den Stuhl) oder es wird eine teilraumneutrale Präposition eingesetzt, z.B. frz. *avec* (mit). Hispanische Lerner des Französischen setzen auch die muttersprachliche Form *en* (Zuordnung zum Eigenort) ein, die ein formales – allerdings von der Bedeutung her recht unterschiedliches – Pendant im frz. *en* hat. Die spezielle Rolle des Sprecherortes zeigt sich in der Verwendung von deiktischen Adverbien wie dt. *da*, frz. *là* oder engl. *there*, die in allen Ausgangs-/Zielsprachenkombinationen belegt ist. In den Regieanweisungen werden sie oft verbunden mit Zeigegesten eingesetzt.

Die erste topologische Differenzierung manifestiert sich in der Lokalisierung relativ zum Eigenort des Relatums vs. einer Lokalisierung relativ zur Nachbarschaft des Relatums. Dabei werden die transparenten Formen *seite/side/côté* eingesetzt. Dies bringt Lerner des Französischen bereits nahe an die zielsprachliche Form *à côté de* (bei, neben). Auch Lerner des Englischen können in der Folge auf *side* aufbauen (*beside:* bei, neben), während Lerner des Deutschen nach anderen Lösungen suchen müssen.

Damit haben die Lerner ein einigermaßen funktionstüchtiges, wenn auch stark kontextabhängiges System etabliert. Es bildet die Ausgangsbasis für die weitere Entwicklung.

5.7.2. Jenseits der Basisvarietät

In der weiteren Entwicklung werden zum einen die Mittel zum Ausdruck von Bewegung und Richtung weiter ausgebaut. Zum anderen arbeiten die Lerner an Lokalisierungen relativ zu topologischen und dimensionalen Teilräumen. Da die Verarbeitungskapazität – besonders in frühen Phasen –

begrenzt ist, kann diese Aufgabe nur schrittweise angegangen werden. Die Aufmerksamkeit ist immer nur selektiv auf bestimmte Bereiche der Erwerbsaufgabe fokussiert. Eine für alle Ausgangs- und Zielsprachenkombinationen gültige Entwicklungsabfolge lässt sich dabei nicht mehr erkennen. Vielmehr ist der weitere Ausbau der jeweiligen Lernersysteme durch eine Reihe interagierender Faktoren bestimmt. Als zentral können einerseits formbezogene Faktoren und andererseits konzeptuelle Faktoren betrachtet werden:

a) Formbezogene Faktoren:

- Formen werden dann früh aufgegriffen, wenn es phonologisch ähnliche Formen in der Ausgangs- und Zielsprache gibt, bei denen nach erster Analyse der Verwendungsbedingungen eine Bedeutungsgleichheit oder zumindest Bedeutungsähnlichkeit vermutet werden kann. Italienische Lerner des Deutschen sind in dieser Hinsicht in einer idealen Position beim Erwerb von ital./dt. *in*, das dann auch als erste zielsprachliche topologische Präposition aufgegriffen wird. Im Prinzip sind italienische Lerner des Englischen in einer ähnlichen Ausgangslage, aber sie stehen vor dem Problem der lautlichen Differenzierung zwischen *in* (in) vs. *on* (auf, an), was die Analyse erschwert und verzögert. Eine vermeintliche Ähnlichkeit von ausgangs- und zielsprachlichen Formen kann den Erwerb befördern, kann aber auch in die Irre führen. Hispanische Lerner des Französischen halten lange die irrige Hypothese aufrecht, dass frz. *en* ebenso wie span. *en* eine Zuordnung zum Eigenort des Relatums ausdrückt. Im nächsten Schritt wenden sie sich der Zuordnung zum Innenraum durch Formen wie [dantr]/[dantro] zu, Mischformen zwischen span. *dentro (de)* (in) und frz. *dans* (in). Ihre Aufmerksamkeit wird dann durch die Differenzierung der Anwendungsbedingungen von *en* vs. [dantr]/[dantro] gebunden. Probleme bei der lautlichen Diskriminierung wirken sich durchgängig erwerbsbehindernd aus. Allen Lernern des Französischen fällt die Diskriminierung zwischen [y] und [u] schwer, was die Unterscheidung zwischen *sur/sous* (auf, unter) ebenso wie von *au-dessus de/au dessous de* (über/unter) behindert und die notwendige Analysezeit für die Zuordnung zum Rand und entlang der Vertikalen ausdehnt.
- Alle Lerner greifen zunächst semantisch transparente Formen auf. So verwenden Lerner des Deutschen – nachdem die frühe Form *seite* aufgegeben ist – die Ausdrücke *nahe/nähe* zur Lokalisierung eines Themas in der Nachbarschaft eines Relatums. Lerner des Englischen setzen bei

ihrer Analyse achsenbezogener Lokalisierungsausdrücke bei den transparenten Formen *top/bottom/front/back* (≈ oberer/unterer/vorderer/hinterer Ausschnitt eines Relatums) an, d.h. sie gehen dimensionale Lokalisierungen ‚in einem Zug' an. Das Deutsche bietet Lernern beim Ausdruck projektiver Relationen keinen vergleichbar transparenten Zugang. Entsprechend werden von Lernern des Deutschen dimensionale Relationen schrittweise angegangen, beginnend mit der Vertikalen. Dazu werden – möglicherweise aufgrund ihrer Salienz – die adverbialen Ausdrücke *oben/unten* eingesetzt, die in den Lernervarietäten auch präpositional verwendet werden.

b) Konzeptuelle Faktoren:

- Die Ähnlichkeit bzw. Unterschiedlichkeit der Konzeptualisierung von Raumrelationen in der Ausgangs- und Zielsprache wirkt sich entscheidend auf die Erwerbsabfolge und das Erwerbstempo aus. Lerner, deren Ausgangssprache breite Möglichkeiten der Zuordnung zum Eigenort bieten, wie Türkisch und Spanisch, haben große und lang anhaltende Schwierigkeiten, die in den Zielsprachen Deutsch und Französisch erforderlichen Differenzierungen nach Innenraum und Rand auszuarbeiten. Zudem gibt es im Türkischen und Spanischen keine Ausdrücke, die eine Zuordnung zum Rand eines Relatums leisten. Sind Thema und Relatum vertikal angeordnet, kann die Lokalisierung durch einen vertikalbezogenen Ausdruck erfolgen (span. *sobre/encima de*, türk. *üst-/üzer-*). Dabei spielt es keine Rolle, ob das Thema auf dem Relatum aufliegt (wie im Falle eines Buchs auf dem Tisch) oder sich vertikal in Distanz zu ihm befindet (wie im Falle eines Flugzeugs über einem Berg). Lerner mit diesen Ausgangssprachen benötigen sehr viel Analysezeit, um die ganz andere Raumstrukturierung in den Zielsprachen zu erkennen.
- Ein weiterer Faktor ist mit der Einfachheit oder Schwierigkeit gegeben, aus den Raumkonstellationen, auf die eine Form angewandt wird, die Grundbedeutung abzuleiten. Bei der Zuordnung zum Rand hat Deutsch mit *auf* vs. *an* eine typologisch ungewöhnliche Differenzierung. Die Konstellationen, auf die *an* angewandt wird, unterscheiden sich stark. Alle Lerner dehnen die Bedeutung von *auf* auf alle randbezogenen Lokalisierungen aus. Beispielsweise wird die Konstellation eines Bildes an einer Wand durch *auf* beschrieben. Die Form *an* tritt im Beobachtungszeitraum bei keinem der Lerner auf (Becker & Carroll 1997).
- Schließlich wird die Erwerbsabfolge durch die Komplexität der Verarbeitung einer Raumrelation bestimmt. Im Prinzip sind topologische Re-

lationen leichter zu verarbeiten als projektive Relationen, da diese die Berücksichtigung der Perspektive voraussetzen. Von den drei Achsen des Koordinatensystems wiederum ist die Vertikale am einfachsten zu etablieren. Daraus ergibt sich im Prinzip die Abfolge

topologische Relationen > dimensionale Relationen
vertikale Relationen > laterale und transversale Relationen

Beim Erwerb intervenieren aber alle oben genannten Faktoren, die diese Abfolgen überspielen können. Italienische Lerner des Deutschen setzen tatsächlich bei der Vertikalen an, während sich die Auseinandersetzung mit der Vertikalen bei Lernern mit Türkisch als Muttersprache aufgrund der unterschiedlichen Strukturierung des Raums verzögert. Italienische Lerner des Englischen greifen die transparenten Formen *top/bottom/front/back* gleichermaßen früh auf, tun sich aber schwer damit, dieses an intrinsischen Teilräumen orientierte System zu überwinden und abstraktere vertikale Relationen auszudrücken, wie sie durch *over/under* (über/unter) geleistet werden.

Die Bedeutung des Faktors Verarbeitungsaufwand äußert sich auch in anderer Weise. So werden Lokalisierungen relativ zum Vorbereich eines Relatums zunächst nur vorgenommen, wenn das Relatum intrinsisch orientiert ist, wie etwa bei einem Auto, einem Schrank oder einem Haus. Lokalisierungen relativ zu rechten/linken Teilräumen sind bis zum Schluss selten, obwohl die Lerner die relevanten Ausdrücke wie dt. *rechts/links* von früh an zur Spezifizierung von Bewegungsrichtungen einsetzen.

Am Ende des Beobachtungszeitraums haben die fortgeschrittenen Lerner mit relativ schnellem Erwerbstempo zumindest einen Lokalisierungsausdruck für Zuordnungen zu allen relevanten Teilräumen entwickelt, wenn man von der kommunikativ weniger notwendigen Zuordnung zum Außenraum einmal absieht. Das Ausdrucksrepertoire der Lerner des Deutschen erlaubt eine Zuordnung zum Innenraum (*in*), zum Rand (*auf*), zur Peripherie (*nahe/nähe*), zu oberen/unteren Teilräumen (*oben/unten*), rechten/linken Teilräumen (*rechts/links*) und vorderen/hinteren Teilräumen (typischerweise: *vorne/nach*). Die getroffene Auswahl aus den zielsprachlichen Mitteln ist motiviert und die Lerner können sich damit – zumindest im situativen Kontext – verständlich machen. Allerdings ist der Weg zum zielsprachlichen System noch weit. Vielfach sind Wortartenbeschränkungen nicht erkannt, bestimmte wichtige zielsprachliche Ausdrücke sind noch gar nicht in das Lernersystem integriert, feinere semantische Differenzierungen wie etwa zwischen *auf/an* oder *under/below* (unter(halb)) fehlen noch völlig.

6. Desiderata

Die Untersuchung des Erwerbs von Lokalisierungsausdrücken durch erwachsene Lerner hat ein – wenn auch kleines – Fenster auf das Potential des menschlichen Sprachlernvermögens eröffnet. Zwar konnten im ESF-Projekt Hypothesen zu Erwerbsverläufen und deren Bedingungen entwickelt werden, aber zahllose Fragen sind noch offen. Ihnen sollte in zukünftigen Untersuchungen nachgegangen werden, die methodisch strengere Kriterien anlegen, kleinteiligere Fragestellungen verfolgen und eine speziell auf Unterschiedlichkeit bzw. Ähnlichkeit der Raumstrukturierung abgestellte Wahl von Ausgangs- und Zielsprache vornehmen. In der kognitiv orientierten Linguistik wurden in jüngerer Zeit wichtige Erkenntnisse zur unterschiedlichen Strukturierung von Raum in Sprachen gewonnen, auf die aufgebaut werden kann (z.B. Levinson & Wilkins 2006). Im Vergleich mit Untersuchungen zu Lokalisierungen im Erstspracherwerb weist die entsprechende Zweitspracherwerbsforschung noch einen deutlichen Rückstand auf.

7. Literatur

Ahrenholz, Bernt (1998): *Modalität und Diskurs. Instruktionen auf Deutsch und Italienisch. Eine Untersuchung zum Zweitspracherwerb und zur Textlinguistik.* Tübingen: Stauffenburg.

Bardovi-Harlig, Kathleen (2000): *Tense and aspect in second language acquisition: Form, meaning and use.* Oxford: Blackwell.

Bardovi-Harlig, Kathleen (2007): One functional approach to second language acquisition: The concept-oriented approach. In VanPatten, Bill & Williams, Jessica (eds.): *Theories in second language acquisition. An introduction.* New York, London: Routledge, 57–75.

Becker, Angelika (1994): *Lokalisierungsausdrücke im Sprachvergleich. Eine lexikalisch-semantische Analyse von Lokalisierungsausdrücken im Deutschen, Englischen, Französischen und Türkischen.* Tübingen: Niemeyer.

Becker, Angelika & Carroll, Mary (1997): *The acquisition of spatial relations in a second language.* Amsterdam, Philadelphia: John Benjamins.

Broeder, Peter (1991): *Talking about people: A multiple case study on adult language acquisition.* Amsterdam, Lisse: Swets & Zeitlinger.

Bühler, Karl (1934): *Sprachtheorie. Die Darstellungsfunktion der Sprache.* Jena: Gustav Fischer.

Carroll, Mary; Becker, Angelika; Bhardwaj, Mangat; Kelly, Ann; Porquier, Rémy & Véronique, Daniel (1993): Reference to space in learner varieties. In Perdue,

Clive & Wolfgang Klein (eds.): *Adult language acquisition: Cross-linguistic perspectives.* Vol. II: The results. Cambridge: CUP, 119–149.

Clahsen, Harald; Meisel, Jürgen & Pienemann, Manfred (1983): *Deutsch als Zweitsprache: Der Spracherwerb ausländischer Arbeiter.* Tübingen: Narr.

Dietrich, Rainer; Klein, Wolfgang & Noyau, Colette (1995): *The acquisition of temporality in a second language.* Amsterdam, Philadelphia: John Benjamins.

Dittmar, Norbert & Terborg, Heiner (1991): Modality and second language learning: A challenge for linguistic theory. In Huebner, Thom & Ferguson, Charles A. (eds.): *Crosscurrents in second language acquisition and linguistic theories.* Amsterdam, Philadelphia: Benjamins, 347–384.

Giacalone Ramat, Anna (1992): Grammaticalization processes in the area of temporal and modal relations. In *Studies in Second Language Acquisition* 14: 297–322.

Giaccobe, Jorge (1993): *Acquisition d'une langue étrangère: Cognition et interaction.* Paris: CNRS Editions.

Klein, Wolfgang (1991): Second language acquisition theory: Prolegomena to a theory of language acquisition and implications for theoretical linguistics. In Huebner, Thom & Ferguson, Charles A. (eds.): *Crosscurrents in second language acquisition and linguistic theories.* Amsterdam, Philadelphia: Benjamins, 169–195.

Klein, Wolfgang (2000): Prozesse des Zweitspracherwerbs. In Grimm, Hannelore (Hrsg.): *Sprachentwicklung* [Enzyklopädie der Psychologie, Themenbereich C, Serie 3, Bd. III]. Göttingen: Hogrefe, 537–570.

Klein, Wolfgang & Dittmar, Norbert (1979): *Developing grammars.* Berlin [u.a.]: Springer.

Klein, Wolfgang & Perdue, Clive (1997): The basic variety, or couldn't natural languages be much simpler? In *Second Language Research* 13 (4): 301–347.

Klein, Wolfgang & von Stutterheim, Christiane (1987): Quaestio und referentielle Bewegung in Erzählungen. In *Linguistische Berichte* 108: 163–183.

Levinson, Stephen C. & Wilkins, David P. (2006): *Grammars of space. Explorations in cognitive diversity.* Cambridge [u.a.].: CUP.

Lyons, John (1977): *Semantics.* Vol. II. Cambridge [u.a.]: CUP.

Ortega, Lourdes (2009): *Understanding second language acquisition.* London: Hodder.

Perdue, Clive (Hrsg.) (1993): *Adult language acquisition: Crosslinguistic perspectives.* 2 volumes. Vol. I: Field methods. Vol. II: The results. Cambridge [u.a.]: CUP.

Salsbury, Tom & Bardovi-Harlig, Kathleen (2000): Oppositional talk and the acquisition of modality in L2 English. In Swierzbin, Bonnie & Morris, Frank (eds.): *Social and cognitive factors in second language acquisition: Selected proceedings of the 1999 second language research forum.* Somerville: Cascadilla Press, 57–76.

Schenning, Saskia & van Hout, Roeland (1994): Dimensional spatial relations in adult language acquisition. In Bok-Bennema, Reineke & Cremers, Crit (eds.): *Linguistics in the Netherlands.* Amsterdam [u.a.]: John Benjamins, 235–246.

Sato, Charlene J. (1990): *The sytax of conversation in interlanguage development.* Tübingen: Narr.

Schumacher, Magdalene & Skiba, Romuald (1992a): Prädikative und modale Ausdrucksmittel in den Lernervarietäten einer polnischen Migrantin: Eine Longitudinalstudie. Teil I. In *Linguistische Berichte* 141: 371–400.

Schumacher, Magdalene & Skiba, Romuald (1992b): Prädikative und modale Ausdrucksmittel in den Lernervarietäten einer polnischen Migrantin: Eine Longitudinalstudie. Teil II. In *Linguistische Berichte* 142: 451–475.

Slobin, Dan Isaac (1997): The universal, the typological, and the particular in acquisition. In Slobin, Dan Isaac (ed.): *The crosslinguistic study of language acquisition.* Volume 5: Expanding the contexts. Mahwah (N.J.), London: Lawrence Erlbaum, 1–39.

Stutterheim, Christiane von (1986): *Temporalität in der Zweitsprache. Eine Untersuchung zum Erwerb des Deutschen durch türkische Gastarbeiter.* Berlin: de Gruyter.

Stutterheim, Christiane von (1997): *Einige Prinzipien des Textaufbaus. Empirische Untersuchungen zur Produktion mündlicher Texte.* Tübingen: Niemeyer.

Stutterheim, Christiane von & Klein, Wolfgang (1986): A concept-oriented approach to second language studies. In Pfaff, Carol (ed.): *First and second language acquisition processes.* Cambridge [u.a.]: CUP, 191–205.

Talmy, Leonard (1985): Lexicalization patterns: semantic structure in lexical form. In Shopen, Timothy (ed.): *Language typology and syntactic description. Grammatical categories and the lexicon.* Cambridge [u.a.]: CUP, 57–149.

Language production under time pressure: insights into grammaticalisation of aspect (Dutch, Italian) and language processing in bilinguals (Dutch-German)

Mary Carroll & Monique Flecken

1. Introduction

1.1. General framework of the study: Situation type and progressive aspect

Empirical studies on factors underlying the use of progressive aspect reveal specific patterns in the segmentation, selection and structuring of information for dynamic situations depicted in selected sets of stimuli (video clips), depending on whether an aspectual perspective is selected on the event or not (v. Stutterheim & Nüse 2003; Carroll, v. Stutterheim & Nüse 2004). In investigating the use of aspect in Dutch, French, and Italian, (Flecken 2011a; Natale 2009; Leclerq 2008; Carroll, Natale & Starren 2008) these studies include situations that are typically viewed as contexts in which an aspectual perspective is likely to be adopted. At the level of verb type, they include so-called 'activities' as expressed by verbs such as 'sing': *they are singing* or 'play': *they are playing* (cf. Vendler 1957; Comrie 1976; Dahl 2000). It is assumed that with event representations of this kind, possible temporal boundaries can be defocused, allowing the speaker to view the situation as 'ongoing' (Comrie 1976; Sasse 2002). Activities are characterised by Smith (1991:45) as follows: "Such events have no goal, culmination or natural final point: their termination is merely the cessation of activity. The stereotypic activity event occurs over an interval: it is homogeneous, with dynamic successive stages and an arbitrary final point". The verbs used to express events of this type are also termed verbs with one time span (see Klein 1994; Klein & Ping Li 2009). If a situation such as 'playing ball' is represented as 'he is hitting a ball', 'to hit' describes an event with two states, or two time spans, since there is a transition from a time span with 'ball not hit' to one where 'ball has been hit'; in this sense verbs of this kind encode a change in state involving two time spans. The contrast between situations involving one versus two states is often a question of perspective, and whether transition points from one state to the other are defocused, as with the situation described as 'she is painting'; however, if it is viewed holistically with mention of the envisaged final state, as in 'she is painting a picture', the existence of entity 'the picture', the effected object, provides a point of reference at which this entity can be viewed as completed or 'accomplished'. Verbs and their arguments have thus to be taken into consideration when investigating how events are represented in aspectual terms (see overview, for example, in Klein & Ping Li 2009).

The cross-linguistic studies reported on here do not start with an analysis of the type of verbs used but with situations, presented in the form of video clips, which profile different dynamic features which may be relevant for the use of progressive aspect. The aim of the cross-linguistic comparisons is to identify the temporal features that attract use of an aspectual perspective at different stages of grammaticalisation, as well as in L2 development, and in a second step to compare verb types and other linguistic means used by speakers, given the specific types of situations they are asked to describe.

The sets of stimuli (video clips showing short dynamic scenes) profile the following situation types and temporal features: (i) 'motion events', +/- endpoint inferable; + endpoint reached (see in detail, v. Stutterheim, Carroll & Klein 2009; v. Stutterheim & Nüse 2003); (ii)'situations with one time span and no change in state' ('activities' such as jogging, singing; i.e., no endpoints, boundaries); (iii) 'situations with two time spans showing a 'change in state' and profiling progression of an action toward a clear target state', (causative actions as in 'building a monument'; 'knitting a scarf'). These situations were varied systematically with respect to features such as +/- homogeneity, as well as duration (long, short) (see Carroll, Natale, Starren 2008; Natale 2009; Flecken 2011a). The different situation types serve in testing whether the means used to express aspect in languages in which this concept is not fully grammaticalised (e.g., Dutch, Italian) have a *progressive* component or not (see in detail below). The present analysis reports on data elicited from native speakers of Dutch as well as early bilingual speakers of Dutch (Dutch-German), based on their responses to the same visual, non-linguistic input.

1.2. Time pressure: enhancing the role of the deictic anchor 'now' in the use of progressive aspect

The relevance of the *deictic now* when talking about events from an aspectual perspective will be illustrated on the basis of English, a language in which progressive aspect is fully grammaticalised (Bybee 1994; Comrie 1976; Dahl 2000). When asked to view a series of video clips and tell 'what is happening' online, all speakers of English use the progressive (be V-*ing*) and thereby typically relate to the segment of the event that holds for the relevant temporal interval given with the *deictic here and now* of the observer/speaker. This leads to a high level of resolution and thereby to phasal segmentation of the motion event (initial, intermediate or terminative phase). In other words, what holds at the time of utterance shapes what is asserted about the event. The crucial feature is phasal decomposition driven by the selection of a perspective whereby the speaker 'zooms in' on what is in progression – at the time of utterance – the *deictic now*. With regard to whether endpoints/boundaries of the event are thereby generally defocused or not, the findings show that there is no preference to defocus endpoints as such; the phase selected depends on what is profiled in the video clip, and what the speaker views as assertable as being the case for the time of utterance. This can be the terminative phase of the event (with an endpoint) or not. Speakers of languages that do not have grammaticalised progressive aspect are more likely to view the event holistically without segmentation, as in German or Norwegian (see v. Stutterheim & Nüse 2003; v. Stutterheim & Carroll 2006).

Languages in which the temporal reference point *now* does not play a significant role in the use of an aspectual perspective, and which also encode a fully grammaticalised perfective/imperfective contrast (event presented as not completed vs. completed), as in Arabic, for example, the 'zooming in' given with the aspectual perspective 'focus on what is ongoing', is more likely to relate to what is generally described as 'being in the midst of', (Heine 1991; Bybee 1994), thereby defocusing boundaries. This falls in line with the *imperfective-perfective contrast* grammaticalised in the language. The concepts circumscribed as *ongoing* and *progression* will be taken up again below in looking closer at the process of grammaticalisation. Bybee, Perkins & Pagliuca (1994: 4) define grammaticalization as the process by which grammatical morphemes gradually develop out of lexical morphemes or combinations of lexical elements with grammatical or lexical elements. The meaning and application of these evolving grammatical morphemes is of greater generality than their original lexical meaning, with use expanding to a wider range of contexts, i.e. a loss of selectional restrictions.

In the current experiment, all stimuli presented to the participants depict events that are evolving online. In the time pressure experiment, the time span given to decide what is happening is reduced from eight to three seconds (see in detail below). This reduction in time narrows the focus and profiles the relevant interval *now* when deciding what can be asserted as being *now the case.* What this reveals for the process of grammaticalisation will be presented in the following for monolingual and bilingual Dutch speakers. Significantly, pre-trials ensured that the time constraint was held above the threshold that would lead to breakdown at the level of formulation. All options selected by the speakers are well formed, as well as acceptable, for the contexts of use, and utterances do not differ in complexity under either condition (see below).

A brief description of the findings for the corresponding time pressure studies for Italian will also be included below (section 5.4.) in order to underline the similarities in the patterns observed in languages in which progressive aspect is not fully grammaticalised. The time pressure study also indicates how processing constraints differ across monolingual and bilingual groups.

1.3. Means to express aspect in Dutch

Studies on aspect in Dutch underline the status of the periphrastic, locative *aan het*-construction as the form which is in the process of grammaticalisation (Boogaart 1991, 1999; Ebert 2000; Krause 2002; van Pottelberge 2004; Booij 2008). This construction, which occurs with *zijn* (to be), has locative elements: *aan het* + infinitive, *at the* + infinitive, as in *een man is viool aan het spelen* 'a man is violin at the play' ('a man is playing the violin'), *een man is de straat aan het vegen* 'a man is the street at the sweep' ('a man is sweeping the street'). Constructions involving posture verbs '*Lotte* ***staat*** *een schilderij* ***te*** *schilderen*' (Lotte stands a painting to paint, 'Lotte is painting a picture') are used to a much lesser extent than *aan het* in tasks in the studies reported on here, since use of posture verb constructions is, at least to some extent, constrained by the physical position of the referent, in contrast to the *aan het*-construction[1] (see in detail Lemmens 2005).

2. Bilingual speakers and language processing

In the present experiment, the term 'early bilingual' refers to highly proficient bilinguals, who acquired both languages in early childhood, i.e., before the age of four, and have been exposed to both languages on a daily basis (see definition in Butler & Hakuta 2004). Many researchers hypothesize that processing in language production tasks in one language of a bilingual differs from monolingual speakers performing tasks in their L1 (cf. Grosjean 2008). This is attributed to the fact that a bilingual speaker may have to deal with possible competition between the two languages at different levels of linguistic processing when performing tasks in one language, and competition will be thus involved in managing cognitive control (see, for example, the Inhibitory Control Model, Green 1998; Abutalebi & Green 2008)[2]

Processing tasks have generally been carried out with late bilinguals (i.e., advanced L2 speakers) with the lexicon as one of the main domains of analysis. Researchers have looked for evidence as to whether lexical items are stored separately, and access to lexical items is thus typically language-selective, or whether there is evidence for some degree of co-activation of items from the other language of the bilingual. However, one must bear in mind that these production studies differ extensively in their degree of complexity and cover word repetition tasks as well as picture naming tasks, for example (see Birdsong 2006). Overall findings reveal that L2 processing, when compared to monolingual language processing, is in a sense 'mediated' by the variables age of acquisition of the L2, proficiency level in the L2, and amount of exposure to the L2, versus the L1 (Birdsong 2006)

1 The overlap between the physical position of an agent referred to and the posture verb as used in the construction is a strong tendency, however not mandatory. In the present data the correspondence is almost always present, though for the *zitten te* construction the restriction seems weaker.

2 There are also numerous studies that address the advantages of bilingualism on tasks that require selective attention; bilinguals' executive control functions are well developed (presumably due to the practice of controlling two language systems), which may lead to benefits in other, non-linguistic tasks (Bialystok 1999; Craik & Bialystok 2006; Costa, Hernandez & Sebastian-Galles 2008).

Green (2003) has proposed that level of proficiency is the most decisive factor in determining what way language is processed by (late as well as early) bilinguals, when compared to monolinguals speaking only one language (production tasks) (Perani & Abutalebi 2005; Abutalebi & Green 2007, 2008). Also, it could be shown that when proficiency in either language increases, this results in a shift from a more controlled to greater automaticity in language processing, as measured at a neuro-anatomical level relating to reduced activity in particular areas of the brain (see Abutalebi & Green 2007). Most behavioural studies on bilingual language production point to the relevance of proficiency for the degree of selectiveness when activating the concepts studied (see overview in Costa 2004).

With respect to studies investigating language-selectiveness in production tasks by late bilinguals (studies of performance on lexical items, taken out of context), some researchers argue that a cue for language selection plays a role at the level of conceptual representation of the planned utterance, leading to activation of concepts in the appropriate language only (e.g., de Bot & Schreuder 1993). If we assume that bilingual speakers have to be selective at some point in conceptualization, since they are performing tasks in only one language[3], this could cause a minor slowdown in conceptual access, when compared to monolingual speakers. Some researchers argue that there is always competing activation of both languages of bilinguals at any level in a linguistic task, as evidenced by phenomena such as cross-language priming (for production tasks involving picture naming see Hermans, Bongaerts, de Bot & Schreuder 2003; for comprehension tasks Dijkstra & van Heuven 2002, on word recognition).

Further studies on early bilinguals with regard to processing in bilingual systems, compared to monolingual speakers (Ameel, Malt, Sloman and van Assche 2009) find that when categorizing and naming objects, early French-Dutch bilinguals display strategies that are in between those of monolinguals of both languages. The study of Hernandez, Bates & Avila (1994) on a sentence processing task also provides evidence for amalgamated processing strategies in early bilinguals. Foursha, Austin and van de Walle (2005) show that the speed of processing in early bilinguals differs from monolinguals, i.e., they report later reaction times on a specific linguistic task.

---

3 The present study disregards contexts of code-switching (see e.g. Milroy & Muysken, 1995).

With regard to the question of possible processing constraints in (late) bilingual performance on linguistic tasks, speed of processing, as a result of a qualitative change in performance, has been empirically investigated from a pedagogical perspective (e.g. Hulstijn 2001; Skehan & Foster 1999), but a discussion with respect to automaticity in this context would go beyond the scope of the present study. In short, it was found that the integration of different performance goals in L2 production tasks suffers from competition when it comes to the allocation of attentional resources: communicative fluency, grammatical accuracy and linguistic complexity. Only few linguistic studies have made use of time pressure in the study of bilinguals, as in Damian & Dumay (2007), for example, who investigated the effect of time pressure on phonological advance planning in a picture naming task. The time pressure condition did not change priming effects, but merely accelerated response latencies. Oomen & Postma (2001) also explicitly included time pressure in a language production task. They found that the speed of processing did not affect accuracy in error detection, but this condition did lead to more errors and repairs in speech, however.

For the present study the findings to date mean that specific processes may be affected when bilinguals are placed under time pressure when performing a task in language production, and certain temporal concepts may become less accessible, compared to monolingual speakers. Temporal aspect is frequently active in one language, Dutch, but not in the other language, German (see v. Stutterheim, Carroll & Klein 2009). Giving the bilinguals and the monolinguals a time constraint by reducing the time for verbalizing information on an event may provide insights into the 'upper limits' of linguistic processing for the two speaker groups, and specifically for the bilinguals. Also, the experiment may contribute to the debate on the extent to which activation processes are language-specific, or whether some degree of convergence or co-activation of the other language can be observed, despite the fact that the task at hand is carried out in one language only, i.e. Dutch (since use of aspectual concepts is very low in German).

The present time pressure study on the use of means to express aspect by early Dutch-German bilinguals is compared with findings for the same group of speakers when asked to carry out the task without time pressure (Flecken 2011a). The findings pinpoint contexts in which bilingual selection of the aspectual concept 'event is in progression' differs from monolingual patterns of selection, although core principles that drive use of this concept are similar in both monolingual and bilingual usage. The bilinguals show patterns of extension in their use of aspect that are untypical for monolingual speakers, as well as a pronounced reliance on one particular form. Van Ierland (2009) also investigated the conditions under which an aspectual perspective is selected in event construal by L1 and L2 speakers of English and Dutch. Advanced English learners of Dutch had more problems than Dutch learners of English in adhering to target-language usage for progressive aspect in the contexts studied. Van Ierland proposes that the Dutch pattern is more difficult to acquire, since learners have to recognize the set of constraints and attractors that determine use in Dutch.

3. Time pressure as an indicator for processes of grammaticalisation

All the stimuli presented to the participants depict events that are ongoing, and the task instruction to tell "what is happening" presents a prime condition for the representation of an event as in progression at the time of speech. Time pressure was introduced by reducing the time span between the video clips, the period with a blank screen, to three seconds, compared to the baseline condition, where the blank screen between each video clip lasts eight seconds. However, the time available for information processing, i.e. the length of time of the video clip, was the same in both conditions. The experiment is an on-line condition and speakers are asked to start to speak as soon as they recognize what is happening. A pilot study testing different time spans were carried out with groups of speakers who did not participate in the present study. This ensured that there would be no major difficulties in formulating the response with the allocated time interval in the pressure condition, as measured by the absence of breakdown, or incomplete event descriptions and other errors.

The underlying hypothesis for the use of time pressure in the present study can be summarised as follows: the narrower time span focuses what holds in the situation as being *now the case*. The time constraint will serve to profile conditions associated with the selection of the aspectual perspective. Significantly, this involves the decision on the part of the speaker as to what can be asserted as being actually the case, at the time of utterance, for an event unfolding in time. It must be emphasised at this point that use of the simple present tense does not entail this condition of assertability. If different situation types are presented to the speaker under time pressure, then those features that are associated with the selection of aspect such as a specific situation type, high level of homogeneity versus a lower level, for example, will be enhanced. The time constraint thus functions as an indicator of the relative strength of temporal features that either attract or constrain use of aspect in systems that are in the process of grammaticalisation, such as Dutch, where selection of an aspectual perspective is not obligatory in any context.

With regard to language processing, possible differences between mono- and bilingual speakers in ease of access to particular temporal concepts under time pressure may become evident. The question is what happens when bilinguals are put under this form of pressure when executing a complex task involving event construal, compared to monolingual speakers?

4. Method

4.1. Participants

The monolingual Dutch participants consist of two groups of students: 25 speakers took part in the experiment in the baseline condition (age range 18-23 years, average age 19.46 years, 15 female, 10 male speakers); another sample of 25 speakers took part in the time constraint condition (age range 18-25 years, average age 20.53 years, 16 female, 9 male speakers). All speakers are students at Radboud University in Nijmegen. Monolingual native speaker participants were excluded from the analyses when their answers to questions in a language background questionnaire indicated a long stay in an environment where a language other than Dutch is spoken (a period longer than 3 months). The label 'monolingual' should therefore be interpreted in the sense of not having very advanced knowledge of an L2 (or L3); all participants indicated having intermediate to advanced knowledge of a second language, mainly English.

The group of bilingual Dutch speakers (N = 10; 9 female, 1 male) are secondary school pupils with an average age of 16.6 years (ranging for the majority of speakers between 16-19 years).[4] All speakers are enrolled in a bilingual German-Dutch education programme. In the case of the bilingual speakers, the same group took part in both experiments, leaving a time span of six months in between to reduce memory effects. It should be mentioned that these disparities in the study with respect to a within- versus between-subjects design arise from the major difficulties in finding early bilinguals (Dutch-German) that would meet the required criteria in having matching groups. The speakers were given a detailed questionnaire relating to their language background, based in part on existing questionnaires (Gullberg & Indefrey 2003; Li, Sepanski & Zhao 2006; Marian, Blumenfeld, & Kaushanskaya 2007), but adapted and extended to the situation of early bilinguals. Half of the participants are simultaneous bilinguals (that is, most of them have been exposed to two languages from birth), and the other half of the participants have a slightly later onset of acquisition of one of the two languages (all before or from the age of four). These speakers are usually also characterized as simultaneous bilinguals (see e.g., Butler & Hakuta 2004). In order to avoid confusion, however, the whole group is characterized as early bilinguals, since the group as a whole has an early age of acquisition of two languages in common, and this is the relevant variable in distinguishing the bilingual participant group from the monolingual Dutch speakers.

4.2. Stimuli

The stimulus set in the baseline condition (65 videoclips) includes three situation types, giving a total of 21 critical items, while the remaining clips are distracter items. The critical items encompass situations showing a CHANGE OF STATE as well as those showing a CHANGE OF PLACE. The change of state situations consist of two types of causative actions in which an agent acts on an object which can be viewed as an effected or affected

---

4 Even though there are differences with respect to the educational background and the age range of the two groups of speakers, we do not expect differences in preferences in event conceptualization. The present experiment involves event conceptualization with regard to simple, everyday events common to speakers over the age of 10 at least (knitting a scarf; building a model airplane, etc). Since previous studies show that preferences in conceptualization are linked to grammatical features of the specific languages, we assume that patterns may be robust and that performance resulting from the given age differences (sixteen year old high school students and university students with an average age of 20 years) should be negligible in this domain.

object. As mentioned above, the situations and the temporal features were selected on the basis of previous cross-linguistic studies (Italian, French, Norwegian) on how specific features attract or constrain use of aspectual concepts in different systems. See below for a description of the stimuli:

- Change of state situations with an EFFECTED OBJECT consist of clips showing causative actions in which an agent is acting on an entity, as when making a figure out of plasticine, moulding a vase, knitting a scarf, or drawing a tree. The tree, toy figure or vase are the EFFECTED objects which come about via the actions of the agent. Significantly, the endpoint, resultant state is INHERENT and can be readily inferred. We assume that *progression* is represented in readily identifiable terms given the clear contrast between the unfolding and *inherent final state* of the objects in the clips.
- Change of state situations with an AFFECTED OBJECT include agents involved in repairing a shoe, putting books back on a shelf while tidying up a room, painting a bottle green. These situations also involve a process leading progressively to a final state, but it is one involving an adaptation (e.g., bottle not fully painted, bottle fully painted) as opposed to the creation of an object. An already existing object is modified (affected) by the action of the agent. The *final state is less evident* in these situations.
- Change of place situations cover MOTION EVENTS in which a figure (person, vehicle) is depicted as on its way along a path. *Endpoints are inferable only.* The events are therefore presented as ongoing and a possible endpoint (goal) is not reached by the moving entity, though it is visible in the background of the clip (a person walking along a path leading up to a house, or a vehicle on a road leading toward a village; the path goes beyond the possible endpoints (e.g. house or village) in all cases).

The following table provides an overview of the specific stimuli used in the study.

Tab. 1. Situation types

Change of State Situations (CoS)		Change of Place Situations (CoP)
Effected object Final state inherent and evident in clip	**Affected object** Final state not inherent and less evident	**Figure underway** Endpoint not reached
7 items	7 items	7 items
beading a **necklace**	adding flour into a bowl (while baking)	car travelling along a road with a village in the distance
building a **house of cards**	taking a packet off a shelf in supermarket (while shopping)	someone leaving the supermarket and walking across the parking lot to where cars are parked
making a **paper airplane**	hammering a nail into a shoe (while repairing)	someone climbing. a ladder (to a loft)
moulding **a vase**	inserting paper into an old typewriter (while preparing to type)	two girls walking on a path leading to and beyond a house
making **toy figure** out of plasticine	putting a cup of coffee on a table in a cafe (while serving in a café)	van travelling along a road with a gas station in the distance
drawing **a tree**	putting books back on a shelf (while tidying up)	someone walking along a sidewalk toward a car
knitting **a scarf**	writing an equation on a board (while giving a maths lesson)	two nuns walking along a country road with a house in the distance

Figure 1 below shows a screenshot of one video clip for each situation type.

a)

b)

c)

Fig. 1. screenshots of a) change of state situation, effected object; b) change of state situation, affected object; c) change of place situation

The present study looks at the selection of an aspectual perspective on the basis of selected temporal features for the above mentioned situations, for both the monolingual and bilingual group. The questions addressed are as follows: to what extent do the attractor variables, as well as constraining features, as identified in the baseline condition, have the same effect, or are enhanced, with regard to the selection of an aspectual perspective, under time pressure, and to what extent do the two groups of speakers compare or differ?

4.3. Procedure

Participants were asked to view a set of short, live-recorded dynamic videoclips and tell *what is happening* (*'wat gebeurt er?').* They were told that the videoclips show everyday events that are not connected in any way. They were also instructed that they could start to speak as soon as they recognized what was happening.

The experiments were carried out by a Dutch researcher and the question was formulated as follows: "*Het is jouw opgave om te vertellen wat er gebeurt*" ('it is your task to tell what-there-happens'). In the baseline condition, the stimulus set consists of 65 videoclips with a short break (blank screen) in between each videoclip. As mentioned above, the blank screen lasts 8 seconds in this condition while the clip itself lasts 6 seconds. In telling what is happening, all participants were also requested to mainly focus on the event, and not to give a detailed description of specific aspects of the scene (e.g. colours, things in the background).

In the time pressure condition, the only difference in the experimental set up was that the blank screen between the clips was reduced to 3 seconds, which means that the time for verbalizing information on the event was reduced by 5 seconds, compared to the baseline. The set of videoclips includes 44 videoclips. All of the critical videoclips in the time pressure stimulus set were identical to the ones used in the baseline condition; the number of fillers were reduced for both the monolingual and bilingual group in order to reduce the overall duration of the time pressure task so as not to overtax attention (see below). Speakers started the experiment with a practice session in both cases with a set of 6 videoclips. They could thus practice the task and get used to the pace of presentation of the clips. All verbalizations were recorded with a microphone and transcribed by a native Dutch speaker.

5. Results

5.1. Frequency of selection of the aspectual perspective – baseline condition

In overall terms, selection of the means to express aspect (*aan het X zijn*) is high in situations with a change of state (effected objects and affected objects) and low to non-existent in the change of place situations.

Overall, the monolingual Dutch speakers select an aspectual perspective for the critical items in 34.67% of all utterances (182 of 525 utterances) in the baseline condition. The bilingual Dutch speakers do so to a similar extent with 34.76% of all utterances (73 of 210 utterances). Furthermore, there is no significant difference between the two groups in the distribution across the different situation types. The results for the change of state (CoS) and change of place (CoP) situations are presented in table 2.

Tab. 2. Selection of aspectual perspective per situation type under the baseline condition

	CoS		CoP
	Inherent final state evident – effected object	Final state less evident – affected object	Endpoint not evident – endpoint inferable
Monolingual Dutch	103/175 – 58.86%	79/175 – 45.14%	0
Bilingual Dutch	43/70 – 61.43%	28/70 – 40.0%	2/70 – 2.86%

For both the monolingual and bilingual group there is a trend for a difference in the use of aspect between the two types of change of state situations showing a highly evident inherent final state (effected object) and a less evident final state (affected object):

- Monolingual Dutch: CoS *effected* object vs. CoS *affected*: Chi^2 (1) = 3.227, p = 0.072;
- Bilingual Dutch: CoS *effected* versus CoS *affected*: Chi^2 (1) = 3.169, p = 0.075.

Both groups tend to select the aspectual perspective with a higher frequency for the change of state situations with an *evident inherent final state* (effected object), compared to situations with a *less evident final state* (affected object), while there is a marked absence of aspect for *change of place events* in both groups. The bilingual speakers do express aspect explicitly in this context, but only in 2 cases (which did lead to a trend for a difference between groups: Chi^2 (2) = 5.352, p = 0.069).

5.2. Selection of aspect – time pressure condition

Frequency of use of the means to express aspect by the monolingual Dutch group and the bilingual group reveal significant differences given time pressure:

- Monolingual Dutch speakers select an aspectual perspective for the critical items in 38.48% of all utterances (202 of 525 utterances),
- Bilingual Dutch speakers do so to a significantly lower extent, in 23.81% of all utterances (50 of 210 utterances) (total occurrences for mono- versus bilinguals: $U = 805$, $p < .05$[5]). The following table presents the frequency per situation type, for the time constraint condition.

Tab. 3 Selection of aspectual perspective per situation type under time pressure

	CoS		CoP
	Inherent final state evident – effected object	Final state less evident – affected object	Endpoint not evident – endpoint inferable
Monolingual Dutch	124/175 – 70.86%	70/175 – 40%	8/175 – 4.57%
Bilingual Dutch	27/70 – 38.57%	23/70 – 32.86%	0

For the monolingual speakers, a comparison between conditions shows that the time constraint, which focuses the core deictic interval, leads to a significantly higher frequency for CoS involving an effected object and *an inherent final state* which is readily identifiable (Chi^2 (1) = 12.978, $p < .001$). As discussed above, this situation type presents *a prototypical context for the measure of 'progression'*. This does not hold for the change of state situations with an affected object and a less evident final state. There is no increase in the selection of the aspectual perspective in this latter context under time pressure. Motion events show a very small number of occurrences in the monolingual data; the increase over almost zero usage in the baseline condition is insignificant.

5 For this analysis, Mann-Whitney tests were conducted instead of chi square tests, since the two samples are unequal in size.

5.3. Bilingual speakers and time pressure

In contrast to the monolingual group, the bilingual Dutch speakers do not show any increase in the use of the aspectual perspective under time pressure. Also, there is no difference in frequency for the selection of aspect when comparing the two types of change in state situations in the time pressure condition (Chi^2 (1) = 0.320, n.s.). Specifically, there is no increase in change of state situations with an effected object, contrary to what was observed in the monolingual Dutch data (see Figure 2). Given time pressure, the monolingual speakers use progressive aspect with a higher frequency than bilingual Dutch speakers to describe change in state situations with an evident inherent final state (effected object).

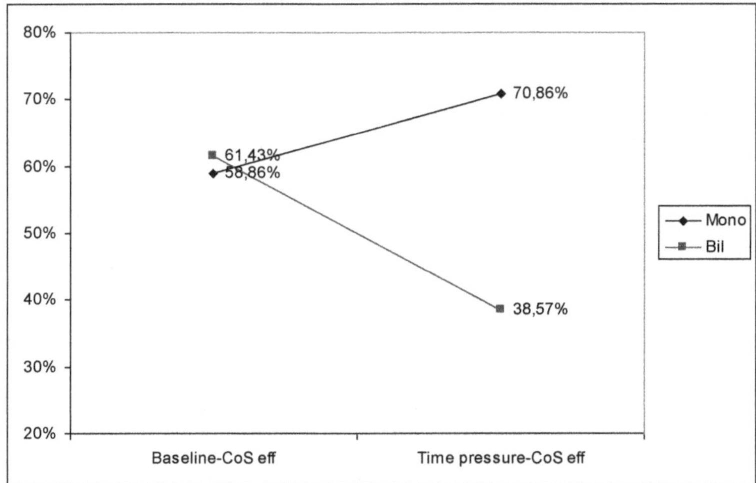

Fig. 2. Mean frequency of selection of the *aan het* form for monolingual (Mono) and bilingual (Bil) speakers of Dutch, in the baseline and time pressure conditions (situation type: change of state with effected object.

A comparison of the overall frequency of use between conditions (chi square test) reveals that the bilingual Dutch speakers select an aspectual perspective less frequently across all situation types, given the time constraint (Chi^2 (1) = 4.301, $p < .05$).

5.4. Discussion of the findings for bilinguals and comparison with Italian native speaker data

In order to corroborate the findings for Dutch monolingual speakers and the increase in use of the means to express aspect in situations with an evident inherent final state (CoS – effected object), the situation with an inherent measure for progression, we will present a short summary of the findings for monolingual speakers of Italian for the same type of experiment (see Natale 2009). In this study, the difference between the baseline and time pressure conditions involves a reduction from 10 to 6 seconds to verbalize the event and not to 3 as in Dutch; the difference is dictated by the fact that incomplete sentences begin to occur below 6 seconds in Italian. This may be attributable to the fact that speakers typically formulate two propositions in the baseline condition: the introductory 'there are' *ci sono*, followed by a relative clause in which the event is encoded. The pattern is simpler in Dutch since speakers typically use one main clause only in the baseline. Both groups of speakers use single main clauses under time pressure and are thus comparable in this regard.

The finding that is significant in the present context is that monolingual speakers of Dutch show a similar pattern to that found for Italian speakers with respect to contexts of use and the effect of the *deictic now*, as profiled under time pressure.

Tab. 4. Italian selection of aspectual perspective per situation type (Natale 2009:130)

Monolingual Italian speakers (50 speakers)	CoS		CoP
	Inherent final state evident – effected object	Final state less evident – affected object	Endpoint not evident – endpoint inferable
Baseline condition	53.0%	37.5%	23.6%
Time pressure	70.0%	67.1%	56.0%

The means used in Italian is the periphrastic construction consisting of the auxiliary 'stare' and the gerundial form 'ndo' (*ci sono due persone che stanno giocando a ping pong* 'there are two people who 'stay' playing ping pong'). Historically the auxiliary 'stare' had the locative meaning 'stand' but this is bleached in present usage (the copula 'to be' is expressed by a separate form 'essere'; for details see Natale 2009; Bertinetto 2000; Bertinetto et al. 2000).

5.5. Time pressure and accessing linguistic form in language production

It is important to note that the time pressure condition does not lead to any form of breakdown in the capacity of the speakers of the three groups to produce well-formed sentences that are syntactically as well as semantically intact. The speakers access appropriate forms at all levels in carrying out the task. Furthermore, there is no evidence of any change in the complexity of the utterances produced. This also holds for the Dutch-German bilingual speaker group. This observation may be attributed to the fact that the situations to which they relate in their responses do not require complex descriptions, and responses are equally to the point in both the baseline and the time constraint condition. Furthermore, use of aspect actually reduces the amount of information that speakers need to supply in context, since it suffices in the case of an aspectual perspective to say *a man is painting*, without further qualifications, given the fact that the aspectual marker grounds the event in context as a specific case, anchored in the 'here and now'. In other words, speakers will supply further means in grounding the assertion if the simple present tense form is used. So rather than assert that *a woman knits,* they will typically use adjuncts or complements to ground the assertion as a specific case. Specifications such as *a woman IN A CHAIR knits*, or *a woman knits A SCARF*, avoid the interpretation that the response is a general statement about the referent that may hold over an unspecified period of time. Some of the bilinguals' event descriptions elicited in the time pressure condition, with or without aspect, are presented below. All examples can be viewed as appropriate solutions to the task at hand.

(1) Video clip: beading a necklace
  001 *een vrouw rijgt met kralen een ketting* (vp01)
    a woman beads with beads a necklace
    'a woman is beading a necklace with beads'
  001 *een vrouw is een parelketting aan het maken* (vp13)
    a woman is a pearl necklace at-the-make
    'a woman is making a pearl necklace'

(2) Video clip: pottery
  001 *er is iemand aan het pottenbakken* (vp10)
  there is somebody at-the-pottery
  'somebody is moulding a vase'
  001 *een meneer maakt een soort vaas van klei* (vp11)
  a man makes a sort of vase of clay
  'a man is making some kind of vase out of clay'

In sum, we interpret the findings as an indication that the speakers of both groups do not run into problems in accessing linguistic means at the form level (i.e., lemma and lexeme retrieval) under the time constraint condition. If bilingual speakers do not select an aspectual perspective, this may not be a question of accessing and activating the construction as such (*aan het*), but rather the set of temporal features (e.g. *progression* given in what form; *homogeneity*) that have to be taken into consideration when viewing the situation and deciding, at the level of the conceptualizer (Levelt 1989), whether to select an aspectual perspective on the situation or not. We assume that when planning what to say in language production, thereby relating to the relevant events, speakers will take into account the temporal features of situations that warrant use of the aspectual perspective in Dutch, and then select the form.

6. Discussion and summary of the findings

6.1. Course of grammaticalisation

Turning to the first aim of the study, and the role of attractor and constraining variables for the use of aspect in the baseline condition, no major difference between mono- and bilingual Dutch speakers was observed in this case. The aspectual means in Dutch, as well as in Italian, are used with the highest frequency in situations that deliver a scale in determining 'progression', i.e. the change of state situations with an effected object. The situations in question have an inherent endpoint and provide a measurable contrast between each stage in the process leading to an inherent resultant state. Selection of the aspectual means is lower in all the languages with motion events, but in Dutch it is very rare. In motion events showing entities that are on their way from one place to another, endpoints are not inherent and must be inferred on the basis of the trajectory followed. The empirical results thus confirm the presence of the concept of *progression* in the means used to express aspect in Dutch and Italian.

The time pressure experiment was used to investigate the actual status of the factor *progression* in the process of grammaticalisation. As mentioned above, we assume that this condition enhances a core feature in the selection of progressive aspect – the role of the *deictic now*. Under time pressure, monolingual speakers of Dutch, as well as Italian, show an increase in the selection of aspect for the situation with the highest attractor effect in the baseline condition: *change of state situations evolving toward an inherent endpoint*, the effected object, but not for change of state situations with less evident endpoints, or change of place events. This reveals that the aspectual concept expressed by *aan het* in Dutch is most likely to be used in situations that depict 'progression' in prototypical terms at this stage of grammaticalisation (as also found for Italian). For the monolingual speakers, the main attractor situation type, as identified in the baseline condition, has an even greater effect under time pressure, since there is a higher frequency in the selection of aspect for this situation type. We hypothesize that time pressure serves to profile the possible role of the *deictic now* in deciding what can be asserted as 'being now the case'. We conclude that this in turn underlines the presence of a perspective whereby speakers zoom in on what is in progression at the time of utterance.

6.2. Grammaticalisation: monolingual and bilingual speakers of Dutch

Marked differences between the two groups occur in the present datasets given a time constraint, but not when there is sufficient time to carry out the task. Under the time pressure condition, however, there is a significantly higher frequency in the use of aspect by monolingual speakers of Dutch for the change of state situations with an inherent final state (effected object) (when compared to the baseline condition), but not for bilinguals. Significantly, no enhancement is observed for change of state situations with an *affected* object. We take this finding to underline the status of the situation type with an evident inherent final state (*effected* object) as the prototypical attractor for the aspectual perspective 'event is in progression' at the present stage of grammaticalization.

By contrast, frequencies in the use of aspect under time pressure decrease in the bilingual group. Interestingly, the decrease in use by the bilingual speakers is marked for situations with an inherent endpoint, the situation type that profiles 'progression' (from 61.43% in the baseline condition to 38.57% under time pressure) but less so in situations that do not show an inherent final state (affected objects) (baseline condition is 40.0%, decreasing to 32.86% under time pressure).

6.3. Course of grammaticalisation and processing constraints

One possible explanation for these findings for the bilingual group may be given with the path of grammaticalisation in the domain of aspect, whereby means are typically first used to express the concept 'being in the midst of' (Heine 1991; Bybee 1994) thereby defocusing endpoints. This is followed by a stage in which temporal features associated with the deictic 'now' and temporal concepts such as 'progression' become more prominent with relevant points of reference (final states, endpoints).

Bilingual speakers, in dealing with processing demands across two systems, may revert to a former stage in the grammaticalisation process where endpoints are not profiled. This perspective would also comply with the use of aspect in German, where use is very low but is mainly observed in situations with no change in state and expressed by verbs with one time span, as with 'activities' (see Flecken 2011a).

The responses for motion events show that the monolingual speakers in the time pressure condition maintain the semantic restrictions that exist for the selection of *aan het* in the baseline condition: use of the progressive perspective to describe motion events is consistently rare in the baseline as well as the time pressure condition, given a hypothesized incompatibility of goal-oriented motion verbs with the Dutch locative progressive marker. The few occurrences in the baseline condition also relate explicitly to manner and not direction (*being out for a walk*) and are in this sense 'activities' (cf. Vendler 1957) (see in detail v. Stutterheim, Carroll & Klein 2009).

Importantly, as the comparison between the two groups under the baseline condition indicates, the findings cannot be attributed to a lack in knowledge on the part of the bilingual speaker. Both monolinguals and bilinguals show a similar response to relevant variables in the baseline condition, i.e. situations with an inherent final state attract a high frequency of use of aspectual concepts and motion events represent a constraint. This indicates that the aspectual systems of both groups of speakers function on the basis of a similar underlying logic, with no difficulties in accessing aspectual concepts when there is no time pressure.

However, the results indicate differences in the ease and stability, and with this the automaticity, with which aspectual concepts are accessed under time pressure in a complex language production task, between mono- and bilingual speakers. Monolingual speakers not only sustain but show increased access to the aspectual distinction 'event is in progression' given a time constraint. They avail of a condition that enhances access in temporal terms.

The bilingual speakers are more likely to opt for an aspectual perspective that may apply at an earlier stage of grammaticalisation and also converges, to a certain degree at least, in both languages, i.e., the simple present tense. The selection of the simple present tense is also a highly automatised option to describe ongoing events for these speakers, given the fact that use of aspect is not obligatory in any context in Dutch or German. The findings with the time pressure condition may point to a simplification strategy in that the option selected shows convergence between the two languages of the bilinguals. Whether the findings also indicate a degree of co-activation of concepts of the other language when performing tasks in only one language (see overview in Costa 2004) is an open question, however.

In conclusion, the present study used a method involving time pressure in a language production task to gain insight into processes of grammaticalisation as well as the stability and automaticity with which bilingual speakers of Dutch select and access temporal concepts in language production, compared to monolingual speakers who were asked to carry out the same tasks. It has proven to be a useful tool in assessing the extent to which processes in language production may be bilingual-specific, and how mono- and bilingual speakers compare or differ in cases when the time available to select and encode an aspectual perspective is reduced.

7. References

Abutalebi, Jubin & Green, David (2007): Bilingual language production: the neurocognition of language representation and control. *Journal of Neurolinguistics* 20: 242–275.

Abutalebi, Jubin & Green, David (2008): Control mechanisms in bilingual language production: neural evidence from language switching studies. *Language and Cognitive Processes* 23 (4): 557–582.

Ameel, Eef; Storms, Gert; Malt, Barbara & van Assche, Fons (2009): Semantic convergence in the bilingual lexicon. *Journal of Memory and Language* 60: 270–290.

Bertinetto, Pier Marco; Ebert, Karen H. & de Groot, Casper (2000): The progressive in Europe. In Dahl, Östen (ed.): *Tense and Aspect in the Languages of Europe.* Berlin, New York: Mouton de Gruyter, 517–558.

Bertinetto, Pier Marco (2000): The progressive in Romance, as compared with English. In Dahl, Östen (ed.): *Tense and Aspect in the Languages of Europe.* Berlin, New York: Mouton de Gruyter, 559–604.

Bialystok, Ellen (1999): Cognitive complexity and attentional control in the bilingual mind. *Child Development* 70: 636–644.

Birdsong, David (2006): Dominance, proficiency, and second language grammatical processing. *Applied Psycholinguistics* 27 (1): 46–49.

Booij, Geert (2008): Constructional idioms as products of linguistic change: the aan het + infinitive construction in Dutch. In Bergs, Alexander & Diewald, Gabriele (eds.): *Constructions and language change.* Berlin: Mouton de Gruyter, 79–104.

Boogaart, Ronny (1991): Progressive aspect in Dutch. In Drijkoningen, Frank & van Kemenade, Ana (eds.): *Linguistics in the Netherlands.* Amsterdam: Benjamins, 1–9.

Boogaart, Ronny (1999): *Aspect and temporal ordering: a contrastive analysis of Dutch and English.* The Hague: Holland Academic Graphics.

de Bot, Kees & Schreuder, Robert (1993): Word production and the bilingual lexicon. In Schreuder, Robert & Weltens, Bert (eds.): *The bilingual lexicon.* Amsterdam: Benjamins, 191–214.

Butler, Yuko & Hakuta, Kenji (2004): Bilingualism and second language acquisition. In Bhatia, Tej & Ritchie, William (eds.): *The handbook of bilingualism.* Malden: Blackwell, 114–144.

Bybee, Joan (1994): The grammaticization of zero. In Pagliuca, William (ed.): *Perspectives on Grammaticalization.* Amsterdam, Philadelphia: John Benjamins, 235–254.

Bybee, Joan; Perkins, Revere & Pagliuca, William (1994): *The Evolution of Grammar: Tense, aspect and modality in the languages of the world.* Chicago: University of Chicago Press.

Carroll, Mary; Stutterheim, Christiane von & Nüse, Ralf (2004): The language and thought debate: a psycholinguistic approach. In Habel, Christopher & Pechmann, Thomas (eds.): *Approaches to language production.* Berlin: Mouton de Gruyter, 183–218.

Carroll, Mary ; Natale, Silvia & Starren, Marianne (2008) : Acquisition du marquage du progressif par des apprenants germanophones de l'italien et néerlandophones du français. *AILE.* 31–50.

Comrie, Bernard (1976): *Aspect: An introduction to the study of verbal aspect and related problems.* Cambridge: Cambridge University Press.

Costa, Albert (2004): Speech production in bilinguals. In Bhatia, Tej & Ritchie, William (eds.): *Handbook of bilingualism.* Malden: Blackwell, 201–223.

Costa, Albert; Hernandez, Mireia & Sebastian-Galles, Núria (2008): Bilingualism aids conflict resolution: evidence from the ANT task. *Cognition* 106: 59–86.

Craik, Fergus & Bialystok, Ellen (2006): Cognition through the lifespan: mechanisms of change. *Trends in Cognitive Science* 10: 131–138.

Dahl, Östen (2000): The tense-aspect systems of European languages in a typological persepctive. In Dahl, Östen (ed.): *Tense and Aspect in the Languages of Europe*. Berlin, New York: Mouton de Gruyter, 3–25.

Damian, Markus F. & Dumay, Nicolas (2007): Time pressure and phonological advance planning in spoken production. *Journal of Memory and Language* 57: 195–209.

Dijkstra, Ton & Heuven, Walter van (2002): The architecture of the bilingual word recognition system: from identification to decision. *Bilingualism: Language and Cognition* 5: 175–197.

Ebert, Karen (2000): Progressive markers in Germanic languages. In Dahl, Östen (ed.): *Tense and aspect in the languages of Europe* Berlin: Mouton de Gruyter, 605–653.

Flecken, Monique (2011a). Event conceptualization by early bilinguals: insights from linguistic as well as eye tracking data. *Bilingualism: Language and Cognition* 14 (1): 61–77.

Foursha, Cassandra; Austin, Jennifer & van de Walle, Gretchen (2005): Is language processing identical in monolinguals and early, balanced bilinguals? *Online proceedings of BUCLD33*.

Green, David (1998): Mental control of the bilingual lexico-semantic system. *Bilingualism: Language and Cognition* 1: 67–81.

Green, David (2003): Neural basis of lexicon and grammar in L2 acquisition: the convergence hypothesis. In van Hout, Roeland; Hulk, Aafke; Kuiken, Folkert & Towell, Richard (eds.): *The lexicon-syntax interface in second language acquisition*. Amsterdam: Benjamins, 197–218.

Grosjean, François (2008): *Studying bilinguals*. Oxford: OUP.

Gullberg, Marianne & Indefrey, Peter (2003): *Language Background Questionnaire. Developed in The Dynamics of Multilingual Processing*. Nijmegen: Max Planck Institute for Psycholinguistics.

Heine, Bernd (1991): Focus on types of grammatical markers. In Closs Traugott, Elisabeth & Heine, Bernd (eds.): *Approaches to grammaticalization*. Vol. 1, Amsterdam: Benjamins.

Hermans, Daan; Bongaerts, Theo; de Bot, Kees & Schreuder, Robert (2003): Producing words in a foreign language: can speakers prevent interference from their first language? *Bilingualism: Language and Cognition* 1 (3): 213–229.

Hernandez, Arturo; Bates, Elizabeth & Avila, Luis (1994): Online sentence interpretation in Spanish-English bilinguals: What does it mean to be "in between"? *Applied Psycholinguistics* 15 (4): 417–446.

Hulstijn, Jan (2001): Intentional and incidental second language vocabulary learning: a reappraisal of elaboration, rehearsal and automaticity. In Robinson, Peter (ed.): *Cognition and second language instruction*. Cambridge: CUP, 258–286.

Ierland, Suzan van (2009): *Grammatical features influencing information structure: The case of L1 and L2 Dutch and English*. PhD Dissertation, Radboud University Nijmegen.

Klein, Wolfgang (1994): *Time in Language*. London: Routledge.

Klein, Wolfgang & Li, Ping (eds.) (2009): *The expression of time*. Berlin, New York: Mouton de Gruyter.

Krause, Olaf (2002): *Progressive Verbalkonstruktionen im Deutschen: Ein korpusbasierter Sprachvergleich mit dem Niederländischen und dem Englischen*. Tübingen: Niemeyer.

Leclerq, Pascale (2008) : L'influence de la langue maternelle chez les apprenants adultes quasi-bilingues dans une tâche contrainte de verbalisation. *AILE* 26: 51–70.

Lemmens, Maarten (2005): Aspectual posture verb constructions in Dutch. *Journal of Germanic Linguistics* 17 (3): 183–217.

Levelt, William (1989): *Speaking: from intention to articulation*. Cambridge, Mass.: MIT Press.

Li, Ping; Sepanski, Sara & Zhao, Xiaowei (2006): Language history questionnaire: A Web-based interface for bilingual research. *Behaviour Research Methods* 2: 202–210.

Marian, Viorica; Blumenfeld, Henrike & Kaushanskaya, Margarita (2007): The Language Experience and Proficiency Questionnaire (LEAP-Q). *Journal of Speech Language and Hearing Research* 50 (4): 940–967.

Milroy, Lesley & Muysken, Pierter (1995): *One speaker, two languages. Cross-disciplinary perspectives on code-switching*. Cambridge: CUP.

Natale, Silvia (2009): *Gebrauchsdeterminanten der Verbalperiphrase Stare + Gerundio*. Tübingen: Narr.

Oomen, Claudy & Postma, Albert (2001): Effects of time pressure on mechanisms of speech production and self-monitoring. *Journal of Psycholinguistic Research* 30 (2): 163–184.

Perani, Daniela & Abutalebi, Jubin (2005): The neural basis of first and second language processing. *Current Opinion in Neurobiology* 15 (2): 202–206.

Pottelberge, Jeroen van (2004): *Der Am-Progressiv*. Tübingen: Narr.

Sasse, Hans-Jürgen (2002): Recent activities in the theory of aspect: accomplishments, achievements, or just non-progressive state. *Linguistic Typology* 6: 199–271.

Skehan, Peter & Foster, Pauline (1999): The influence of task structure and processing conditions on narrative retellings. *Language Learning* 49 (1): 93–120.

Smith, Carlota (1991): *The parameter of aspect*. Dordrecht: Kluwer.

Stutterheim, Christiane von & Nüse, Ralf (2003): Processes of conceptualisation in language production: Language-specific perspectives and event construal. *Linguistics (special issue: Perspectives in language production)* 41: 851–881.

Stutterheim, Christiane von & Carroll, Mary (2006): The impact of grammatical temporal categories on ultimate attainment in L2 learning. In Byrnes, Heidi;

Weger-Guntharp, Heather & Sprang, Katherine (eds.): *Educating for advanced foreign language capacities*. Georgetown: GUP, 40–53.

Stutterheim, Christiane von; Carroll, Mary & Klein, Wolfgang (2009): New perspectives in analyzing aspectual distinctions across languages. In Klein, Wolfgang & Li, Ping (eds.): *The expression of time*. Berlin: Mouton de Gruyter, 195–216.

Vendler, Zeno (1957): Verbs and times. *Philosophical Review* 66 (2): 143–160.

Videoclips zur Elizitation von Erzählungen: Methodische Überlegungen und einige Ergebnisse am Beispiel der „Finite Story“

Christine Dimroth

1. Einleitung

Es gibt eine Vielzahl an sprachlichen Phänomenen, die sinnvollerweise nur in zusammenhängenden Diskursen untersucht werden können. Besonders an Erzählungen lässt sich gut ablesen, welche Mittel beispielsweise zum Ausdruck von Diskurskohärenz, Informationsstruktur und Kontexteinbettung verwendet werden. Diese und andere Eigenschaften narrativer Diskurse, bei denen es eher um diskurstypische Präferenzen als um Korrektheit geht, werden, oft in sprachvergleichender Perspektive, auch in der Forschung zum Erst- und Zweitspracherwerb untersucht. Als Vergleichsgrundlage werden meist die Präferenzen erwachsener Muttersprachler herangezogen.

Neben freien Erzählungen wurden in der empirischen Forschung zu Struktur und Erwerb narrativer Diskurse schon früh visuelle Stimuli verwendet, um eine größere Vergleichbarkeit der produzierten Erzählungen zu erreichen. Dabei werden Probanden gebeten, sich Bildergeschichten oder (Stumm-)Filmsequenzen anzusehen, und das Geschehen sprachlich wiederzugeben (Aufgabenstellung und zeitliche Anordnung variieren im Detail; s.u.). Viele dieser Materialien waren nicht als Mittel zur Datenerhebung in sprachwissenschaftlichen Untersuchungen konzipiert, vielmehr haben Sprachwissenschaftler verfügbare Bildergeschichten oder Filmausschnitte verwendet, weil die dargestellte Geschichte für die Elizitationsziele besonders geeignet schien. Einige solcher Vorlagen sind mit dem Ziel (sprach-)vergleichender Untersuchungen von anderen Wissenschaftlern aufgegriffen worden und haben so innerhalb bestimmter Forschungszusammenhänge eine Art Eigenleben entwickelt. Das prominenteste Beispiel aus der Spracherwerbsforschung ist wohl die *Frog Story* (Mayer 1969), eine Bildergeschichte für Kinder, die spätestens seit der Publikation von Berman & Slobin (1994) immer wieder als Stimulus für narrative Produktionsdaten verwendet wird. Slobin (2005: 115) begründet das mit der Vielzahl von Diskursdimensionen, die in der leicht zugänglichen Geschichte angelegt sind und für eine erfolgreiche Nacherzählung versprachlicht werden müssen: „The *Frog Story* has proven to be an exceptionally useful tool, used by now in dozens of languages and fueling far more research than we could have imagined (…). The strength of the *Frog Story* lies in the wordless presentation of a readily understood plot, with sufficient complexity to allow for detailed analysis of temporal, causal, and spatial dimensions of events."

Während die mit Hilfe der *Frog Story* erhobenen Narrationen also Material für eine Fülle von Forschungsfragen enthalten, wurden in anderen Untersuchungen Stimulusmaterialien entwickelt, die direkt auf ein bestimmtes Diskursphänomen zugeschnitten waren. So dienten z.B. die Bildergeschichten *Horse Story* und *Cat Story* (Hendriks 2000; Hickmann & Hendriks 1999) dazu, sprachliche Strukturen zu elizitieren, die Erst- und Zweitsprachlerner verschiedener Sprachen nutzen, um neu eingeführte Information von erhaltener, ′alter′ Information zu unterscheiden.

Bildergeschichten haben bei der Datenerhebung viele Vorteile. Sie sind relativ leicht zu erstellen und ohne zusätzlichen technischen Aufwand überall zu verwenden. Das zu erzählende Geschehen ist durch die Abfolge der Bilder bereits in kleinere Abschnitte unterteilt, so dass auf recht natürliche Weise stückweise Nacherzählungen elizitiert werden können, die keinen großen Gedächtnisaufwand erfordern. Allerdings tendieren besonders Kinder dazu, einzelne Bilder zu beschreiben, anstatt sie zu einer zusammenhängenden Erzählung zusammenzufügen. In vielen Untersuchungen wurde daher zunächst die gesamte Bilderfolge vorgelegt, und erst am Ende um eine Nacherzählung gebeten. Mögliche Erhebungsverfahren unterscheiden sich auch dadurch, ob die Bilder während des Erzählens noch zugänglich sind, und ob sie nur für den Sprecher oder auch für den Hörer sichtbar sind, was jeweils einen Einfluss auf das geteilte Wissen hat, das der Sprecher beim Hörer voraussetzen kann (s. Ahrenholz 2007; Chaudron 2003; Ely et al. 2000).

Die Tendenz, Bilder zu beschreiben anstatt eine Geschichte zu erzählen, wird verringert, wenn der Stimulus zum Zeitpunkt der Wiedergabe nicht mehr zugänglich ist und daher aus dem Gedächtnis abgerufen werden muss. Das ist einer der Gründe, aus denen zunehmend Filmclips als Stimuli zum Elizitieren narrativer Diskurse eingesetzt werden. Dazu kommt, dass dynamische Ereignisse nicht erst anhand von statischen Bildern rekonstruiert werden müssen, die ja in einer Bildgeschichte typischerweise nur ausgewählte Wendepunkte in einer Geschichte wiedergeben.

2. Filmvorlagen

Auch Filmszenen können einzelne Ereignisse herausgreifen und für Dazwischenliegendes auf die Rekonstruktionsfähigkeit der Zuschauer bauen. Dynamische Abläufe können aber leichter dargestellt werden und einzelne Bilder sind nur für so kurze Zeit sichtbar, dass Filmclips typischerweise einen größeren Anteil an Erzählstrukturen elizitieren. Auch hier hat die Spracherwerbsforschung zunächst auf bereits existierende Filme (oder Ausschnitte daraus) zurückgegriffen. So wurden beispielsweise Szenen aus dem Charlie Chaplin Film *Modern Times* zur Elizitation von Erzählungen u.a. in den Projekten „Second Language Acquisition by Adult Immigrants" (ESF; s. Perdue 1993) und „Modalität von Lernervarietäten im Längsschnitt" (P-MoLL; s. Dittmar et al. 1990) verwendet, in denen der Spracherwerb erwachsener L2-Lerner mit verschiedenen Ausgangs- und Zielsprachen dokumentiert wurde. Nacherzählungen von *Modern Times* zeichnen sich dadurch aus, dass der Sprecher zwischen mehreren relevanten Handlungsträgern wechseln muss, die an einem zeitlich komplexen Geschehen beteiligt sind. Besonders aufschlussreich waren Analysen zur Temporalität (Starren 2001) und zur Topikkontinuität[1], beispielsweise bei der Wiedergabe von Szenen, in denen Diskurstopik und Agens nicht zusammenfallen. Nacherzählungen solcher Szenen durch beginnende erwachsene L2-Lerner haben nicht unerheblich zur Formulierung von Wortstellungsregeln für die sogenannte Basisvarietät (Klein & Perdue 1997) beigetragen.

Ein weiterer vielfach verwendeter Stimulus ist *Quest* (Stellmach 1997), ein Stummfilm, in dem eine einsame Fantasiegestalt auf der Suche nach Wasser durch fünf verschiedene unwirtliche Welten irrt, in denen sie sich gegen das Einwirken unbelebter Kräfte (Steine, Sand, Maschinen etc.) zur Wehr setzen muss. Besonders bewährt hat sich *Quest* für Untersuchungen zu Tempus und Aspekt (Carroll & Lambert 2003; Stutterheim & Lambert 2005). Für sprachvergleichende Untersuchungen zur Informationsstruktur waren besonders Szenen aufschlussreich, in denen die Handlung von unbelebten Kräften aus der Umgebung des Protagonisten vorangetrieben wird.

Diese und andere filmische Stimuli[2] zeichnen sich auch dadurch aus, dass sie Protagonisten, Handlungen und Ereignisse in den Vordergrund rücken, ohne andere Eigenschaften der Situation völlig auszublenden. Die

---

1 Zum Begriff der Topikkontinuität siehe Stutterheim & Carroll 2005.

2 Der Zeichentrickfilm *Reksio*, der Alltagsszenen aus dem Leben eines Jungen und seines Hundes zeigt, hat sich besonders für die Datenerhebung mit Kindern bewährt und wurde u.a. für Studien zur nominalen Referenz (Lenart & Perdue 2006) verwendet.

Aufgabe der Sprecher beim Nacherzählen besteht deshalb unter anderem in einem komplexen Management von Vordergrund- und Hintergrundinformationen, Haupt- und Nebenrollen, bekannter und neuer Information etc. Der Analyse derart komplexer Nacherzählungen ist in den hier erwähnten Arbeiten oft der sogenannte *Quaestio*-Ansatz (Klein & von Stutterheim 1987) zugrunde gelegt worden, mit dessen Hilfe Diskurse zunächst in Haupt- und Nebenstrukturen eingeteilt werden können. Zur Hauptstruktur eines Diskurses gehören Äußerungen, die als Antwort auf eine Art übergreifende Frage (*Quaestio*) verstanden werden können (etwa: *Was geschah dann mit X?*). Eine solche Diskursfrage macht bestimmte Vorgaben für die Zuweisung referentieller Domänen (Zeit, Ort, Protagonist etc.) zur Informationsstruktur. So gehören beispielsweise in einer typischen Erzählung Protagonist und Zeit zur Topikinformation, für die bestimmte Defaultregeln gelten. Ohne besondere Markierung bleibt in einer Erzählung die Referenz auf einen einmal eingeführten Protagonisten erhalten (Personalpronomen, auch Nullformen beziehen sich vorzugsweise darauf), während die Zeit, über die jeweils eine Äußerung gemacht wird, ohne besondere Markierung jeweils voranschreitet. Auch ohne explizite Markierung (vgl. etwa das kindliche „und dann…“) verstehen Hörer, dass sich jedes neue Ereignis auf eine jeweils folgende Zeitspanne bezieht. Zur neuen oder fokussierten Information gehört hingegen die Spezifikation der Ereignisse selbst.

Wie oben anhand der Beispiele aus *Modern Times* und *Quest* ausgeführt, haben sich für die Untersuchung narrativer Strukturen oft solche Filmszenen als besonders fruchtbar erwiesen, die von der für Erzählungen typischen Informationsverteilung abwichen, beispielsweise, weil das Agens nicht zugleich die Topikrolle innehatte. Während das in den genannten Filmen nur auf einen kleinen Teil der Szenen zutraf, wurde eine untypische Informationsverteilung bei der Konzeption des Videoclips *The Finite Story* zum Prinzip gemacht.

3. Die *Finite Story*

Der Video-Stimulus *The Finite Story* (Dimroth 2006) zielt darauf ab, bestimmte Typen von Fokuspartikeln (*auch, doch*) und Temporaladverbien (*wieder, noch*), sowie Instanzen des sogenannten Verumfokus[3] (VF) und

---

[3] Unter Verumfokus versteht man die Hervorhebung des finiten Verbs durch einen Hauptakzent (vgl. *Hans HAT das Buch gelesen*). Dadurch kann u.a. ein Kontrast mit

kontrastiver Negation zu elizitieren – sprachliche Markierungen, die in untypischen Informationsstrukturen besonders häufig auftreten und helfen, eine Erzählung trotzdem kohärent zu machen.

Die Bezeichnung *Finite Story* wurde gewählt, weil Nacherzählungen einer früher verwendeten Bildergeschichte mit ähnlichem Ziel (*Additive Elicitation Task*, vgl. Dimroth 2002 und für eine Kinderversion Benazzo et al. 2004) gezeigt haben, dass die Art und Weise, wie L2-Lerner Szenen mit untypischer Informationsverteilung nacherzählen, stark davon abhängt, wie weit sie beim Erwerb der **Finitheit** fortgeschritten sind (Dimroth 2002).

Besonders additive Fokuspartikeln wie *auch* treten dabei vermehrt in Konkurrenz mit Finitheitsmarkierungen am Verb auf. Die Beispiele (1) und (2) (aus Dimroth 2002) illustrieren, wie Lerner bei der Nacherzählung ein und dasselbe Verb erst in finiten Konstruktionen und in einer Folgeäußerung mit *auch* oder *noch* als Infinitiv verwenden.

(1) rote mann geht ins restaurant
und er **sitzt** auf dem stuhl und trinkt bier (…)
er **sitzt** und trinkt
auch **sitzen**…

(2) der rote mann hat neben schloss gesessen
hat geschlaft auf dem xx
noch **schlafen**…

Um der Struktur von Lerneräußerungen mit abweichender Informationsstuktur weiter nachzugehen, wurde der filmische Stimulus *The Finite Story* konzipiert und eine entsprechende Videoanimation[4] erstellt, indem die Position von Playmobil-Figuren in einem Holzhaus immer wieder verändert wurde. Die schrittweise veränderten Szenen wurden einzeln fotografiert und schließlich zusammengeschnitten und mit Musik und Geräuschen unterlegt. Der Film ist insgesamt 5 1/2 Minuten lang und in 31 kurze Segmente unterteilt. Die Segmente sind zwischen 4 und 22 Sekunden lang und sollen jeweils einzeln angesehen und nacherzählt werden.

---

einem negierten Vorgängersatz markiert werden (*Hans hat das Buch nicht gelesen*). vgl. dazu Höhle 1992.

4 Mein herzlicher Dank für die Herstellung des Films geht an Tilman Harpe, freier Künstler und u.a. mit der Herstellung von Stimulusmaterialien am Max-Planck-Institut für Psycholinguistik in Nijmegen betraut.

3.1. Inhalt der *Finite Story*

Der Film erzählt die Geschichte von Herrn Rot, Herrn Blau und Herrn Grün, dreier Figuren, deren Namen der Farbe ihrer Kleidung entsprechen. Die drei werden zu Beginn des Films vorgestellt (s. Abbildung 1).

Abb. 1. Finite Story, Segment 1: Vorstellung der Protagonisten

Jeder von ihnen bewohnt eine Wohnung in einem gemeinsamen Haus, in dem eines Nachts ein Feuer ausbricht. Die ersten Szenen zeigen, wie die Protagonisten einer nach dem anderen nichtsahnend zu Bett gehen. Während die anderen schlafen, bemerkt Herr Blau den Brand und versucht zunächst vergeblich, seine Nachbarn zu wecken und die Feuerwehr zu alarmieren. Letzteres scheitert daran, dass der diensthabende Feuerwehrmann gerade dringende menschliche Bedürfnisse erledigen muss, als das Telefon in der Wache klingelt. Ein zweiter Anruf ist schließlich erfolgreich und auch die Nachbarn bemerken den Brand irgendwann. So steht jeder am Fenster seiner Wohnung als die Feuerwehr an dem brennenden Haus eintrifft (s. Abbildung 2) und versucht, die Herren zu überreden, in ein Sprungtuch zu springen. Während sich einer direkt entschließt, zögern die anderen zunächst, können aber schließlich auch gerettet werden.

Abb. 2. Finite Story, Segment 23: Die Hausbewohner stehen winkend an ihren Fenstern.

Tabelle 1 fasst den Inhalt der einzelnen Segmente zusammen.

Tab. 1. Die *Finite Story*: Inhalt der 31 Segmente

Segm.	Ort	Geschehen
1	Haus, innen	Vorstellung der Protagonisten
2		Einführung Haus, Wohnungen; Formulierung der *Quaestio*
3		Herr Blau geht zu Bett
4		Herr Grün geht zu Bett
5		Herr Rot geht zu Bett
6		Flammen schlagen aus dem Dach
7		Herr Grün schläft
8		Herr Rot schläft
9		Herr Blau wird wach
10		Herr Blau will die Feuerwehr anrufen
11		Herr Blau nimmt das Telefon und wählt eine Nummer
12	Feuer-wache	Telefon klingelt. Feuerwehrmann ist auf der Toilette.
13		Feuerwehrmann kommt zurück, Telefon klingelt nicht mehr
14	Haus, innen	Herr Blau versucht erfolglos, Herrn Grün zu wecken
15		Herr Blau versucht erfolglos, Herrn Rot zu wecken

16		Herr Blau geht zurück in seine Wohnung
17		Herr Blau nimmt das Telefon und wählt eine Nummer
18	Feuerwache	Der Feuerwehrmann geht ans Telefon
19	Haus, innen	Die Flammen breiten sich aus, Herr Blau sieht ängstlich aus
20		Herr Rot ist aufgewacht und sieht ängstlich aus
21		Herr Grün ist aufgewacht und sieht ängstlich aus
22	Haus, außen	Das Feuerwehrauto fährt vor
23		Die Hausbewohner stehen winkend an ihren Fenstern
24		Die Feuerwehrleute breiten ihr Sprungtuch aus, Herr Grün will nicht springen
25		Herr Rot will nicht springen
26		Herr Blau springt
27		Herr Grün springt
28		Herr Rot will nicht springen
29		Herr Rot springt
30		Die Feuerwehrleute löschen das Feuer
31		Alle sind gerettet und froh

3.2. Intendierte Informationsverschiebung

Während des gesamten Films sind die Hausbewohner und die Feuerwehrleute in Situationen verwickelt, die sich wiederholen. Dabei kann eine solche gegebene Situation entweder verschiedene Protagonisten betreffen, oder auch ein und denselben zu verschiedenen Zeitpunkten. Außerdem geht es verschiedentlich um Ereignisse, deren Zustandekommen zunächst nur erwartet wird, bevor sie dann tatsächlich eintreten. Hier gilt es also wiederzugeben, dass ein erwartbares Ereignis erst nicht und später doch stattfindet: Die Information, die gegeben wird, um das Ereignis zu identifizieren, ist erhalten, es ändert sich jedoch die Polarität.

Zum besseren Verständnis wird in Tabelle 2 zunächst ein Beispiel für die in Erzählungen typische Informationsverschiebung von Äußerung zu Äußerung (auch *Referentielle Bewegung*; s. Klein & von Stutterheim 1987) gegeben. Der Referent und die Zeit, für die ein bestimmtes Ereignis gelten soll, spezifizieren die Topiksituation. Der Ort des Geschehens wurde in der Konzeption der Finite Story nicht systematisch kontrastiert und ist deshalb hier nicht mit aufgeführt. Mit T1, T2 etc. wird auf nicht näher spezifizierte, aufeinanderfolgende Zeitspannen (Topikzeiten) verwiesen. Wie oben erwähnt, ist diese Verschiebung im Bereich der Topikzeit für Erzählungen als default anzusehen und gilt hier deshalb als Fall von Topikkontinuität.

Tab. 2. Für Erzählungen typische Informationsverschiebung

	Topiksituation		**Ereignisspezifikation**
	Referent	**Zeit**	
a.	Herr Blau	T1	aufwachen
b.	Herr Blau	T2	zum Telefon laufen

Solche für Narrationen typischen Informationsstrukturen mit Topikkontinuität und neuer Ereignisinformation (derselbe Protagonist ist zu einem späteren Zeitpunkt in ein neues Ereignis verwickelt) sind in der *Finite Story* durchaus vorhanden. Zusätzlich wurden jedoch vier verschiedene untypische Informationskonfigurationen eingebaut. Die entsprechende Informationsverschiebung ist in Tabelle 3 zusammengefasst. Neben Topiksituation und Ereignisspezifikation ist hier noch angegeben, ob das jeweilige Ereignis für die Topiksituation zutrifft oder nicht (Polarität der Assertion).

Tab. 3. Untypische Informationsverschiebung in der *Finite Story*

		Topiksituation		**Polarität der**	**Ereignis-**	**Erwartete**
		Referent	**Zeit**	**Assertion**	**spezifikation**	**Markierung**
I	a.	Herr Rot	T1	positiv	zu Bett gehen	
	b.	Herr Blau	T2	positiv	zu Bett gehen	*auch*
II	a.	Herr Rot	T1	negativ	hinaus springen	*nicht*
	b.	Herr Blau	T2	positiv	hinaus springen	*wohl,* VF
III	a.	Herr Rot	T1	negativ	hinaus springen	*nicht*
	b.	Herr Rot	T2	positiv	hinaus springen	*doch,* VF
IV	a.	Herr Blau	T1	positiv	telefonieren	
	b.	Herr Blau	T2	positiv	telefonieren	*wieder*

Die Konfigurationen I-IV lassen sich jeweils nach Informationserhalt und Informationskontrast in den Domänen Topikreferent, Topikzeit und Polarität charakterisieren. Zur Ereignisspezifikation dient im zweiten Teil der aufeinander bezogenen Informationsstrukturen (b.) immer erhaltene Information. So zeichnet sich Konfiguration I dadurch aus, dass ein ähnliches Ereignis nacheinander auf zwei verschiedene Protagonisten zutrifft (vgl. Beispiel (3) aus Dimroth et al. 2010):

(3) a. herr grün ist vom stuhl auf das bett gegangen, sich hingelegt und das licht ausgemacht
b. herr rot ist **ebenfalls** vom stuhl zum bett gegangen, hat sich **auch** hingelegt und hat auch das licht ausgemacht

In Konfiguration II ändert sich neben dem Topikreferenten und der Topikzeit auch die Polarität. Einer der Topikreferenten führt eine zu erwartende Handlung nicht aus, ein anderer tut es zu einem späteren Zeitpunkt (Beispiel (4); der Hauptakzent auf dem finiten Verb ist durch Kapitälchen angezeigt).

(4) a. herr rot (wollte) offensichtlich auch nicht (springen)
b. **herr blau**, bei dem es schon im zimmer brennt, **SPRINGT** schließlich aus dem zweiten stock auf das rettungskissen

In Konfiguration III geht es jeweils um ein- und denselben Topikreferenten. Es ändern sich nur die Topikzeit und die Polarität. Entgegen der Erwartung des Zuschauers und der Beteiligten findet ein bestimmtes Ereignis zunächst nicht statt, bevor es dann später doch eintritt.

(5) a. obwohl es auch bei herrn rot brennt, springt er **nicht**
b. **nachdem die feuerwehr ihn überzeugt hat**, springt herr rot schließlich **doch**

Konfiguration IV umfasst Fälle, bei denen außer der Topikzeit die gesamte Information erhalten ist. Derselbe Topikreferent wird zweimal in derselben Situation gezeigt, und zwar entweder direkt aufeinander folgend (*Herr Grün schläft – Herr Grün schläft* ***immer noch***) oder durch andere Ereignisse unterbrochen (*Herr Blau ruft auf der Feuerwache an – Herr Blau versucht seine Nachbarn zu wecken – Herr Blau ruft* ***wieder*** *auf der Feuerwache an*).

Tabelle 3 macht auch deutlich, warum die Segmente einzeln gezeigt und nacherzählt werden sollen. Dadurch fällt der Erhalt von Ereignisspezifikationen erst ins Gewicht, wenn das entsprechende Ereignis bereits einmal erwähnt worden ist, weil der Erzähler erst dann feststellt, dass es noch einmal eintritt (z.B. *Herr Rot* ***schläft*** *– Herr Rot* ***schläft immer noch***). Bei einer zusammenfassenden Nacherzählung nach Betrachten aller Szenen ist hingegen nicht mehr zu erwarten, dass die Sprecher die untypischen Informationskonfigurationen explizit markieren. Stattdessen würde vermutlich oft eine zusammenfassende Nacherzählung vorgezogen (z.B. *Herr Rot schläft die ganze Zeit*).

3.3. Methode

Vor der Elizitation der Erzählungen sollte ein Interviewer dem Probanden das Vorgehen erklären. Dazu gehört die Information, dass dem Teilnehmer jeweils nur ein kurzer Abschnitt des Films gezeigt wird und dass er gebeten wird, bis zum Ende des jeweiligen Abschnitts zu warten, bevor er mit seiner Nacherzählung beginnt.

Dann sollte der Interviewer die Information einführen, die zur Topiksituation gehört (Protagonisten, Ort und Zeit) und später als bekannt vorausgesetzt wird. Anschließend sollte eine explizite Diskursfrage (*Quaestio*) formuliert werden, auf die die Probanden mit ihrer Erzählung antworten. Filmsegment 1 dient zur Vorstellung der Protagonisten. Der Interviewer sollte dazu ungefähr Folgendes sagen:

> *In diesem Film geht es um drei Männer. Das hier ist Herr Rot, das hier Herr Grün und das hier Herr Blau.*

Mit Segment 2 wird weitere Hintergrundinformation bereitgestellt. Der Interviewer sollte erklären:

> *Die drei leben in diesem Haus. Um sich besser zu Recht zu finden, haben sie ihre Wohnungen in ihrer eigenen Farbe angestrichen. Herr Blau lebt in einer blauen Wohnung, Herr Grün in einer grünen Wohnung und Herr Rot in einer roten Wohnung.*

Dann folgen die Aufforderung zur Nacherzählung und die Diskursfrage:

> *Schau mal, was eines Nachts in dem Haus geschah. Du wirst jeweils einen kleinen Teil der Geschichte sehen. Sieh genau hin und erzähle, was in dem Teil geschehen ist. Los geht's: Was ist Herrn Grün, Herrn Rot und Herrn Blau an dem Abend passiert?*

Manche Teilnehmer haben am Anfang Schwierigkeiten mit der Nacherzählung. In diesem Falle kann Segment 3 genutzt werden, um ein Beispiel zu geben:

> *Sieh mal, was passiert ist. Herr Blau ist zu Bett gegangen.*

Dass mit dem Sprechen erst nach dem Ende des jeweiligen Segments begonnen wird, ist auch deshalb wichtig, weil die Szenen mit Musik und Geräuschen unterlegt sind, und die Transkription erschwert wird, wenn die Erzählung damit überlappt.

4. Befunde

Daten von Muttersprachlern und Erst- oder Zweitsprachlernern verschiedener Sprachen, die mit der *Finite Story* erhoben wurden, sind für die Bearbeitung von zwei Forschungsthemen verwendet worden. Das erste Thema ist der Finitheitserwerb und die Rolle, die die Informationsstruktur sowie bestimmte Partikeln (additive Fokuspartikeln, Negation) dabei spielt. Hier sind in erster Linie Daten von wenig fortgeschrittenen Lernern von Interesse. Einige Befunde werden in Abschnitt 4.1 zusammengefasst.

Das zweite Forschungsthema (Abschnitt 4.2) betrifft sprachspezifische Unterschiede in der Diskursstruktur. Dabei geht es um die Frage, welche Informationsteile Muttersprachler verschiedener Sprachen verwenden, um in einer Erzählung mit untypischer Informationsverschiebung zu einer kohärenten Kontexteinbettung ihrer Äußerungen zu kommen. Beim Vergleich romanischer und germanischer Sprachen hat sich gezeigt, dass hier in Abhängigkeit vom jeweils verfügbaren sprachlichen Repertoire verschiedene Perspektiven bevorzugt werden (4.2.1). In Folgeuntersuchungen wurde der Frage nachgegangen, ob fortgeschrittene L2-Lerner in der Lage sind, sich an die in ihrer Zielsprache präferierte Diskursstruktur anzupassen (4.2.2).

4.1. Finitheit im Spracherwerb

Daten, die mit Hilfe der *Finite Story* erhoben wurden, sind für eine Reihe von Untersuchungen zur Entwicklung der Finitheit im ungesteuerten Zweitspracherwerb verwendet worden. Teilnehmer waren erwachsene Lerner des Deutschen (Schimke 2008), erwachsene Lerner des Niederländischen (Verhagen 2009), sowie kindliche Lerner des Deutschen (Schimke & Dimroth, eingereicht). Bei diesen Untersuchungen geht es in erster Linie um den Zusammenhang von morphologischer Finitheitsmarkierung und Verbstellung. Beim ungesteuerten Erwerb des Deutschen und des Niederländischen entwickeln erwachsene Lerner typischerweise zunächst eine nicht-finite Äußerungsorganisation (auch *Basisvarietät*, vgl. Klein & Perdue 1997). Beim Übergang zu einer finiten Äußerungsorganisation gehen morphologische und syntaktische Finitheit nicht immer Hand in Hand. Offen ist auch, ob es bezüglich dieser Dissoziation Unterschiede zwischen erwachsenen Lernern und Kindern gibt (vgl. Meisel 2009; Verhagen & Schimke 2009).

Die genannten Untersuchungen befassen sich mit Fragestellungen aus diesem Bereich und nutzen die mit der *Finite Story* erhobenen Produktionsdaten zur Analyse von Verbformen und Verbstellung. Die vergleichsweise zahlreichen Vorkommen von Negationen und Fokuspartikeln ermöglichen eine Bestimmung der Verbstellung auch in einfachen Lerneräußerungen. Die folgenden Beispiele (von drei erwachsenen Lernern mit L1 Türkisch aus Schimke 2008) illustrieren eine nicht-finite Verbstellung (6), die Lerner zumeist, aber nicht nur mit nicht-finiten Verbformen realisieren, und eine finite, „angehobene" Verbstellung, wie sie typischerweise mit Auxiliarverben (7) und später zunehmend auch mit lexikalischen Verben (8) verwendet wird.

(6) herr grün **nicht fallen**
(7) aber er **hat nicht** gespringt
(8) aber herr grün **springt nicht**

Bei Untersuchungen zum Erwerb der Finitheit ist immer wieder beobachtet worden, dass erwachsene DaZ-Lerner in Äußerungen mit additiven Partikeln wie *auch* und *wieder* besondere Schwierigkeiten mit dem Ausdruck der Finitheit haben (vgl. Beispiel (1) und (2) oben).[5] Anhand von *Finite Story* Daten von erwachsenen Lernern des Deutschen und Niederländischen sind Schimke, Verhagen und Dimroth (2008) der Frage nachgegangen, ob es hier wirklich einen systematischen Zusammenhang gibt. Untersucht wurden die in den Daten frequenten Vorkommen von *auch/ook* und *wieder/weer* in Kontexten, in denen ihr Anwendungsbereich zur Topikinformation gehört. Mit Hilfe von *auch/ook* wird in solchen Kontexten markiert, dass für den Topikreferenten ein Ereignis zutrifft, das (früher) bereits für einen anderen Topikreferenten assertiert wurde. Mit Hilfe von *wieder/weer* wird angezeigt, dass ein bestimmtes Ereignis für eine Topikzeit zutrifft, das in einer vorhergehenden Äußerung bereits für eine frühere Topikzeit assertiert wurde.

Da solche Kontexte in der *Finite Story* vermehrt vorkommen, ist es möglich, Lerneräußerungen mit additiven Partikeln mit Basisäußerungen derselben Sprecher zu vergleichen, die keine Partikeln, aber dasselbe Verb enthalten. Die quantitative Untersuchung (Schimke, Verhagen & Dimroth 2008) hat ergeben, dass die Lerner in Basisäußerungen tatsächlich mehr syntaktisch und morphologisch finite lexikalische Verben verwenden als in vergleichbaren Partikeläußerungen. Leichte Verben wie die Kopula werden

[5] Zum Begriff der Topikkontinuität siehe Stutterheim & Carroll 2005.

in Basisäußerungen öfter realisiert als in vergleichbaren Partikeläußerungen.

Der Grund könnte in der funktionalen Überschneidung von Partikeln und Finitheit liegen, die zumindest bei der oben beschriebenen Informationsstruktur eine ähnliche Relation zwischen Ereignis und (kontrastivem) Topik ausdrücken. Einfache Assertionen, wie sie durch Finitheit markiert werden, und Additionen, d.h. „wiederholte Assertionen", liegen nahe beieinander. In Erst- und Zweitspracherwerb treten additive Partikeln schon vor dem Erwerb der Finitheit auf und nehmen in der Äußerung die Position zwischen Topik und Ereignisspezikation ein, die später vom finiten Verb gefüllt wird. Ist der Erwerb der Finitheit noch nicht abgeschlossen, vermeiden Lerner eine Anhebung des Verbs in die Position der additiven Partikel und scheinen in eine nicht-finite Äußerungsstruktur zurückzufallen.

Eine Nachfolgeuntersuchung (Dimroth, Schimke & Verhagen 2011) zeigt, dass dieser Zusammenhang zwischen additiven Partikeln und Finitheitsmarkierung auf Kontexte beschränkt ist, in denen sich die Partikeln auf kontrastive Topikinformation beziehen. Anstelle eines Vergleichs mit partikellosen Basisäußerungen werden hier Partikeln mit verschiedenen Anwendungsbereichen (kontrastives Topik vs. Kommentar (Ereignisspezifikation)) verglichen. Additive Partikeln, deren Anwendungsbereich die Information im Kommentar ist, scheinen die Finitheitsmarkierungen in den untersuchten Lernersprachen nicht zu beeinflussen.

4.2. Diskursstruktur

In den folgenden Abschnitten geht es um Befunde zur Diskursstruktur von Erzählungen, die mit dem *Finite Story* Stimulus erhoben wurden, und die daher vermehrt Äußerungen mit untypischer Informationsstruktur aufweisen. Sprecher sehen sich also mit der Aufgabe konfrontiert, zu markieren, wie solche Äußerungen vom Hörer in den Informationsfluss zu integrieren sind, und Diskurskohärenz in Kontexten herzustellen, die von der Defaultstruktur narrativer Texte abweichen. Verschiedene Untersuchungen sind der Frage nachgegangen, welche Informationsteile zur Herstellung von Diskurskohärenz bevorzugt werden, ob es sprachspezifische Präferenzen und sogenannte *thinking-for-speaking* Effekte (Slobin, 1996)[6] gibt, und

---

6 „Thinking for speaking" involves picking those characteristics of objects and events that (a) fit some conceptualization of the event, and (b) are readily encodable in the

ob fortgeschrittene L2-Lerner sich muttersprachlichen Diskursstrukturen annähern.

4.2.1. Diskursstruktur im Sprachvergleich[7]

Die *Finite Story* enthält Kontexte, in denen für die Markierung der Informationsstruktur in Abhängigkeit von Vorgängeräußerungen mindestens zwei verschiedene Informationsteile zur Auswahl stehen. So kann sich ein Sprecher beispielsweise zur Markierung der Konfiguration II (s. Tabelle 3) zwischen den Varianten A-C entscheiden (Kapitälchen zeigen einen Kontrastakzent an):

(9) Vorausgehende Szenen: Herr Grün und Herr Rot springen nicht aus dem Fenster.
A. Herr Blau springt aus dem Fenster [ohne Markierung]
B. Nur [Herr Blau, der]T springt aus dem Fenster
C. Herr Blau [SPRINGT]$_A$ aus dem Fenster

Während in A. keine spezifische Markierung der untypischen Informationsstruktur vorgenommen wird, zeigen die Linksherausstellung, die Akzentverteilung und die restriktive Fokuspartikel *nur* in B. an, dass der Topikreferent (Herr Blau) in eine Kontrastrelation mit vorhergehenden Topikreferenten gebracht wird. In C. hingegen wird durch den Akzent auf dem Finitum (Verumfokus) ein Kontrast zwischen der Polarität der vorliegenden Assertion (positiv) im Gegensatz zu Vorgängeräußerungen (negativ) ausgedrückt.

Für Konfiguration III stehen folgende Möglichkeiten zur Verfügung:

(10) Vorausgehende Szene: Herr Rot will nicht aus dem Fenster springen.
A. Dann springt er aus dem Fenster [ohne Markierung]
B. Aber [jetzt]T springt er aus dem Fenster
C. Schließlich springt er [DOCH]$_A$ aus dem Fenster

Ähnlich wie in II können Sprecher sich für eine neutrale Struktur entscheiden, die die Kontextintegration unberücksichtigt lässt (A.), sie können die neue Information im Topik zur Herstellung von Diskurskohärenz verwen-

---

language. I propose that, in acquiring a native language, the child learns particular ways of thinking for speaking." (Slobin 1996: 76).

7 Viele der in diesem Abschnitt genannten Arbeiten sind durch die Förderung im Rahmen des ANR-DFG Projekts „Äußerungsstruktur im Kontext“ (LANGACROSS) ermöglicht worden.

den (Akzent auf dem Adverb, das auf die Topikzeit referiert: B.), oder sie können die veränderte Polarität der Assertion hervorheben (kontrastive Partikel *doch* in C.).

Bei einem Vergleich zwischen Sprechern germanischer Sprachen (Deutsch und Niederländisch) und romanischer Sprachen (Französisch und Italienisch) haben Dimroth et al. (2010) gezeigt, dass es Unterschiede in den Informationsdomänen gibt, die Sprecher bei der Herstellung von Diskurskohärenz bevorzugen. Deutsch und Niederländisch verfügen über eine Reihe von Mitteln zum Ausdruck von Polaritätskontrasten (vor allem Fokuspartikeln wie *doch/toch* und *wohl/wel* sowie der sogenannte Verumfokus (Höhle 1992, Turco et al. eingereicht). Muttersprachler verwenden diese Mittel häufig und ziehen es vor, die Diskurskohärenz über Polaritätskontraste herzustellen, auch wenn Kontrastmarkierungen in anderen Informationsteilen durchaus möglich wären:

(11) Der hatte so doch lust zu springen.
(12) Die moet wel springen.

Sprecher romanischer Sprachen verfügen zwar über Partikeln wie frz. *bien* oder ital. *sì*, nutzen sie aber viel seltener und markieren eher Topik- als Polaritätskontraste. Dazu nutzen sie Mittel wie kontrastive Pronomen im Französischen (13), Clefts und lexikalische Mittel im Italienischen (14):

(13) Monsieur bleu lui il saute.
(14) Il signor blu è l'unico che si lancia subito

Das führt nicht nur zu lokalen Unterschieden in der Markierung, sondern hinterlässt Spuren auf dem Niveau der Diskursstruktur insgesamt. Man gewinnt den Eindruck, dass die Sprecher germanischer Sprachen eine leicht abgewandelte implizite Diskursfrage (*Quaestio*) beantworten. Äußerungen wie (11) und (12) Antworten auf eine Frage wie: *Was ist mit Herrn Blau, springt er, oder nicht?* Die französischen/italienischen Äußerungen in (13) und (14) hingegen antworten auf eine Frage wie: *Was geschieht mit Herrn Blau?*

4.2.2. Diskursstruktur bei fortgeschrittenen L2-Lernern

Ausgehend von den im vorhergehenden Abschnitt dargestellten Befunden haben sich Benazzo & Andorno (2010) die Frage gestellt, ob es fortgeschrittenen Lernern romanischer Sprachen (Französisch und Italienisch) mit Deutsch als Erstsprache gelingt, die zielsprachlichen Präferenzen für die Diskursstruktur zu übernehmen und von der in der Erstsprache bevorzugten Perspektive abzurücken. Um L1-basierte Präferenzen von allgemein lernersprachlichen Einflüssen zu unterscheiden, die von der L1 unabhängig sind, wurden die deutschsprachigen Lerner mit einer Gruppe von L2-Lernern verglichen, die die jeweils andere romanische Sprache als Erstsprache hatten, d.h. italienische Lerner des Französischen und französische Lerner des Italienischen.

Verglichen wurden die Realisierungen der im vorhergehenden Abschnitt besprochenen Kontexte aus der *Finite Story*. Wählen die fortgeschrittenen Lerner zur Herstellung von Diskurskohärenz in den romanischen Zielsprachen den Bereich „Polarität der Assertion" (wie in der L1 Deutsch), wählen sie die zielsprachliche Option „Kontrastmarkierung im Topik" (wie in der Zielsprache), oder zeigen sie L2-spezifische Präferenzen, die sich auch in den Realisierungen der Lerner mit romanischer Erstsprache wiederfinden?

Die Untersuchung von Benazzo & Andorno (2010) hat weitere Evidenz dafür erbracht, dass es ein Stadium gibt (vgl. Bartning 1997), in der fortgeschrittene Lerner, d.h. solche, die die Satzgrammatik der Zielsprache praktisch fehlerfrei beherrschen, noch L1-Einflüsse in der Diskursorganisation zeigen.[8] Es haben sich daneben aber auch lernerspezifische Tendenzen gezeigt, die nicht von der Erstsprache abhängig sind. So haben es sowohl die Lerner mit L1 Deutsch als auch die Lerner, deren Erstsprache die jeweils andere romanische Sprache war, vorgezogen, untypische Informationsstrukturen mit lexikalischen anstatt morphosyntaktischen Mitteln (Cleft-Sätze, Subjekt-Verb-Inversion etc.) zu markieren.

Andorno et al. (im Druck) führen eine ähnliche Analyse mit den Daten weniger weit fortgeschrittener Lerner (Erstsprachen wie in Benazzo & Andorno 2010) durch und vergleichen die Ergebnisse. Die weniger weit fortgeschrittenen Lerner unterscheiden sich von den weiter fortgeschritten dadurch, dass sie generische Kontrastmarkierungen (vor allem Konnektoren wie frz. *mais* oder ital. *invece*) bevorzugen. Solche Markierungen erlauben es den Lernern, einen Kontrast im Informationsfluss auszudrücken, ohne eine spezifische Informationseinheit dafür auszuwählen.

---

[8] Vgl. dazu auch Carroll & Lambert 2003; Stutterheim & Lambert 2005; Ahrenholz 2005; Bohnacker & Rosén 2008.

5. Ausblick

Bisher standen romanische und germanische Sprachen im Zentrum der Untersuchungen. Die *Finite Story* wurde aber auch für die Erhebung von Erzählungen von Muttersprachlern und Lernern weiterer Sprachen verwendet. Korpora für folgende Sprachen sind im Aufbau:

Sprache	**Verantwortlich**
Englisch	Patrizia Giuliano (U. Napoli), Christine Dimroth (U. Osnabrück)
Finnisch	Juhani Järvikivi (U. Trondheim)
Georgisch	Sophio Areschidze (U. Heidelberg)
Japanisch	Naoko Tomita (U. Heidelberg)
Russisch	Katia Paykin (U. Lille)

In der von Robert VanValin am Max-Planck-Institut für Psycholinguistik geleiteten Forschungsgruppe *Syntax, Typology, and Information structure* wurden mit der *Finite Story* Erzählungen in folgenden Sprachen erhoben: Avatime (Ghana, Niger-Kongo), Ewenisch (Nordostsibirien), Lakhota (USA, Siouan), Tundra Jukaghirisch (Nordostsibirien) und Whitesands (Vanuatu, Austronesisch).

Auch L2-Lerner-Korpora mit anderen Sprachkombinationen sind im Entstehen und eine Datenerhebung mit Kindern im Erstspracherwerb ist geplant. Die bisher gefundenen sprachspezifischen Unterschiede in der Diskursstruktur (s. 4.2.1) werden außerdem in stärker kontrollierten Experimenten weiter untersucht (Turco et al. eingreicht). Zukünftige Arbeiten sollen zeigen, ob mit den gefundenen Präferenzen für bestimmte Diskursstrukturen auch Unterschiede bei der Aufmerksamkeitslenkung auf bestimmte Informationsdomänen verbunden sind, die sich in non-verbalen Aufgaben messen lassen.

Sowohl für sprachvergleichende Arbeiten als auch bei der Untersuchung von Lernersprachen auf verschiedenen Erwerbsniveaus sind Analysen markierter Informationsstrukturen aufschlussreich. Der Versuch, solche Äußerungen mit untypischer Informationsverteilung gezielt zu elizitieren, hat sich durchaus als fruchtbar erwiesen. Angesichts der vielen Nutzungsmöglichkeiten scheint der vergleichsweise hohe Aufwand für die Erstellung solcher Stimuli gerechtfertigt zu sein.

6. Literatur

Ahrenholz, Bernt (2005): Reference to persons and objects in the function of subject in learner varieties. In Hendriks, Henriette (Hrsg.): *The structure of learner varieties*. Berlin, New York: Mouton/DeGruyter, 19–64.

Ahrenholz, Bernt (2007): Diskurstypen und Sprechanlässe in empirischen Untersuchungen zu Lernervarietäten. In Vollmer, Helmut J. (Hrsg.): *Empirische Zugänge in der Fremdsprachenforschung: Herausforderungen und Perspektiven (Festschrift für Wolfgang Zydatis)*. Frankfurt/M.: Lang, 151–166.

Andorno, Cecilia; Benazzo, Sandra; Patin, Cédric & Interlandi, Grazia (im Druck): Contraster des entités ou des prédicats? Adopter la perspective 'contrastive' de la L2. *Language, Interaction, Acquisition.*

Bartning, Inge (1997): L'apprenant dit avancé et son acquisition d'une langue étrangère. Tour d'horizon et esquisse d'une caractérisation de la variété avancée. *Acquisition et Interaction en Langue Etrangère* 9: 9–50.

Benazzo, Sandra; Dimroth, Christine; Perdue, Clive & Watorek, Marzena (2004): Le rôle des particules additives dans la construction de la cohésion discursive en langue maternelle et en langue étrangère. *Langages* 155: 76–105.

Benazzo, Sandra & Andorno, Cecilia (2010): Discourse cohesion and Topic discontinuity in native and learner production: Changing Topic Entities on Maintained Predicates. In Roberts, Leah; Howard, Martin; O'Laoire, Muiris & Singleton, David (Hrsg.): *Eurosla Yearbook 10*. Amsterdam: Benjamins, 92–118.

Berman, Ruth A. & Slobin, Dan I. (1994): *Relating events in narrative: A crosslinguistic developmental study*. Hillsdale, NJ: Lawrence Erlbaum Associates.

Bohnacker, Ute & Rosén, Christina (2008): The clause-initial position in L2 German declaratives. *Studies in Second Language Acquisition* 30: 511–538.

Carroll, Mary & Lambert, Monique (2003): Information structure in narratives and the role of grammaticised knowledge: A study of adult French and German learners of English. In Dimroth, Christine & Starren, Marianne (Hrsg.): *Information structure and the dynamics of language acquisition*. Amsterdam: Benjamins, 267–287.

Chaudron, Craig (2003): Data collection in SLA research. In Doughty, Cathrin J. & Long, Michael H. (Hrsg.): *Handbook of Second Language Acquisition*. Malden, MA: Blackwell, 762–828.

Dimroth, Christine (2002): Topics, assertions and additive words: How L2 learners get from information structure to target language syntax. *Linguistics* 40: 891–923.

Dimroth, Christine (2006): The Finite Story. Max-Planck-Institute for Psycholinguistics. http://corpus1.mpi.nl/ds/imdi_browser?openpath =MPI560350%23 (11.05.2012).

Dimroth, Christine (2009): Stepping stones and stumbling blocks. Why negation accelerates and additive particles delay the acquisition of finiteness in German.

In Dimroth, Christine & Jordens, Peter (Hrsg.): *Functional Categories in Learner Language*. Berlin, New York: De Gruyter, 137–170.

Dimroth, Christine; Andorno, Cecilia; Benazzo, Sarah & Verhagen, Josje (2010): Given claims about new topics. How Romance and Germanic speakers link changed and maintained information in narrative discourse. *Journal of Pragmatics* 42: 3328–3344.

Dimroth, Christine; Schimke, Sarah & Verhagen, Josje (2011): Is verb raising in L2 Dutch and German influenced by information structure? Manuskript, Universität Osnabrück.

Dittmar, Norbert; Reich, Astrid; Schumacher, Magdalena; Skiba, Romuald &Terborg, Heiner (1990): Die Erlernung modaler Konzepte des Deutschen durch erwachsene polnische Migranten. *Info Deutsch als Fremdsprache* 17: 125–172.

Ely, Richard; Wolf, Anne; McCabe; Allyssa Melzi, Gigliana (2000): In Menn, Lise & Bernstein Ratner, Nan (Hrsg.): *Methods for studying language production*. Mahwah, New Jersey: Lawrence Erlbaum, 249–270.

Hendriks, Henriette (2000): The acquisition of topic marking in Chinese L1 and French L1 and L2. *Studies of Second Language Acquisition* 22: 369–98.

Hickmann, Maya & Hendriks, Henriette (1999): Cohesion and anaphora in children's narratives: a comparison of English, French, German and Chinese. *Journal of Child Language* 26: 419–52.

Höhle, Tillman (1992): Über Verum-Fokus im Deutschen. *Linguistische Berichte*, Sonderheft 4: 112–141.

Klein, Wolfgang & Perdue, Clive (1997): The Basic Variety (or: Couldn't natural languages be much simpler?). *Second Language Research* 13: 301–347.

Klein, Wolfgang & Stutterheim, Christiane von (1987): Quaestio und referentielle Bewegung in Erzählungen. *Linguistische Berichte* 109: 163–183.

Lenart Ewa & Perdue, Clive (2006): Acquisition des procédures de détermination nominale dans le récit: une analyse fonctionnaliste et comparative. *Zeitschrift für Literaturwissenschaft und Linguistik* 143: 70–94.

Mayer, Mercer (1969): *Frog, where are you?* New York: Dial Press.

Meisel, Jürgen M. (2009): Second Language Acquisition in Early Childhood. *Zeitschrift für Sprachwissenschaft* 28: 5–34.

Perdue, Clive (1993): *Adult language acquisition: cross-linguistic perspectives*. Cambridge: CUP.

Schimke, Sarah (2008): *The acquisition of finiteness in Turkish learners of German and Turkish learners of French.* PhD Thesis, Max Planck Institute for Psycholinguistics, Nijmegen.

Schimke, Sarah; Verhagen, Josje & Dimroth, Christine (2008): Particules additives et finitude en néerlandais et allemande L2: une étude experimentale. *Acquisition et Interaction en Language Etrangère* 26: 191–210.

Schimke, S.; Verhagen, Josje & Turco, Giusy (im Druck): The different role of additive and negative particles in the development of finiteness in early adult L2

German and L2 Dutch. In Watorek, Marzena; Benazzo, Sandra & Hickmann, Maya (Hrsg.): *Comparative Perspectives to Language Acquisition: Tribute to Clive Perdue*. Multilingual Matters.

Schimke, Sarah & Dimroth, Christine (einger.): Verb placement with respect to negation in L2 learners of German: Investigating the influence of age and first language. *Linguistic Approaches to Bilingualism*.

Slobin, Dan I. (1996): From “thought and language” to “thinking for speaking”. In Gumperz, John & Levinson, Steven (Hrsg.): *Rethinking linguistic relativity*. Cambridge: CUP, 70–96.

Slobin, Dan I. (2005): Relating Narrative Events in Translation. In Ravid, Dorit D. & Shyldkrot, Hava B. (Hrsg.): *Perspectives on language and language development: Essays in honor of Ruth A. Berman*. Dordrecht: Kluwer, 115–129.

Starren, Marianne (2001): *The second time. The acquisition of temporality in Dutch and French as a second language*. Utrecht: LOT.

Stellmach, Thomas (1997): Quest. www.stellmach.com/Webseiten/Quest /Quest_Informationen.html (10.05.2012).

Stutterheim, Christiane von & Lambert, Monique (2005): Crosslinguistic analysis of temporal perspectives in text production. In Hendriks, Henriette (Hrsg.): *The structure of learner varieties*. Berlin: Mouton de Gruyter, 203–230.

Stutterheim, Christiane von & Carroll, Mary (2005): Subjektwahl und Topikkontinuität im Deutschen und Englischen. *Zeitschrift für Literaturwissenschaft und Linguistik* 139: 7–28.

Turco, Giusy; Dimroth, Christine & Braun, Bettina (eingereicht): Intonational means to mark verum focus in German and French. Language and Speech.

Verhagen, Josje (2009): *Finiteness in Dutch as a second language*. PhD Thesis, VU University, Amsterdam.

Verhagen, Josje & Schimke, Sarah (2009): Differences or fundamental differences? *Zeitschrift für Sprachwissenschaft* 28: 97–106.

Das Projekt „P-MoLL“. Die Erlernung modaler Konzepte des Deutschen als Zweitsprache: Eine gattungsdifferenzierende und mehrebenenspezifische Längsschnittstudie[1]

Norbert Dittmar

1. Einführung

Das *Projekt Modalität von Lernervarietäten im Längsschnitt* (P-MoLL) ist ‚Kind' eines radikalen Paradigmenwechsels in der L_2-Forschung in den achtziger Jahren: dem Übergang von Querschnitts- zu Längsschnittstudien. Vorbild vom theoretischen und methodischen Ansatz her war das gerade aus der Taufe gehobene europäische Projekt *Second Language Acquisition by Adult Immigrants* (vgl. Perdue 1993) zum vergleichenden Erwerb der Konzepte TEMPORALITÄT, LOKALITÄT und FINITHEIT der Zielsprachen Deutsch, Englisch, Französisch, Niederländisch und Schwedisch durch Lerner der Ausgangssprachen Arabisch, Finnisch, Italienisch, Punjabi, Spanisch und Türkisch (vgl. Perdue 1993; Becker in diesem Band).

Das von der DFG finanzierte Projekt P-MoLL widmete sich zwischen 1985 und 1990 dem longitudinalen Erwerb sprachlicher Mittel des Konzeptes MODALITÄT im Deutschen durch acht erwachsene polnische Lerner und eine italienische Lernerin. Zum ersten Mal in der europäischen Zweitspracherwerbsforschung war somit eine slawische Sprache Gegenstand der L_2-Forschung.

Modalität als Untersuchungsgegenstand ließ einerseits Innovation (i) erwarten, forderte andererseits jedoch die zur Verfügung stehende linguistische Methodologie heraus (ii):

[1] Ich danke der DFG für die finanzielle Unterstützung dieses Projektes von 1985 bis 1990. Weiter gilt mein Dank Romuald Skibà und Bernt Ahrenholz (anlässlich der Vorlesung in Jena, aber auch für Hilfestellungen bei der Endredaktion) für Kommentare und Anregungen. Pluralformen wie *Sprecher*, *Informanten*, *Lerner* (u.a.) werden in diesem Aufsatz aus Gründen der sprachlichen Ökonomie generisch benutzt, d.h. sie schließen weibliche und männliche Personen mit ein.

(i) Sprachliche Mittel im Rahmen des Konzeptes MODALITÄT zu isolieren erwies sich schwieriger als im Falle der Konzepte TEMPORALITÄT und LOKALITÄT, die sich aufgrund einer expliziten obligatorischen Belegung durch sprachliche Mittel einfacher operationalisieren ließen: eine Äußerung kann ohne weiteres eine DEONTISCHE Bedeutung tragen ohne deswegen explizit durch ein sprachliches Mittel markiert zu sein. Ähnliches gilt für EPISTEMISCHE Mittel. Wie sollten durch kommunikative Aufgaben Verwendungskontexte geschaffen werden, die die obligatorische Belegung von Mitteln sicherstellen?[2]

(ii) Unter dem konzeptionellen Dach der Modalität finden sich so heterogene Domänen wie FÄHIGKEIT (*können*), NOTWENDIGKEIT (Akt des *Sollens* und *Müssens*), EVIDENZIALITÄT (*epistemische* Dimension, die Markierung von Äußerungen nach dem Grad unseres *Wissens, Glaubens* und *Denkens*) und schließlich VOLITIVE INTENTIONALITÄT (Akt des *Wollens*). Einerseits liefern diese Domänen grundlegende Bedeutungen (SEMANTIK), andererseits werden diese modalen Sinnbereiche auch mittels diskursiver Verfahren in der Rede hergestellt (PRAGMATIK). Kann auch das Erlernen diskursiver Verfahren dokumentiert werden? lautete eine der leitenden Forschungsfragen.

Wollen Linguisten nur die genannten zwei Probleme (i, ii) gemäß dem Stand der Forschung lösen, sind sie dem gesamten Spektrum methodischer Optionen in der Anlage ihrer Untersuchung ausgesetzt:

- angemessene Ziele und Hypothesen zu definieren,
- die zu untersuchenden sprachlichen Eigenschaften theoretisch so zu bestimmen, dass diese nach möglichst expliziten Kriterien ausgewertet werden können und schließlich
- mithilfe angemessener Methoden der Datenerhebung und -aufbereitung ein vorteilhaft auswertbares Datenkorpus zu erstellen,
- Erwerbsverläufe zu isolieren, die Rückschlüsse auf die sie determinierenden Parameter erlauben.

Das Projekt P-MoLL soll nach diesen vier Aspekten vorgestellt werden.

[2] Vgl. zu diesem Problem Dittmar et al. (1990) und das Kapitel 5 unten.

2. Ziele und Hypothesen

Die zentrale Frage lautete, wie Lerner mit den Ausgangssprachen Polnisch und Italienisch über einen Zeitraum von 30 Monaten sprachliche Mittel im Deutschen für den Ausdruck des Wünschens, Müssens, Sollens, Dürfens einerseits und der Markierung von Äußerungen als mehr oder weniger gültig oder wahrscheinlich andererseits erwerben.[3] Darüber hinaus sollten auch Einsichten in die Argumentationsfähigkeit gewonnen werden. Hieraus lassen sich folgende Teilziele ableiten:

a) Welche Größen (sozio-ökologische Bedingungen, Sprachvermögen, Alter, Struktur der Ausgangssprache u.a.) begünstigen oder hemmen den Erwerbsverlauf?
b) In welchem Maße ist der Gebrauch modaler Mittel von unterschiedlichen kommunikativen Gattungen abhängig? Wie kann die kommunikative Kompetenz, modale Mittel situations- und interaktionsspezifisch einzusetzen, empirisch angemessen dokumentiert werden?
c) Welche sprachlichen Mittel (prosodische, morphosyntaktische, semantische, pragmatische) werden in welcher Reihenfolge (früher < später) angeeignet?
d) Spielen auch implizite, nicht-sprachliche Mittel eine Rolle beim Erwerb modaler Eigenschaften des Deutschen?
e) Welche Schlüsse lassen sich aus der Fixierung des Erwerbsverlaufes auf die Beschreibung modaler Eigenschaften des Deutschen ziehen?

Wollen wir die Frage (a) erklärungsrelevant beantworten, müssen wir ein Modell der am Erwerbsverlauf beteiligten relevanten Parameter zu Grunde legen. (b) wirft die Frage der linguistischen Validität der Diskurstypen auf, in denen modale Mittel häufig und typisch genug vorkommen und durch die sie beschreibbar gemacht werden können. (c) erfordert wiederum eine theoretische Modellierung der sprachlichen Mittel des Konzeptes MODALITÄT. Gibt es neben morphosyntaktischen auch prosodische und pragmatische (diskursive) Mittel? Wie man mit nicht direkt beobachtbaren (= impliziten) Mitteln umgehen soll, wäre unter (d) zu klären. Kann man sie außer Acht lassen? Schließlich wird mit (e) eine starke Behauptung aufgestellt, die keine methodischen Folgen für die Anlage der Untersuchung nach sich zieht, dafür umso deutlicher theoretisch von Bedeutung ist: das Gebrauchsgewicht einzelner modaler Strukturen und ihre Vernetzung untereinander (= welche Regeln werden am auffälligsten genutzt?) lassen sich nicht an synchronen Gebrauchsweisen festmachen; vielmehr

[3] Im Wesentlichen geht es um deontische und epistemische Modalität.

treten diese erst im Spracherwerbsverlauf deutlich zu Tage. Insofern können Ergebnisse des P-MoLL-Projektes auch zur Klärung allgemeiner sprachwissenschaftlicher Fragestellungen beitragen.

3. Theoretische Optionen

Ein Modell des Zweitspracherwerbs wie ich es in Dittmar (1995: 116) vorgelegt habe, trägt zur Lösung des Problems bei. Ausgegangen wird von unterschiedlichen Arten der Lernenergie, die den Erwerb anschieben. Was wie und warum gelernt wird, entscheidet der unmittelbare Kontext des Lerners, d.h. die unter dem Begriff *ökologischer Filter* zusammengefassten Faktoren (Varietäten- und Bezugspersonenwahl, Möglichkeiten in der Lernersprache zu kommunizieren). Wie angemessen, korrekt bzw. lernfördernd dann der kommunikative Input von Muttersprachlern zu einer Lernervarietät verarbeitet werden kann (aktueller Sprachstand), hängt von dem Sprachvermögen der Lernenden ab (Alter, Persönlichkeit, biologische Faktoren, verfügbares Wissen). Je nach der Qualität der Lernschübe kann der Sprachstand ausgebaut werden. Unter den vielen Konsequenzen dieses Modells für die konkrete Untersuchung seien hier nur drei angesprochen:

(i) Die individuellen und sozialen Merkmale der Sprecher sind soziolinguistisch zu erfassen;

(ii) Was in welcher sozialen Situation mit wem unter welchen formellen oder informellen Interaktionsbedingungen und mit welchen Zielen kommuniziert wird (= kommunikative Aufgaben, Input), muss methodisch kontrolliert werden;

(iii) Der Einfluss von kommunikativen Interaktionsbedingungen zu Zeiten, in denen die Lernenden nicht beobachtet werden können, sollte durch genügend valide Introspektionsdaten (Dimroth 1993) dokumentiert werden. Sprachlernerfahrungen und individuelle Umbrüche im Lernprozess sollten zumindest ansatzweise erklärt werden können.

Diese Aspekte werden im nächsten, der Methodik gewidmeten Kapitel wieder aufgegriffen.

Zur Beschreibung lernerrelevanter linguistischer Kategorien der Modalität lag zu Beginn der Untersuchung kein anwendbares Modell vor, nach dem die modalen Mittel hätten explizit operationalisiert werden können.[4]

---

[4] Modelle mit Vorbildfunktion lagen in Form von theoretischen Skizzen, die später in Monographien veröffentlicht wurden (Klein, Dietrich & Noyau 1993 und Perdue 1993),

Ein skalares funktionales Modell der Modalität wurde indessen vom Projekt entwickelt (vgl. Dittmar et al. 1990: 143 ff.): es spezifiziert vier semantische Dimensionen der Modalität, die skalar – in unterschiedlichem Grade zwischen + und – realisiert werden können: (a) EVIDENZIALITÄT[5], (b) FÄHIGKEIT ETWAS ZU TUN, (c) VOLITIVE INTENTIONALITÄT und (d) NOTWENDIGKEIT. Modale Erwerbsreihenfolgen auf der Folie dieses Modells werden in Dittmar & Reich (1993) für Teilbereiche spezifiziert.[6]

Diese semantischen Optionen führten zu konkreten Auswertungen (vgl. Dittmar & Reich 1993). Wie sehr Optionen auf theoretischer Ebene aber auch von anderen Parametern abhängen, zeigt die bei dieser Untersuchung äußerst relevante Dimension der Erwerbssequenzen. Die unteren, teilweise extrem rudimentären (pidginisierten) Lernerniveaus zeigten keine auffällig markierten modalen Spuren. Die Modalität wurde meist im Kontext der Äußerung bedeutungsspezifisch beschrieben (vgl. Dittmar & Reich 1993). Gleichzeitig ergaben sich sehr markante, reliefartige grammatische Strukturen, nach denen Äußerungen sequentiell aufgebaut wurden. Viele dieser (sequentiellen) Entwicklungsstrukturen entsprachen der Struktur diachroner Prozesse der Grammatikalisierung wie sie in Diewald (1997) dargestellt werden. Mit diesem auf Morphosyntax bezogenen Ansatz konnten, wie unten exemplarisch für die Ergebnisse des Projektes gezeigt werden soll, zentrale Entwicklungsstrukturen von Äußerungen erfasst werden, wobei elementare Phasen der Modalisierung einbezogen worden sind.

Die oben formulierten Ansprüche haben deutliche Auswirkungen auf die methodischen Wahlen des Projektes, die im Folgenden dargestellt werden sollen.

---

für die Konzepte TEMPORALITÄT und LOKALITÄT vor; die Operationalisierung modaler Mittel erwies sich als schwierig, da modale Funktionen von Äusserungen nicht unbedingt explizit markiert werden müssen.

5 (a) und (d) sind in der Literatur als *epistemische* und *deontische* Dimension bekannt. EVIDENZIALITÄT kann nach der <Wahrscheinlichkeit dass p wahr> skaliert werden (*ich bin sicher / glaube dass p; ich weiß nicht ob p / ich glaube nicht dass p; es ist unmöglich dass p*). Ähnlich wird für die anderen Dimensionen verfahren (vgl. Dittmar & Terborg 1991).

6 Die MitarbeiterInnen des Projektes haben für ihre Dissertationen je nach erwerbsspezifischer eigener Fragestellung geeignete eigene theoretische Perspektiven für ihre Beschreibungen zugrunde gelegt. So arbeitet Ahrenholz (1998) mit dem sogenannten *Quaestio*-Ansatz von Klein und Stutterheim. Astrid Reich betrachtet Lernerstrategien als eine breit ausgeprägte modale Handlungsstrategie (Reich 2010).

4. Methodische Optionen

Vordergründig geht es in diesem Abschnitt um Fragen der Anlage einer longitudinalen L2-Untersuchung am Beispiel P-MoLL. Wie können die unter (2) und (3) genannten Prämissen konkret eingelöst werden? Wenn die durchführungsbezogenen Probleme dargestellt sind, werden die technischen Details der Korpuserstellung und -auswertung spezifiziert.

4.1 Längsschnitt: was methodisch zu beachten ist

Wegen der großen Datenmengen pro Informant in einer Längsschnittstudie können nur wenige Informanten über einen längeren Zeitraum in Echtzeit beobachtet werden.[7] Man braucht mindestens die doppelte Anzahl der tatsächlich gewünschten Anzahl der Informanten, da die Ausstiegsquote (*drop out quota*) bei Längsschnittstudien hoch ist. Die Zeitbelastung beträgt im Falle von P-MoLL ca. 30 Monate – ein ‚Durchhalten' über diesen Zeitraum ist nur bei einem Informantenhonorar pro Sitzung (Dauermotivation) und einer guten persönlichen Beziehung der Datenerheber (*Experimenter*) zu den Informanten zu gewährleisten. Die bei weitem größte Herausforderung der longitudinalen Studie besteht jedoch in der Auswahl kommunikativer Gattungen, die die kommunikative Kompetenz eines Informanten valide repräsentieren sollen, sowie in der Bestimmung hinlänglich langer Intervalle,[8] in denen verbale Daten in genügender Vielfalt gesammelt werden. Die diesbezüglich getroffenen Entscheidungen beeinflussen erheblich die Qualität von Erklärungen (vgl. Skibà, Dittmar & Bressem 2008). Im spezifischen Falle von P-MoLL war u.a. weiter zu garantieren, dass die Länge einer Aufnahme in Minuten – unter entsprechend günstigen interaktiven Bedingungen – der Chance Rechnung trägt, dass modale Eigenschaften realisiert werden (können).[9] Des Weiteren war

---

[7] Für jedes Projekt hängt die Anzahl der Informanten, die Menge der Zeitstichproben und die Länge der Datenaufnahmen von den bewilligten Mitteln ab – die Datenauswertungen müssen von Mitarbeitern in endlicher Zeit geleistet werden.

[8] Für Kinder im Alter zwischen 2 und 4 Jahren schreitet die Entwicklung sehr schnell voran – man muss mindestens einmal pro Woche aufnehmen. Im P-MoLL-Projekt wurden bei den erwachsenen Lernern alle vier Wochen Daten erhoben – ein Zeitraster, was sich für die Untersuchungsziele als hinreichend fein erwies.

[9] Im Falle der kommunikativen Aufgabe LMP (der Lerner gibt dem Muttersprachler Anweisungen, eine Lampe aus den wesentlichen Bestandteilen zu montieren (vgl. Ahrenholz 1998, 1999), ist der Zwang, die Äußerung zu modalisieren, sehr stark. Bei

sicherzustellen, dass die einzelnen Aufnahmen unter möglichst gleichbleibenden Bedingungen stattfinden, damit die Vergleichbarkeit der Daten garantiert ist. Letztendlich kann ein Vergleich der Daten nur gelingen, wenn die Eigenschaften der Zielvarietät klar bestimmt werden. Dieses Problem lässt sich dadurch lösen, dass aus der unmittelbaren Umgebung der Lerner stammende Muttersprachler in allen für die Untersuchung relevanten kommunikativen Gattungen exemplarisch als *Zielvarietät* dokumentiert werden.

Möchte man den Einfluss der Erstsprache auf den L2-Erwerbsprozess festhalten – ein legitimes Anliegen – sollte man genauso für Muttersprachler der Ausgangssprache verfahren.[10] Der Sprachgebrauch dieser Muttersprachler wurde als Richtnorm für Abweichungen von der Zielvarietät sowie für kontrastive Einflüsse der Ausgangsvarietät herangezogen.[11]

4.2 Informanten

Statt sehr viele unterschiedliche Lerner für wenige (oder nur eine) kommunikative Aufgabe zu dokumentieren (Querschnittsstudie), entschieden wir uns für die Dokumentation eines breiten Profils kommunikativer Aufgaben von wenigen Sprechern im Längsschnitt (Beschreibungen von Veränderungen im Sprachstand über zeitliche Intervalle).

Von den zu Beginn der Untersuchung engagierten 13 polnischen Informanten konnten nur 8 (3 erwachsene Frauen, 5 erwachsene Männer) über alle drei Erhebungszyklen vollständig dokumentiert werden.[12] Fünf Informanten schieden wegen akuter Belastungen im persönlichen und im Ar-

---

der italienischen Lernerin FRANCA dauerten die Videoaufnahmen im Schnitt etwa zwanzig Minuten. Bei anderen Aufnahmen konnte der Zeitaufwand höher sein. Stets war aber darauf zu achten, dass der maximale Gesamtaufwand fuer eine Tagesaufnahme (in der Regel eineinhalb Stunden) nicht überschritten wurde.

10 Parallel zu den Muttersprachlern wurden je zwei männliche und weibliche polnische und italienische Muttersprachler gewählt. Sie sprachen die für die jeweilige Ausgangssprache übliche Umgangssprache als und waren zwischen 25 und 45 Jahren alt.

11 Klein (1992) hat überzeugend dargestellt, dass die Standardnormen (im Deutschen der DUDEN) für die Bestimmung der Abweichungen des lernersprachlichen Gebrauchs NICHT valide sind. Die lernersprachlichen Formen und Lexeme hängen vom Input der direkten sozialen Umgebung ab. Daher müssen die muttersprachlichen Normen der Umgebung der Lernenden zum Vergleich dokumentiert werden.

12 Vgl. für tabellarische Angaben Dittmar et al. 1990: 139-141.

beitsalltag aus. Systematisch ausgewertet wurden bisher nur die Daten von 3 Männern und 3 Frauen.

Von den ursprünglich 4 italienischen Informanten konnten nur FRANCA (aus Bologna) über den Untersuchungszeitraum vollständig dokumentiert werden. Dies gelang, da von Anfang der Aufnahmen an eine persönliche Beziehung aufgebaut werden konnte, die den fortlaufenden Interessen der Informantin (Beratungen verschiedener Art) diente; es wirkte sich außerdem positiv aus, dass zwei Projektmitglieder Italienisch konnten.

Von den fünf deutschen Muttersprachlern (Rita, Christa, Paul, Martun und Kurt) und den vier polnischen Sprechern (2 w., 2 m.) im mittleren Alter wurden zum Vergleich mit den lernersprachlichen Daten für alle kommunikativen Aufgaben Produktionen in der L1 dokumentiert; die Diskurstypen wurden vollständig von Muttersprachlern transkribiert. Man kann darüber streiten, wie viele Muttersprachler für die Erhebung von Kontrolldaten hinreichend sind.[13] Unter Berücksichtigung von Arbeitsaufwand und anfallenden Kosten schien dem Projekt die getroffene Entscheidung vertretbar. Eine absolute Sicherheit, jene auf den Input wirklich einwirkenden Varietäteneigenschaften zu dokumentieren, gibt es nicht.

4.3 Modale Mittel variieren je nach kommunikativer Aufgabe (Mehrebenenanalyse)

Während (obligatorische) temporale Gebrauchsstrukturen in Lernervarietäten des Deutschen relativ einfach über Erzählungen, Berichte, biographische und historische Ereignisse elizitiert werden können, stellt sich bei der Erhebung sprachlicher Mittel der Modalität das Problem, dass im Prinzip jede Äußerung einer wie auch immer gearteten kommunikativen Gattung modal markiert sein kann, ohne dass dies auf der sprachlichen Oberfläche durch explizite sprachliche Mittel markiert sein muss (vgl. Dietrich 1992). Das ist z.B. bei der Instruktion in (i) der Fall (vgl. Ahrenholz 1998):

(i) du nimmst dann die Birne und schraubst sie in die Fassung

---

[13] Sind 4 Muttersprachler, zwei Frauen und zwei Männer mittleren Alters, hinreichend? Wir haben uns bemüht, diese 4 Sprecher aus einem umgangssprachlichen Berliner Milieu zu wählen, dem auch die Lerner ausgesetzt waren (Input).

Deontisches *müssen* oder *können* würde für die explizite Modalisierung verwendet werden müssen. Außerdem ist zu berücksichtigen, dass es z.B. morphosyntakische Variation für deontische Modalität gibt:

(ii) das Projekt ist in drei Monaten machbar
(iii) das Projekt kann man in drei Monaten machen
(iv) die Ausstellung ist um 13h zu schließen
(v) die Ausstellung muss um 13h geschlossen werden

Die Beispiele zeigen: die deontische Bedeutung[14] von (i) geht aus dem unmittelbaren nichtverbalen Kontext der Äußerung hervor; (ii) und (iii) sowie (iv) und (v) haben deontische Bedeutung, werden jedoch durch unterschiedliche morphosyntaktische und lexikalische Mittel realisiert. Modalität kann aber auch durch pragmatische bzw. diskursive Mittel ausgedrückt werden; beispielsweise kann man indikativ formulierte Aufforderungen wie in (i) durch eine Rahmung wie in (vi) modalisieren:

(vi) also du sollst eh das ganze zusammensetzen zu einer +1+ lampe^ (Martin)[15]

Das modale Adverb *bitte* (vgl. Dittmar 1993) hat Aufforderungscharakter, die Äußerung zu Beginn einer kommunikativen Aufgabe wird als Instruktion für das Folgende im sozialen Kontext interpretiert. Die modalen Mittel, über die Lerner verfügen, um modale Funktionen auszudrücken, variieren also über mehrere linguistische Ebenen je nach Diskurstyp. Dieser Sachverhalt stellt schwierige Anforderungen an die Elizitierung angemessener Daten.

4.4 Die Rekonstruktion modaler Kompetenz durch Diskurstypen

Wie stellen Erwerbsforscher nun sicher, dass Daten erhoben werden, die die unterschiedlichen sprachlichen Mittel modaler Funktionen elizitieren? Und wie lässt sich garantieren, dass die modalen Mittel obligatorisch angewandt werden?

Der Anspruch des Projektes P-MoLL, den Erwerb von modalen Gebrauchsstrukturen möglichst umfassend zu dokumentieren, führte dazu, ein

---

[14] Eigentlich die *Fähigkeit zur Durchführung einer (notwendigen) Handlung*, hier vereinfacht zur deontischen Modalität gerechnet.

[15] Aus Ahrenholz (1998); die Rahmung ist nicht obligatorisch. Auch eine indikativische Äußerung kann Aufforderungscharakter haben: die illokutive Kraft ergibt sich aus dem Unterschied von „Faktizität" und „Nicht-Faktizität" der Äußerung (nach Dietrich 1992, zit. in Ahrenholz 1998).

ganzes Spektrum von kommunikativen Aufgaben aufzustellen, die die kommunikative Bandbreite von Modalisierungen im Diskurs berücksichtigen. Nur so konnte eine relative Dichte sprachlicher Mittel für modale Konzepte dokumentiert werden. In diesem Sinne wurden folgende Diskurstypen bei der Erhebung der Daten berücksichtigt:

1. (K) freie Konversation führen
2. (E) Erzählen und Berichten
3. (M) Meinungen äußern
4. (I) Instruktionen geben
5. (P) Probleme lösen
6. (D) Beschreibungen
7. (B) Wünsche und Absichten

Wie werden nun modale Mittel phasenweise erworben und wie lässt sich das über einen Zeitraum von 30 Monaten dokumentieren? In Anlehnung an das ESF-Projekt (Perdue 1993) wendeten wir das Modell der Zyklen an: in drei Zyklen zu je 10 Monaten sollten die genannten 6 Diskurstypen in einem für empirische Untersuchungen stets notwendigen Durchführungsspielraum realisiert werden.

"Cycles are characterized by a fixed sequence of communicative genres that are elicited within a fixed time frame, in this case 12 months, and that are repeated in the same fashion in subsequent cycles." (vgl. Skibà, Dittmar & Bressem 2008 und Dittmar et al. 1990).[16]

Um die negativen Effekte der simplen Wiederholungen eines Diskurstyps in Form einer unveränderlich gleichen kommunikativen Aufgabe zu vermeiden, wurde jeder Diskurstyp in Untertypen differenziert. So wurden zur Elizitierung des Diskurstyps *Instruktionen geben* (I) folgende kommunikative Aufgaben[17] während eines Zyklus in dieser Reihenfolge erhoben:

1. Aschenbecher (ASB)
2. Ausfüllen eines Einladungsvordrucks (EIN)
3. Lampe bauen (LMP)
4. Kaffeemaschine (KFM)
5. Kartenspiel (KSP)
6. *Mensch ärgere dich nicht* (MEN)
7. Malefix (MFZ)

---

[16] In diesem Aufsatz gehen die Autoren auf weitere theoretische Grundlagen von Längsschnittuntersuchungen ein, die im Rahmen dieses Beitrags nicht thematisiert werden können.

[17] Jede einzelne Aufgabe ist in Dittmar et al. (1990: 132-137) detailliert erläutert. Hier findet sich auch ein vollständiger Überlick über alle Aufgaben in allen Diskurstypen.

8. Postpaket (PKT)
9. Modellhaus (PST)
10. Smog-Alarm (SMO)

In allen diesen Aufgaben geht es um die Erklärung von Spielregeln oder um Anweisungen, ein bestimmtes Zielprodukt herzustellen. Die Aufgaben LMP, KFM, MFZ, PKT und PST wurden in verschiedenen Beschreibungen modaler Verbalisierungen von Instruktionen ausgewertet (vgl. Dittmar & Reich 1993; Ahrenholz 1998 u.a.)

Ähnliches gilt für den Diskurstyp *Erzählen und Berichten* (E), der durch die folgenden Einzelaufgaben unterdifferenziert wurde:

1. Film nacherzählen (CCP, HAR)
2. Erzählung eines Diebstahls (DST)
3. Besonderes Erlebnis in Berlin (ERL)
4. Gefährliche Situation / Unfall (GSI)
5. Erlebnis aus der Kindheit (KIN)
6. Migrationsbiographie / die Reise nach Berlin (MIG)
7. Einbruch / Überfall (PST)
8. Erlebnis im Urlaub (URL)

Im zweiten und dritten Zyklus wurden diese narrativen Einzelaufgaben nach Möglichkeit in der gleichen Reihenfolge wiederholt. Aus terminlichen Gründen ergaben sich kleine zeitliche Verschiebungen in den Aufnahmezeitpunkten. Chronometrisch absolut präzise konnten die Daten nicht dokumentiert werden, aber für die angestrebten Aussagen sind die vorliegenden Intervalle hinreichend gleichförmig belegt.

Zunächst aus den Bedürfnissen einer Längsschnittuntersuchung zum Erwerb modaler Mittel entstanden stellte sich das viele unterschiedliche Diskurstypen umfassende Erhebungsmodell[18] des P-MoLL-Projektes bald als ein brauchbares Abbild der kommunikativen Kompetenz von Lernern dar. Valide epistemische, deontische, volitive, instruktive und diskursive Moda-

---

[18] Die Diskurstypen (E) *Erzählen und Berichten* sowie (I) *Instruktionen geben* erwiesen sich für empirische Studien als sehr ergiebig, in ganz besonderem Maße allerdings der Diskurstyp (B) *Wünsche und Absichten*, der den Lernern freie kreative Gestaltung ihrer Äußerungen in besonders motivierender Weise überließ (siehe dazu die Ausführungen unter 5.) (E), (I) und (B) wurden ausgewählt, um die alternativen (dem gleichen semantischen Konzept verpflichteten) kommunikativen Aufgaben exemplarisch vorzuführen. Auf die gleiche detaillierte Darstellung der verbleibenden Typen (M) *Meinungen äußern*, (P) *Probleme lösen* und (D) *Beschreibungen* wurde hier verzichtet, allzumal mit Dittmar et al. (1990: 132-137) und Skibà, Dittmar (2008) detaillierte inhaltliche und graphische Übersichten für spezifisch interessierte ForscherInnen vorliegen.

lität zu erheben, stellt so unterschiedliche Anforderungen an die Kommunikation, dass auch gleichzeitig ein breites Spektrum referentieller, temporaler, konditionaler, kausaler (u.a.) Strukturbereiche abgedeckt wird (vgl. Ahrenholz 2005; 2008; Seifert-Pironti & Dittmar 2010). Andere als modale Konzepte (wie z.B. Temporalität, Kausalität) lassen sich also mit diesen Daten ebenfalls gut untersuchen. Was alles unter kommunikativer Kompetenz zu fassen ist, ist ein weites Feld. Das hier belegte Profil kommt den Anforderungen nahe, die Hymes (1987) an diesen Begriff stellt.

5. Sprachdatenerhebung

Nach der Problemfindung und der expliziten Formulierung der Forschungsaufgaben stand die Durchführung der Untersuchung an. Die Datenerhebung umfasst:

- drei Zyklen mit insgesamt 21 Aufnahmen pro Informant; Gesamtdauer: 2 ½ Jahre, Intervall der Aufnahmen: (im Durchschnitt) 6 Wochen;
- in der Praxis bestehen die ersten beiden Zyklen aus je acht Aufnahmen alle 6 Wochen mit je 5 verschiedenen Diskurstypen, der dritte Zyklus umfasst 5 Aufnahmen und eine Kontrollaufnahme nach 6 Monaten (alle Diskurstypen);
- vollständig dokumentiert wurden 8 polnische (3 w, 5 m) Informanten und 1 italienische (w) Informantin sowie je vier Muttersprachler der Ausgangs- und Zielsprachen;
- zwei Drittel der Aufnahmen wurde mit Audiogeräten (DAT-Rekorder), ein Drittel mit Video durchgeführt.

Die Aufnahmen wurden strikt nach Plan durchgeführt. Pro Aufnahmensitzung wurden maximal 2 Stunden angesetzt, durchschnittlich dauerten sie 60 bis 90 Minuten je nach Diskurstyp. Um die Kontinuität der Längsschnittaufnahmen zu wahren, wurde jedem Informanten ein Experimenter (ein Interviewer, Projektmitarbeiter) für den Gesamtzeitraum der Aufnahmen zugeordnet.

Gerade in der Mitteilung modaler Sachverhalte (Negation, Unterstreichen einer deontischen, epistemischen, volitiven Absicht etc.) werden verbale mit körperlichen Botschaften kombiniert. Daher wurde im Projekt entschieden, kooperative bzw. interaktiv-argumentative kommunikative Aufgaben per Video aufzunehmen. Untersucht werden sollte (und soll) der Anteil der nicht-verbalen Botschaften am gesamten Umfang modaler Mitteilungen (Instruktionen). Es erwies sich als notwendig, dass die Videoaufnahmen von einem geschulten Mitarbeiter[19] durchgeführt wurden. So entstanden Aufnahmen mit zwei Kameras (Halbtotale aus zwei unterschiedlichen Perspektiven).

Besonders erfolgreiche Szenarien für Modalisierungen boten die folgenden Aufgaben[20]:

- *Reisebüro*: Der Lerner ist Mitarbeiter in einem Reisebüro und organisiert für den Muttersprachler (Projektmitarbeiter) eine Reise nach dessen Wünschen. In der Rolle des Verantwortlichen ist der Lerner sehr motiviert, die Zielsprache optimal anzuwenden.
- *Partnervermittlung*: Der Lerner ist Angestellter eines Partnervermittlungsbüros und versucht mit sensiblen Fragen, die Ehewünsche des Ratsuchenden (Muttersprachler, Mitarbeiter) zu erfüllen. Es handelt sich um einen sensiblen intimen Bereich; die Motivation für eine gute Performanz ist hoch.
- *Lampe bauen*: Mit vorliegenden Teilen muss der Muttersprachler nach Anweisungen des Lerners eine Lampe zusammenbauen. Wesentlich für das Gelingen der Aufgabe ist die erfolgreiche Kommunikation referentieller Angaben. Diese werden oft kontextspezifisch nonverbal mitgeteilt.
- *Postpaket:* ähnlich wie *Lampe bauen*: aus Kartonteilen muss der Muttersprachler nach Anweisung des Lerners ein Postpaket bauen.

Von jeder Audio-Aufnahme wurde ein Beobachtungs- und Verlaufsprotokoll erstellt, aus dem die Sitzordnung und der pragmatische Verlauf in seinen Auffälligkeiten hervorgeht. Diese Protokolle gehören zu den Metadaten des P-MoLL-Korpus (siehe Kapitel 6).

6. Datenauswertung: Verschriftlichung der mündlichen Diskurse

6.1 Verba volant, scriptum manet

Wörter sind flüchtig, aber das Geschriebene bleibt: Dieser Leitspruch des MPI für Psycholinguistik in Nijmegen drückt mit wenigen Worten aus, wie mündlich vorliegende Daten beschrieben werden können: auf der Grundlage von Verschriftlichungen. Je nach Auswertungsinteressen kann ein Transkriptionssystem für z.B. grammatische oder pragmatische Beschrei-

19 Ich danke Thomas Thiel für die kompetente Aufnahmeführung.

20 Dem Lerner wird so eine sozialer Status gegeben, der zu bester Performanz in der Zielsprache motiviert.

bungen gewählt werden (für eine Übersicht siehe Dittmar [3]2009). Das in den 80er Jahren für das P-MoLL-Projekt entworfene System ist für Nicht-Experten gut lesbar und kodiert die wichtigsten für syntaktische, semantische und pragmatische Analysen benötigten Eigenschaften von Lernervarietäten. Rasch erkennt man an dem Ausschnitt aus der Nacherzählung von Charlie Chaplins *Modern Times* (siehe unten), dass JANKA bei der Nacherzählung im 3. Zyklus in der 1. Zeile (i) sich selbst unterbricht (/), (ii) ein schwer zu verstehendes Wort *(klin)* verwendet, dessen Lautfolge der Transkribend vermutet, (iii) *hier^* am Ende der Äußerung steigend artikuliert wird etc. Die Einfachheit des Systems macht eine solide Transkription möglich. Die Orthographie des Deutschen bleibt weitgehend erhalten – Abweichungen werden nach dem Prinzip der *literarischen Transliteration* ähnlich kodiert wie dialektale/umgangssprachliche Zitate in Romanen (vgl. Dittmar 2009: „literarische Umschrift", 67 ff.).

JANKA, CCP 3. Zyklus

i: (h) also chef ka/ eh sagt eh hat ihm gesagt sollst du mir bringen ein (klin) so wie + ich habe hier^ (h)
e: ja
i: und eh: chaplin hat eh + eh gesucht^ und hat gefunt + aber das war eh die schlimmste ehm + (klin) das ist nich (klin) ich weiss nicht auf deutsch wie heisst das (h) ein/ eine dings (h) weil eh wer ha/ er hat das eh mitgenommen dein schiff
e: hmhm^

Tab. 1. Die wichtigsten Transkriptionssymbole des Projektes P-MoLL

%string%	leise	/	Selbstunterbrechung
!string!	laut	\	Fremdunterbrechung
+	kurze Pause	string = = string	Anklebung
+N+	Pause mit Sekundenangabe	&string& &string&	simultan gesprochene Passage
(string)	vermuteter Wortlaut	hm (mh)	kommentierende, bewertende Hörersignale
(x)	unklare Äusserung	?string?	Markierung von Fragen
string ^	steigende Intonation	(h)	hörbares Ein- & Ausatmen
string _	fallende Intonation	äh:::	Dehnung
'silbe	Akzent	@	Lachen

‚N' ist eine Zahl, die Sekunden angibt, ‚string' ein(e) Wort(gruppe), eine Partikel oder eine sonstige Morphemfolge, die markiert werden soll.

Bei der Integration des P-MoLL-Projektes in die Datenbank des MPI in Nijmegen für Erst- und Zweitsprachen wurden die Transkriptionen konvertiert in CHAT-Kodierungen, die bereits für die anderen L1- und L2-Daten der Datenbank gewählt worden waren.[21] Das CHAT-System wird weltweit in zahlreichen internationalen Projekten zum Spracherwerb verwendet. Die Transkription im gleichen System erleichtert die quersprachliche Vergleichbarkeit außerordentlich. Trotz einer Reihe von Schwächen des CHAT-Systems in Bezug auf die angemessene Wiedergabe pragmatischer Eigenschaften der gesprochenen Sprache (vgl. die Kritik in Dittmar 2009: 196 ff.) überwiegen die folgenden drei Vorteile: (a) optimale internationale Vergleichbarkeit der Daten, (b) verschiedene grammatische Eigenschaften von Lernervarietäten können auf einer der Transkriptzeile zugeordneten eigenen Zeile (*tier*) kodiert werden (erleichtert die Analyse grammatischer und anderer Abweichungen vom Standard), (c) die mit CHAT transkribierten Daten können mit dem statistischen Anschlussprogramm CLAN optimal statistisch ausgewertet werden.

Jede Transkription hat einen sogenannten *Transkriptionskopf*, der die Sozialdaten des Sprechers, die Angaben zur kommunikativen Aufgabe und die Modalitäten ihrer Durchführung betrifft (vgl. Abb. 1).

File name: P-DS6E1.CCP
L1: P
L2: D
INFORMANT: I=S(ascha) P10
TEST NUMBER: 6
CYCLE: 1
TEST NAME: CCP
DATE OF RECORDING: 07.04.86
PLACE OF RECORDING: seminar room, FU Berlin
RECORDING DEVICE: SONY TCM-600 B
DEVICE USED FOR TRANSCRIPTION: SANYO TRC 8700
TRANSCRIBED BY/AT: Lena, 08.04.87
SIDE OF TAPE: 1
VIDEO (Y/N): N
EXPERIMENTER: Lena
LENGTH OF STAY AT THE TIME OF THE RECORDING: 7 Months

Abb. 1. Transkriptionskopf mit den Sozialdaten des Lerners Sascha

[21] Zur Konvertierung der Daten siehe Skibà, Dittmar & Bressem (2008); das Transkriptionssystem CHAT wird vorgestellt in Dittmar ([3]2009: 145-166).

Der Transkriptionskopf spezifiziert den Datei-Namen, die Ausgangssprache, die Zielsprache, den Namen des Informanten, die Nummer der laufenden Aufnahmen, den Zyklus, den Namen der kommunikativen Aufgabe (CCP= Nacherzählung einer gekürzten Fassung von Charlie Chaplins Film *Modern Times*), Datum und Ort der Aufnahme, Aufnahmegerät, Transkriptionsgerät, transkribierende Person sowie Interviewer. Jede Transkription einer kommunikativen Aufgabe hat einen solchen Kopf.

In den letzten Jahren hat die moderne Korpuslinguistik jedoch eine Trennung vollzogen zwischen den linguistischen Daten (Medien, Transkripte, Annotationen) einerseits und den nichtverbalen Kontext- und Sozialdaten andererseits. Letztere werden „Metadaten" genannt. Die *Metadateien* fassen alle „linguistisch und technisch relevanten Informationen zusammen, die zu einer *session* gehören …" (Skibà 2008: 23). Der Terminus *session* bezeichnet eine linguistische Analyseeinheit, z.B. eine Nacherzählung wie CCP oder einen thematisch festgelegten Diskurstyp wie oben (in 4.4.) angegeben. Über die Metadateien lassen sich also unterschiedliche Typen von Daten in einem Sprachkorpus auffinden.[22]

Wie gewinnt man die Metadaten (Sozialdaten) der Sprecher? Im Projekt P-MoLL haben wir in der ersten Sitzung eines jeden Zyklus ein längeres Eingangs- oder Erstinterview mit den Informanten durchgeführt und einen für die Forschungsfragen relevanten Katalog von Fragen (in informeller Weise) gestellt. Daraus sind dann 12 wesentliche Kategorien isoliert worden, die als biographische / soziale Daten der Informanten festgehalten wurden (siehe 6.2., Metadaten):

Soziale (zeitunabhängige) Daten der Informanten (Fragen im ersten Interview, Beispiel aus P-MoLL):

1. Biographische / soziale Daten
1.1 anonymisierter Name, Nummer, Kode
1.2 Geschlecht
1.3 Datum und Geburtsort
1.4 Letzter Wohnort in Polen
1.5 Persönliche Situation in Polen (Familienstand etc.)
1.6 Bildung
1.7 Ausbildung / Arbeit in Polen

[22] Der ‚Transkriptionskopf' ist auf Englisch, da die Datenbank des MPI für Psycholinguistik einen internationalen Zugang zu den Daten gewährt.

1.8 Ankunft in Berlin
1.9 Beginn der Aufnahmen
1.10 Kompetenz in der Zweitsprache Deutsch
1.11 Kenntnis anderer Sprachen

6.2 Die Datenbank P-MoLL am MPI für Psycholinguistk

Die Datenbank P-MoLL am MPI ist im Internet für jedermann und jedefrau, die ein legitimes Forschungsinteresse nachweisen, zugänglich.[23] Zunächst waren nur die Audio- und Video-Daten sowie die Transkriptionen zugänglich. In den letzten Jahren wurden mithilfe des IMDI-Standards die sogenannten Originaldaten (Medien, Transkripte, Annotationen) von den Metadaten getrennt (siehe 6.1). Die nach Gattungen oder Diskurseinheiten geordneten „linguistische(n) Analyseeinheiten“ werden unter dem Etikett *sessions* als *Metadaten* gespeichert; sie enthalten Informationen über:

- die verwendete(n) Sprache(n), Aufnahmeort und -datum der *session*,
- den Inhalt der *session* (u.a. Thema, Genre, Datenart),
- die Beteiligten (z.B. Sprecher und ihre Charakteristika, Projektinformationen),
- die Originalaufnahmen (Name und Aufbewahrungsort der Rohdaten) und die Medieneinheiten (Ton-, Bild-, Video- und Textdateien), die mit der *session* assoziiert werden“ (Skibà 2008: 23).

Die Datenbank des L2-Projektes P-MoLL ist nach Datentypen untergliedert, auf die Linguisten in Deutschland und der ganzen Welt Zugriff haben, um für bestimmte Forschungsziele Analysen durchzuführen.[24]

Skibà, Dittmar & Bressem (2008) ordnen Typen von Daten nach zeitbezogenen und qualitätsspezifischen Größen. *Zeitfreie Daten* legen Benennungskonventionen für Aufnahmen und ihre Formate fest, die relevanten Kategorien für Sozialdaten von Sprechern[25], die Art der Annotationen (Transkription), die Kompatibilität von gewählten Formaten und Analysewerkzeugen. Zu diesen Daten können weitere Metadaten zu den Zeitpunkten T_1, T_2, T_n hinzugefügt werden.

Unter den oben angegebenen Links können die P-MoLL-Daten (unter anderen Korpora) im MPI-Korpus *Zweitspracherwerb* entsprechend geord-

---

[23] http://corpus1.mpi.nl/ds/imdi_browser/?openpath=MPI20139%23 (09.01.2012)

[24] Voraussetzung ist dabei, dass der Zugriff auf die Daten durch den Datenspender (MPI) legitimiert ist.

[25] Siehe die Liste relevanter sozialer Daten in Skibà, Dittmar & Bressem (2008: 84).

net (wie oben beschrieben) aufgesucht werden. Mit welchen Werkzeugen und Suchmaschinen darüber hinaus das Korpus P-MoLL (Audio- und Videoaufnahmen) relativ zu bestimmten Forschungszwecken bearbeitet werden kann, wird in Skibà (2008) erläutert.

Einmalige, nur in einer einzigen Datei vorliegende Informationen werden *zeitlose* Datentypen genannt (s. Tab. 2, Spalte 2). Daten, die zu einem bestimmten Zeitpunkt später hinzugewonnen werden, werden mit Angabe der zeitlichen Verschiebung in Spalte 3 notiert. Mit anderen Worten: *zeitlose* und *zeitspezifische* Datentypen werden im Korpus *Metadaten* getrennt gespeichert und sind damit auch für die Forscher separat zugänglich.

Datentyp / Zeitbezug	**Was ist vor Beginn der empirischen Erhebung zu berücksichtigen? T_0**	**Welche Informationen sind auf dem Dokument festzuhalten? T_1-T_n**
auf die Aufnahmen bezogene Metadaten	Kodifizierung der Datenaufnahmen, Medienformate der Dateien, Beschriftungskonventionen	Medium der Datenaufnahme (z.B. Video), Datum, aufgenommene Personen, Kode der Aufnahme
zeitungebundene Metadaten	Forschungsinterner Fragebogen, der den Namen des Informanten und dessen konventionelle Anonymisierung sowie relevante biographische Daten (Geburtsort und -datum, Geschlecht, Beruf, Zeitpunkt des Erstkontaktes, u.a.) festhält	Kodifizierung des Diskurstyps [siehe 4.4 und 6.1 ‚Dateiname' (oberste Zeile auf dem Transkriptionskopf]
zeitgebundene Metadaten	Konventionen für Protokolle und Metadaten	Intensität des Kontaktes mit der neuen Sprachgemeinschaft, Sprachwissen (subjektiv)
Annotationen, Transkripte	Dateiformate und Benennungskonventionen, Annotationskonventionen und Analysewerkzeuge	Kontrollvokabular für Dateien und Ordner (CVs) zu den Annotationssiglen
lexikalische Daten	Kompatibilität der Annotationsformate und Analysewerkzeuge	Wortlisten, Liste der Annotationskonventionen

Tab. 2. Datentyp und Zeitbezug (aus: Skibà, Dittmar & Bressem 2008: 79).

6.3 Übersicht über den Stand der Auswertung des Korpus

Die ersten Arbeiten in den 90er Jahren sind dem Erwerbsprozess gewidmet. Einerseits wird untersucht, wie lexikalische Einheiten in welchen zeitlichen Intervallen und Reihenfolgen morphosyntaktisch grammatikalisiert werden (Dittmar & Skibà 1992; verschiedene empirische und theoretische Beiträge in Dittmar & Reich 1993). In diesen Untersuchungen wie in Dittmar (1995), Ahrenholz (1998), Birkner (2008 und Reich (2010) geht es um den Erwerb modaler Strukturen des Deutschen (z.B. Modalverben), aber auch syntaktischer, semantischer und diskursiver Mittel der Modalisierung. Reich (2010) setzt sich in beeindruckender Detailliertheit mit Strategien des lexikalischen und semantischen Erwerbs durch die Lerner auseinander. Auf der anderen Seite erfasst Ahrenholz (1998) die komplexe Pragmatik lernersprachlicher Performanz von Aufforderungen, Instruktionen, impliziten Modalisierungen in Instruktionsdiskursen. Ein in den späten 90er Jahren bearbeiteter Bereich ist der Erwerb der Fokus- und Modalpartikeln, der die Interaktion syntaktischer, semantischer, prosodischer und pragmatischer Parameter involviert und somit auch genuin zur allgemeinen Linguistik und zur Linguistik des Deutschen beiträgt (Birkner, Dimroth & Dittmar 1995; Dittmar 1999; Rost-Roth 1999; Dittmar 2002). In der Zweitspracherwerbsforschung oft und zentral behandelte Domänen des Erwerbs stellen die Fähigkeiten der Lerner dar, auf Personen und Objekte zu referieren; diesem Problem widmet sich Ahrenholz (2005), wobei er auch andere Korpora vergleichend in die Untersuchung einbezieht. Die frühen syntaktischen Untersuchungen greift Ahrenholz (2008) mit seiner Beschreibung zentraler Wortstellungsmuster wieder auf. Schließlich beschäftigen sich Seifert-Peronti & Dittmar (2010) mit dem Erwerb von Topikstrukturen. Die genannten Arbeiten beziehen sich auf den Erwerb des Deutschen durch die polnischen Lerner der Längsschnittstudie sowie auf die italienische Lernerin Franca. Quersprachliche Studien zu Erwerbsunterschieden aufgrund der Ausgangssprachen Polnisch und Italienisch finden sich in den Arbeiten zu Fokus- und Modalpartikeln. Kontrastive Muster im Erwerb des Deutschen aufgrund der Ausgangssprache Italienisch wurden in einer Reihe von sprachlichen Domänen für die Lernerin Franca beschrieben.

7. Ausblick

Das vorliegende Korpus ist eine ausgewogene Kollektion durchschnittlich für die Alltagskommunikation relevanter kommunikativer Gattungen (Diskurstypen). Es ist im soziolinguistischen Sinne valide: die Aussagen über Erwerbsverläufe beschreiben eine funktional gewichtige Domäne der kommunikativen Kompetenz. Alle oben angeführten Einzeluntersuchungen beschreiben einzelne Erwerbsverläufe und erklären sie – soweit möglich – durch die sozialen und individuellen Merkmale der Sprecher und ihr jeweiliges diskursives Handeln im Kontext.[26]

Durch die Dokumentation lernersprachlicher Daten über zweieinhalb Jahre können detaillierte Beobachtungen zu Tempo, Verlauf, begünstigenden und hemmenden Faktoren des Erwerbs der Zielsprache gemacht werden. Inwieweit die Ausgangssprache der Erlernung förderlich oder hinderlich ist, kann auf der Folie muttersprachlicher Daten, die vollständig und transkribiert vorliegen, nachgegangen werden. Da andererseits auch die transkribierten Daten muttersprachlicher deutscher Sprecher für die gleichen kommunikativen Aufgaben wie für die Lerner vorliegen, können die sprachlichen Abweichungen von den aus dem gleichen sozialen Kontext stammenden Muttersprachlern zu den Lernervarietäten präzise beschrieben werden.

Die Erforschung des Zweitspracherwerbs ist natürlich ein weites Feld. Wie er funktioniert, was noch so vereinfachte Lernervarietäten „im Innersten zusammenhält", und zwar so, dass Kommunikation möglich und erfolgreich ist, kann an diesem Korpus beispielhaft detailliert untersucht werden.[27]

---

26 Die Daten stehen auch weiterhin für Forschungszwecke zur Verfügung.

27 Wir ermutigen die Linguisten und Linguistinnen dieser (globalen) Welt, sich des P-MoLL-Korpus zum Zwecke kontrastiver und lernersprachlicher Beschreibungen in den Domänen der modernen Linguistik zu bedienen – besonders attraktiv sind diskurstypenbezogene, quersprachliche, längsschnitt- und einzelfallspezifische Erwerbsstudien! Gaudeamus igitur!

8. Literatur

8.1 Veröffentlichungen zum Projekt P-MoLL

Ahrenholz, Bernt (1998): *Modalität und Diskurs. Instruktionen auf Deutsch und Italienisch. Eine Untersuchung zum Zweitspracherwerb und zur Textlinguistik.* Tübingen: Stauffenburg.

Ahrenholz, Bernt (1999): Modalität und Diskurs. Instruktionsdiskurse italienischer Lerner des Deutschen sowie deutscher und italienischer Muttersprachler. In: Dittmar, Norbert; Giacalone Ramat, Anna (Hrsg.): Grammatik und Diskurs. Studien zum Erwerb des Deutschen und des Italienischen. Tübingen: Stauffenburg, 245-276.

Ahrenholz, Bernt (2003): Grammatik im Kontext von Zweitspracherwerbsforschung und Gesprochene-Sprache-Forschung. *Deutsch als Fremdsprache*, 40 (4): 229-234.

Ahrenholz, Bernt (2005): Reference to persons and objects in the function of subjects in Learner Varieties. In Hendriks, H. (Hrsg.): *The structure of learner varieties*. Berlin/New York: Mouton de Gruyter, , 19-64.

Ahrenholz, Bernt (2008): Zum Erwerb zentraler Wortstellungsmuster. In Ahrenholz, Bernt; Bredel, Ursula; Klein, Wolfgang; Rost-Roth, Martina; Skibà, Romuald (Hrsg.): *Empirische Forschung und Theoriebildung. Beiträge aus Soziolinguistik, Gesprochene-Sprach- und Zweitspracherwerbsforschung.* Frankfurt am Main, Berlin, Bern, Brüssel, New York, Oxford, Wien: Lang, 165-177.

Birkner, Karin (2008): Fremde Wörter lehren und lernen im Gespräch. In Ahrenholz, Bernt; Bredel, Ursula; Klein, Wolfgang; Rost-Roth, Martina; Skiba, Romuald (Hrsg.): *Empirische Forschung und Theoriebildung. Beiträge aus Soziolinguistik, Gesprochene-Sprach- und Zweitspracherwerbsforschung,* Frankfurt am Main, Berlin, Bern, Brüssel, New York, Oxford, Wien: Lang, , 170-190.

Birkner, Karin; Dimroth, Christine & Dittmar, Norbert (1995): Der adversative Konnektor *aber* in den Lernervarietäten einer italienischen und zweier polnischer Lerner des Deutschen. In Handwerker, Brigitte (Hrsg.): *Fremde Sprache Deutsch. Grammatische Beschreibung – Erwerbsverläufe – Lehrmethodik.* Tübingen: Narr, 65-118.

Dimroth, Christine (1993): *Introspektion: Eine neue Erklärungsperspektive für den Zweitspracherwerb.* Wiss. Hausarbeit zur Ersten Wissenschaftlichen Staatsprüfung für das Amt der Studienrätin. FUBerlin: Archiv.

Dittmar, Norbert (1995): Was lernt der Lerner und warum? In Dittmar, Norbert & Rost-Roth, Martina (Hrsg.): *Deutsch als Zweit- und Fremdsprache.* Frankfurt a.M.: Lang, 107-140.

Dittmar, Norbert (1999): Der Erwerb der Fokuspartikeln *auch* und *nur* durch die italienische Lernerin Franca. In Dittmar, Norbert & Giacalone-Ramat, Anna (Hrsg.): *Grammatik und Diskurs / Grammatica e Discorso. Studi sull'acquisizione dell'italiano e del tedesco / Studien zum Erwerb des Deutschen und des Italienischen.* Tübingen: Stauffenburg, , 125-144.

Dittmar, Norbert (2002): Lakmustest für funktionale Beschreibungen am Beispiel von auch (Fokuspartikel, FP), eigentlich (Modalpartikel, MP) und also (Diskursmarker, DM). In Fabricius-Hansen, Catherine; Leirbukt, Oddleif & Letnes, Ole (Hrsg.): *Modus, Modalverben, Modalpartikel.* Trier: WVT Wissenschaftlicher Verlag, 142-177.

Dittmar, Norbert & Reich, Astrid (Hrsg.) (1993) : *Modality in Second Language Acquisition / Modalité et Acquisition des Langues.* Berlin: de Gruyter.

Dittmar, Norbert & Skibà, Romuald (1992): Zweitspracherwerb und Grammatikalisierung. Eine Längsschnittstudie zur Erlernung des Deutschen. In Leirbukt, Oddleif & Lindemann, Beate (Hrsg.): *Psycholinguistische und didaktische Aspekte des Fremdsprachenlernens*. Tübingen: Narr, 25-61.

Dittmar, Norbert; Reich, Astrid; Schumacher, Magdalene; Skibà, Romuald; Terborg, Heiner (Projekt P-MoLL) (1990): Die Erlernung modaler Konzepte des Deutschen durch erwachsene polnische Migranten. Eine empirische Längsschnittstudie. *Info DaF* 17 (2): 125-172.

Dittmar, Norbert & Terborg, Heiner (1991): Modality and second language learning: a challenge for linguistic theory. In Huebner, Thom & Ferguson, Charles A. (eds.): Crosscurrents in Second Language Acquisistion and Linguistic Theories. Amsterdam/Philadelphia: Benjamins, 347-384.

Reich, Astrid (2010): *Lexikalische Probleme in der lernersprachlichen Produktion: communication strategies revisited*. Tübingen: Stauffenburg.

Rost-Roth, Martina (1999): Der Erwerb der Modalpartikeln. In Dittmar, Norbert & Giacalone-Ramat, Anna (Hrsg.): *Grammatik und Diskurs/ Grammatica e Discorso*, Tübingen: Stauffenburg, 165-212.

Seifert-Pironti, Maren & Dittmar, Norbert (2010): The acquisition of topical and non-topical reference by an Italian learner of German. In Chini, Marina (Hrsg.): *Topic, Struttura dell'informazione e acquisizione linguistica. Topic, information structure and language acquisition.* Milano: Franco Angeli, 159-176.

Skibà, Romuald; Dittmar, Norbert & Bressem, Jana (2008): Planning, collecting, exploring and archiving longitudinal L2 data: Experiences from the P-Moll project. In Ortega, Lourdes & Byrnes, Heidi (Hrsg.): *The longitudinal study of advanced L2 capacities*. New York: Erlbaum Taylor and Francis, 73-88.

8.2 Andere zitierte Veröffentlichungen

Dietrich, Rainer (1992): *Modalität im Deutschen. Zur Theorie der relativen Modalität.* Opladen: Westdeutscher Verlag.

Diewald, Gabriele (1997): *Grammatikalisierung. Eine Einführung in Sein und Werden grammatischer Formen.* Tübingen: Niemeyer.

Dittmar, Norbert (1993) : Proto-semantics and Emergent Grammars I. In Dittmar, Norbert & Reich, Astrid (Hrsg.): *Modality in Language Acquisition/Modalité et acquisition de langues.* Berlin: de Gruyter. 213-233.

Dittmar, Norbert ([3]2009) : *Transkription. Ein Leitfaden mit Aufgaben für Studenten, Forscher und Laien.* Wiesbaden: VS Verlag für Sozialwissenschaften.

Hymes, Dell (1987): Communicative Competence. In Ammon, Ulrich; Dittmar, Norbert & Klaus Mattheier (Hrsg.): *Sociolinguistics. An International Handbook of the Science of Language and Society*, Vol. 1, 219-230.

Klein, Wolfgang (1992): *Zweitspracherwerb. Eine Einführung.* Frankfurt a. Main: Athenäum.

Klein, Wolfgang; Dietrich, Rainer & Noyau, Colette (1993): The acquisition of termporality. In Perdue, Clive (Hrsg.): *Adult Language Acquisition: Cross-Linguistic Perspectives*. Vol. II.: The results. Cambridge: CUP, 73-118.

Perdue, Clive (1993): *Adult Language Acquisition*. Cambridge: C U P.

Skibà, Romuald (2008): Korpora in der Zweitspracherwerbsforschung. Internetzugang zu Daten des ungesteuerten Zweitspracherwerbs. In Ahrenholz, Bernt; Bredel, Ursula; Klein, Wolfgang; Rost-Roth, Martina & Skibà, Romuald (Hrsg.): *Empirische Forschung und Theoreibildung. Beiträge aus Soziolinguistik, Gesprochene-Sprach- und Zweitspracherwerbsforschung.* Frankfurt am Main, Berlin: Lang, 21-29.

Eye-Tracking in der Zweitspracherwerbsforschung: Am Beispiel anaphorischer Bezüge

Miriam Ellert

1. Einleitung

In der Fremd- und Zweitspracherwerbsforschung werden neben den sogenannten *Off-line* Methoden, z.B. Akzeptabilitätsurteile und Fragebogenumfragen, immer häufiger *On-line* Methoden wie Eye-Tracking oder die Messung ereigniskorrelierter Potentiale (Mueller 2005) benutzt, um Aufschlüsse über die Sprachverarbeitung in Echtzeit zu erhalten. Eye-Tracking wird hierbei entweder zur Erfassung der Verarbeitung geschriebener Sprache (Leseforschung) oder gesprochener Sprache eingesetzt. Zur Untersuchung gesprochener Sprache hat sich in den vergangenen Jahrzehnten das *Visual-World* Paradigma als erfolgreiche Methode durchgesetzt. Sein Einsatz ist im Bereich der monolingualen Sprachverarbeitung weit verbreitet; in der Fremd- und Zweitspracherwerbsforschung[1] hat es sich bislang zumeist auf Worterkennungsexperimente beschränkt. Ziel dieses Artikels ist es, die Möglichkeiten und Grenzen der Anwendung dieser Eye-Tracking-Methode in der Fremd- und Zweitspracherwerbsforschung und ihre Ausdehnung auf andere linguistische Untersuchungsebenen, wie beispielsweise die Diskursverarbeitung, darzustellen.[2]

1.1. Das Visual-World Paradigma

Das Visual-World Paradigma beschreibt eine Eye-Tracking-Methode, bei der die Verarbeitung gesprochener Sprache gemessen wird. Hierbei werden den Probanden ausgewählte Objekte (oder deren Abbildungen auf einem Computerbildschirm) dargeboten. Ihre Blickbewegungen zu den Objekten werden aufgezeichnet, während sie über Kopfhörer/Lautsprecher Satzmaterial hören. Die Annahme ist, dass die Blickbewegungen der Probanden

---

1 Im Folgenden werden beide Bereiche als L2-Forschung bezeichnet; wenn nötig, wird der Unterschied konkretisiert.

2 Das Projekt wurde gefördert aus Mitteln der Exzellenzinitiative am Courant Forschungszentrum „Textstrukturen"der Georg-August-Universität Göttingen.

während des sich entfaltenden Sprachmaterials Aufschluss über die momentan zugrunde liegende linguistische Verarbeitung in Echtzeit geben.

Die Abhängigkeit zwischen der Verarbeitung sprachlichen Inputs und visuellen Materials wurde 1974 von Cooper nachgewiesen. Er zeigte seinen Probanden 9 Bilder in einer 3x3-Matrix, die u.a. einen *Löwen*, ein *Zebra* und einen *Hund* abbildeten. Die Probanden hörten eine Geschichte über einen Safari-Trip nach Afrika. Cooper (1974) fand heraus, dass die Wahrscheinlichkeit, ein Bild zu fixieren, besonders zu dem Zeitpunkt hoch war, zu dem der entsprechende Referent in der Geschichte erwähnt wurde. Interessanterweise galt dies, wenn der Referent explizit erwähnt wurde (z.B. mehr Fixationen auf *Löwe* bei "when suddenly I noticed a hungry *lion*, slowly moving through the tall gras") als auch wenn er implizit erwähnt wurde (z.B. mehr Fixationen auf *Löwe* und *Zebra* bei "When on a photographic safari in *Africa*"). Der Effekt wurde sowohl für kontext-unabhängige Wort-Bild-Relationen gefunden (z.B. mehr Fixationen auf *Hund* bei "was ruined by my scatterbrained *dog Scotty*") als auch für kontext-abhängige Relationen (z.B. mehr Fixationen auf *Hund* bei "wondering how *he* had gotten away from camp"). Die Fixationen auf den Zielreferenten fanden zeitlich meist noch vor dem *Off-Set* des kritischen Wortes (55%) oder in den darauffolgenden 200 ms (40%) statt. Cooper führte die direkte zeitliche Koppelung dieses *Response*-Systems zumindest teilweise auf den antizipatorischen Charakter sprachlicher Verarbeitung zurück: Die Probanden konstruierten *on-line* Hypothesen über die nachfolgende linguistische Information auf der Grundlage des bisher präsentierten sprachlichen Inputs und benutzten das visuo-motorische System, um sie zu testen, noch bevor sie bestätigt werden konnten.

Coopers Beobachtung blieb in der psycholinguistischen Forschung 20 Jahre lang relativ unbeachtet, was laut Ferreira & Tanenhaus (2007) darauf zurückzuführen ist, dass die damalige Technik zu teuer und ungenau war. Der Bekanntheitsgrad des Paradigmas stieg mit dem Erscheinen einer Studie von Tanenhaus, Spivey-Knowlton, Eberhard & Sedivy (1995) zur Integration visueller Information bei der Disambiguierung syntaktischer Information. Die Blickbewegungen von Probanden wurden aufgezeichnet, während die Probanden dazu aufgefordert wurden, die Position realer Objekte auf dem Tisch zu verändern, z.B. *Put the apple on the towel in the box*. Die Instruktion war zweideutig: *on the towel* konnte als Teil der Nominalphrase verstanden werden, um den *Apfel* genauer zu spezifizieren, oder als Teil der Verbalphrase, die den Zielort der Aktion angibt. Tanenhaus, Spivey-Knowlton, Eberhard & Sedivy (1995) fanden, dass die Interpretationspräferenz durch die Auswahl des visuellen Materials beeinflusst wurde. So wurde in einer Versuchsbedingung neben einem *Handtuch*, einem *Stift* und einer *Kiste* nur ein *Apfel (auf einem Handtuch)* dargeboten, während in einer zweiten Versuchsbedingung der *Stift* durch einen zweiten *Apfel (auf einer Serviette)* ausgetauscht wurde. In der ersten Bedingung zeigte das Blickbewegungsmuster der Probanden während der Instruktion, dass sie eine Verbalphrasen-Interpretation präferierten, wohingegen in der zweiten Bedingung *on the towel* als Teil der Nominalphrase interpretiert wurde. Die Auswahl der dargebotenen Objekte (1 Apfel vs. 2 Äpfel) beeinflusste die Interpretation des Gehörten. Tanenhaus et al. konnten somit zeigen, dass die Verarbeitung sprachlicher Information von dem extralinguistischen Kontext abhängig ist.

Das Visual-World Paradigma entwickelte sich über die Jahre als eine valide Methode in verschiedenen linguistischen Bereichen. Es wurde fortan u.a. zur Erforschung von phonologischen Worterkennungsprozessen (z.B. Allopenna, Magnuson & Tanenhaus 1998), syntaktischer und semantischer Verarbeitung (z.B. Kamide, Scheepers & Altmann 2003), Pronomenauflösung (z.B. Arnold, Eisenband, Brown-Schmidt & Trueswell 2000), Diskursphänomenen (z.B. Arnold, Altmann, Fagnano & Tanenhaus 2004; Arnold, Fagnano & Tanenhaus 2003) und Konversationskontexten (z.B. Brown-Schmidt, Campana & Tanenhaus 2005) eingesetzt. Es dauerte zwar nicht lange, bis es das erste Mal bei L2-Lernern[3] eingesetzt wurde (Spivey & Marian 1999); gelangte aber bisher kaum über den Bereich der Worterkennung in der L2-Forschung hinaus.

1.2. Das Visual-World Paradigma in der L2-Forschung

Spivey & Marian (1999) benutzten das Visual-World Paradigma, um zu untersuchten, ob russische L2-Lerner des Englischen während der Stimuluspräsentation in einem monoligualen Sprachsetting (z.B. Russisch) das Lexikon der nicht-relevanten Sprache (z.B. Englisch) deaktivierten. Die 12 Probanden wohnten zum Testzeitpunkt in einem englischsprachigen Land.

---

[3] Nach Aussage der Autoren handelte es sich zwar um späte Bilinguale; im Folgenden werden die Probanden als L2-Lerner aufgeführt, da sie Englisch als zweite Sprache erworben hatten. Leider werden die Angaben zu der Probandengruppe im Artikel nicht präzisiert. Allerdings kann man einem späteren Artikel (Marian & Spivey 2003: 101) entnehmen, dass der linguistische Hintergrund der Probanden der späteren Studie mit dem der ersten Studie vergleichbar ist. In der späteren Studie hatten die russischen Probanden im Mittel mit 13 Jahren begonnen, Englisch zu lernen.

Der Versuch wurde separat in Russisch und in Englisch durchgeführt. Auf einem Tisch wurden den Versuchspersonen 4 Objekte in den Eckfeldern einer 3x3-Matrix dargeboten (links und rechts oben, links und rechts unten). In der Mitte der Matrix war ein Kreuz abgebildet. Die dargebotenen Objekte zeigten eine *Briefmarke* (Zielobjekt) und drei weitere Objekte (Distraktoren). In der russischen Sitzung hörten die Probanden die Instruktion *Poloji marku nije krestika* (*Leg die Briefmarke unter das Kreuz.*). In einer Versuchsbedingung stellte eines der drei Distraktorobjekte einen interlingualen Konkurrenten zum Target dar (*Textmarker*), dessen anfängliche phonologische Realisierung in Englisch mit der russischen phonologischen Realisierung des Zielobjektes überlappte (Englisch *marker*, Russisch *flomaster*). In einer zweiten Versuchsbedingung wurde dieser interlinguale Konkurrent durch einen phonologisch neutralen Distraktor ersetzt. Die Ergebnisse zeigten, dass ca. 200 ms nach dem *Onset* des Zielwortes (*Poloji mar* ...) der interlinguale phonologische Konkurrent (*marker*) in Bedingung 1 wesentlich häufiger angeschaut wurde (in ca. 32% der Fälle) als der nicht-phonologisch überlappende Distraktor in Bedingung 2 (weniger als 10%). Die Autoren konnten somit nachweisen, dass im Gegensatz zu klassischen Annahmen bilingualer Sprachverarbeitung (Macnamara & Kushnir 1971) in monolingualen Sprachsettings beide Sprachlexika aktiviert waren.

Interessanterweise fanden Spivey und Marian, dass in der monolingualen englischen Sitzung ebenso viele Blicke zum *marker* initiiert wurden wie in der russischen Sitzung. Jedoch wurde der nicht phonologisch überlappende Distraktor häufiger angeschaut (ca. 18%) als in der russischen Sitzung. Dieses Ergebnis wurde als Indiz gewertet, dass die Versuchspersonen in Englisch eine generelle Tendenz hatten, dass gesamte Display zu scannen, bevor sie sich für das Zielobjekt entschieden. Diese Asymmetrie wurde mit einem sprachlichen Dominanzunterschied begründet. Englisch interferierte systematisch mit Russisch, weil es zum Testzeitpunkt die dominante Sprache der Probanden war.

Alternativ könnte man die Ergebnisse mit denen von Tanenhaus, Spivey-Knowlton, Eberhard & Sedivy (1995) zum extralinguistischen Einfluss auf die Sprachverarbeitung erklären. Demnach zeigten die Versuchspersonen die generelle Tendenz, das gesamte Display zu scannen, nur in der englischsprachigen Bedingung, da Englisch ihre weniger dominante Sprache war. Ansätzen aus der Zweitspracherwerbsforschung zufolge, wie die *Shallow Processing Hypothesis* (Clahsen & Felser 2006a, 2006b), kreieren Lerner während der Zweitsprachverarbeitung Repräsentationen, die weniger syntaktische Details enthalten als in der Erstsprache. Die Verarbeitung beruht daher mehr auf lexiko-semantischen, pragmatischen und kontextuellen Faktoren. Dieses Phänomen tritt v.a. bei Sprachverarbeitungsaufgaben, wie z.B. Eye-Tracking, auf, weil diese Aufgaben die Verarbeitungskapazitäten reduzieren, auf explizites grammatikalisches Wissen zurückzugreifen. Es ist daher denkbar, dass die extra-linguistische Information, die in einer Visual-World Aufgabe bereitgestellt wird, bei der Verarbeitung einer Fremdsprache mehr genutzt wird als in der Erstsprache. Dieses Phänomen könnte in der Studie von Spivey und Marian dazu geführt haben, dass die Probanden in der englischen Sitzung die Disktraktorobjekte wesentlich häufiger anschauten als in der russischen Bedingung, da nur die englische Bedingung eine L2-Bedingung darstellte, in der die Probanden den visuellen Input zur Sprachverarbeitung nutzten.

Nach der Studie von Spivey und Marian wurde das „bilinguale" Visual-World Paradigma mehrfach angewendet (Blumenfeld & Marian 2007; Cutler, Weber & Otake 2006; Ju & Luce 2004; Marian & Spivey 2003; Weber & Cutler 2004), beschränkte sich allerdings auf den Worterkennungsbereich. Seit jüngster Zeit wird das Visual-World Paradigma auch in anderen linguistischen Bereichen der L2-Sprachverarbeitung, wie der Diskursverarbeitung, angewendet. So benutzen Wilson (2009), Ellert (2010, 2011) und Roberts, Järvikivi, Ellert & Schumacher (in Vorb.) das Visual-World Paradigma zur Erfassung von Interpretationspräferenzen für Pronomen in ambigen Kontexten. Die Studien kamen allerdings zu unterschiedlichen Ergebnissen, vielleicht aufgrund der Tatsache, dass sie Lerner unterschiedlicher sprachlicher Hintergründe und Leistungsstufen untersuchten und zudem unterschiedliches Satzmaterial benutzten. Da bisher noch keine gängigen Standards in diesem Bereich existieren, werden im Folgenden einige Überlegungen zur Nutzung des Visual-World Paradigmas in diesem Forschungsbereich dargestellt.

1.3. Überlegungen zur Anwendung des Visual-World Paradigmas in der L2-Forschung

In Bezug auf den Einsatz des Visual-World Paradigmas in der L2-Forschung steht die Überlegung nah, dass eigene Standards entwickelt werden müssen. So ist es z.B. unabdinglich, zu überprüfen, dass die L2-Lerner mit den Vokabeln des Stimulusmaterials insoweit vertraut sind, dass die sprachliche Identifizierung der dargebotenen Objekte gewährleistet ist. Soll ein L2-Lerner beispielsweise wie in der Studie von Tanenhaus, Spivey-

Knowlton, Eberhard & Sedivy (1995) den *Apfel* bewegen, kennt aber das Wort *Apfel* nicht, so ist keine hinreichende Bedingung für die Grundannahme des Paradigmas über die Koppelung sprachlichen Inputs und visuellen Materials gegeben. D.h. anders als bei monolingualen Studien muss hier je nach Forschungsfrage entweder vor der Versuchsdurchführung gewährleistet sein, dass die Probanden mit dem benutzten Vokabular vertraut sind, oder nach der Versuchsdurchführung überprüft werden, welche Begriffe nicht bekannt waren, um die entsprechenden Items von der Analyse auszuschließen. Trifft letzterer Fall zu, sollte angegeben werden, wie viele Fixationen aufgrund dieser Maßnahme von der Analyse ausgeschlossen werden mussten.

Ferner ist zu bedenken, dass gerade im Fremd- oder Zweitspracherwerb die Geschwindigkeit, mit der das Tonmaterial eingesprochen wurde, eine Auswirkung auf die Verarbeitung haben kann. Zwar muss die experimentelle Manipulation davon nicht direkt betroffen sein, da sich die Geschwindigkeit zwischen den Bedingungen optimalerweise nicht unterscheidet; nichtsdestotrotz ist ein genereller Einfluss auf die Sprachverarbeitung denkbar. Hierüber sollte in jedem Fall berichtet werden, nicht zuletzt um künftige Replikationsstudien zu ermöglichen.

In Anlehnung an die o.a. L2-Blickbewegungsstudie von Spivey & Marian (1999) und mit Bezug auf die *Shallow Processing Hypothesis* von Clahsen & Felser (2006a, 2006b) ist denkbar, dass L2-Lerner generell den extra-linguistischen Kontext sprachlich anders nutzen als Monolinguale. Bei Blickbewegungsstudien könnte dies dazu führen, dass der extra-linguistische Kontext genauer inspiziert wird und die Darbietung von Objekten somit das Blickbewegungsverhalten von Fremd- und Zweitsprachlernern anders beeinflusst als bei Erstsprachlern. Hierzu fehlen bislang empirische Belege. Die künftige Forschung sollte sich dementsprechend auch diesen methodischen Fragestellungen zuwenden.

Im Folgenden wird exemplarisch eine Studie vorgestellt, in der das Visual-World Paradigma bei niederländischen Fremdsprachenlernern des Deutschen im Bereich der ambigen Pronomenverarbeitung zum Einsatz kam. Ferner wurde ein Fragebogen bei denselben Probanden erhoben, der die finalen Interpretationspräferenzen maß. Die Studie und ihre Ergebnisse aus den beiden Aufgaben werden im Folgenden vorgestellt und in Beziehung gesetzt.

2. Experiment: Zur Verarbeitung ambiger Pronomen in der Fremdsprache Deutsch

Im Deutschen besteht die spezielle Situation, dass auf eine zuvor eingeführte Diskursentität mittels zweier verschiedener Pronomen Bezug genommen werden kann. So kann man auf das Antezedens *Peter* in (1) mit dem maskulinen singularen Personalpronomen *er* Bezug nehmen; alternativ kann man aber auch das d-Pronomen[4] *der* verwenden. Aus monolingualen Studien ist bekannt, dass ein Funktionsunterschied zwischen beiden Pronomen in ambigen Kontexten besteht. So wird das Personalpronomen in (2) vorzugsweise auf das topikale Antezedens *Peter* bezogen, wohingegen das d-Pronomen als Verweis auf das nicht-topikale Antezedens *Paul* verstanden wird (z.B. Bosch, Rozario & Zhao 2003; Comrie 1994; Diessel 1999; Lambrecht 1994; siehe auch Ellert 2010; Schumacher, Roberts, Ellert & Järvikivi in Vorb.).

(1) ***Peter***$_i$ *wollte Tennis spielen. Doch* ***er***$_i$***/der***$_i$ *war krank.*

(2) ***Peter***$_i$ *wollte mit* ***Paul***$_j$*Tennis spielen. Doch* ***er***$_i$***/der***$_j$ *war krank.*[5]

Dass der Erwerb dieses Funktionsunterschieds ein Lernerproblem darstellt, konnte bereits nachgewiesen werden. Worin genau dieses Lernerproblem allerdings besteht und von welchen Faktoren es abhängig ist, konnte bisher nicht eindeutig geklärt werden; vielleicht aufgrund der Tatsache, dass die bisherigen Studien alle Daten von Zweitsprachenlernern mit unterschiedlichen Erstsprachen erhoben und zudem unterschiedliches Stimulusmaterial benutzt haben. Ferner fällt auf, dass alle Vorgängerstudien nur animate[6] Antezedenten benutzten. Aus anderen linguistischen Bereichen[7] der L2-Forschung ist bekannt, dass Animatheit z.T. große Effekte auf die Sprachverarbeitung haben kann. In Anlehnung an die *Shallow Processing Hypothesis* ist ebenfalls denkbar, dass L2-Lerner zu einem hohen Maß von semantischer Information profitieren können, weil ihre Lernergrammatik weniger syntaktische Details enthält. Da es im Deutschen möglich ist, dieselben Formen pronominaler Referenz für animate als auch inanimate Ein-

---

4 In Anlehnung an Ahrenholz (2007) werden diese Pronomen hier als d-Pronomen bezeichnet, um sie von demonstrativen Pronomen (wie z.B. *dieser*) zu unterscheiden.

5 Beispiel adaptiert nach Bosch & Umbach (2007: 2)

6 „Animatheit" ist der psycholinguistische Terminus für „Belebtheit".

7 Z.B. bzgl. thematischer Rollenzuweisung (Gass 1987; Kempe & MacWhinney 1998; Kilborn 1989; LoCoco 1987; McDonald 1987; Sasaki 1994); bzgl. Relativsatzinterpretationen (Jackson 2008; Jackson & Roberts 2010)

heiten zu benutzen, wurde in der vorliegenden Studie die Frage gestellt, inwiefern der Faktor Animatheit die Pronomeninterpretation beeinflusst.

2.1. Methode

2.1.1. Probanden

Der Versuch wurde an 32 Probanden (25 Frauen, 7 Männer) durchgeführt. Die Probanden erhielten für Ihre Teilnahme eine Aufwandsentschädigung. Alle Probanden hatten normales oder zu normal korrigiertes Sehvermögen und waren Studierende der Radboud Universiteit Nijmegen im Alter zwischen 18 und 29 Jahren (M = 21,69; SD = 3,04). Sie gaben an, Deutsch im Durchschnitt im Alter von 12 Jahren (SD = 3,26) für eine Dauer von drei bis fünf Jahren[8] in der Schule gelernt zu haben. Die Probanden füllten einen standardisierten deutschen Sprachtest des Goethe-Instituts[9] aus, der ihnen im Mittel ein intermediäres Sprachniveau, B2 nach dem Europäischen Referenzrahmen, bescheinigte (maximal zu erreichende Punktzahl: 30; M = 17; SD = 4; siehe Tabelle 1).

2.1.2. Durchführung

Zunächst wurde die *on-line* Aufgabe durchgeführt; dann die *off-line* Aufgabe. Nach dem Experiment füllten die Probanden eine *Naming*-Aufgabe am Computerbildschirm aus, die sicherstellen sollte, dass die Lerner mit dem in den experimentellen Items benutzten Vokabular vertraut waren.[10] Zum Schluss wurden der Deutschtest und ein Profilfragebogen zum Sprachhintergrund bearbeitet. Insgesamt dauerte die Sitzung ca. 70 min.

---

8 Der Profilfragebogen war ein webbasierter Fragebogen. Die Probanden wurden aufgefordert anzugeben, wie lange sie Deutsch gelernt hatten. Die Antwortmöglichkeiten erstreckten sich über folgende Kategorien: 0-1 Jahr, 1-2 Jahre, 2-3 Jahre, 3-5 Jahre, 5-10 Jahre, mehr als 10 Jahre. Der Median fiel in die 3-5-Jahres-Kategorie.

9 http://www.goethe.de/cgi-bin/einstufungstest/einstufungstest.pl (20.03.2012).

10 Im Mittel identifizierten die Probanden 45 von 48 Antezedenten korrekt (SD = 2,24). Sobald eines der zwei Antezedenten eines Items nicht korrekt erkannt wurde, wurde das Item und somit alle Fixationen des Probanden während dieses Items von der Eye-Tracking-Analyse ausgeschlossen. Dies betraf insgesamt 528 Fixationen (< 10%); 4754 Fixationen gingen in die Analyse ein.

Tab. 1. Verteilung der Probanden auf die Leistungsstufen nach dem Europäischen Referenzrahmen, erhoben durch den deutschen Sprachtest des Goethe-Instituts

Leistungsstufe Europäischer Referenzrahmen	Anzahl Probanden
A1	0
A2	1
B1	12
B2	13
C1	5
C2	1

2.1.3. Apparat

Die *on-line* Aufgabe wurde an einem EyeLinkII Eye-tracker der Firma SR Research durchgeführt. Dieses System ist ein infrarotbasiertes Videosystem, das mit einer Frequenz von 500 Hz aufnimmt (alle 2 ms eine Aufnahme). Zwei Hochgeschwindigkeitskameras sind an einem Kopfband befestigt. In dem vorliegenden Experiment wurden lediglich die Blickbewegungen des dominanten Auges aufgezeichnet. Über die Kalibrierung der Kamera wurde sichergestellt, dass die räumliche Akkuratheit der Aufzeichnungen bei mindestens 0,5° lag.

2.1.4. Material und Design

Das linguistische Stimulusmaterial bestand aus 24 experimentellen Items, die jeweils drei Sätze umfassten: einen Vorgängersatz (Tondatei 1; siehe Tabelle 2), der zwei potentielle Antezedenten enthielt, ein kritischer Satz (Tondatei 2), der entweder mit einem Personal- oder einem d-Pronomen begann und einen Folgesatz (Tondatei 2).

Die Antezedenten waren immer maskuline definite NPs im Nominativ. In der Hälfte der experimentellen Items waren diese Antezedenten beide animat (AA); in der anderen Hälfte inanimat (II). Bei den animaten Antezedenten handelte es sich immer um Personen, die meist über ihren Beruf gekennzeichnet waren (z.B. der Arzt, der Koch). Bei den inanimaten Antezedenten handelte es sich um Objekte des täglichen Lebens, so z.B. Kleidungsstücke (z.B. der Rock, der Mantel) oder Essbares (z.B. der Käse, der Kuchen).

Tab.2. Beispielitems des Stimulusmaterials

Tondatei	*Animates Item*	*Inanimates Item*
1	*Der Arzt* ist freundlicher als *der Koch.*	*Der Schrank* ist schwerer als *der Tisch.*
2	*Er/Der* ist heute Morgen recht früh aufgestanden. Nur die Bäckerin war noch früher wach als er.	*Er/Der* stammt aus einem Möbelgeschäft in Belgien. Das Sofa soll nächste Woche geliefert werden.

Der Vorgängersatz präsentierte die Antezedenten in einer Komparativstruktur des Typs *NP1-Komparativ-NP2*, um zu gewährleisten, dass beide Antezedenten im selben Kasus erschienen. Für die *on-line* Aufgabe wurden 48 Filler-Items und 5 Übungsitems kreiert. Um zu vermeiden, dass die Aufmerksamkeit der Probanden durch die Komparativstrukturen der Vorgängersätze auf die experimentelle Manipulation gelenkt würde, wurde die Hälfte der Filler-Items ebenfalls mit einer Komparativstruktur im ersten Satz versehen. Für 24 Filler-Items wurde eine Verständnisfrage gebildet, die die Probanden in 50% der Fälle mit „Ja" und in den anderen Fällen mit „Nein" beantworten sollten.[11]

Den Items wurden Bilder der *MPI Picture Database* zugeordnet. Jedes experimentelle Item zeigte somit jeweils die zwei Zielreferenten (*der Schrank, der Tisch*), sowie ein drittes Bild (*das Sofa*), das einen Distraktor im Femininum oder Neutrum darstellte und immer erst nach der Nennung des Pronomens im Sprachmaterial vorkam. Die Tondateien wurden von einem männlichen Muttersprachler eingesprochen und digital auf Computer aufgenommen. Die experimentellen Items wurden separat für jede Bedingung aufgenommen. Es wurde auf eine neutrale Betonung geachtet; die Pronomen wurden unbetont aufgenommen. Die Items wurden mit der Praat-Software in zwei Tondateien geschnitten (siehe Tabelle 2). Die Geschwindigkeit der ersten Tondatei lag im Mittel bei 4,5 Silben/Sekunde mit einer Standardabweichung von 0,4. Es gab keinen Geschwindigkeitsunter-

[11] Die Inhaltsfragen wurden zu 89% korrekt beantwortet (24 Fragen; M = 21,25; SD = 2,02). Dies zeigte, dass die L2-Lerner während des Versuchs zuhörten und in der Lage waren, die Items inhaltlich zu verstehen.

schied zwischen der Personalpronomen- und der d-Pronomen-Bedingung ($t(46) = -0{,}24$, $p = 0{,}81$).

Während des Experiments wurde für jedes Item zunächst der Bildschirm mit den drei Bildern 1000 ms lang präsentiert (*Preview*), bevor die erste Tondatei abgespielt wurde. Dies erlaubte den Probanden, den visuellen Input vor Einsetzen des sprachlichen Inputs zu verarbeiten. Nach dem Abspielen der ersten Tondatei wurden die drei Bilder zurückgesetzt und an ihrer Stelle erschien ein weißer Bildschirm mit einem Fixationskreuz in seiner Mitte für die Dauer von 1500 ms, um sicherzustellen, dass die Blicke, die bei dem nachfolgenden Pronomenonset getätigt wurden, auf die Interpretation der Pronomen zurückzuführen waren (Vermeidung von *Spillover*-Effekten aus Tondatei 1).

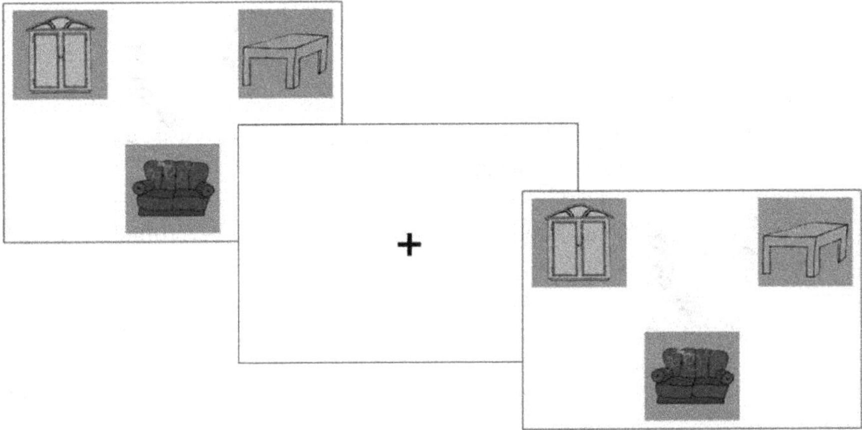

Abb.1. Ablauf Visual-World Aufgabe

Die experimentellen Items und Filler-Items wurden gleichmäßig auf zwei Versuchsblöcke verteilt und die Präsentationsreihenfolge innerhalb der Blöcke randomisiert. Während des Versuchs wurden die Items in dieser selben Reihenfolge präsentiert. Die Präsentationsreihenfolge der experimentellen Blöcke wurde zwischen den Probanden variiert. An den Anfang jedes Blocks wurde ein Übungsitem gestellt. Ferner wurde der Präsentation der beiden Versuchsblöcke ein Übungsblock mit drei Übungsitems vorangestellt, um die Probanden mit der Aufgabenstellung vertraut zu machen. Zwischen den Versuchsblöcken erhielten die Versuchspersonen eine kurze Pause, in der ihnen das Kopfgestell abgenommen wurde.

Die Versuchsbedingungen (Personal- vs. d-Pronomen) wurden nach dem lateinischen Quadrat auf zwei Versuchslisten verteilt. Jede Versuchsperson sah somit jedes Item in nur einer Bedingung.

In der *Off-line* Aufgabe erhielten die Probanden dieselben experimentellen Items in geschriebener Form. Die Pronomenbedingungen, in der die Items den Probanden gezeigt wurden, entsprachen den Bedingungen des Eye-Tracking-Experiments (zwei Versuchslisten). Zusätzlich wurden ihnen 36 Filler-Items aus dem Eye-Tracking-Experiment dargeboten. Die Reihenfolge war pseudorandomisiert. Alle Items enthielten ein fettgedrucktes Pronomen und die Probanden wurden instruiert, jeweils den Teil des Satzes zu umkreisen, auf den sich das fettgedruckte Wort bezog (dies konnte ein einzelnes Wort, z.B. das Nomen sein, oder auch eine Abfolge von Wörtern, z.B. die gesamte Nominalphrase oder bei Pronomen im Plural auch mehrere NPs). Lediglich die experimentellen Items enthielten ambige Pronomen.

Die Biene ist fleißig und arbeitet jeden Tag an den Honigwaben. Abends kehrt **sie** erschöpft zum Bienennest zurück.
Die Zauberin hat ihren Zauberstab immer bei sich. Und bei Vollmond füllt **sie** einen großen Kessel mit Zaubertrank.
Der Schrank ist schwerer als der Tisch. **Der** stammt aus einem Möbelgeschäft in Belgien. Das Sofa soll nächste Woche geliefert werden.

Abb.2. Beispiel Off-line Fragebogen

2.2. Ergebnisse

2.2.1. On-line Ergebnisse

Die Ergebnisse der Visual-World Aufgabe zeigen Unterschiede hinsichtlich der pronominalen Interpretationsmuster für animate und inanimate Items. Für animate Items lässt sich eine relativ frühe Topikpräferenz für das Personalpronomen erkennen, die ab 400 ms nach Pronomenonset signifikant ist.[12] Für das d-Pronomen liegt keine signifikante Präferenz vor. Dieses

[12] Die statistische Auswertung erfolgte mittels linearer gemischter Regressionsmodelle (*linear mixed-effectmodels*) nach Baayen, Davidson & Bates (2008) mithilfe des lme4

Muster unterscheidet sich von den inanimaten Items. Hier liegt eine Topikpräferenz für beide Pronomentypen vor, die relativ spät einsetzt; für das Personalpronomen bei 1000 ms und für das d-Pronomen bei 800 ms.[13]

Tab. 3. On-line Interpretationspräferenzen für Personal- und d-Pronomen bei animaten und inanimaten Items und zeitlicher Beginn des signifikanten Effekts

Versuchsbedingung	*Interpretationspräferenz*	*zeitlicher Beginn Interpretationseffekt*
animat – Personalpronomen	Topik	400 ms
animat – d-Pronomen	keine Präferenz	
inanimat – Personalpronomen	Topik	1000 ms
inanimat – d-Pronomen	Topik	800 ms

Paketes (Bates & Sarkar 2007) der Software R. Die Analyse betraf die Zeitspanne ab Pronomenonset bis 2000 ms danach. Diese Zeitspanne wurde in 10 Zeitfenster mit einer Dauer von 200 ms unterteilt und die Daten wurden pro Versuchsperson und Versuchsbedingung über diese Zeitfenster gemittelt. Die abhängige Variable, nämlich die Frequenz, mit der ein Bild fixiert wurde, wurde in empirische Logarithmen transformiert (Barr 2008: 13). Weiterführende Erklärungen zum Auswertungsverfahren können bei Ellert (2010: 67-68, 178-184) nachgelesen werden.

13 In dem Zeitfenster 800-1000 ms ist die Topikpräferenz für das d-Pronomen marginal signifikant (b_{order} = -0,71, t = -1,678); wird im darauffolgenden Zeitfenster aber hoch signifikant (b_{order} = -1,31, t = -3,089).

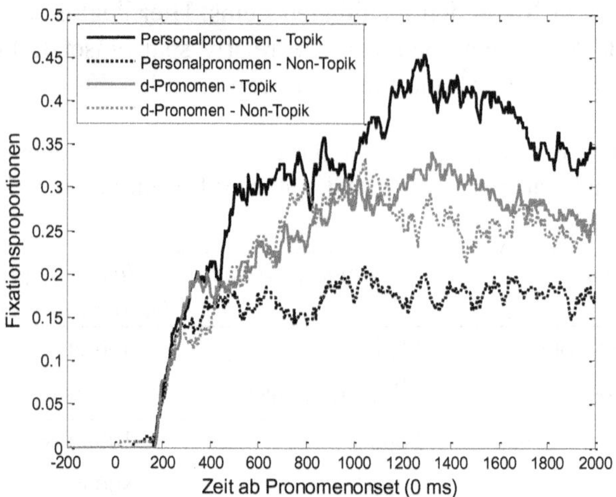

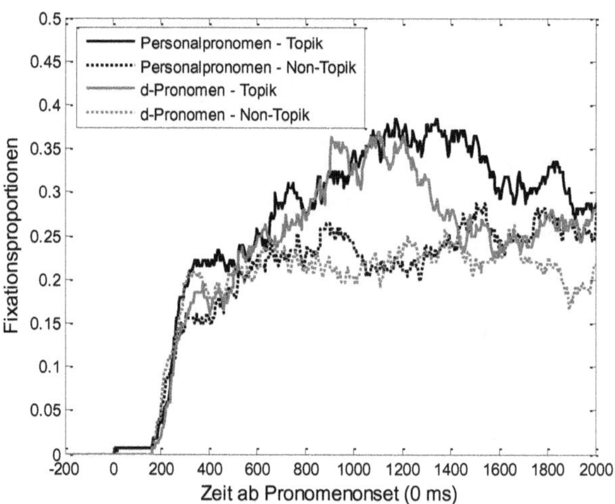

Abb.3. On-line Ergebnisse für animate(oben) und inanimate (unten) Items: Blicke zur Abbildung des topikalen (durchgezogene Linien) und nicht-topikalen Antezedens (gepunktete Linien) jeweils für das Personalpronomen (schwarze Linien) und das d-Pronomen (graue Linien)

2.2.2. *Off-line Ergebnisse*

Im Gegensatz zu den Visual-World Ergebnissen zeigt sich *off-line* kein Interpretationsunterschied zwischen animaten und inanimaten Items. So wurde das topikale Antezedens für beide Pronomentypen bevorzugt (83-97%). Dies deutet auf eine generelle Topikpräferenz hin, die unabhängig von anderen Faktoren auftritt. Ein Chi-Quadrat-Test konnte zeigen, dass es weder für die Interpretation des Personalpronomens, noch für die des d-Pronomens ($\chi 2$ (1) = 231,99, p = 0,76) einen signifikanten Unterschied zwischen animaten und inanimaten Items gab. Fasst man die Interpretationsergebnisse der Personal- und d-Pronomen für animate und inanimate Items zusammen, so wird das d-Pronomen zwar weniger häufig auf das Topik bezogen als das Personalpronomen; beide Präferenzen liegen aber über einem Niveau von 80% und weisen somit eine hohe Topikpräferenz auf.

Tab.4. Prozentuale Verteilung der Interpretation von Personal- und d-Pronomen für animate und inanimate Items auf das topikale und nicht-topikale Antezedens

	Topik	*Non-Topik*
animat – Personalpronomen	96.88% (186)	3.13% (6)
animat – d-Pronomen	86.39% (165)	13.61% (26)
inanimat – Personalpronomen	95.83% (184)	4.17% (8)
inanimat – d-Pronomen	82.54% (156)	17.46% (33)

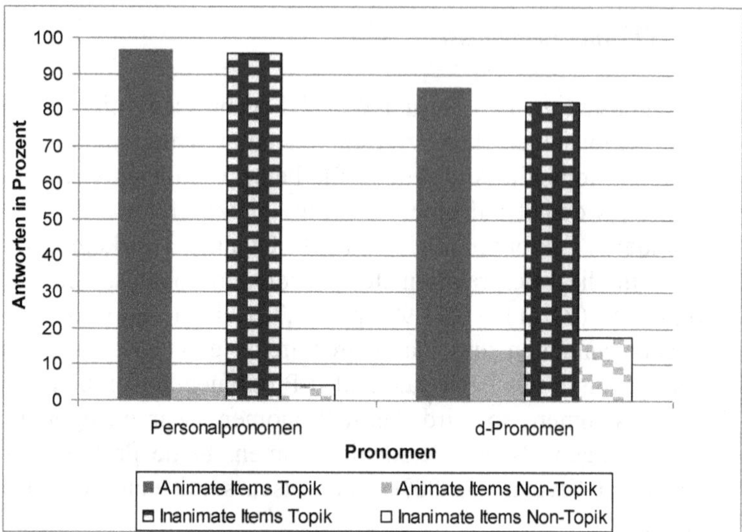

Abb.4. Prozentuale Verteilung der Interpretation von Personal- und d-Pronomen für animate und inanimate Items auf das topikale und nicht-topikale Antezedens

2.3. Diskussion

Interessanterweise zeigen die Ergebnisse aus der *On-* und *Off-line*Aufgabe Unterschiede hinsichtlich der pronominalen Interpretationsmuster auf. *Off-line* lässt sich kein Unterschied im Interpretationsmuster zwischen animaten und inanimaten Items erkennen. Für beide Pronomentypen liegt eine Topikpräferenz vor. Dies könnte darin begründet sein, dass die finalen Entscheidungsleistungen metasprachliche Überlegungen mit einbeziehen. Die Probanden entscheiden sich bewusst für eine Antwortalternative; die Wahrscheinlichkeit, diese Antwortstrategie zwischen den Items zu ändern, ist gering. Die Ergebnisse deuten daraufhin, dass kein Funktionsunterschied zwischen Personal und d-Pronomen gemacht wird. Beide Pronomentypen werden bevorzugt als Verweise auf das Topik interpretiert.

On-line finden wir hingegen Animatheitseffekte: einen zeitlichen Interpretationsunterschied für das Personalpronomen, das bei animater Referenz wesentlich früher zum Topik hin disambiguiert wird als bei inanimater Referenz (400 ms vs. 1000 ms), und einen Präferenzunterschied für das d-Pronomen, das bei inanimaten Items eine Topikpräferenz zeigt, keinerlei Präferenz hingegen bei animaten Items.

Der zeitliche Unterschied in Hinsicht auf die Interpretation des Personalpronomens zeigt, dass bei animater Referenz die Disambiguierung zum Topik früher einsetzt als bei inanimater Referenz. Dieser Unterschied könnte durch kontextuelle Faktoren zustande kommen. Demnach haben Lerner eine generelle Präferenz, den Diskurs mit einem animaten Antezedens fortzuführen.[14] D.h. im Fall der animaten Items ist diese Kontinuierungspräferenz gegeben; demnach kann das Personalpronomen schneller disambiguiert werden. Diese Erklärung lässt sich ebenfalls auf das Interpretationsmuster der d-Pronomen anwenden. Das d-Pronomen wurde bei den animaten Items zumindest teilweise auf die non-topikale Entität bezogen, da es sich hierbei um eine animate Entität handelte, die potentiell für die Diskurskontinuierung (Topikalisierung) in Frage kam. Bei inanimaten Items war dies nicht gegeben; dementsprechend nahm das d-Pronomen hier eher eine topik-kontinuierende Diskursfunktion ein.

Interessanterweise spricht das Interpretationsmuster des d-Pronomens gegen die Annahme, dass die Lerner den Funktionsunterschied zwischen den beiden Pronomentypen nicht erkennen. Zumindest bei animaten Items zeigt sich, dass die Lerner das d-Pronomen anders interpretierten als das Personalpronomen. Leider kann aufgrund der Datenlage nicht geklärt werden, ob dieses Muster dadurch zustande kam, dass die Probanden für die Hälfte der Items eine Topikpräferenz zeigten, wohingegen sie für die andere Hälfte eine Non-Topikpräferenz hatten, oder ob einige Probanden eine durchgängige Topikpräferenz für das d-Pronomen hatten, während andere eine Non-Topik-Präferenz zeigten. Letztere Möglichkeit könnte möglicherweise von den unterschiedlichen Leistungsstufen (B-Level vs. C-Level, s. 2.1.1.) abhängen, auf denen sich die Probanden befanden. Leider kann diese Frage hier nicht geklärt werden, da zu wenig Daten vorliegen, um eine Analyse getrennt nach Leistungsstufen vornehmen zu können. Künftige Forschungsarbeiten könnten dieser Frage allerdings systematisch nachgehen.

Zusammenfassend lässt sich feststellen, dass der Verarbeitungsunterschied, der sich zwischen animaten und inanimaten Items *on-line* einstellte, unberücksichtigt geblieben wäre, hätte man lediglich die Fragebogendaten vorliegen gehabt. Diese Daten hätten den Schluss zugelassen, dass der semantische Faktor Animatheit keinen Effekt auf die L2-Pronomeninterpretation hat. Ferner hätte man annehmen können, dass die Lerner den Funktionsunterschied zwischen Personal- und d-Pronomen nicht kannten.

[14] Ein ähnlicher Erklärungsansatz im Bereich der Erstsprachverarbeitung findet sich z.B. bei Bittner (2007).

Die Visual-World Daten zeigen allerdings einerseits einen Animatheitseffekt auf die Pronomenverarbeitung (zeitlich sowohl als auch die Richtung des Effekts betreffend) und andererseits zumindest eine teilweise Differenzierung zwischen Personal- und d-Pronomen (keine Topikpräferenz für das d-Pronomen bei animaten Items). Dies zeigt, dass die L2-Forschung neben der Anwendung von *Off-line* Methoden von der Anwendung von *On-line* Methoden, wie dem Visual-World Paradigma, profitieren könnte. Ferner ist die Ausdehnung dieser Untersuchungsmethode auf verschiedene linguistische Bereiche in der L2-Forschung, wie z.B. auf die Anaphernauflösung/Diskursverarbeitung, möglich und erlaubt unsere bisherigen Kenntnisse durch die Integration innovativer Methoden zu überprüfen und zu erweitern.

3. Schlussfolgerung

Anhand der hier dargestellten Daten konnte gezeigt werden, dass das Visual-World Eye-Tracking Paradigma eine adäquate Methode in der L2-Forschung darstellt. Dabei ist es über den Bereich der Worterkennung hinaus auf die Erfassung anderer linguistischer Ebenen, z.B. Diskursverarbeitung, anwendbar. Im Gegensatz zu traditionell behavioristischen Messmethoden (z.B. Verständnisfragebogen), die die sprachliche Leistung *off-line* messen, erlaubt das Visual-World Paradigma die Verarbeitung gesprochener Sprache in Echtzeit zu messen und kann daher Verarbeitungsprozesse aufdecken, die *off-line* verborgen blieben. Seine Anwendung in der L2-Forschung bringt allerdings auch neue Herausforderungen mit sich. So sollten für diesen Bereich andere Standards als in der monolingualen Forschung festgelegt werden (z.B. Naming Task, Bericht über die Geschwindigkeit des Einsprechens von Stimulusmaterial bei Tonaufnahmen), da bestimmte Faktoren einen anderen Einfluss auf die L2- als auf die L1-Verarbeitung haben können.

4. Literatur

Ahrenholz, Bernt (2007): *Verweise mit Demonstrativa im gesprochenen Deutsch. Grammatik, Zweitspracherwerb und Deutsch als Fremdsprache.* Berlin, New York: Walter De Gruyter.

Allopenna, Paul D.; Magnuson, James S. & Tanenhaus, Michael K. (1998): Tracking the time course of spoken word recognition using eye movements:

Evidence for continuous mapping models. *Journal of Memory and Language* 38: 419–439.

Arnold, Jennifer E.; Altmann, Rebecca; Fagnano, Maria & Tanenhaus, Michael K. (2004): The Old and Thee, uh, New. *Psychological Science*, 578–582.

Arnold, Jennifer E.; Eisenband, Janet G.; Brown-Schmidt, Sarah & Trueswell, John C. (2000): The immediate use of gender information: eyetracking evidence of the time-course of pronoun resolution. *Cognition* 76: B13–B26.

Arnold, Jennifer E.; Fagnano, Maria & Tanenhaus, Michael K. (2003): Disfluencies signal theee, um, new information. *Journal of Psycholinguistic Research* 32 (1): 25–36.

Baayen, R. Harald; Davidson, Douglas J. & Bates, Douglas M. (2008): Mixed-effects modeling with crossed random effects for subjects and items. *Journal of Memory and Language* 59: 390–412.

Barr, Dale J. (2008): Analyzing 'visual world' eyetracking data using multilevel logistic regression. *Journal of Memory and Language* 59: 457–474.

Bates, Douglas M. & Sarkar, Deepayan (2007): lme4: Linear mixed-effects models using S4 classes (version 0.999375-27) [software application]: Retrieved from http://www.r-project.org. (20.03.2012).

Bittner, Dagmar (2007): *Influence of animacy and grammatical role on production and comprehension of intersentential pronouns in German L1-acquisition.* Paper presented at the Conference on Intersentential Pronominal Reference in Child and Adult Language.

Blumenfeld, Henrike K. & Marian, Viorica (2007): Constraints on parallel activation in bilingual spoken language processing: Examining proficiency and lexical status using eye-tracking. *Language and Cognitive Processes* 22 (5): 633–660.

Bosch, Peter; Rozario, Tom & Zhao, Yufan (2003): *Demonstrative Pronouns and Personal Pronouns. German der vs. er.* Paper presented at the EACL 2003, Budapest.

Bosch, Peter & Umbach, Carla (2007): *Reference determination for demonstrative pronouns.* Paper presented at the Conference on Intersentential Pronominal Reference in Child and Adult Language.

Brown-Schmidt, Sarah; Campana, Ellen & Tanenhaus, Michael K. (2005): Real-time reference resolution by naïve participants during a task-based unscripted conversation. In Trueswell, John C. & Tanenhaus, Michael K. (Hrsg.): *Approaches to studying world-situated language use: Bridging the language as product and language as action traditions*. Cambridge, Mass. u.a.: MIT Press, 153-171.

Clahsen, Harald & Felser, Claudia (2006a): Grammatical processing in language learners. *Applied Psycholinguistics* 27: 3–42.

Clahsen, Harald & Felser, Claudia (2006b): Continuity and shallow structures in language processing. *Applied Psycholinguistics* 27: 107–126.

Comrie, Bernard (1994): *Coreference: Between Grammar and Discourse.* Paper presented at the Kansai Linguistic Society, Osaka.

Cooper, Roger M. (1974): The control of eye fixation by the meaning of spoken language: A new methodology for the real-time investigation of speech perception, memory and language processing. *Cognitive Psychology* 6: 84–107.

Cutler, Anne; Weber, Andrea & Otake, Takashi (2006): Asymmetric mapping from phonetic to lexical representations in second-language listening. *Journal of Phonetics* 34: 269–284.

Diessel, Holger (1999): *Demonstratives. Form, Function, and Grammaticalization*. Amsterdam: John Benjamins.

Ellert, Miriam (2010): *Ambiguous Pronoun Resolution in L1 and L2 German and Dutch* (Vol. 58). Wageningen: Ponsen & Looijen.

Ellert, Miriam (2011): Verarbeitung und Disambiguierung pronominaler Referenz in der Fremdsprache Deutsch: Eine psycholinguistische Studie. In Krafft, Andreas & Spiegel, Carmen (Hrsg.): *Sprachliche Förderung und Weiterbildung - Transdisziplinär*. Frankfurt am Main: Peter Lang.

Ferreira, Fernanda & Tanenhaus, Michael K. (2007): Introduction to the special issue on language-vision interactions. *Journal of Memory and Language* 57: 455–459.

Gass, Susan (1987): The resolution of conflicts among competing systems: a bidirectional perspective. *Applied Psycholinguistics* 8 (4): 329–350.

Jackson, Carrie N. (2008): Processing strategies and the comprehension of sentence-level input by L2 learners of German. *System* 36: 388–406.

Jackson, Carrie N. & Roberts, Leah (2010): Animacy affects the processing of subject-object ambiguities in the L2: Evidence from self-paced reading with German L2 learners of Dutch. *Applied Psycholinguistics* 31 (4): 671–691.

Ju, Min & Luce, Paul A. (2004): Falling on sensitive ears: Constraints on bilingual lexical activation. *Psychological Science* 15: 314–318.

Kamide, Yuki; Scheepers, Christoph & Altmann, Gerry T. M. (2003): Integration of syntactic and semantic information in predictive processing: Cross-linguistic evidence from German and English. *Journal of Psycholinguistic Research* 32: 37–55.

Kempe, Vera & MacWhinney, Brian (1998): The acquisition of case markings by adult learners of Russian and German. *Studies in Second Language Acquisition* 20 (4): 543–587.

Kilborn, Kerry (1989): Sentence processing in a second language: the timing of transfer. *Language and Speech* 32 (1): 1–23.

Lambrecht, Knud (1994): *Information Structure and Sentence Form: Topic, Focus, and the Mental Representations of Discourse Referents*. Cambridge UK: Cambridge University Press.

LoCoco, Veronica (1987): Learner comprehension of oral and written sentences in German and Spanish: the importance of word order. In VanPatten, Bill; Dvorak, Trisha R. & Lee, James (Hrsg..): *Foreign Language Learning: A Research Perspective*. Cambridge, MA: Newbury House, 119–129..

Macnamara, John & Kushnir, Seymour (1971): Linguistic independence of bilinguals: The input switch. *Journal of Verbal Learning and Verbal Behavior* 10: 480–487.

Marian, Viorica & Spivey, Michael J. (2003): Competing activation in bilingual language processing: Within- and between-language competition. *Bilingualism: Language and Cognition* 6: 97–115.

McDonald, Janet (1987): Sentence interpretation in bilingual speakers of English and Dutch. *Applied Psycholinguistics* 8 (4): 379–412.

Mueller, Jutta L. (2005): Electrophysiological correlates of second language processing. *Second Language Research* 21 (2): 152–174.

Roberts, Leah; Järvikivi, Juhani; Ellert, Miriam & Schumacher, Petra (in Vorb.): Resolving the pronouns er and der in L2 German discourse: A visual-world eye-tracking study with Finnish L2 learners. *Ms. MPI for Psycholinguistics.*

Sasaki, Yoshinori (1994): Paths of processing strategy transfers in learning Japanese and English as foreign languages. *Studies in Second Language Acquisition* 16 (1): 43–71.

Schumacher, Petra; Roberts, Leah; Ellert, Miriam & Järvikivi, Juhani (in Vorb.): Resolving the German subject pronouns er and der in auditory sentence comprehension: A visual world eye-tracking study. *Ms. MPI for Psycholinguistics.*

Spivey, Michael J. & Marian, Viorica (1999): Cross Talk Between Native and Second Languages: Partial Activation of an Irrelevant Lexicon. *Psychological Science* 10 (3): 281–284.

Tanenhaus, Michael K.; Spivey-Knowlton, Michael J.; Eberhard, Kathleen M. & Sedivy, Julie C. (1995): Integration of visual and linguistic information in spoken language comprehension. *Science* 268 (5217): 1632–1634.

Weber, Andrea & Cutler, Anne (2004): Lexical competition in non-native spo-ken-word recognition. *Journal of Memory and Language* 50: 1–25.

Wilson, Frances (2009): *Processing at the syntax-discourse interface in second language acquisition.* University of Edinburgh.

Das Erkenntnispotenzial experimenteller Studien zur Untersuchung der Wirksamkeit von Sprachfördermaßnahmen

Anja Felbrich, Petra Stanat, Jennifer Paetsch & Annkathrin Darsow

1. Einleitung

Obwohl sich Schülerinnen und Schüler mit Migrationshintergrund im erreichten Kompetenzniveau, das im Rahmen von PISA identifiziert wurde verbessert haben, ist die Bildungssituation dieser Gruppe im Vergleich zu Kindern und Jugendlichen deutscher Herkunft weiterhin unbefriedigend (Autorengruppe Bildungsberichterstattung 2010; Stanat, Rauch & Segeritz 2010). Ein entscheidender Faktor ist dabei, inwieweit die Schülerinnen und Schüler die Verkehrssprache Deutsch beherrschen. Entsprechend ist es inzwischen weitgehend unumstritten, dass der Erwerb von Deutschkenntnissen ein vorrangiges Ziel der Förderung von Heranwachsenden mit Migrationshintergrund darstellt. Weniger Einigkeit besteht dagegen in Bezug auf die Frage, mit welchen Ansätzen und Fördermaßnahmen dieses Ziel am besten erreicht werden kann. Zur Förderung von Schülerinnen und Schülern aus zugewanderten Familien kommen in deutschen Schulen zwar bereits vielfältige Maßnahmen zur Anwendung (vgl. z.B. die Übersicht von Redder et al. 2010). Diese basieren jedoch nur selten auf fundierten Förderkonzepten und ihre Wirksamkeit ist weitgehend ungeprüft (Limbird & Stanat 2006; Reich & Roth 2002; Söhn 2005).

Um effektive Sprachfördermaßnahmen auf der Basis wissenschaftlicher Erkenntnisse zu entwickeln, ist es notwendig, den Verlauf natürlicher Erwerbsprozesse im Erst- und Zweitspracherwerb sowie die damit verbundenen Schwierigkeiten zu untersuchen und die spezifische Stärken und Schwächen von Zweitsprachlernern zu bestimmen. Diese Forschungsfragen werden in der Regel an sehr kleinen Stichproben oder sogar anhand von Einzelfallanalysen untersucht, die für diese Fragestellungen zwar angemessen sind, jedoch zunächst repliziert werden müssen, bevor sie in die Konzeptualisierung von Sprachfördermaßnahmen eingehen können. Die Effektivität von Förderkonzepten dagegen lässt sich nicht mit Einzelfallanalysen untersuchen. Zwar können Interventionsstudien mit einer vergleichsweise geringen Anzahl an Kindern, in denen einzelne Fördermaßnahmen unter sehr spezifischen Bedingungen empirisch untersucht werden, erste wichtige Hinweise auf wirksame Fördermaßnahmen geben, aufgrund der geringen Fallzahlen, der häufig sehr kurzen Dauer der Interventionen und der spezifischen Fragestellungen sind diese Studien in ihrer Generalisierbarkeit jedoch sehr begrenzt. Um die Wirksamkeit von Fördermaßnahmen zu untersuchen, sind daher gut kontrollierte, systematische Interventionsstudien über einen längeren Interventionszeitraum und mit größeren Fallzahlen erforderlich (z.B. Borman 2002; Shavelson & Towne 2002).

Diese systematischen Interventionsstudien sind von Evaluationsstudien zu unterscheiden, in denen die Wirksamkeit bereits bestehender Förderprogramme untersucht und miteinander verglichen wird. Kennzeichnend für diese vergleichende Evaluation von Förderprogrammen ist, dass die untersuchten Interventionen in der Regel auf der Basis sehr unterschiedlicher Annahmen (bzw. im besten Fall Theorien) entwickelt wurden, sich hinsichtlich sehr vieler Komponenten unterscheiden und sich in der Regel nicht entlang einiger weniger theoretischer Dimensionen verorten lassen. Bei dieser Art des Wirksamkeitsvergleichs steht demnach weniger der theoretische Erkenntnisgewinn im Vordergrund, sondern der Nachweis der allgemeinen bzw. relativen Wirksamkeit der einzelnen Programme (wie z.B. bei der EVAS-Studie zur Sprachförderung im Elementarbereich; Roos, Polotzek & Schöler 2010). Erweisen sich einzelne Förderprogramme als besonders wirksam, können dann mittels nachgelagerter Experimente die tatsächlich wirksamen Komponenten der Programme bestimmt werden, was jedoch selten getan wird.

Im Gegensatz zu diesem Vorgehen werden bei systematischen Interventionsstudien, die im Zentrum dieses Beitrags stehen, Förderkonzepte entlang theoretischer Unterscheidungen entwickelt und möglichst trennscharf gegeneinander abgegrenzt. Idealerweise wird dabei die Effektivität dieser Förderkonzepte zunächst in kleineren (häufig Labor-) Studien und unter stark kontrollierten Bedingungen untersucht. Dabei werden die Interventionen streng nach der zugrunde liegenden theoretischen Unterscheidung konzipiert. Die Ergebnisse dieser Studien sind aber nur bedingt auf andere Situationen übertragbar. Lassen sich jedoch unter diesen Optimalbedingungen Fördereffekte nachweisen, können die Förderansätze in einem weiteren Schritt unter den weniger stark kontrollierten, aber auch natürlicheren Bedingungen des Feldes untersucht werden. Dafür sind experimentelle Feldstudien unverzichtbar, die im deutschen Sprachraum, mit Ausnahme des

Jacobs-Sommercamp Projekts[1] (Rösch 2006; Stanat et al., in Druck), im schulischen Bereich bislang nicht durchgeführt worden sind (Limbird & Stanat 2006). In den USA dagegen haben experimentelle Feldstudien im Bildungsbereich bereits einen deutlich höheren Stellenwert, da dort seit einigen Jahren gefordert wird, die Umsetzung von Reformen im Schulwesen an das Vorliegen von empirischen Wirksamkeitsnachweisen für die vorgeschlagenen Konzepte bzw. Maßnahmen zu koppeln (sog. *evidence-based policy*, z.B. Slavin 2002).

Ziel des vorliegenden Beitrages ist es, das Erkenntnispotenzial von experimentellen Feldstudien zur Untersuchung der Wirksamkeit von Interventionen der Sprachförderung zu beleuchten. Es werden zunächst Merkmale experimenteller Designs diskutiert, die aus methodischer Sicht als Voraussetzungen für belastbare Aussagen über die Effekte von Förderansätzen und -programmen zu bewerten sind. Anschließend wird skizziert, welche Herausforderungen sich bei der Umsetzung dieser Merkmale im Rahmen von experimentellen Feldstudien im Kontext Schule stellen. Am Beispiel des BeFo-Projekts (Rösch & Stanat 2011) wird abschließend verdeutlicht, dass die Planung von Interventionen im schulischen Kontext im Vorfeld zahlreiche Entscheidungen erfordert, die gut begründet zu treffen sind.

2. Die Logik und Merkmale experimenteller Designs

Um die Wirksamkeit einer Intervention oder Fördermaßnahme empirisch zu belegen, müssen im Wesentlichen zwei Dinge gezeigt werden: Erstens muss anhand der Messung von geeigneten Merkmalen nachgewiesen werden, dass die Intervention überhaupt wirksam war. Dazu ist es notwendig, auf der Basis theoretischer Überlegungen die Ziele der Intervention zu spezifizieren und Kriterien der Wirksamkeit bzw. des Interventionserfolgs vorab festzulegen, die mit Hilfe von *Vor-Nachtest-Erhebungen* erfasst werden können. Dies umfasst sowohl die Frage, welche sprachlichen Fertigkeiten gefördert werden sollen, als auch wie diese zu messen sind, d.h. Fragen der Operationalisierung. Zweitens muss möglichst zweifelsfrei nachgewiesen werden, dass sich die beobachteten Veränderungen bzw. Gruppenunterschiede auf die Intervention selbst zurückführen lassen und plausible Alternativverklärungen für das Zustandekommen der Ergebnisse

[1] Hier wurde die Förderung jedoch nicht im Unterricht, sondern im Rahmen eines Feriencamps realisiert.

ausgeschlossen werden können (Hager, Patry & Brezing 2000; Shadish, Cook & Campbell 2002). Dieser zweite Aspekt betrifft die *interne Validität* einer Untersuchung, d.h. wie eng der Zusammenhang zwischen der Intervention und den gemessenen Ergebnissen ist. Eine hohe interne Validität einer Untersuchung ist zentral für die Interpretierbarkeit der Befunde und wird maßgeblich durch das gewählte Untersuchungsdesign bestimmt. Im Folgenden wird dargelegt, dass insbesondere experimentelle Designs aufgrund ihrer Designmerkmale *Randomisierung*, *Standardisierung* und *Einsatz von geeigneten Kontrollgruppen* ein hohes Maß an interner Validität aufweisen und somit eine Bestimmung der Wirksamkeit von Fördermaßnahmen ermöglichen. Dazu werden zunächst die Logik experimenteller Designs sowie die damit verbundenen zentralen Begriffe und Merkmale erläutert und deren Rolle für die Interpretierbarkeit der Untersuchungsergebnisse diskutiert.

Das Experiment wird als Königsweg zur Überprüfung der Wirksamkeit von Interventionen angesehen, da sich auf der Grundlage dieses Forschungsdesigns kausale Aussagen über die Wirksamkeit von Interventionen ableiten lassen (Rubin 1974). Während diese Designs aus der Medizin, der Psychologie, aber auch aus der technologischen Forschung nicht mehr wegzudenken sind (Slavin 2002), werden sie im Bildungsbereich vor allem im anglo-amerikanischen Raum erst seit vergleichsweise kurzer Zeit als Methode der Wahl angesehen, um Erkenntnisse über die Wirksamkeit von bildungsrelevanten Maßnahmen zu gewinnen (vgl. Feuer, Towne & Shavelson 2002; Mosteller & Boruch 2002). Mit einem Experiment kann die Wirkung eines bestimmten Merkmals, der *unabhängigen Variable* (UV), auf ein weiteres Merkmal, die *abhängige Variable* (AV), welche in der Regel vor und nach dem Versuch bestimmt wird, untersucht werden. Dazu werden im einfachsten Fall zwei Versuchsbedingungen konzipiert und umgesetzt: die *Experimentalbedingung,* in der das zu untersuchende unabhängige Merkmal anwesend ist, sowie eine *Kontrollbedingung,* in der dieses Merkmal nicht vorkommt. Bezogen auf die Versuchsteilnehmer dieser beiden Bedingungen werden häufig die Begriffe *Experimental-* bzw. *Interventionsgruppe* und *Kontrollgruppe* verwendet. Beide Versuchsbedingungen werden dabei so angelegt, dass sie sich lediglich in dem zu untersuchenden unabhängigen Merkmal unterscheiden (z.B. Sprachförderung wird durchgeführt vs. nicht durchgeführt), wobei auch mehrere unabhängige Variablen miteinander kombiniert werden können (z.B. Sprachförderung kombiniert mit Leseförderung vs. isolierte Sprachförderung). Kennzeichnend für experimentelle Designs sind also die systematische Variation einer oder mehrerer unabhängiger Variablen, der sog. *treatments*, sowie das gleichzeitige Konstanthalten aller anderen Versuchsbedingungen mit dem Ziel, mögliche Störvariablen auszuschalten. Unter Störvariablen werden dabei alle Einflüsse verstanden, die das Zurückführen der Untersuchungsergebnisse auf die experimentelle Variation in Frage stellen und alternative Erklärungen für diese bieten können.

Zwei Merkmale gewährleisten in einem Experiment den Ausschluss von möglichen Störvariablen: Durch eine *Standardisierung* der Versuchsbedingungen werden potentielle Störeinflüsse auf der Ebene der Versuchsdurchführung ausgeschaltet, während die zufällige Zuweisung der Versuchsteilnehmer zu den verschiedenen Versuchsbedingungen (*Randomisierung*) eine Kontrolle von Störvariablen auf der Ebene der personenbezogenen Merkmale ermöglicht (Bortz & Döring 2002). Unter der *Standardisierung* der Versuchsbedingungen wird verstanden, dass jeder Versuchsteilnehmer eines bestimmten Treatments vergleichbaren Bedingungen ausgesetzt wird, so dass die Wiederholung eines Experiments immer zu vergleichbaren Ergebnissen führen sollte. Dies ist insbesondere für pädagogisch-psychologische Interventionen zu gewährleisten, da in der Regel für die verschiedenen Treatments mehrere Personen bzw. Gruppen von Personen (z.B. Schulklassen oder Schulen) untersucht bzw. gefördert werden müssen, um genügend große Stichproben zu erhalten. Durch die Standardisierung wird zum einen erreicht, dass die Treatments in der vorgesehenen Weise durchgeführt werden, und zum anderen, dass nichtintendierte, unsystematische Einflüsse, wie etwa didaktische Präferenzen der Lehrkräfte, auf die einzelnen Treatments in gleicher Weise wirken. Dadurch können Alternativerklärungen für beobachtete Unterschiede zwischen den Treatments ausgeschlossen werden.[2] Dies trägt dazu bei, die interne Validität der Untersuchung zu gewährleisten.

Eine weitgehende Kontrolle der Störeinflüsse auf der Ebene der untersuchten Personen ermöglicht die *Randomisierung* der Versuchsteilnehmer, d.h. eine zufällige Zuweisung der einzelnen Personen zu den verschiedenen Treatments. Dahinter steht die Annahme, dass sich durch die zufällige Zuweisung die Versuchsteilnehmer der einzelnen Treatmentbedingungen nur in Bezug auf die interessierende unabhängige Variable, nicht aber in

---

2 Im Allgemeinen bezieht sich die Standardisierung nicht nur auf die Durchführung der Interventionen, sondern auf alle Phasen der Datenerhebung und -auswertung. Auch bei der Erhebung und Auswertung der Daten müssen einheitliche und konsistente Verfahren und Vorgehensweisen für alle Bedingungen angewendet werden, z.B. um Beurteilerfehler auszuschließen.

Bezug auf andere relevante Personenmerkmale unterscheiden. Je nach Untersuchungsgegenstand können unterschiedliche Merkmale relevant sein, wie beispielsweise das Alter, das Geschlecht, der Bildungshintergrund und der sozio-ökonomische Status, aber auch persönliche Einstellungen, Fähigkeiten und Kenntnisse. Im Kontext der Sprachförderung sind z.B. der Sprachhintergrund des Kindes sowie dessen aktueller Sprachstand im Deutschen, die allgemeine kognitive Leistungsfähigkeit, aber auch der sozio-ökonomische Status und der Bildungshintergrund der Eltern zu nennen, da angenommen werden kann, dass in Abhängigkeit von diesen Merkmalen Sprachfördermaßnahmen unterschiedlich gut wirken. Werden die Kinder den einzelnen Förderbedingungen randomisiert zugewiesen, können diese Variablen bei der Interpretation der Ergebnisse vernachlässigt werden, da davon auszugehen ist, dass die Kinder mit den entsprechenden Merkmalen durch die Randomisierung auf alle Gruppen gleich verteilt wurden. Es kann somit ausgeschlossen werden, dass die Wirksamkeit einer Fördermaßnahme auf die spezifischen Merkmale der geförderten Kinder und nicht auf die Fördermaßnahme selbst zurückgeht. Allerdings ist zu beachten, dass nur bei hinreichend großen Stichproben auch tatsächlich von einer Gleichverteilung aller personengebunden Merkmale auszugehen ist. Bei kleinen Stichproben wird daher häufig eine *stratifizierte* bzw. *geschichtete Zuweisung* der Versuchsteilnehmer zu den Treatments vorgenommen. Dazu werden zunächst personengebundene Merkmale (wie z.B. Geschlecht oder Sprache des Herkunftslandes etc.) festgelegt, hinsichtlich derer sich die Teilnehmer der Versuchsbedingungen nicht unterscheiden sollen. Für jedes dieser Merkmale bzw. Merkmalskombinationen werden die Versuchsteilnehmer anschließend in sog. Schichten eingeteilt, die jeweils eine bestimmte Merkmalsausprägung bzw. die Kombination verschiedener dieser Ausprägungen darstellen (z.B. die Kombination der Merkmale Geschlecht und Herkunft: Mädchen türkischer Herkunft, Mädchen russischer Herkunft, Jungen türkischer Herkunft etc.). Die Teilnehmer jeder dieser Schichten werden dann per Zufall den einzelnen Treatmentbedingungen zugewiesen und es empfiehlt sich, abschließend zu überprüfen, ob die Randomisierung im Hinblick auf die gewählten Hintergrundmerkmale erfolgreich war, um gegebenenfalls die Zuweisung zu optimieren bzw. zu wiederholen. Im Allgemeinen wird die Randomisierung als das Kernmerkmal experimenteller Designs angesehen, da dadurch auch potenzielle Störvariablen kontrolliert werden können, die nicht bekannt sind (Bortz & Döring 2002). Aus diesem Grund spielt das Vorliegen einer Randomisierung eine zentrale Rolle bei der Bewertung der Bedeutsamkeit von vorliegenden empirischen

Erkenntnissen im Bildungsbereich (Mosteller & Boruch 2002; Feuer, Towne & Shavelson 2002).

Für die systematische Variation der unabhängigen Variablen spielt die konzeptuelle Unterscheidung und Abgrenzung der Experimentalbedingung von der Kontrollbedingung bzw. der verschiedenen Experimentalbedingungen untereinander eine wichtige Rolle, wie an dem folgenden Beispiel illustriert werden soll: Angenommen, die Kinder der Experimentalgruppe werden nach einem bestimmten Sprachförderkonzept gefördert, während die Kinder der Kontrollgruppe überhaupt keine Förderung erhalten und stattdessen frei spielen dürfen. In diesem Fall wurde zwar das unabhängige Merkmal Sprachförderung in den beiden Gruppen variiert (vorhanden vs. nicht vorhanden), es ist jedoch mit weiteren Merkmalen *konfundiert*, d.h. es tritt gemeinsam mit weiteren Merkmalen auf und kann in seinen Effekten nicht von den Wirkungen, die auf diese zusätzlichen Merkmale zurückgehen, unterschieden werden. Falls Effekte der Sprachförderung für die Kinder der Experimentalgruppe beobachtet werden, können diese theoretisch auch darauf zurückzuführen sein, dass diese Kinder eine zusätzliche Möglichkeit zur Interaktion mit einer Lehrperson hatten und Zuwendung sowie Verstärkung durch diese bekamen. Da dies auf die Kinder der Kontrollgruppe nicht im gleichen Maße zutraf, kann bei dieser Wahl der Kontrollgruppe nicht unterschieden werden, ob die gemessenen Effekte tatsächlich von der Sprachförderung oder aber von anderen Merkmale, wie der Interaktion mit der Lehrperson, verursacht wurden.[3] Da es jedoch nicht immer möglich ist, alle konfundierenden Variablen auszuschalten, werden häufig weitere Kontrollbedingungen konzipiert, in denen das konfundierende Merkmal ohne das unabhängige Merkmal umgesetzt wird, um den Effekt dieses Merkmals abschätzen zu können. Um im beschriebenen Beispiel nachzuweisen, dass die Effekte auf die Sprachfördermaßnahme und nicht allein auf die Interaktion mit der Lehrkraft zurückgehen, muss eine zusätzliche Kontrollbedingung untersucht werden, in der die Kinder zwar mit einer Lehrkraft interagieren können (z.B. durch gemeinsames Spielen), jedoch keine Sprachförderung stattfindet. Erweist sich auch im Vergleich mit dieser zusätzlichen Kontrollgruppe die Sprachförderung als wirksamer, kann die Alternativerklärung ausgeschlossen werden, dass dieser Effekt auf die sprachliche Interaktion mit dem Erwachsenen zurückgeht. Zentral für die Interpretation der Befunde ist demnach, wie die systematische Variation

---

3 Dass die zusätzliche Zuwendung durch eine Lehrkraft während einer Fördermaßnahme tatsächlich ursächlich für die Wirkung eines Treatments sein kann, zeigten Hager & Hasselhorn (1995) für die Wirksamkeit eines kognitiven Trainings.

der unabhängigen Variablen in den Experimental- und Kontrollbedingungen umgesetzt wurde und ob diese frei von Konfundierungen mit anderen potentiell wirksamen Merkmalen ist. Die Wahl von geeigneten Kontrollgruppen stellt für die zu untersuchende Fragestellung daher ein zentrales Merkmal experimenteller Designs dar.

Ein weiteres Problem, welches mit der Bildung der Kontroll- bzw. Experimentalgruppen im Feld auftreten kann, und bei der Planung experimenteller Studien bzw. der Interpretation der Ergebnisse beachtet werden muss, stellen *Selbstselektionseffekte* dar. Diese können immer dann auftreten, wenn die Teilnahme an der Studie für die Personen oder Institutionen freiwillig ist. So ist es häufig der Fall, dass sich sowohl die Schulen als auch die Personen, die an einer Studie teilnehmen bzw. nicht teilnehmen, systematisch unterscheiden. Die Gruppe der nicht freiwillig teilnehmenden Kinder bzw. Schulen eignet sich daher nicht als Kontrollgruppe. Im Rahmen experimenteller Designs kann diese Schwierigkeit dadurch umgangen werden, dass aus der Gruppe der an einer Teilnahme Interessierten per Zufall eine Kontrollgruppe gezogen wird, die zunächst nicht gefördert wird, sondern die Intervention zeitversetzt erhält. Generell schränken Selbstselektionseffekte sowohl die Aussagekraft der Ergebnisse als auch ihre Generalisierbarkeit, d.h. die interne und externe Validität einer Untersuchung, stark ein.

Ein weiteres Designmerkmal von Experimenten stellen die *Vor- und Nachtest-Messungen* der *abhängigen Variablen* dar, die dazu dienen, die Wirksamkeit der Interventionen überhaupt zu belegen. Theoretisch kann bei Vorliegen einer Randomisierung auf eine Vortestmessung verzichtet werden, da sich die anfänglichen Fähigkeiten der Versuchsteilnehmer durch die zufällige Zuweisung auf alle Treatmentbedingungen gleich verteilen sollten (Shadish, Cook & Campbell 2002). In der pädagogisch-psychologischen Interventionsforschung hat sich eine Erfassung der Vortestleistungen jedoch mittlerweile als Standard durchgesetzt (Hager, Patry & Brezing 2000; Slavin 2008), da diese Information in verschiedener Hinsicht für die Interpretation der Ergebnisse nützlich ist: Erstens lässt sich anhand der Vortestleistungen die Größe der Veränderung auf den abhängigen Variablen infolge der Intervention erfassen, und bei Vorliegen einer geeigneten Kontrollgruppe von interventionsunabhängigen Veränderungen abgrenzen. Zweitens kann mit einer Vortestmessung überprüft werden, ob sich die Versuchsteilnehmer der verschiedenen Bedingungen in ihren Ausgangslagen und Hintergrundmerkmalen tatsächlich nicht unterscheiden. Dies ist insbesondere bei kleinen Stichproben von Bedeutung, da aufgrund der geringen Personenzahl pro Gruppe eine Randomisierung nicht zwangsläufig zu einer Gleichverteilung aller relevanten Personenmerkmale führt (*'unhappy' randomisation*, vgl. Kenny 1975). Vortests ermöglichen somit eine Abschätzung sowohl der Größe als auch der Richtung von Selektionseffekten, die bei Rekrutierung von Versuchsteilnehmern und bei der Zuweisung der Teilnehmer zu den einzelnen Treatments auftreten können. Drittens kann anhand der Vortests untersucht werden, welche Merkmale Versuchsteilnehmer aufweisen, die vorzeitig aus der Förderung ausscheiden (Shadish, Cook & Campbell 2002). Diese Analyse des Stichprobenschwundes (bzw. des sog. *drop-outs*) ist ebenfalls wichtig für eine Interpretation der Befunde, da damit Einschränkungen in der Wirksamkeit der Förderung verbunden sein können. Sollte sich beispielsweise zeigen, dass Kinder mit einem besonders geringen Niveau an deutschen Sprachkenntnissen oder aber Kinder einer bestimmten Erstsprache überzufällig häufig eine Fördermaßnahme abbrechen, wäre dies im ersten Fall ein Indiz dafür, dass die Förderung die Kinder mit geringen Sprachkenntnissen überfordert oder aber im zweiten Fall nur für Kinder bestimmter Erstsprachen geeignet ist. Viertens schließlich ermöglicht die Erfassung und Analyse der relevanten Fähigkeiten vor der Förderung Aussagen darüber, für welche Subgruppen von Kindern die Förderung in besonderem Maße erfolgreich war, ob z.B. sehr schwache Kinder in besonderem Maße profitieren.

3. Die Umsetzung experimenteller Designmerkmale in Feldstudien

Im Kontext der Förderung von Kompetenzen sind neben dem Aspekt der internen Validität auch Fragen der Generalisierbarkeit der Ergebnisse und der so gewonnenen Aussagen auf andere Schülergruppen, andere Lehrpersonen und Settings von Bedeutung und werden unter dem Begriff der *externen* bzw. *ökologischen Validität* einer Untersuchung diskutiert (Cook & Campbell 1979).[4] Beide Validitätsaspekte – interne und externe Validität – stehen in einem Spannungsverhältnis zueinander. So sind die Ergebnisse von experimentellen Laborstudien aufgrund der Randomisierung sowie der hohen Standardisierung im allgemeinen besonders intern valide – es stellt

---

[4] Weitere Dimensionen der Validität sind neben der internen und externen Validität nach Cook & Campbell (1979) außerdem die *statistische Validität,* die sich auf den Gebrauch des für die erhobenen Daten geeigneten statistischen Auswertungsverfahrens bezieht, und die *Konstruktvalidität,* welche die Güte der Operationalisierung des zu untersuchenden Konstrukts, z.B. der Sprachförderung, betrachtet.

sich jedoch die Frage, ob die unter diesen meist artifiziellen Bedingungen gewonnenen Erkenntnisse auch für andere Rahmenbedingungen und Settings Gültigkeit besitzen. Experimente lassen sich jedoch nicht nur im Labor, sondern auch im Feld durchführen, auch wenn sie dort schwerer zu realisieren sind. Solche *experimentellen Feldstudien* werden unter natürlicheren und somit bewusst weniger stark kontrollierten bzw. kontrollierbaren Bedingungen durchgeführt. Zwar wird die interne Validität der Untersuchung durch das geringere Ausmaß an Standardisierung in der Regel eingeschränkt, dies führt jedoch gleichzeitig meist zu einer höheren externen Validität, so dass die Ergebnisse besser generalisierbar sind. Im Folgenden wird skizziert, wie sich die Designmerkmale experimenteller Studien im Feld realisieren lassen, welche grundlegenden Entscheidungen bei der Planung und Umsetzung dieser Merkmale im schulischen Umfeld zu treffen und welche Herausforderungen damit jeweils verbunden sind.

3.1. Die Randomisierung in experimentellen Feldstudien

Die Randomisierung der Versuchsteilnehmer stellt ein zwar anzustrebendes, jedoch in Feldstudien selten vollständig zu realisierendes Ideal dar. Insbesondere bei Studien im schulischen Kontext ist eine Randomisierung der Versuchsteilnehmer nicht immer möglich. Hier befinden sich Schüler in bestimmten Schulen und Klassen und können nicht frei einem bestimmten Treatment zugewiesen werden. Eine Möglichkeit unter diesen Bedingungen Einflüsse zu minimieren, die auf die unterschiedlichen Schulen der Schüler zurückgehen (z.B. Zusammensetzung der Schülerschaft, Schulklima etc.), besteht darin, alle Treatments der Untersuchung an jeder der teilnehmenden Schulen umzusetzen. Einerseits hat dieses Vorgehen den Vorteil, dass jede Schule ihre eigene Kontrollgruppe hat, so dass die spezifischen Merkmale der Schule als Störvariablen ausgeschaltet werden, da diese auf Experimental- und Kontrollgruppe in gleicher Weise wirken sollten. Andererseits birgt es das Risiko der *Treatmentdiffusion*, insbesondere wenn Lehrkräfte bzw. Erzieherinnen der Schulen die Interventionen vor Ort umsetzen. Es besteht dann die Gefahr, dass diese nicht in der intendierten, standardisierten Form umgesetzt werden, sondern die einzelnen Lehrkräfte die Interventionen einander angleichen, indem bewusst oder unbewusst jeweils Elemente der anderen Interventionen übernommen werden. Werden Kontrollgruppen eingesetzt, die kein Treatment erhalten, kann dies sogar zu paradoxen Effekten führen, wenn die Lehrkräfte oder die Kinder der Kontrollgruppen versuchen, die vermeintliche Benachteiligung zu kompensieren (sog. John-Henry-Effekt; Saretzky 1972). Wird dagegen jeweils nur eine Experimental- bzw. Kontrollbedingung pro Schule umgesetzt, ist es wahrscheinlich, dass sich die Schüler dieser Bedingungen systematisch unterscheiden.

Boruch, de Moya und Snyder (2002) schlagen bei eingeschränkter Randomisierbarkeit randomisierte Feldversuche vor, bei denen nicht die einzelnen Schülerinnen und Schüler, sondern die ganze Schulklasse oder sogar Schulen die relevante Untersuchungseinheit darstellen. Zwar kann dadurch das Problem der eingeschränkten Randomisierbarkeit auf der Personenebene behoben werden, gleichzeitig wird jedoch auch eine beträchtlich höhere Anzahl an Versuchsteilnehmern nötig, da durch diesen Wechsel der Betrachtungsebene anstelle der einzelnen Schüler jetzt ganze Klassen von Schülern bzw. ganze Schulen betrachtet werden. Da Schulen als komplexe Systeme durch sehr viele verschiedene Merkmale (bspw. Zusammensetzung der Schülerschaft, Personal, Schulprogramme, Schulkultur etc.) gekennzeichnet sind, ist es wiederum nur mit einer relativ großen Anzahl an Schulen möglich, vergleichbare Interventionsgruppen (von Schulen) zu erhalten bzw. diese Merkmale (statistisch) zu kontrollieren. Große Stichproben mit vielen verschiedenen Schulen bieten jedoch auch die Möglichkeit, institutionelle Bedingungen zu identifizieren, unter denen die untersuchten Interventionen optimal umgesetzt werden können bzw. besonders gut funktionieren. Mit Bezug auf Sprachfördermaßnahmen wäre es beispielsweise denkbar, dass Fördermaßnahmen besonders gut wirken, wenn Schulen zusätzlich ein verpflichtendes Ganztagsprogramm für alle Kinder anbieten.

Kann eine Randomisierung der Versuchsteilnehmer nicht vorgenommen werden, etwa wenn sich eine Treatmentbedingung nur an bestimmten Schulen umsetzen lässt, liegt ein *quasi-experimentelles* Versuchsdesign vor. Um dennoch Störvariablen auf der Personenebene zu kontrollieren und Alternativerklärungen auszuschließen, können verschiedene Techniken angewendet werden, u.a. das sog. *Matching* von Versuchsteilnehmern, die Aufnahme bekannter Störvariablen in das Versuchsdesign sowie statistische Kontrolltechniken. Beim *Matching* von Versuchsteilnehmern wird versucht, Schüler der Experimental- und Kontrollgruppe mit jeweils vergleichbaren Hintergrundvariablen (z.B. Bildungshintergrund der Eltern, kognitive Leistungsfähigkeit, aktueller Sprachstand) einander zuzuordnen, so dass in diesen Merkmalen vergleichbare Untersuchungsgruppen entstehen. Allerdings steigt bei der Kontrolle mehrerer Merkmale und Merkmalskombinationen die erforderliche Stichprobengröße stark an. Denn je mehr Merkmale und Merkmalskombinationen kontrolliert werden sollen, desto größer muss die Stichprobe sein, damit für jede vorliegende Kombination von Merkmalen in der Experimentalgruppe ein geeigneter Matching-Partner in der Kontrollstichprobe gefunden werden kann. Bei quasi-experimentellen Designs kommt daher der Erfassung von Hintergrundvariablen sowie der Vortestleistungen der Versuchsteilnehmer eine zentrale Bedeutung zu, da anhand dieser Variablen die Vergleichbarkeit der Versuchsteilnehmer in den Gruppen überprüft werden kann. Im Vergleich mit einer Randomisierung werden dadurch jedoch nur bekannte Störvariablen bzw. Merkmale über die Versuchsgruppen hinweg konstant gehalten. Beim Matching kann daher nicht mit Sicherheit ausgeschlossen werden, ob die gemessenen Effekte tatsächlich auf die Interventionen selbst zurückzuführen sind oder aber auf systematische Unterschiede zwischen den Teilnehmern der einzelnen Bedingungen, die nicht gemessen wurden bzw. nicht bekannt sind (Bortz & Döring 2002).

Ist ein Matching der Versuchsteilnehmer ebenfalls nicht möglich, können die Unterschiede der Versuchspersonen zwischen den einzelnen Treatments mit Hilfe von multivarianten Auswertungsmodellen (z.B. der Kovarianzanalyse oder dem neueren Verfahren des *Propensity-Score-Matching,* vgl. Rosenbaum & Rubin 1985) zumindest statistisch kontrolliert werden. Diese Verfahren erfordern zum Teil einen hohen zusätzlichen untersuchungstechnischen Aufwand und es bleibt wie beim Matching der Personen eine Unsicherheit bestehen, ob alle relevanten Variablen betrachtet wurden oder weitere nicht erfasste Unterschiede zwischen den Personen für die Ergebnisse verantwortlich sind. Außerdem lassen sich die mit Hilfe statistischer Kontrollverfahren gewonnenen Ergebnisse weniger klar und einfach verständlich kommunizieren als Aussagen, die mit randomisierten Studien generiert wurden (Borman 2002). Auch wenn eine Randomisierung im schulischen Kontext nur mit erhöhtem Aufwand erreicht werden kann, sollten dennoch die damit verbundenen Anstrengungen zumindest erwogen werden, da die Randomisierung eine wichtige, wenn auch nicht hinreichende Bedingung für die interne Validität einer Untersuchung und somit die Interpretierbarkeit der Ergebnisse darstellt.

3.2. Die Wahl geeigneter Kontrollgruppen in experimentellen Feldstudien

Bei der Untersuchung der Wirksamkeit von Interventionen kann zwischen zwei grundlegenden Fragestellungen unterschieden werden. Zum einen die Frage nach der generellen Wirksamkeit eines spezifischen Förderprogramms (isolierte Evaluation) und zum anderen die Frage nach Unterschieden in der Wirksamkeit von verschiedenen Fördermaßnahmen (vergleichende Evaluation; Scriven 1991; Hager, Patry & Brezing 2000). Mit beiden Arten der Fragestellung sind unterschiedliche Wirksamkeitshypothesen sowie unterschiedliche Konzeptionen der Experimental- und Kontrollbedingungen verbunden.

Für die Fragestellung der Wirksamkeit eines einzelnen Förderprogramms ist in erster Linie zu belegen, wie sich die beobachtete Veränderung in den sprachlichen Leistungen von der sich ohnehin vollziehenden Sprachentwicklung der Kinder unterscheiden lässt. Dies kann nur durch den Einsatz einer Kontrollbedingung erreicht werden, deren Teilnehmer zwar an den Vor- und Nachtestungen teilnehmen, die Intervention jedoch nicht bzw. erst zu einem späteren Zeitpunkt erhalten (sog. *unbehandelte* bzw. *nicht-vergleichende Kontrollgruppe*). Im Bildungsbereich stellt der Einsatz von nicht-vergleichenden Kontrollgruppen jedoch ein ernstzunehmendes ethisches Dilemma dar, da den Kindern der Kontrollgruppe gezielt eine vermutlich wirksame Förderung, möglicherweise sogar in einer kritischen Phase ihrer Entwicklung, vorenthalten wird, obwohl sie zum Kreis der zu fördernden Personen gehören (Borman 2002). Trotzdem ist der Einsatz von Kontrollgruppen unabdingbar, um zu aussagekräftigen wissenschaftlichen Befunden zu gelangen. Häufig wird dieser Konflikt durch die Zusage einer Förderung nach Abschluss der Hauptuntersuchung, d.h. durch den Einsatz einer sogenannten *Wartekontrollgruppe,* aufgelöst. Für die Frage, welche Kinder zuerst gefördert werden sollen, d.h. wie die Zuteilung zu den Experimental- und Kontrollbedingungen vorgenommen wird, stellt eine Randomisierung die ethisch und sozial am besten zu rechtfertigende Methode zur Bildung der Interventionsgruppen dar (Borman 2002; Shadish, Cook & Campbell 2002).

Gegen den Einsatz nicht-vergleichender Kontrollgruppen spricht jedoch häufig, dass beim Vergleich von geförderten mit nicht-geförderten Kindern mit trivialen Effekten für die Interventionskinder zu rechnen ist, da die geförderten Kinder durch die Intervention einfach mehr Zeit in einer strukturierten Lernsituation verbringen als die ungeförderten Kinder (*time-on-task*-Argument). Hinter diesem Einwand steht die Frage nach der Spezifität der Treatmentwirkung, die oben bereits im Zusammenhang mit den konfundierenden Variablen thematisiert worden ist: Sind die beobachteten Effekte auf das Sprachförderprogramm selbst zurückzuführen oder hätten diese Effekte auch durch vergleichbare unspezifische Maßnahmen (wie bspw. das Spielen mit einer Lehrkraft) erzielt werden können? Solche interventionsunspezifischen Effekte können nur von Treatment-Effekten abgegrenzt werden, indem *vergleichende Kontrollgruppen* betrachtet werden (Hager, Patry & Brezing 2000; Scriven 1991), wenn also zusätzlich eine Gruppe im Design vorgesehen wird, in der die Kinder in derselben Zeit mit der Lehrkraft anderen Aktivitäten nachgehen, die nicht auf Sprachförderung abzielen. Zeigen sich auch im Vergleich mit dieser Vergleichsgruppe größere Veränderungen in den sprachlichen Fähigkeiten für die Kinder des Förderprogramms, ist diese Veränderung mit höherer Wahrscheinlichkeit auf die sprachliche Förderung und nicht auf unspezifische Fördereffekte der Interventionssituation zurückzuführen.

Werden im Rahmen einer vergleichenden Evaluation zwei oder mehrere konkurrierende Förderprogramme in ihrer Wirksamkeit verglichen, stellt eine Fördermaßnahme bereits eine Kontrollbedingung für die jeweils andere dar. Häufig wird in solchen vergleichenden Designs zusätzlich noch eine unbehandelte Kontrollbedingung untersucht, um die reinen Fördereffekte abzuschätzen.

3.3. Die Standardisierung der Untersuchungssituation in experimentellen Feldstudien

Die standardisierte Umsetzung von Interventionskonzepten im Rahmen feldexperimenteller Untersuchungen im Kontext Schule stellt ebenfalls eine Herausforderung dar. So kann ein zu hohes Maß an Standardisierung die Wirksamkeit der Förderung einschränken, wenn dadurch beispielsweise die Heterogenität in den Lernvoraussetzungen der Schüler nicht in angemessener Weise berücksichtigt werden kann. Im Hinblick auf die interne Validität der Untersuchung ist ein gewisses Maß an Standardisierung der Versuchsbedingungen unabdingbar. Gleichzeitig wird jedoch durch standardisierte Versuchsbedingungen auch die externe Validität, d.h. die Übertragbarkeit der Ergebnisse auf andere Kontexte, Personen und Orte, eingeschränkt. Es ist somit die Aufgabe des Wissenschaftlers, das für die eigene Fragestellung optimale Maß zwischen externer und interner Validität sicherzustellen. Theoretische Annahmen über die Wirkmechanismen und

Bedingungen der durch die spezifische Förderung ermöglichten Lernprozesse sind hier notwendig, um die Versuchsbedingungen lernwirksam zu gestalten. Das beinhaltet, dass für jede Interventionsbedingung festzulegen ist, welche Abweichungen von der vorgegebenen Förderung noch zulässig sind, um die Vergleichbarkeit der Förderungen sowohl innerhalb in einer spezifischen Interventionsbedingung als auch zwischen den Treatmentgruppen zu gewährleisten. Dies kann beispielsweise durch ein detailliert ausgearbeitetes Fördermanual erreicht werden, in dem die Freiheitsgrade bei der Förderung sowie die ohne Abweichung umzusetzenden Merkmale genau expliziert werden.

Um die Implementationsqualität der Förderung, d.h. die korrekte Umsetzung der Versuchsbedingungen nach den definierten Förderprinzipien, sicherzustellen, ist es sinnvoll, regelmäßig Fördersitzungen in allen Gruppen zu videografieren. Auf diese Weise kann die intendierte Umsetzung der Interventionen überwacht und nachweisbar gemacht werden, indem die Interventionen kennzeichnende Merkmale kodiert, quantifiziert und verglichen werden (sog. *monitoring* bzw. *implementation check*). Darüber hinaus bietet die videografische Dokumentation von Fördersitzungen wertvolles Material für einen sich anschließenden qualitativ-empirischen Zugriff auf das Geschehen in der Intervention, um weitere Erkenntnisse über die Wirkbedingungen der Treatments und die durch die Interventionen angestoßenen Lernprozesse zu gewinnen.

Bei dem weniger stark theoriegeleiteten Vergleich der Wirksamkeit von verschiedenen bereits vorliegenden Sprachförderprogrammen miteinander in experimentellen Feldstudien wird häufig bewusst auf eine zu starke Kontrolle der Umsetzung der Förderungen verzichtet, um ein höheres Maß an Generalisierbarkeit der Aussagen zu gewinnen und die externe Validität der Untersuchung nicht zu gefährden (Bortz & Döring 2002). Störeinflüsse auf der Ebene der Versuchsbedingungen werden dabei nicht konstant gehalten bzw. kontrolliert, sondern lediglich registriert (d.h. gemessen), was zum einen eine nachträgliche statistische Kontrolle dieser Merkmale ermöglicht und zum anderen beim Vorliegen hinlänglich großer Stichproben auch Aussagen darüber zulässt, unter welchen Bedingungen eine Förderung besonders gut wirksam ist.

3.4. Vor-Nachtest-Messungen der abhängigen Variablen in experimentellen Feldstudien

Wie bereits ausgeführt wurde, sind Vor- und Nachtests mit angemessenen Testverfahren hilfreich, um Effekte von Sprachfördermaßnahmen belegen zu können. Gerade im Bereich der Messung von sprachlichen Kompetenzen können diese verschiedene sprachliche Teilkompetenzen umfassen (Hörverstehen, Leseverstehen, Grammatikkenntnisse, Wortschatz). Zudem können sich die Testformate dahingehend unterscheiden, inwieweit sie rezeptive oder produktive sprachliche Leistungen bzw. mündliche oder schriftsprachliche Leistungen erfassen und ob diese in bedeutungsvollen, situationsgebundenen Kontexten oder aber mehr oder weniger dekontextualisiert erhoben werden.

Welche sprachlichen Kompetenzen mit welchen Verfahren erfasst werden, muss vor dem Hintergrund der theoretischen Annahmen über die Wirksamkeit der Interventionen und der konkreten Fragestellungen der Studie beantwortet werden. Wichtige Leitfragen für die Auswahl der einzelnen Tests sind dabei: Welche Kompetenzen sollen durch die Intervention(en) direkt aber auch indirekt, d.h. im Sinne von Transferwirkungen, gefördert werden? Welche Tests bzw. Erhebungsverfahren bilden diese Teilkompetenzen und Konstrukte ab? Um die Ergebnisse der Messungen belastbar interpretieren zu können, müssen diese außerdem den gängigen Testgütekriterien entsprechen, d.h. die Kriterien der Objektivität, Validität und Reliabilität erfüllen (z.B. Bortz & Döring 2002). Vor allem im Rahmen von größer angelegten Interventionsstudien im schulischen Kontext ist die Ökonomie des Einsatzes der Verfahren ebenfalls ein wichtiges Kriterium. Um diesen vier Gütekriterien[5] Rechnung zu tragen, werden in Feldstudien in der Regel quantitative Verfahren der Leistungsmessung eingesetzt, die zudem eine Erhebung in Gruppen oder sogar im Klassenverband ermöglichen. Die Interpretation dieser quantitativen Daten kann durch weitere Datenerhebungen mit stärker qualitativer Ausrichtung, z.B. mündlichen Sprachproben, Interviews mit den Projektbeteiligten und Lehrkräften sowie Fallstudien, oft vertieft und erweitert werden (*mixed-methods approach;* Grissmer, Subotnik & Orland 2008). Durch die sinnvolle Verknüpfung von quantitativen Leistungsmessungen mit qualitativen Erhebungen ist es möglich, nicht nur die Wirksamkeit der Programme zu belegen, sondern auch

---

5 Die Ökonomie des Testeinsatzes stellt nach Lienert & Raatz (1994) eines der Nebengütekriterien von Tests dar. Außerdem werden die Normierung, Vergleichbarkeit und Nützlichkeit des Testeinsatzes genannt.

darüber hinausgehend moderierende Variablen zu identifizieren, d.h. Merkmale zu finden, welche die Wirkung eines Treatments beeinflussen können, und Hypothesen über die zugrunde liegenden Wirkmechanismen und -prozesse auf der Personenebene sowie über die wirksamen Komponenten der Interventionen zu generieren. Der Einsatz vielfältiger Testverfahren und -herangehensweisen kann den Blick dafür, warum Interventionen wirksam sind und unter welchen Bedingungen deutlich erweitern (Hager, Patry & Brezing 2000).

Ein weiterer Aspekt der Messung betrifft den Zeitpunkt der Testungen. So hat es sich in der Interventionsforschung etabliert, die abhängigen Variablen nicht nur vor und direkt nach Abschluss der Intervention zu erfassen, sondern mit Hilfe von *Follow-up* Messungen auch die Nachhaltigkeit der Interventionseffekte und somit nicht nur kurzfristige, sondern auch überdauernde Veränderungen in den geförderten Fähigkeiten zu belegen (Hager & Hasselhorn 2000). Mit Hilfe von einer oder mehreren Follow-up Messungen lassen sich drei Aspekte der Interventionswirkung nachweisen: Erstens kann dokumentiert werden, ob Fördereffekte auch nach Abschluss der Förderung noch bestehen bleiben. Ist dies der Fall, sollten die Unterschiede in den abhängigen Variablen zwischen Experimental- und Kontrollgruppen auch einige Zeit nach Abschluss der Förderung noch nachweisbar sein. Zweitens kann belegt werden, ob durch die Förderung sogar Entwicklungsprozesse angestoßen werden, die zu einem weiteren Auseinanderdriften der Fähigkeiten der Versuchsgruppen führen (sog. Schereneffekt). Dieser Aspekt des Entwicklungsanschubs ist besonders für kompensatorische Förderprogramme relevant, d.h. wenn durch eine Förderung dauerhaft Benachteiligungen ausgeglichen werden sollen. Drittens lassen sich durch Follow-up Messungen auch zeitverzögerte Effekte der Intervention erfassen. Dies ist insbesondere dann von Bedeutung, wenn sich direkt nach Abschluss der Förderung kein Leistungsvorsprung der Interventionsgruppen gegenüber der Kontrollgruppe nachweisen lässt (Hager, Patry & Brezing 2000). Follow-up Messungen sind also unabdingbar, um die Bedeutsamkeit und die Nachhaltigkeit der Interventionswirkungen einzuschätzen.

4. Das BeFo-Projekt als Beispiel für eine experimentelle Feldstudie zur Sprachförderung

Die soeben dargestellten Prinzipien experimenteller Feldstudien sollen abschließend am Beispiel des BeFo-Projekts[6] illustriert werden. Das BeFo-Projekt (**Be**deutung und **Fo**rm – sprachsystematische und fachbezogene Förderung in der Zweitsprache) knüpft an die Vorarbeiten und Ergebnisse des Jacobs-Sommercamps (JSC; vgl. Rösch 2006; Stanat et al., in Druck) an, in dem im Rahmen eines experimentellen Designs erstmals im deutschen Sprachraum zwei Ansätze der Sprachförderung mit Grundschulkindern untersucht wurden.

Im JSC wurde untersucht, ob eine kombinierte explizite und implizite Sprachförderung effektiver ist als eine ausschließlich implizite Sprachförderung. Die explizite Sprachförderung wurde durch eine sprachsystematische Förderung und die implizite Förderung durch einen theaterpädagogischen Ansatz operationalisiert. Beide Ansätze wurden im Rahmen eines Sommercamps mit Schülern der dritten Klassenstufe untersucht. Die Ergebnisse des JSC konnten als erster Hinweis darauf gewertet werden, dass sich mit sprachsystematischer Förderung Effekte erzielen lassen, die über Wirkungen einer rein impliziten Förderung hinausgehen.

Das BeFo-Projekt knüpft an die Erkenntnisse des JSC an und erweitert die Unterscheidung zwischen expliziter und impliziter Förderung durch die zwischen Formfokussierung und Bedeutungsfokussierung (vgl. Rösch & Stanat 2011; Darsow et al., in Druck). Im Kern wird dabei die explizite Förderung aus dem JSC-Projekt, die durch eine Fokussierung formaler Strukturen von Sprache gekennzeichnet ist, im BeFo-Projekt weitergeführt, während die implizite Förderung aus dem JSC-Projekt im BeFo-Projekt durch eine bedeutungsfokussierte Förderung im vorfachlichen Unterricht der Grundschule in den Lernbereichen Mathematik und Sachunterricht ersetzt wurde. Den beiden Förderansätzen liegt dabei die theoretische Unterscheidung zwischen *Focus on Form* (z.B. Long 1991) und *Focus on Meaning* (z.B. Krashen & Terrell 1983) zugrunde.[7]

---

[6] Mitarbeiterinnen des BeFo-Projekts: Prof. Dr. Petra Stanat und Prof. Dr. Heidi Rösch (Leitung); Annkathrin Darsow, Dr. Anja Felbrich, Jennifer Paetsch, Daniela Rotter (wissenschaftliche Mitarbeiterinnen). Das Projekt wird im Rahmen der Forschungsinitiative Sprachdiagnostik und Sprachförderung (FiSS) vom Bundesministerium für Bildung und Forschung (BMBF) gefördert.

[7] Für eine genauere Beschreibung der Prinzipien beider Förderansätze siehe Rösch & Stanat (2011).

Ziel des BeFo-Projekts ist es, mit einer experimentellen Feldstudie belastbare und generalisierbare Daten zur Wirksamkeit dieser beiden theoriebasierten Ansätze der Zweitsprachförderung für Kinder mit Migrationshintergrund zu gewinnen. Dabei wird nicht nur die Wirksamkeit der beiden Ansätze für den Erwerb der sprachlichen Fähigkeiten der Kinder in Deutsch untersucht, sondern auch, inwieweit sich die Zweitsprachförderung positiv auf die Leistungen in den Sachfächern Mathematik und Sachunterricht auswirkt. Das Projekt wird daher wichtige Hinweise darauf geben, welche Rolle einer systematischen Sprachförderung für die schulische Entwicklung von Kindern mit Migrationshintergrund zukommt. Die Förderung wird an Berliner Grundschulen durch intensiv betreute studentische Förderlehrkräfte einmal wöchentlich für 90 Minuten über den Zeitraum eines ganzen Schuljahres durchgeführt.

4.1. Die Umsetzung der Randomisierung der Versuchspersonen im BeFo-Projekt

Im BeFo-Projekt nehmen gegenwärtig 377 Schülerinnen und Schüler mit Deutsch als Zweitsprache an 15 Berliner Grundschulen teil. In Anknüpfung an die Vorarbeiten des JSC werden im BeFo-Projekt wiederum Drittklässler gefördert. Die an der Studie teilnehmenden Kinder wurden in einem zweistufigen Prozess ausgewählt und den einzelnen Interventionsbedingungen zugeteilt: In einem ersten Schritt wurden alle Kinder nicht-deutscher Herkunftssprache am Ende der zweiten Klasse mit einem Screening-Verfahren im Hinblick auf ihre deutschsprachigen Kompetenzen untersucht. Kinder, deren Testwerte besonders hoch waren, d.h. mehr als eine Standardabweichung über dem Mittelwert der Gesamtgruppe lagen, wurden von der Studie ausgeschlossen, da bei diesen Kindern von gut entwickelten deutschsprachigen Kompetenzen auszugehen ist. Schülerinnen und Schüler, die geringere Screening-Leistungen als die Kinder dieser Gruppe erzielten und nach Aussage der Lehrkräfte außerdem keinen Förderbedarf in einem anderen Bereich (bspw. eine LRS oder Rechenschwäche) aufwiesen, konnten an der BeFo-Förderung teilnehmen. Von insgesamt 623 Kindern wurden 377 Kinder durch ihre Eltern für die BeFo-Förderung angemeldet (ca. 62%). In einem zweiten Schritt wurden die angemeldeten Kinder innerhalb jeder teilnehmenden Schule per Zufall auf drei Gruppen verteilt: formfokussierte Förderung, bedeutungsfokussierte Förderung sowie eine *Wartekontrollgruppe*, die erst im darauffolgenden Schuljahr gefördert wird. Da sich in den Gruppen an jeder Schule nur vergleichsweise wenige Kinder befanden (6 bis 10 Kinder), konnte nicht per se darauf vertraut werden, dass durch eine Randomisierung alle relevanten Störvariablen auf die Gruppen gleich verteilt werden. Es wurde daher eine *stratifizierte Zuweisung* der Kinder zu den beiden Treatmentbedingungen sowie der Kontrollgruppe unter Berücksichtigung des Geschlechts, der Herkunftssprache und des Sprachstands der Kinder vorgenommen. Für letzteres Merkmal wurden Kinder mit besonders geringen sprachlichen Leistungen identifiziert und möglichst gleichmäßig auf die drei Gruppen verteilt werden, da diese von einer Förderung vermutlich am meisten profitieren können. Weitere Gruppierungen bzw. Schichten innerhalb einer Schule wurden nach dem Geschlecht und der Herkunftssprache gebildet. In jeder Schule wurden die Kinder dieser Gruppierungen dann möglichst gleichmäßig und ohne weitere Informationen hinzuzuziehen auf die drei experimentellen Gruppen verteilt. Abschließend wurde mittels einfacher statistischer Signifikanztests überprüft, ob sich die so gebildeten Interventionsgruppen und die Kontrollgruppe in ihrer Gesamtheit hinsichtlich des durchschnittlichen Testwerts im Screening, der kognitiven Grundfähigkeiten der Kinder sowie der Zusammensetzung bzgl. der Herkunftssprachen und des Geschlechts unterschieden, was nicht der Fall war.

Da die Förderung zusätzlich zum regulären Unterricht am Nachmittag stattfindet, war die Teilnahme prinzipiell freiwillig und eine Zustimmung der Eltern erforderlich. Die Freiwilligkeit der Teilnahme an der Förderung hat jedoch den Nachteil, dass mit *Selbstselektionseffekten* zu rechnen ist. In weiteren Analysen wird daher zu überprüfen sein, ob sich die teilnehmenden Kinder systematisch von den nicht-teilnehmenden in Bezug auf relevante Merkmale wie den Sprachstand, die Herkunftssprachen oder andere soziodemografische Basisdaten unterscheiden. Anhand der Ergebnisse des Screenings sowie des Eltern- und Lehrerfragebogens, die begleitend zum Screening eingesetzt wurden, kann dies überprüft werden. Diese Datenquellen werden ebenfalls herangezogen, um zu überprüfen, ob hinsichtlich der Regelmäßigkeit der Teilnahme der Kinder an der Förderung oder hinsichtlich des vorzeitigen Beendens der Förderung (*drop-out*) systematische Unterschiede zwischen den Kindern bestehen, die gegebenenfalls bei der Interpretation der Studie beachtet werden müssen.

4.2. Die Konzeption der Interventionsgruppen und der Kontrollgruppe im BeFo-Projekt

Im BeFo-Projekt werden somit zwei vergleichende Interventionsgruppen sowie eine nicht-vergleichende Kontrollgruppe untersucht. Dies ermöglicht sowohl den Vergleich der Effekte beider Interventionen als auch eine Abschätzung der allgemeinen Wirksamkeit durch den Vergleich mit der Wartekontrollgruppe.

Bei der Konzeption der Kontrollgruppe stellte sich zunächst die Frage, ob die Kinder dieser Gruppe keine Förderung erhalten oder aber unspezifisch gefördert werden sollten. Da es möglich sein sollte, die Fördereffekte von dem normalen Zuwachs in den sprachlichen und schulischen Kompetenzen durch andere schulische und außerschulische Lerngelegenheiten abzugrenzen und die reinen Effekte zu bestimmen, die durch eine zusätzliche Förderung nach den beiden Ansätzen erzielt werden können, wurde eine unbehandelte, nicht-vergleichende Kontrollgruppe gewählt.

Die Förderung in den Experimentalgruppen wurde unter Bezugnahme auf relevante Theorien und Ansätze der Zweitsprachförderung konzeptualisiert (Rösch & Stanat 2011). Um ein experimentelles Design zu implementieren, musste im Vorfeld der Förderung genau spezifiziert werden, in welchen Merkmalen sich die beiden Förderungen unterscheiden und welche Merkmale des Unterrichts in beiden Förderansätzen konstant gehalten werden sollen. Mit der Form- bzw. Bedeutungsfokussierung der beiden Ansätze ist zwar schon ein didaktisches Vorgehen für die Förderung in wesentlichen Zügen festgelegt (z.B. in Bezug auf den Umgang mit Fehlern und die Einführung einer grammatischen Terminologie). Für die Feinplanung des Förderunterrichts war es jedoch notwendig, weitere Merkmale des Unterrichts festzulegen. So musste beispielsweise spezifiziert werden, welche Inhalte in der formfokussierten Förderung thematisiert werden. Um die beiden Interventionen möglichst trennscharf zu gestalten, wurden in der formfokussierten Förderung Themen verwendet, die keinen Bezug zu den Inhalten des bedeutungsfokussierten Ansatzes aufwiesen. Hätte sich stattdessen der Unterrichtsdiskurs im formfokussierten Ansatz auch auf die fachlichen Themen bezogen, würde dies im Rahmen des vorliegenden Versuchsdesigns eine Konfundierung darstellen, da Kernelemente der bedeutungsfokussierten Förderung (z.B. die Klärung fachspezifischen Wortschatzes) ebenfalls in der formfokussierten Förderung auftreten. Prinzipiell ist jedoch auch eine formfokussierte Förderung mit den Inhalten des Mathematik- bzw. Sachunterrichts möglich.

4.3. Die Standardisierung der Untersuchungssituation im BeFo-Projekt

Eine Standardisierung von Versuchsbedingungen bei Wissenserwerbsprozessen ist besonders schwer zu realisieren, da einerseits Unterrichtsinhalte und -methoden prinzipiell vergleichbar sein müssen, andererseits jedoch, um tatsächlich lernwirksam zu werden, auch an die Lernvoraussetzungen der Lernenden angeglichen werden müssen. Die besondere Herausforderung bei der Planung der einzelnen Unterrichtseinheiten bestand somit darin, den Anforderungen an eine Standardisierung der Versuchsbedingungen Rechnung zu tragen und auch die Förderung an die individuellen Lernvoraussetzungen der zu fördernden Kinder anzupassen. Um eine Standardisierung der einzelnen Förderstunden im BeFo-Projekt zu gewährleisten, wurden alle Förderstunden detailliert ausgearbeitet und in einem tabellarischen Stundenablaufplan festgehalten. Wo möglich wurden Differenzierungsangebote, die auf unterschiedliche Lernvoraussetzungen abgestimmt waren, angeboten. Außerdem wurden alle Unterrichtsplanungen und das eingesetzte Unterrichtsmaterial mit den studentischen Förderlehrkräften wöchentlich besprochen und diese konnten ihre Erfahrungen mit den Fördereinheiten und den Reaktionen der Kinder darauf in die weiteren Planungen einbringen.

Um die Implementierungsqualität und somit die interne Validität der Interventionen zu gewährleisten, wurden die Förderlehrkräfte zunächst im Hinblick auf die umzusetzenden Förderansätze geschult. Dies geschah in einem der Förderung vorangestellten einsemestrigen Seminar sowie durch begleitende Seminarsitzungen über den gesamten Förderzeitraum hinweg. Weiterhin wurde die Umsetzung der Unterrichtseinheiten durch unangekündigte Videoaufnahmen in den Förderstunden überprüft und die einzelnen Förderstunden anhand der Videomitschnitte gemeinsam mit den Studierenden analysiert und besprochen. Die für jede Förderlehrkraft vorliegenden mehrfachen Aufnahmen ermöglichen zudem genauere Analysen der Wirkbedingungen der Förderung (z.B. über eine Kodierung des Ausmaßes sprachlicher Aktivierung der Kinder als potentiell vermittelnde Variable).

4.4. Vor-Nachtest-Messungen der abhängigen Variablen im BeFo-Projekt

Um die Wirkungen beider Interventionen umfassend abzubilden, werden nicht nur die sprachlichen Kompetenzen der Kinder, sondern auch deren schulische Leistungen, im Sinne von Noten bzw. Lehrereinschätzungen, und fachbezogenen Kompetenzen, die mittels entsprechender Leistungstests ermittelt wurden, erfasst. Die Erhebung dieser Leistungstests erfolgt in allen Gruppen zu vier Messzeitpunkten:

(1) Prätest vor Beginn der Förderung, direkt nach den Sommerferien,
(2) erster Posttest (zum Ende des 1. Halbjahres),
(3) zweiter Posttest direkt nach Abschluss der Förderung (d.h. vor den Sommerferien) und
(4) dritter Posttest bzw. Follow-up fünf Monate nach Abschluss der Förderung.[8]

Das Erhebungsdesign ermöglicht somit Aussagen über die Entwicklung der erfassten Kompetenzen sowohl während als auch direkt nach Abschluss der Förderung. Außerdem können auch Aussagen über die Nachhaltigkeit der Effekte getroffen werden, da eine längere Follow-up Phase von fast einem halben Jahr vorgesehen ist. Da vermutet werden kann, dass die zwei Interventionen unterschiedliche Lernprozesse anstoßen (vgl. DeKeyser 2003; Norris & Ortega 2000) ist es vorstellbar, dass unterschiedliche zeitliche Verläufe der Effekte für unterschiedliche abhängige Variablen zu beobachten sein werden, die durch das gewählte Testdesign erfasst werden können. Eine zu prüfende Hypothese besteht beispielsweise darin, dass sich die Effekte der formfokussierten Förderung auf sprachliche Variablen bereits während der Förderung und unmittelbar nach der Förderung beobachten lassen, während sich die Wirkung der bedeutungsbezogenen Förderung erst nach Abschluss der Förderung nachweisen lassen könnte, da hier implizitere sprachliche Lernprozesse stattfinden (DeKeyser 2003; Gasparini 2004).

In Übereinstimmung mit den Fragestellungen der BeFo-Studie wurden sowohl sprachliche Kompetenzen (Grammatik mit Fokus auf die DaZ-Stolpersteine; vgl. Rösch 2003, allgemeiner und fachspezifischer Wortschatz, Leseverständnis von einfachen sowie von literarischen und Sachtexten) als auch Kompetenzen in den Sachfächern (Mathematikleistungen, Sachunterrichtswissen) mit Hilfe von paper-und-pencil Tests im Klassenverband erfasst. Diese beinhalten neben produktiven auch rezeptive Formate. Darüber hinaus sollen zusätzlich zu den Effekten der beiden Interventionen auf die Leistungen der Kinder auch ihre Wirkungen auf motivationale Merkmale, insbesondere die Selbstkonzepte der Schülerinnen und Schüler, un-

8 Die Förderung der Wartekontrollgruppe setzte erst nach Abschluss der Follow-up Tests ein.

tersucht werden. Ergänzt werden diese standardisierten Messungen durch eine Erhebung von Schülertexten sowie mündliche Sprachproben, die von einer Teilstichprobe von Kindern erhoben werden und detaillierte linguistische bzw. sprachwissenschaftlich orientierte Analysen ermöglichen. Um zu erfassen, ob sich die sprachlichen und fachlichen Kompetenzen der geförderten Kinder auch in der Wahrnehmung der Lehrkräfte verändert haben, wurden zudem die Klassenlehrerinnen und Klassenlehrer der an der Studie teilnehmenden Kinder gebeten, diese Kompetenzen vor Beginn und nach Ende der Förderung einzuschätzen.

5. Chancen und Grenzen von experimentellen Feldstudien zur Wirksamkeitsüberprüfung von Fördermaßnahmen: Ein Fazit

Experimentelle Studien mit Randomisierung und Kontrollgruppendesign werden als Königsweg zur Bestimmung der Wirksamkeit von Interventionen auch im Bildungsbereich angesehen. Dennoch wurden solche Forschungsdesigns in Bezug auf die schulische Sprachförderung im deutschsprachigen Raum, mit Ausnahme des Jacobs-Sommercamps, bisher kaum durchgeführt. Dies mag zum einen daran liegen, dass experimentelle Feldstudien einen hohen sowohl finanziellen als auch forschungsmethodischen Aufwand erfordern. Insbesondere die Randomisierung der Versuchsteilnehmer sowie eine Standardisierung der Versuchsbedingungen sind im Feld oft schwer umzusetzen. Experimentelle Interventionsstudien an Schulen erfordern von allen Beteiligten, sowohl den Wissenschaftlerinnen und Wissenschaftlern als auch den beteiligten Lehrerinnen und Lehrern, einen hohen Einsatz. So ist es mit erheblichem Aufwand verbunden den schulischen Beteiligten die Notwendigkeit der Umsetzung experimenteller Designprinzipien wie der Standardisierung, der Randomisierung sowie der wiederholten Testung der beteiligten Schülerinnen und Schüler, die häufig auf Widerstände stoßen, zu vermitteln. Darüber hinaus kann eine Vielzahl an unerwarteten bzw. schwer kontrollierbaren Ereignissen, wie z.B. das Auftreten von Selbstselektionseffekten bei der Bildung der Interventionsgruppen oder aber Stichprobenschwund durch selektiven Drop-out, die Aussagekraft der Studien gefährden. Dennoch lohnt sich der Aufwand, allen diesen Faktoren durch geeignete Maßnahmen bei der Planung und Umsetzung der Untersuchung entgegenzuwirken, da es mit feldexperimentellen Forschungsdesigns möglich ist, nicht nur Wirkungen von Fördermaßnahmen nachzuweisen, sondern durch die Randomisierung, Standardisierung und die Wahl geeigneter Kontrollgruppen außerdem bereits viele plausible Alternativerklärungen für das Zustandekommen der beobachteten Effekte ausgeschlossen werden können. Zwar kann das Fehlen einzelner dieser Merkmale durch verschiedene Maßnahmen zumindest teilweise kompensiert werden, wie beispielsweise durch statistische Kontrolltechniken beim Vorliegen quasi-experimenteller Designs. Im Vergleich mit den Ergebnissen experimenteller Versuchsdesigns sind die Ergebnisse dieser Studien in der Regel jedoch weniger deutlich und belastbar.

Während Experimente in der Medizin seit vielen Jahrzehnten nicht mehr wegzudenken sind, stellt die evidenzbasierte Fundierung von Fördermaßnahmen bzw. unterrichtlichen Innovationen in Deutschland eher die Ausnahme als die Regel dar. Und dies, obwohl schulische Maßnahmen gleichermaßen relevant und nicht selten mit ebenso hohen gesellschaftlichen Kosten wie medizinische Therapien verbunden sind. Feldexperimentelle Studien zu den Effekten schulischer Interventionen sind daher unverzichtbar und sollten gerade für die Konzeptualisierung und Implementation sprachlicher Fördermaßnahmen für Kinder mit und ohne Migrationshintergrund, die zu den Hauptaufgaben unseren Bildungswesens in den nächsten Jahren gehören werden, einen festen Platz erhalten. Denn nur wenn die vorhandenen Ressourcen in nachweislich wirksame Maßnahmen investiert werden, wird es möglich sein, die ungünstige Bildungssituation von Migranten und sozial benachteiligten Kindern zu verändern und nachhaltig zu verbessern.

6. Literatur

Autorengruppe Bildungsberichterstattung (2010): *Bildung in Deutschland 2010. Ein indikatorengestützter Bericht mit einer Analyse zu Perspektiven des Bildungswesens im demografischen Wandel*. Bielefeld: Bertelsmann.

Borman, Gerard (2002): Experiments for educational evaluation and emprovement. *Peabody Journal of Education* 77 (4): 7–27.

Boruch, Robert; de Moya, Dorothy & Snyder, Brooke (2002): The importance of randomized field trials in education and related areas. In Mosteller, Frederick; Boruch, Robert (Hrsg.): *Evidence matters: Randomized field trials in education research.* Washington, DC: Institution Press, 50–79.

Bortz, Jürgen & Döring, Nicola (2002): *Forschungsmethoden und Evaluation für Human- und Sozialwissenschaftler.* 3. Aufl.. Berlin: Springer.

Cook, Thomas. D. & Campbell, Donald T. (1979): *Quasi-Experimentation: Design and analysis issues for field settings.* Chicago: Rand McNally.

Darsow, Annkathrin; Paetsch, Jennifer; Stanat, Petra & Felbrich, Anja (in Druck): *Konzepte der Zweitsprachförderung: Eine Systematisierung. Unterrichtswissenschaft.*

DeKeyser, Robert M. (2003): Implicit and explicit learning. In Doughty, Catherine J. & Long, Michael H. (Hrsg.): *The Handbook of Second Language Acquisition.* Malden, MA: Blackwell, 313–348.

Feuer, Michael J.; Towne, Lisa & Shavelson, Richard J. (2002): Scientific culture and educational research. *Educational Researcher* 31 (8): 4–14.

Gasparini, Silvia (2004): Implicit versus explicit learning: Some implications for L2 teaching. *European Journal of Psychology of Education* 19 (2): 203–219.

Grissmer, David W.; Subotnik, Rena F. & Orland, Martin (2008): A guide to the use of randomized controlled trials (RCTs) in assessing intervention effects: The promise of multiple methods. http://www.apa.org/ed/cpse/multmethod08.pdf (11.05.2012).

Hager, Willi & Hasselhorn, Marcus (1995): Zuwendung als Faktor der Wirksamkeit kognitiver Trainings für Kinder. *Zeitschrift für Pädagogische Psychologie* 9: 163–179.

Hager, Willi & Hasselhorn, Marcus (2000): Psychologische Interventionsmaßnahmen: Was sollen sie bewirken können? In Hager, Willi; Patry, Jean-Luc & Brezing, Hermann (Hrsg.): *Handbuch Evaluation psychologischer Interventionsmaßnahmen. Standards und Kriterien.* Bern: Huber, 41–85.

Hager, Willi; Patry, Jean-Luc & Brezing, Hermann (Hrsg.) (2000): *Handbuch Evaluation psychologischer Interventionsmaßnahmen. Standards und Kriterien.* Bern: Huber.

Kenny, David A. (1975): A Quasi-experimental approach to assessing treatment effects in the non-equivalent control group design. *Psychological Bulletin* 82 (3): 345–362.

Krashen, Stephen & Terrell, Tracy (1983): *The Natural Approach: Language acquisition in the classroom.* Oxford, San Francisco: Pargamon, Alemany.

Lienert, Gustav & Raatz, Ulrich (1994): *Testaufbau und Testanalyse.* 5. Auflage. Weinheim: Beltz.

Limbird, Christina & Stanat, Petra (2006): Sprachförderung bei Schülerinnen und Schülern mit Migrationshintergrund: Ansätze und ihre Wirksamkeit. In Baumert, Jürgen; Stanat, Petra & Watermann, Rainer (Hrsg.): *Herkunftsbedingte Disparitäten im Bildungswesen: Differenzielle Bildungsprozesse und Probleme der Verteilungsgerechtigkeit.* Wiesbaden: VS Verlag, 257–307.

Long, Michael H. (1991): Focus on Form: A Design feature in language teaching methodology. In De Bot, Kees; Ginsberg, Ralph B. & Kramsch, Claire (Hrsg.): *Foreign language research in cross-cultural perspective.* Amsterdam, Philadelphia: John Benjamins, 39–52.

Mosteller, Frederick & Boruch, Robert F. (2002): *Evidence matters: Randomized trials in education research.* Washington, DC: Brookings Institution.

Norris, John M. & Ortega, Lourdes (2000): Effectiveness of L2 instruction: A research synthesis and quantitative meta-analysis. *Language Learning* 50: 417–528.

Redder, Angelika; Schwippert, Knut; Hasselhorn, Marcus; Forschner, Sabine; Fickermann, Detlef & Ehlich, Konrad (2010): *Grundzüge eines nationalen Forschungsprogramms zur Sprachdiagnostik und Sprachförderung.* Hamburg, ZUSE: Unveröffentlichtes Diskussionspapier No.1.

Reich, Hans H. & Roth, Hans-Joachim (2002): *Spracherwerb zweisprachig aufwachsender Kinder und Jugendlicher: Ein Überblick über den Stand der nationalen und internationalen Forschung.* Freie Hansestadt Hamburg: Behörde für Bildung und Sport.

Roos, Jeanette; Polotzek, Silvana & Schöler, Herman (2010): *Wissenschaftliche Begleitung der Sprachfördermaßnahmen im Programm: 'Sag' mal was' – Sprachförderung für Vorschulkinder - Unmittelbare und längerfristige Wirkungen von Sprachförderungen in Mannheim und Heidelberg: Abschlussbericht. EVAS - Evaluationsstudie zur Sprachförderung von Vorschulkindern.* Heidelberg: Pädagogische Hochschule Heidelberg.

Rösch, Heidi (Hrsg.) (2003): *Deutsch als Zweitsprache. Grundlagen, Übungsideen und Kopiervorlagen zur Sprachförderung.* Hannover: Schroedel.

Rösch, Heidi (2006): Das Jacobs-Sommercamp – neue Ansätze zur Förderung von Deutsch als Zweitsprache. In Ahrenholz, Bernt (Hrsg.): *Kinder mit Migrationshintergrund – Spracherwerb und Fördermöglichkeiten.* Freiburg i.Br.: Fillibach, 287–302.

Rösch, Heidi & Stanat, Petra (2011): Bedeutung und Form (BeFo): Formfokussierte und bedeutungsfokussierte Förderung in Deutsch als Zweitsprache. In Hahn, Natalia & Roelcke, Thorsten (Hrsg.): *Grenzen überwinden mit Deutsch. Beiträge der 37. Jahrestagung DaF an der PH Freiburg (MatDaF Bd. 85).* Göttingen: Universitätsverlag, 149-161.

Rosenbaum, Paul R. & Rubin, Donald B. (1985): Constructing a control group using multivariate matched sampling methods thatiIncorporate the propensity score. *The American Statistician* 39 (1): 33–38.

Rubin, Donald B. (1974): Estimating causal effects of treatments in randomized and nonrandomized studies. *Journal of Educational Psychology* 66 (5): 688–701.

Saretzky, Gary (1972): The OEO P.C. experiment and the John Henry effect. *Phi Delta Kappan* 53: 579–581.

Scriven, Michael (1991): *Evaluation thesaurus*. Newsbury Park: Sage.

Shadish, William R.; Cook, Thomas D. & Campbell, Donald T. (2002): *Experimental and quasi-experimental designs for generalized causal inference.* Boston: Houghton.

Shavelson, Richard J. & Towne, Lisa (Hrsg.) (2002): *Scientific research in education.* Washington, DC: National Research Council. National Academy Press.

Slavin, Robert E. (2002): Evidence-based education policies: Transforming educational practice and research. *Educational Researcher* 31 (7): 15–21.

Slavin, Robert E. (2008): What works? Issues in synthesizing educational program evaluations. *Educational Researcher* 37 (1): 5–14.

Söhn, Janina (2005): *Zweisprachiger Schulunterricht für Migrantenkinder. Ergebnisse der Evaluationsforschung zu seinen Auswirkungen auf Zweitspracherwerb und Schulerfolg.* Berlin: AKI, WZB.

Stanat, Petra; Becker, Michael; Baumert, Jürgen; Lüdtke, Oliver & Eckhardt, Andrea G. (in Druck): Improving second language skills of immigrant students. A randomized field trial evaluating the effects of a summer learning program. *Learning and Instruction.*

Stanat, Petra; Rauch, Dominique & Segeritz, Michael (2010): Schülerinnen und Schüler mit Migrationshintergrund. In Klieme, Eckhardt; Artelt, Cordula; Hartig, Johannes; Jude, Nina; Köller, Olaf; Prenzel, Manfred; Schneider, Wolfgang & Stanat, Petra (Hrsg.): *PISA 2009. Bilanz nach einem Jahrzehnt.* Münster: Waxmann, 200–230.

Die Profilanalyse

Wilhelm Grießhaber

1. Einführende Kurzdarstellung[1]

Die Profilanalyse ist ein Instrument zur Analyse von Lernersprachen und von Texten. Sie beruht auf empirischen Studien zum Erwerb des Deutschen als Fremd- und Zweitsprache, die zeigten, dass die Stellung verbaler Elemente in bestimmten invarianten Schritten erworben wird (s.u. §2 und §3). In frühen Erwerbsstadien lassen sich die verwendeten syntaktischen Strukturen zur Bestimmung des Erwerbsstandes verwenden. Eine entscheidende Rolle spielt die Stellung finiter Verbteile (s. Tabelle 2). In einfachen Sätzen stehen sie nach dem Vorfeld (Stufe 1). Bei mehrteiligen Prädikaten aus Voll- und Hilfsverb steht das finite Hilfsverb an zweiter Stelle, während die infiniten Vollverben und trennbare Präfixe an das Satzende rücken (Stufe 2, Separation). Das Subjekt rückt hinter das Finitum, wenn es nicht im Vorfeld steht (Stufe 3, Inversion). In untergeordneten Nebensätzen steht das Finitum am Satzende (Stufe 4, Verbendstellung). Syntaktisch unvollständige Äußerungen werden als Bruchstücke erfasst (Stufe 0). Diese Muster wurden später um zwei weitere ergänzt (s.u.).

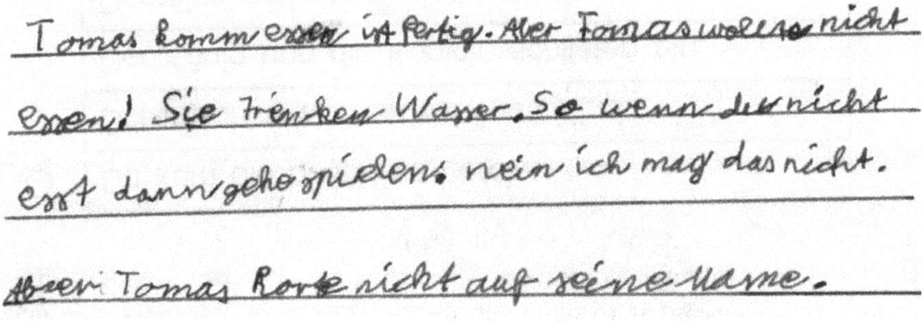

Tomas komm essen ist fertig. Aber Tomas wollen nicht
essen! Sie trenken Waser. So wenn der nicht
esst dann geho spielen. nein ich mag das nicht.
Aber Tomas horte nicht auf seine Mame.

Abb. 1: Lernertext zum Bildimpuls ESSENSFRUST, Ende 2. Klasse

Bei der Profilanalyse werden alle Lerneräußerungen erfasst und bewertet. Komplexe syntaktische Konstruktionen, z.B. aus Haupt- und Nebensatz,

---

1 Insbesondere Bernt Ahrenholz und seinem Team verdanke ich konstruktiv-kritische Hinweise.

werden in minimale satzwertige Einheiten zerlegt. Für jede minimale satzwertige Einheit wird sodann die verwendete Struktur ermittelt. So gewinnt man für mehrere aufeinanderfolgende Lerneräußerungen in schriftlichen oder mündlichen Texten ein Profil der verwendeten Strukturmuster. Der Text in Abbildung 1 besteht aus acht minimalen satzwertigen Einheiten (s. Tabelle 1).

Tab. 1. Lernertext in minimale satzwertige Einheiten zerlegt

S-Nr.	Lerneräußerung	0	1	2	3	4
1	*Tomas komm ...*		*x*			
2	*... essen ist fertig.*		*x*			
3	*Aber Tomas wollte nicht essen!*			*x*		
4	*Sie trienken Wasser.*		*x*			
5	*So wenn du nicht esst ...*					*x*
6	*... dann gehe spielen.*				*x*	
7	*nein ich mag das nicht.*		*x*			
8	*Aber Tomas horte nicht auf seine Mame.*		*x*			
L-Profil abs		–	5	1	1	1
L-Profil%		–	63	13	13	13
MW%:	125 Texte aus 9 zweiten Klassen:	11	37	24	22	7

Der dritte Schritt besteht in der Bewertung der Lerneräußerungen auf der Basis des Profils. Das Profil des kurzen Lernertextes zeigt eine Dominanz einfacher Konstruktionen mit einem finiten Verb, während höhere Stufen jeweils einmal vertreten sind. Dieses Bild bestätigt sich auch im Vergleich mit anderen Lernertexten zum gleichen Bildimpuls.

Das differenzierte Strukturprofil lässt sich durch eine Filterung auf die zentrale Bewertung der erreichten Spracherwerbsstufe hin zuspitzen. In Anlehnung an das im Erstspracherwerb entwickelte Erwerbskriterium gilt eine Stufe dann als erworben, wenn das Sample mindestens drei Strukturmuster enthält. Im Beispieltext trifft das für einfache minimale satzwertige Einheiten zu, während die übrigen Strukturen das Kriterium nicht erfüllen. Dem Text insgesamt wird demnach die Erwerbsstufe 1 zugewiesen, auch wenn er einzelne komplexere Strukturen enthält.

2. Fragestellungen

Der Profilanalyse liegen zwei Fragestellungen zugrunde: (a) Zum einen will sie diejenigen sprachlichen Merkmale ermitteln, die den Erwerb des

Deutschen als Zweit- und Fremdsprache über individuelle Verlaufsprozesse hinaus allgemein bestimmen; bei dieser Fragestellung handelt es sich um grundlegende Zweitspracherwerbsforschung. (b) Zum anderen geht es um die Entwicklung von zuverlässigen und einfach einsetzbaren Instrumenten zur Sprachstandsbestimmung. Basis des Verfahrens sind die oben kurz vorgestellten Stellungsregeln für verbale Elemente. Sie werden in bestimmten Sequenzen erworben und sind gleichzeitig Indikatoren für weitere Bereiche der Sprachkenntnisse.

Tab. 2. Grundlegende Stellungsregeln im Überblick; {x}: Subjekt

Vorfeld	Vfinit	Mittelfeld	Vinfinit	Nachfeld
Heute	*hat*	*{sie} nicht so gut*	*gespielt*	*wie sonst.*

Die von Drach (1937) grundlegend systematisierten Wortstellungsvarianten (s. Tabelle 2, s.a. Rehbein 1992; Hoffmann 2003; Hoberg 1997; Weinrich 2003) bilden die Basis für den sequenziellen Erwerb des Deutschen als Erstsprache (s. Tracy 2008). Damit können sie nach Rees (1971) als Grundlage für sprachdiagnostische Zwecke dienen. Ein entsprechendes Instrument wurde von Clahsen (1985) für Deutsch als Zweitsprache auf der Basis von Crystal, Fletcher & Garman (1984/1976: 28) vorgelegt. Clahsen sieht eine aufwendige Datenerhebung in längeren Einzelgesprächen und den Verzicht auf einen globalen Kompetenzwert vor. Das soll einerseits zuverlässige Informationen über den vorhandenen Sprachstand ermöglichen und andererseits einen politischen Missbrauch zur (Aus-)Sortierung von Lernenden verhindern. Der für logopädische Diagnosezwecke zu rechtfertigende Aufwand ist jedoch im Schulalltag nicht praktikabel. So wurde Grießhabers Vorschlag, für die Beurteilung des Sprachstands Tonaufnahmen für die spätere Auswertung anzufertigen, von Lehrpersonen als viel zu aufwendig beklagt und daraufhin von der Leitung des Förderprojekts „Deutsch & PC" untersagt.

Daraufhin entwickelte Grießhaber (2002) ein radikal vereinfachtes Verfahren zur linguistisch fundierten Ermittlung eines besonderen Sprachförderbedarfs bei der Einschulung. Diese Fragestellung ist also dem Bereich (b) zuzuordnen. Bei der Entwicklung wurde auf Erkenntnisse aus dem Bereich (a) sowie auf Erfahrungen beim schulischen Einsatz von Diagnoseinstrumenten zurückgegriffen. Das Instrument wird öffentlich vor allem im Zusammenhang der Fragestellung (b) wahrgenommen, ist jedoch ebenso eng mit der ersten Fragestellung verbunden.

Die erste Fragestellung stand im Fokus der ZISA-Forschergruppe (s. Meisel 1975; Meisel, Clahsen & Pienemann 1978). Sie wollte den Verlauf des ungesteuerten Erwerbs des Deutschen durch Erwachsene unter den Bedingungen der Arbeitsmigration ermitteln und daraus sprachtheoretische Schlussfolgerungen ziehen. Dazu sollten abstrakt formulierte Beziehungen überprüft werden, z.B.: „Regel B setzt die Präsenz von Regel A voraus und ist selbst Voraussetzung für die Aufnahme von Regel C in die Grammatik.“ (Meisel 1975: 66). Das Forschungsziel waren weniger konkrete Erwerbsreihenfolgen, sondern die Entwicklung internalisierter Grammatikregeln und die Beziehungen zwischen ihnen. Diese Forschungen bildeten die Grundlage für den Ansatz, dass bestimmte sprachliche Mittel, die verbalen Wortstellungsmuster, in invarianten Sequenzen erworben werden.

Pienemann und Clahsen, beide Mitglieder der ZISA-Gruppe, entwickelten aus den Erkenntnissen Sprachstandsermittlungsinstrumente (s. Tabelle 3). Als zentrales Moment identifizierten sie die Stellung verbaler Elemente. Pienemann (1986, 1998) fügt vor dem Erwerb der Separation noch die Stufe der Voranstellung von Adverbien ohne die damit verbundene Positionierung hinter dem finiten Verbteil als Stufe X + 1 ein.

Tab. 3. Erwerbsstufen im Überblick

Pienemann	*Clahsen*	*Grießhaber*	*Diehl et al.*
mündlich DaZ, DaF	mündlich DaZ	mündlich, schriftl. DaZ	schriftlich DaF
		6 Integration	
		5 Insertion	
X + 4 Verb Final	4 V-END	4 NS-Endstellung	V Inversion
X + 3 Inversion	3 INV	3 Inversion	IV NS-Endstellung
X + 2 Verb Separation	2 SEP	2 Separation	III Distanz
			II koordinierte HS
X + 1 Adverb prepos.			
X Canonical order	1 Can. ord.	1 Finitum	I HS (S + V)
	0	0 Bruchstücke	

Diehl et al. (2000) haben in dem Projekt Deutsch in Genfer Schulen (DiGS) auf der Basis von schriftlichen Daten in den Schulen der französischsprachigen Schweiz die Entwicklung der Wortstellung für Deutsch als Fremdsprache ermittelt. Auf der Basis ihrer Daten ziehen sie den Erwerb der Verbendstellung in untergeordneten Nebensätzen vor die Inversion. Grießhaber (1999) wendet Clahsens syntaktische Analysekategorien auf mündliche und schriftliche Äußerungen von Viertklässlern an. Später erweitert er die vier Stufen um die Stufen der Insertion von untergeordneten Nebensätzen in einen Satz und der Integration erweiterter Partizipialattribute in die Nominalgruppe (vgl. Grießhaber 2010).

3. Theoretischer Rahmen

Die Profilanalyse im weiteren Sinn gründet sich primär auf empirisch ermittelte Erwerbssequenzen und ist insofern offen für unterschiedliche linguistische Konzeptionen: Die ZISA-Gruppe begann mit einer kontextfreien Variante der generativen Phrasenstrukturgrammatik auf der Grundlage von Chomsky (1965); Pienemann (1998) stützte sich später auf die Lexical Functional Grammar (Kaplan & Bresnan 1982); Diehl et al. (2000) arbeiten strukturalistisch; Grießhabers Untersuchungen erfolgen im Rahmen der funktional pragmatischen Sprachanalyse (s. Ehlich 2007; Rehbein 1992; Hoffmann 2003). Trotz ähnlicher Ergebnisse in Bezug auf die Erwerbssequenzen zeigen sich in den terminologischen Begriffen, den Erklärungen und den Begründungen theoriespezifische Unterschiede.

Dem syntaktisch zentrierten Konzept der generativen Grammatik folgend konzentriert sich die ZISA-Gruppe auf syntaktische Erscheinungen, die Erkenntnisse für L2-Erwerbsprozesse liefern können (Clahsen, Meisel & Pienemann 1983: 83). Das verwendete Grammatikmodell wirkt sich auf die Beschreibung und Beurteilung der Äußerungen aus. Mit einer oberflächennahen SVO-Wortstellung vermeidet die ZISA-Gruppe komplexe Transformationen in einfachen Äußerungsstrukturen. Auf der anderen Seite wird die Auslassung obligatorischer Elemente, etwa des Verbs in der VP, theorieinduziert ausführlich behandelt. So wird z.B. der Äußerung *ein mädchen bier* trotz fehlenden Verbs die Struktur NP + V + NP zugeordnet (Pienemann 1981: 36). Für die Ermittlung von Erwerbsfolgen werden die Strukturen in Lerneräußerungen verglichen. Die Konstruktion von Erwerbsstufen erfolgt als Implikationsbeziehungen der Form: a $\supset$ b $\supset$ c. Jede Varietät mit dem Merkmal a enthält auch die Merkmale b und c. Für Verben lautet die Verwendungsreihenfolge: Aux/Mod $\supset$ Kop $\supset$ V. Das bedeutet, dass alle Sprecher, die über Auxiliare und Modalverben verfügen, auch über die Kopula und Vollverben verfügen. Umgekehrt erfolgt der Erwerb mit Verben über die Kopula zu Auxiliaren und Modalverben. Die in der Lernersprache enthaltenen Verbtypen zeigen so den Erwerbsstand an.

Zur linguistischen Erklärung der empirisch ermittelten Sequenzen stützt sich Pienemann (1998: § 3) auf die Lexical Functional Grammar. Sie erfasst mit der Unifikation Prozesse der Identifizierung grammatischer Informationen auf lexikalischer Basis, die temporäre Speicherung dieser Informationen und deren Verwendung an anderer Stelle (s. Tabelle 4). In aufsteigender Hierarchie werden auf der 1. Stufe lediglich einzelne Lexeme ohne Informationsaustausch verwendet. Auf der nächsten Stufe werden lexikalische Kategorien ausgetauscht, z.B. das Vergangenheitsmorphem *-te*; syntaktisch entspricht dies einfachen SVO-Sätzen. Auf der 3. Stufe werden Einheiten zu phrasalen Strukturen gebündelt; dies ist mit der ADV-Voranstellung (ohne Inversion) und der Numerus-Kongruenz innerhalb der NP verbunden. Auf der 4. Stufe werden Informationen innerhalb der VP ausgetauscht; dies ist syntaktisch mit der Separation finiter und infiniter Verbteile verbunden. Auf der 5. Stufe wird die Inversion erworben, die den Austausch von Informationen zwischen NP und VP erfordert. Auf der 6. und letzten Stufe wird die Verbendstellung in untergeordneten Nebensätzen erworben, die Information wird über Satzgrenzen hinweg ausgetauscht.

Tab. 4. Erwerbsstufen im Rahmen der LFG (Pienemann 1998: 116)

stage	exchange of inf.	procedures	German	morphology
6		subord. cl. p.	V-End	
5	inter-phrasal no saliency	S-procedure	INV	SV-agreement
4	inter-phrasal with saliency	simpl. S-procedure	SEP	
3	phrasal	phrasal proc.	ADV	plural agreement
2	none	lex. categories	SVO	past-te etc.
1	none		Words	–

In diesem Modell resultiert die empirisch ermittelte Erwerbsreihenfolge aus dem zunehmend erweiterten Repertoire sprachlicher Mittel auf der morphologischen und syntaktischen Ebene und dem steigenden gegenseitigen Informationsaustausch. Das Modell bietet wenig Plausibilität dafür, dass die sehr komplexen und wenig systematisierbaren Regeln für die nominalen Pluralformen vor der Separation finiter und infiniter Verbteile erworben werden sollen.

Als weiterer Rahmen wird die funktionale Pragmatik in den Arbeiten von Grießhaber verwendet. Ausgangspunkt der funktionalen Pragmatik ist

1934 Bühlers Bestimmung sprachlicher Mittel beim Handeln. Als Ausgangspunkt wählt er die Origo des Sprechers, auf den sich der Sprecher mit den Deiktika *hier*, *jetzt* und *ich* bezieht und entwickelt daraus das Zeigfeld der sprachlichen Mittel (Bühler 1934: 102) im Kontrast zum Symbolfeld mit den Nennwörtern als Gegenstandssymbole (Bühler 1934: 150). Ehlich (1986/2007) verallgemeinert diese Sicht mit dem Konzept der Prozeduren, in denen die sprachlichen Mittel beim Handeln verwendet werden. In der operativen Prozedur werden die Mittel des Operationsfelds zur Prozessierung der sprachlichen Mittel selbst eingesetzt. Beispiele sind Morpheme für Kasus, Numerus oder Tempus, einzelne Wörter, z.B. Konjunktionen, und syntaktische Mittel, z.B. Wortstellung. Im Unterschied zu einzelsprachlich nicht gebundenen Prozeduren sind die sprachlichen Mittel der jeweiligen Prozeduren sprachspezifisch. Die Wortstellungsregeln des Deutschen sind ein Kernelement des Operationsfeldes und der operativen Prozedur.

Die Produktivität des funktional-pragmatischen Zugangs erweist sich bei der Betrachtung der allerersten Lerneräußerungen. Während die oben behandelten Zugänge vor der eigentlichen Analyse nicht produktiv erzeugte Lerneräußerungen ausfiltern, werden im funktional-pragmatischen Ansatz alle Lerneräußerungen erfasst und berücksichtigt. Äußerungen, in denen funktionale Teile fehlen, z.B. das finite Verb oder das Subjekt, werden als bruchstückhafte Äußerungen erfasst und in die Auswertung miteinbezogen. Auch diese Äußerungen sind nicht ganz willkürlich geformt oder formlos, sondern tragen unterschiedliche Formmerkmale, die Aufschluss über die Funktionalität der erworbenen Sprachmittel geben können.

Bei der Erwerbsstufe 1 stehen die unterschiedlichen Bezeichnungen für verschiedene Konzepte. Die von Pienemann (1986: 3) im generativen Format verwendete Bezeichnung „Canonical Order“ unterstellt eine feste Ordnung, im konkreten Fall die Folge Subjekt-Verb-Objekt. Demgegenüber bezieht sich die Bezeichnung „Finites Verb in einfachen Äußerungen“ auf die diskursive Verankerung der Äußerungen mit Bezug zum Subjekt.

Die unterschiedlichen Zugangsweisen und Konsequenzen zeigen sich auch bei der von der ZISA-Gruppe schon sehr früh behandelten Inversions-Stufe (Meisel, Clahsen & Pienemann 1978: 35). Ohne Bezug zu den in der Germanistik seit Drach (1937) eingeführten Stellungsfeldern bezieht sich der Begriff der Inversion auf die Vertauschung von Finitum und Subjekt in der unterstellten kanonischen Folge. Die Beschreibung verbleibt im Rahmen des analysierten Satzes.

Die funktional-pragmatische Sicht berücksichtigt auch die kommunikative Leistung über den Satzrahmen hinaus. Das topologische Schema stellt

„eine Struktur für die Gliederung des Hörerwissens durch die Syntax bereit“ (Rehbein 1992: 566). Im Vorfeld vor dem Finitum „sind allgemeine Fokussierungsprozeduren und Wissensetablierungsprozeduren lokalisiert. [...] stehen damit Ausdrücke, mit denen aus dem (für S und H) gemeinsamen Diskurs- bzw. Textwissen ein (bestimmtes) Wissen aufgegriffen wird.“ (Rehbein 1992: 530). Auf der Erwerbsstufe der sog. Inversion sind Anaphern verfügbar, die als Mittel des Operationsfeldes in besonderer Weise für die Verkettung propositionaler Gehalte funktionalisiert sind. Auch dies ist ein Hinweis auf die Scharnierfunktion des Vorfelds.

Die Inversion lässt sich passender dadurch erfassen, dass das Subjekt dann hinter das Finitum rückt, wenn das Subjekt nicht im Vorfeld steht. Damit wird der Fokus etwas mehr auf die Thema-Rhema-Gliederung gerichtet, insofern das Subjekt thematische Funktionen besitzt. Statt des Themas können fast alle anderen Mittel im Vorfeld vor dem Finitum stehen. Im Vorfeld sind nach einer kleinen Corpusanalyse von Sahel (2008) in Spiegelartikeln überwiegend das Subjekt, Temporal- oder Lokaladverbiale, beide auch in einer anknüpfenden Funktion.

Besonders der für kindliche Erzählungen typische *Und dann ...*-Beginn von Sätzen zeigt anschaulich die Verkettungsfunktion der Vorfeldposition. Die Konjunktion *und* allein setzt die beiden Sätze nur in irgendeine Beziehung, während die Temporaldeixis *dann* nur irgendeine zeitliche Nachfolge ausdrückt. Erst die Verbindung der Konjunktion mit der Temporaldeixis verknüpft die beiden Sätze in einer zeitlichen Folge. Sonstige adverbielle Bestimmungen, z.B. *Nach der Schule*, betten das folgende Geschehen in einen strukturierten Tagesablauf ein, ohne dass dies an vorher verbalisiertem Wissen anknüpfen müsste. Dagegen kann ein Deiktikum im Vorfeld, z.B. *Dort*, auf einen satzexternen, vielleicht auch äußerungsexternen Sachverhalt verweisen. Mit der Verbspitzenstellung in uneingeleiteten Fragesätzen greift der Sprecher direkt auf das Wissen des Hörers zu, ohne einen Bezug zum Diskurs oder zum Wahrnehmungsraum herzustellen.

Der Erwerb der Inversion gibt dem Sprecher also ein syntaktisches Mittel zur Steuerung des Hörerwissens. Damit können in Erzählungen propositionale Gehalte verkettet werden, es können allgemein Umstände in den Diskurs eingebracht werden oder es kann auf das Hörerwissen zugegriffen werden. Es zeigt sich, dass der theoretische Rahmen nicht einfach unterschiedliche Werkzeuge zur Sprachanalyse bereitstellt, sondern mit den Werkzeugen auch unterschiedliche Sichtweisen ermöglicht.

4. Empirisches Design

Beim Design ist zwischen (a) der Ermittlung von L2-Erwerbsprozessen und (b) der diagnostischen Anwendung der Erkenntnisse zu unterscheiden. Zunächst sollen kurz einige Aspekte der Erforschung der Erwerbsprozesse behandelt werden und dann der diagnostische Einsatz der Profilanalyse.

Die Arbeitsschritte in den einzelnen Projekten unterscheiden sich in vielerlei Hinsicht. Bei der Untersuchung von Erwerbsprozessen lassen sich folgende Parameter unterscheiden:

- Erhebungstyp und -zeitraum: um echte Longitudinaldaten handelt es sich bei Pienemann (1981) und im Projekt Deutsch & PC (Grießhaber 2006a); bei DiGS (Diehl et al. 2000) handelt es sich um eine Kombination aus zweijährigen Longitudinalstudien in mehreren Altersgruppen, die im Wesentlichen als Querschnittdaten analysiert werden; bei SCHUBS handelt es sich um Querschnittdaten in einer einjährigen Längsschnittstudie (Grießhaber 2006b-2008); bei ZISA handelt es sich um Querschnittdaten;
- Datenerhebung: mündliche Lerneräußerungen werden als sog. natürliche Daten zumeist in Gesprächen erhoben und analysiert;
- in einigen Projekten (DiGS, Deutsch & PC) werden auch schriftliche Lerneräußerungen analysiert;
- Elizitierung: bei ZISA und DiGS erfolgte die Elizitierung durch verbale Impulse, bei SCHUBS wurden nur Äußerungen zu Bilderfolgen ausgewertet; bei Pienemann und Deutsch & PC wurden visuelle und verbale Impulse zur Elizitierung eingesetzt;
- Erhebungskontext: bei DiGS, SCHUBS und Deutsch & PC wurden die Daten in schulischen Kontexten erhoben; bei Pienemann wurden die Daten im Umfeld der Schule erhoben; bei ZISA erfolgte die Erhebung in privaten Kontexten;
- Übertragung und Aufbereitung der Daten: schriftliche Lerneräußerungen werden in Tabellen (DiGS) nach bestimmten Kriterien klassifiziert und erfasst oder sie werden in Datenbanksysteme übertragen und anschließend klassifiziert (Deutsch & PC);
- mündliche Äußerungen werden transkribiert und aufbereitet, in SCHUBS und Deutsch & PC werden alle Äußerungen der Gesprächsteilnehmer in minimale satzwertige Einheiten zerlegt und in ein Datenbanksystem übertragen und klassifiziert; in ZISA und Pienemann werden die Transkripte vor der Weiterverarbeitung bereinigt, d.h. es werden nur die Lerneräußerungen berücksichtigt, die einem weiteren Filte-

rungsprozess unterzogen werden; bei Clahsen (1985: 299f.) werden zunächst alle Lerneräußerungen auf den Profilbogen übertragen und dabei klassifiziert;

– die Analyseprozesse i.e.S.: in allen Projekten werden die Äußerungen unter dem Gesichtspunkt der Stellung verbaler Elemente und weiterer Einheiten klassifiziert; die Auswertung erfolgt teilweise unter Bezug auf die Realisierung obligatorischer Einheiten und ermittelt Realisierungshäufigkeiten bzw. Realisierungswahrscheinlichkeiten.

Bei der Erforschung von L2-Erwerbsprozessen stehen natürliche Lerneräußerungen im Zentrum, auch wenn zusätzlich weitere Erhebungen durchgeführt wurden, z.B. C-Tests in „Deutsch & PC“. Die ursprünglich als Longitudinalstudie angelegte ZISA-Studie (Meisel 1975) wurde als einmalige Querschnitterhebung durchgeführt, so dass keine Erkenntnisse zum Verlauf im engeren Sinn vorliegen. Bei der ähnlich konzipierten Studie von Pienemann (1981) zum Deutscherwerb von drei italienischen Mädchen handelt es sich um eine echte einjährige Longitudinalstudie, so dass individuelle Verlaufsprozesse ermittelt werden können. Pienemann hat anschließend auch longitudinale Erwerbsstudien zu Deutsch als Fremdsprache von Erwachsenen in Australien durchgeführt, bei denen die Ergebnisse zum kindlichen Deutscherwerb im Wesentlichen bestätigt wurden (vgl. Pienemann 1998).

Bei ZISA (1973: 70) und Pienemann (1981: 28) erfolgen Erfassung und Analyse der Daten in mehreren Schritten. Nach der Rohtranskription werden die Transkripte von solchen Äußerungen bereinigt, die nicht auf der Basis der erworbenen Interlingua produziert wurden. Dazu zählen Übersetzungen aus der L1, sog. übliche Ellipsen, die unter Verwendung eines Teils der Partneräußerung selbst nur partiell sind, sowie Äußerungseinheiten, die nicht der Syntax der übrigen Äußerungen des Interviews entsprechen und die als Einheit produziert werden. Die verbliebenen als produktiv eigenständig eingeschätzten Äußerungen werden analytisch erfasst und ausgewertet. Im Unterschied dazu werden bei Clahsen (1985) auf dem Auswertungsbogen zunächst alle Lerneräußerungen erfasst, später aber im Kopfbereich einige Äußerungen aus der späteren Analyse ausgeschlossen.

Die Analyse selbst konzentriert sich auf syntaktische Aspekte, insbesondere auf VPs und NPs sowie deren Binnenstruktur. Zur Ermittlung möglicher Erwerbsfolgen wurden die klassifizierten Lernerdaten daraufhin untersucht, ob es Regeln gibt, die von allen untersuchten Lernern in gleicher Reihenfolge erworben werden. Ein solches Regelsystem ergab sich für Deutsch als Zielsprache im Bereich der Wortstellungsregeln. Es bildet die

Grundlage der Profilanalyse. Die ZISA-Gruppe weist zu Recht darauf hin, dass die Entwicklungssequenz der Wortstellungsregeln auch als „Grundlage für die Erstellung eines Einstufungsinstruments bei Sprachkursen bzw. für ein Verfahren zur Beurteilung des ‚Sprachstandes' von Zweitsprachlernern, geeignet erscheint" (ZISA 1983: 321).

Insgesamt kommt den Arbeiten der ZISA-Gruppe in konzeptioneller Hinsicht große Bedeutung zu. Das generativistische Instrumentarium lenkte den Blick auf wenige syntaktische Bereiche, die sich in der Folge als zentral für den stufenweisen Erwerb des Deutschen herausstellten. Vor dem Hintergrund der echten Longitudinalstudie von Pienemann erhalten auch die Querschnittdaten des ZISA-Projekts eine Plausibilität.

Bei dem DiGS-Projekt von Diehl et al. (2000) handelt es sich um eine breit angelegte Querschnittstudie im schulisch gesteuerten Fremdsprachenunterricht in 30 Klassen von der 4. bis zur 12. Klassenstufe an Genfer Schulen. Die Äußerungen in ca. 1800 Aufsätzen wurden von den Lehrkräften auf der Grundlage vorgegebener Muster (Diehl 2000: 387–391) in drei Bereichen recht detailliert beschrieben: die Verbalmorphologie, die Satzstrukturen und die Kasusrealisierungen. Im Vergleich zu den ZISA-Stufen zeigen sich bei den Satzstrukturen zwei Unterschiede (s. Tabelle 3): Zwischen die erste Stufe und die Separation fügen sie eine Stufe ein, in der zwei Hauptsätze verbunden werden; die Reihenfolge von Inversion und Verbendstellung im Nebensatz wird vertauscht. Die Verbmorphologie entwickelt sich weitgehend parallel zu den Satzstrukturen, während der Erwerb der Kasusmorphologie mit Abstand folgt. Didaktische Relevanz besitzt die Erkenntnis, dass sich die von den Schülern verwendeten sprachlichen Mittel nicht mit den im Unterricht vermittelten decken. Auch der unterrichtlich gesteuerte Deutscherwerb lässt sich nicht beliebig steuern, sondern folgt weitgehend den im ungesteuerten Erwerb ermittelten Sequenzen.

Im Förderprojekt „Deutsch & PC" an drei Frankfurter Grundschulen standen zunächst mündliche Schüleräußerungen im Zentrum, um bei der Einschulung zuverlässige Entscheidungen über Fördermaßnahmen treffen zu können (unten dazu mehr). Auf der Basis von Videoaufnahmen aus Unterrichtshospitationen wurden Transkriptionen angefertigt, die Äußerungen in Datenbanken überführt, dort morphologisch und syntaktisch klassifiziert und ausgewertet. Später wurden auch schriftliche Lernertexte erhoben, erfasst, klassifiziert und ausgewertet.

Über die klassischen Erwerbsstufen hinaus hat Grießhaber (2006b) die Stufe der Insertion vorgeschlagen (vgl. auch Grießhaber 2010). Der erste

Analyseschritt besteht in der Entdeckung eines neuen Strukturmusters. Ausgangspunkt der Entdeckung waren Lernertexte der neunten Klasse im Projekt „Latente Missverständnisse“ (Grießhaber, Merkel & Roll 2007). Äußerungen wie die in Abbildung 2 führen mit den klassischen vier Stufen zu unbefriedigenden Resultaten, die der Komplexität nicht gerecht wird.

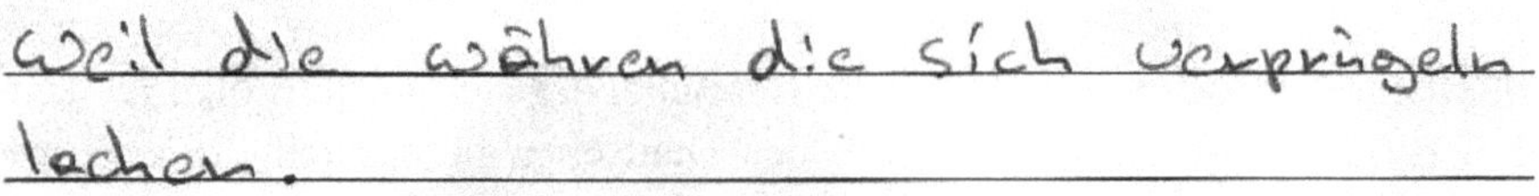

Weil die währen die sich verprügeln lachen.

Abb. 2: Lernertext zum Bildimpuls SCHLÄGEREI, 9. Klasse

Offensichtlich liegt eine komplexe Konstruktion mit einem eingeschobenen Nebensatz vor, für die eine eigene Erwerbsstufe mit der Bezeichnung Insertion vorgeschlagen wird. Der einbettende Matrixsatz *Weil die ... – ... lachen.* erhält die Profilstufe 5. Dem eingebetteten untergeordneten Nebensatz *währen die sich verprügeln* wird mit den üblichen Verfahren der Stufe 4 zugeordnet. Im Rückblick wurden solche komplexen Konstruktionen schon in Texten der zweiten Klasse entdeckt: *der Junge rante ... – ... auß dem haus* (PRF 5) und *... so schnel er konnte ...* (PRF 4) (Deutsch & PC zum Bildimpuls ESSENSFRUST).

Im zweiten Schritt muss nun im Sinne der implikativen Reihenfolge überprüft werden, ob Texte, die Strukturen der Stufe 5 enthalten, schon die Stufe 4 erreicht haben. Diese Überprüfung erfolgte an 15 Texten von Schülern der neunten Klasse. Von diesen Texten erreichte einer die Stufe 1 (!), zwei die Stufe 3 und die restlichen 12 die Stufe 4. Inversionsstrukturen waren nur in Texten der Stufe 4 enthalten. Damit ist die Bedingung erfüllt, dass die höhere Stufe auch das Erreichen der niedrigeren voraussetzt.

Für die Durchführung der Profilanalyse im schulischen Kontext wurde ein Profilbogen für den Einsatz im laufenden Unterricht konzipiert. Er berücksichtigt ausschließlich die Stellung verbaler Elemente und des Subjekts. Die Stufen wurden in absteigender Reihenfolge angeordnet, mit der Verbendstellung in untergeordneten Nebensätzen an der Spitze. Es muss also nicht immer von einfachen zu komplexeren Konstruktionen vorgegangen werden. Später wurden die zusätzlich vorgeschlagenen Stufen der Insertion und der Integration aufgenommen und die Terminologie der funktionalen Pragmatik verwendet.

Im Internet stehen Formulare und Excel-Templates zur computergestützten Erfassung – vor allem schriftlicher Lerneräußerungen – zum Download zur Verfügung.[2]

Aus Schulungen von Lehrkräften und der eigenen Forschungsarbeit wurden die Kriterien zur Ermittlung von Strukturmustern weiterentwickelt. U.a. musste die Einordnung von Infinitiven mit *zu* geklärt werden. Fälle wie *Der Hund begann zu knurren.* (Deutsch & PC, Bildimpuls ANGST) sind relativ einfach zu lösen. Mit dem finiten Vollverb *begann* und dem Infinitiv *knurren* entsprechen sie dem Strukturmuster der Separation. Diese Einordnung ist jedoch in *um zu*-Konstruktionen weniger überzeugend: *Er versuchte alles um es zu verhindern* (Deutsch & PC, Bildimpuls ANGST). In diesem Beispiel kann man einen mit der Konjunktion *um* eingeleiteten untergeordneten Nebensatz mit Infinitiv annehmen (vgl. Eisenberg 2006: §11). Eine derart differenzierte Analyse ist jedoch für den praktischen Einsatz der Profilanalyse im Schulalltag zu aufwendig. Deshalb wurde vorgeschlagen, alle Konstruktionen aus Vollverb und Infinitiv als Separationsstrukturen zu behandeln. Diese Merkmale lassen sich auch schnell in mündlichen Äußerungen feststellen.

Ein wichtiges Element der diagnostischen Verwendung der Profilanalyse besteht in der Zuspitzung eines Lernersampleprofils auf die Bestimmung der erreichten Profilstufe. Eine Stufe gilt als erworben, wenn das Sample mindestens drei minimale satzwertige Einheiten der betreffenden Stufe enthält. Dieses in der Erstspracherwerbsforschung bewährte Kriterium hat sich auch für die Profilanalyse als tragfähig erwiesen. Abbildung 3 zeigt im Längsschnitt von 9 Klassen aus dem Projekt „Deutsch & PC" die Anteile der minimalen satzwertigen Einheiten mit einer Inversion (PRF, Stufe 3) und die Lernertexte mit mindestens drei Inversionen, die also die Profilstufe 3 (PST) erreicht haben. Während der Anteil der Segmente mit einer Inversion von der ersten zur zweiten Klasse nur um knapp 50% ansteigt, nimmt der Anteil der Texte, die mindestens drei Segmenite mit einer Inversion enthalten, mit knapp 500% um fast das Zehnfache zu. Der moderate Anstieg der Inversions-Segmente bringt die Veränderung der Textstruktur also nicht zum Ausdruck.

---

2 URL: Grundschule: http://spzwww.uni-muenster.de/griesha/sla/tst/profilbogeng-0906.pdf; Sekundarstufe: http://spzwww.uni-muenster.de/griesha/sla/tst/profilbogens-0906.pdf; Excelformular: http://spzwww.uni-muenster.de/griesha/sla/tst/Profilermittlung-1-5-wg.xls (15.06.2012)

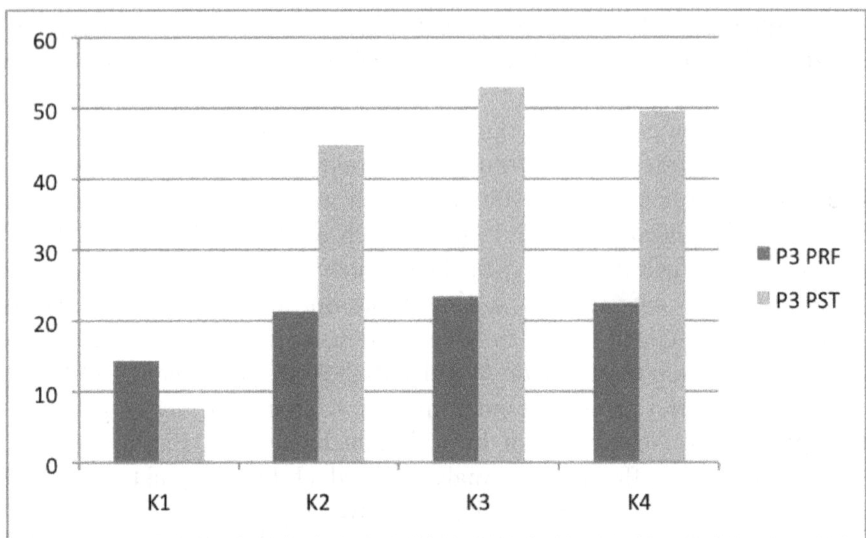

Abb. 3: Sampleprofile (PRF) und -profilstufen (PFS), 1. bis 4. Klasse

Die Ermittlung eines zentralen syntaktischen Wertes für ein Lernersample ermöglicht den Vergleich mehrerer Samples und die Arbeit mit Mittelwerten. Dadurch lassen sich einerseits Entwicklungen der Lernersprache einzelner Lernenden im Längsschnitt analysieren als auch verschiedene Lernergruppen miteinander vergleichen.

5. Ergebnisse

Hinsichtlich der Resultate ist zwischen frühen und späteren Stadien des Zweitspracherwerbs zu unterscheiden. Für die frühen L2-Erwerbsphasen wurde die Erwerbsfolge der Wortstellungsmuster im Wesentlichen empirisch bestätigt, auch für schulisch gesteuerte Erwerbskontexte. Für mündliche narrative Lerneräußerungen wurden Entsprechungen zwischen dem erreichten Erwerbsstadium und weiteren Bereichen der Sprachkenntnisse ermittelt (Tabelle 5, Grießhaber 2005). Dabei handelt es sich nicht um statistisch errechnete Korrelationen, sondern um korrespondierende Entwicklungen, Diehl et al. (2000: 366) sprechen von „Parallelen". Dazu zählen Mittel des operativen Feldes (insbesondere Anaphern, Artikel, bei der Kasusmorphologie vor allem die Dative) und der Wortschatz, der sich sowohl nach Umfang als auch Differenziertheit parallel mit den Profilstufen entwickelt. Auch abstraktere Bereiche der Sprachverwendung im Bereich der Literalität zeigen Korrespondenzen mit den Profilstufen (Grießhaber 2009).

Tab. 5. Profilstufen und sprachliche Mittel (Grießhaber 2005)

Stufe	Wortschatz	Verben	Verkettung	sonst
4-6	differenziert		dichtes Netz mit Anaphern	Partikeln zur Hörersteuerung
3	ausreichend, Wortbildung	Präfixverben	Anaphern, Deiktika im Vorfeld: *Und dann ...*	selbständig
2	ausreichend, Lücken, Genus unsicher	Perfekt, Modalverben	Anaphern gering: *sie, er, ...*	Hörerhilfe
1	eingeschränkt, Lücken, Genus unsicher	wenige, Finitum	kaum Anaphern	Hörerhilfe erforderlich
0	sehr große Lücken	sehr wenige, oft fehlend, einige irgendwie flektiert	keine Anaphern	Hörerhilfe essentiell, Mimik, Gestik

Die Korrespondenzen weisen Parallelen zu konnektionistischen Spracherwerbstheorien auf. Der Umfang der minimalen satzwertigen Einheiten und die erreichte Profilstufe korrespondieren bei Lernertexten, die unter vergleichbaren Bedingungen produziert wurden. Ein umfangreicherer Wortschatz enthält nicht nur mehr Konstruktionen der gleichen Art, sondern auch mehr unterschiedliche Konstruktionen, aus denen die Lerner ihre Konstruktionen extrahieren. In einer jüngeren Studie wurde gezeigt, dass die in einem Text erreichte Profilstufe und die Häufigkeit der Beteiligung am Unterrichtsgespräch sowie die syntaktische Komplexität der mündlichen Äußerungen miteinander korrespondieren (Grießhaber 2012).

Für die Ermittlung des sprachlichen Förderbedarfs bei der Einschulung hat sich die Profilanalyse nach Mitteilungen von Lehrpersonen bewährt. Für die Förderung in frühen Erwerbsphasen erweist es sich als besonders positiv, dass die Profilanalyse den Blick von den zahlreichen Fehlern an der sprachlichen Oberfläche auf tieferliegende Erwerbsschritte lenkt, die auch bei scheinbar wenig Hoffnung machenden Äußerungen schon erworbene Sprachmittel sichtbar machen. Die ermittelte Erwerbsstufe gibt auch Hinweise auf den nächsten Erwerbsschritt, der durch Hilfen unterstützt werden kann. Korrekturen sollten sich auf die Bereiche konzentrieren, die den Lernern nach der ermittelten Erwerbsstufe zugänglich sind. Auch die Bewertung von Lerneräußerungen sollte sich an der erreichten Profilstufe orientieren.

Bei nichtdeutschsprachigen Sekundarstufenschülerinnen, die in Deutschland eingeschult wurden, sollte ab der fünften Klasse in narrativen Texten die Verbendstellung erreicht sein, so dass von der Profilstufe kaum ein substanzieller Beitrag zur Sprachstandsermittlung zu erwarten wäre. Tatsächlich jedoch zeigen Folgeerhebungen im Projekt „Deutsch & PC", dass solche Schülerinnen selbst noch am Ende der achten Klasse nur die Profilstufe 3 erreichen. In diesen Fällen zeigt die Profilstufe, dass diese Schülerinnen noch stark mündlich geprägte Texte verfassen und durchaus eine besondere Sprachförderung für schul- oder bildungssprachliche Varietäten benötigen. Korrespondierend mit der geringen Profilstufe ist auch bei ihnen der Wortschatz weniger umfangreich und weniger differenziert. Auch für diese Zielgruppe lohnt sich demnach die Anwendung der Profilanalyse.

Die von der Profilanalyse im engeren Sinne ermittelte Verteilung bestimmter Satzstrukturen lässt sich auch zur Beurteilung der syntaktischen Komplexität von (Lehrwerks-)Texten einsetzen, die im Unterricht verwendet werden sollen. So lassen sich schon im Vorfeld Texte nach ihrer syntaktischen Komplexität einstufen und schwierige Passagen in Texten identifizieren (Grießhaber 2011a).

Dieser diagnostische Blick führt zum Profil, d.h. zu der Verteilung der sprachlichen Strukturmuster in einer Sprachprobe. Im Profil zeigen sich auch schon einzelne Verwendungen von Strukturen aus höheren Erwerbsstufen, ohne dass diese höheren Stufen schon erreicht wären. Dies betrifft z.B. einzelne Verwendungen von Inversionen auf der Stufe der Separation. Der Einstieg in diese Strukturen kann sich über vorangestellte Adverbialien ohne die erforderliche Inversion ankündigen, ein Prozess, für den Pienemann eine eigene Erwerbsstufe vorsieht. Der Einstieg kann sich aber auch in der Verwendung von fertig übernommenen Mustern zeigen, deren innere grammatische Struktur noch nicht zerlegt ist. Deshalb ist es zur Einschätzung des Sprachstandes wichtig, zusätzlich zu der erreichten Profilstufe auch das Profil selbst zu berücksichtigen.

Die Anwendung der Profilanalyse erfordert über Papier und Bleistift hinaus keine materiellen Ressourcen, lediglich linguistische Grundkenntnisse. In den Lerneräußerungen müssen zur Ermittlung der Wortstellung folgende Einheiten zutreffend erkannt werden: finite und infinite Verbteile, das Subjekt sowie Adverbiale, Deiktika und subordinierende Konjunktionen (Grießhaber 2011b). Insbesondere die Unterscheidung zwischen dem

Prädikat im weiteren Sinn, z.B. *sich Sorgen machen* in *Die Mutter macht sich Sorgen.* und dem finiten Verb *macht*, ist nicht trivial und wird auch von Studierenden der Germanistik im Hauptstudium nicht immer sicher getroffen.

Unterschiedliche Ergebnisse zeigen sich bei der Inversion und der Verbendstellung in den Daten des DiGS-Projekts und in den von Henrici (2006) untersuchten Sekundarstufenschülern. In beiden Fällen handelt es sich um schriftliche Daten im Schulkontext. Möglicherweise kann die Verbendstellung signalgrammatisch im Schulunterricht gut vermittelt und erworben werden (vgl. Kieweg 2006). In mündlichen Lerneräußerungen und in schriftlichen Texten der Grundschule wird die Inversion vor der Verbendstellung erworben.

6. Reflexion

Die Profilanalyse ist ein Werkzeug zur schnellen und zuverlässigen Ermittlung der syntaktischen Komplexität von Äußerungen. Im Prozess des L2-Erwerbs werden bestimmte wortstellungsabhängige Strukturen in bestimmten Sequenzen erworben, so dass die Ermittlung der verwendeten Strukturen die Bestimmung des Erwerbsstands ermöglicht. Der so ermittelte Erwerbsstand korrespondiert in frühen Erwerbsphasen auch mit weiteren sprachlichen Mitteln, so dass der profilanalytisch ermittelte Wert als Indikator für die nicht untersuchten Bereiche dienen kann.

Bei der Anwendung sind einige Aspekte zu berücksichtigen. Die Verwendung sprachlicher Mittel kann von den Lernenden zwar nicht willkürlich gesteuert werden, sie ist jedoch abhängig von der Sprachhandlungskonstellation. Am besten eignet sich die Anwendung der Profilanalyse für narrative Passagen, in denen die Lernenden selbständig eine Folge von Äußerungen planen und realisieren müssen. Dabei sind dann in der Regel Vergangenheitstempora erforderlich, mündlich meist Perfekt mit der Separation und die Inversion zur Verkettung der propositionalen Gehalte. Dagegen sind Äußerungen, bei denen sich die Gesprächsteilnehmer vorwiegend darüber verständigen, was auf einem Bild zu sehen ist, eher auf formelhafte Inversionsstrukturen festgelegt, ohne dass die Lernenden die Inversion schon bei Erzählungen verwenden könnten. Auch bei den in Sprachstandserhebungsverfahren beliebten nonverbalen Filmausschnitten scheinen sich die Rezipienten stark an den erinnerten Vorstellungsräumen mit deiktischen Mitteln, d.h. mit Inversionsstrukturen zu orientieren. In diesem Sinne sind noch Untersuchungen zu den Zusammenhängen zwischen den Handlungskonstellationen und den damit verbundenen Strukturen erforderlich. Im Zusammenhang mit dieser Konstellationsabhängigkeit sprachlicher Mittel und den oben erwähnten Korrespondenzen zwischen dem Erwerbsstand und der Verfügung bestimmter sprachlicher Mittel müssten die im Referenzrahmen (Ehlich, Bredel & Reich 2008) getrennten Bereiche zusammengeführt werden.

Zur Ermittlung des Sprachstands von in Deutschland eingeschulten Schülerinnen der Sekundarstufe kann die Profilanalyse einen eher begrenzten Beitrag leisten, da die frühe Phase des Zweitspracherwerbs schon abgeschlossen ist. Doch auch in diesem Fall liefert sie schnell und zuverlässig ein Bild der syntaktischen Komplexität der Lernersprache. Da jedoch insofern auch noch Schüler der achten Klasse narrative Texte ohne Verbendstellung in untergeordneten Nebensätzen und mit Wortschatzschwächen produzieren, besteht für sie noch Förderbedarf, den die Profilanalyse im syntaktischen Bereich anzeigen kann.

Schließlich sollte auch untersucht werden, wie Beurteilende die Satzmuster bestimmen, welches explizite und intuitive sprachliche Wissen sie dabei anwenden und wie die Beschreibungen so zu formulieren sind, dass sie zu zuverlässigen Sprachstandsermittlungen führen. Insgesamt ist Fried (2004: 89) zuzustimmen, Erzieherinnen und Lehrerinnen diagnostisch zu qualifizieren: „Welches sind die entscheidenden sprachdiagnostischen Kompetenzen, über die PraktikerInnen verfügen müssen, um Entwicklungsprozesse bei Kindern fruchtbringend erfassen zu können?“ In diesem Sinne bietet die Profilanalyse mit ihrem Ansatz, sprachliche Äußerungen in natürlichen Verwendungskonstellationen als Grundlage zu nehmen, viel Potential.

7. Literatur

Bühler, Karl (1934): *Sprachtheorie. Die Darstellungsfunktion der Sprache.* Jena: Fischer (neu: Berlin: Ullstein 1978).

Chomsky, Noam (1965): *Aspects of the Theory of Syntax.* Cambridge, Mass.: M.I.T. Press.

Clahsen, Harald (1985): Profiling second language development: A procedure for assessing L2 proficiency. In Hyltenstam, Kenneth & Pienemann, Manfred (Hrsg.): *Modelling and Assessing Second Language Acquisition.* Clevedon: Multilingual Matters, 283-331.

Clahsen, Harald; Meisel, Jürgen M. & Pienemann, Manfred (1983): *Deutsch als Zweitsprache: Der Spracherwerb ausländischer Arbeiter.* Tübingen: Narr.

Crystal, David; Fletcher, Paul & Garman, Michael (1984): *The Grammatical Analysis of Language Disability. A Procedure for Assessment and Remediation.* London: Edward Arnold.

Diehl, Erika; Christen, Helen; Leuenberger, Sandra; Pelvat, Isabelle & Studer, Thérèse (2000): *Grammatikunterricht: Alles für der Katz? Untersuchungen zum Zweitsprachenerwerb Deutsch.* Tübingen: Niemeyer.

Drach, Erich (1937): *Grundgedanken der deutschen Satzlehre.* Frankfurt: Diesterweg.

Ehlich, Konrad (2007): Funktional-pragmatische Kommunikationsanalyse: Ziele und Verfahren. In Ehlich, Konrad (Hrsg.): *Sprache und sprachliches Handeln.* Band 1. Berlin, New York: de Gruyter, 9-28. (Früher in Hartung, W.-D. (Hrsg.) (1986): *Untersuchungen zur Kommunikation – Ergebnisse und Perspektiven.* Berlin: Akademie der Wissenschaften der DDR Zentralinstitut für Sprachwissenschaft. Linguistische Studien Reihe A, Arbeitsberichte 149, 15-40.)

Ehlich, Konrad; Bredel, Ursula & Reich, Hans H. (Hrsg.) (2008): *Referenzrahmen zur altersspezifischen Sprachaneignung. Bildungsforschung.* Band 29/I. Berlin: Bundesministerium für Bildung und Forschung.

Eisenberg, Peter (2006): *Grundriss der deutschen Grammatik.* Band 2: Der Satz. Stuttgart, Weimar: Metzler.

Fried, Lilian (2004): *Expertise zu Sprachstandserhebungen für Kindergartenkinder und Schulanfänger. Eine kritische Betrachtung.* München: Deutsches Jugendinstitut.

Grießhaber, Wilhelm (1999): *Die relationierende Prozedur. Zu Grammatik und Pragmatik lokaler Präpositionen und ihrer Verwendung durch türkische Deutschlerner.* Münster, New York: Waxmann.

Grießhaber, Wilhelm (2002): *Zum Verfahren der Sprachprofilanalyse.* http://spzwww.uni-muenster.de/~griesha/dpc/profile/profilhintergrund.html (17.01.2012).

Grießhaber, Wilhelm (2005): *Sprachstandsdiagnose im Zweitspracherwerb: Funktional-pragmatische Fundierung der Profilanalyse.* http://spzwww.uni-muenster.de/~griesha/pub/tprofilanalyse-azm-05.pdf (17.01.2012).

Grießhaber, Wilhelm (2006a): Die Entwicklung der Grammatik in Texten vom 1. bis zum 4. Schuljahr. In Ahrenholz, Bernt (Hrsg.): *Kinder mit Migrationshintergrund – Spracherwerb und Fördermöglichkeiten.* Freiburg i.Br.: Fillibach, 150-167.

Grießhaber, Wilhelm (2006b): *Endstation Endstellung?* Vortrag auf dem Symposium "Spracherwerb und Sprachdidaktik". 15.-16. Dezember 2006. Paderborn.

Grießhaber, Wilhelm (2006): *LSZ-Projekt-Überblick.* http://spzwww.uni-muenster.de/~griesha/lsz/index.html (19.01.2012).

Grießhaber, Wilhelm (2009): L2-Kenntnisse und Literalität in frühen Lernertexten. In Ahrenholz, Bernt (Hrsg.): *Empirische Befunde zu DaZ-Erwerb und zur*

Sprachförderung. Beiträge aus dem 3. Workshop 'Kinder mit Migrationshintergrund'. Freiburg i.B.: Fillibach, 115-135.

Grießhaber, Wilhelm (2010): Linguistische Grundlagen und Lernermerkmale bei der Profilanalyse. In Rost-Roth, Martina (Hrsg.): *DaZ-Spracherwerb und Sprachförderung Deutsch als Zweitsprache. Beiträge aus dem 5. Workshop 'Kinder mit Migrationshintergund'.* Freiburg i.B.: Fillibach, 17-31.

Grießhaber, Wilhelm (2011a): Zur Rolle der Sprache im zweitsprachlichen Mathematikunterricht. Ausgewählte Aspekte aus sprachwissenschaftlicher Sicht. In Prediger, Susanne & Özil, Erkan (Hrsg.): *Mathematiklernen unter Bedingungen der Mehrsprachigkeit - Stand und Perspektiven zu Forschung und Entwicklung in Deutschland.* Münster [u.a.]: Waxmann, 77-96.

Grießhaber, Wilhelm (2011b): Die Profilanalyse als Bindeglied zwischen Sprachstandsdiagnose und Grammatikunterricht für Deutsch als Zweitsprache. In Köpcke, Klaus-Michael & Noack, Christina (Hrsg.): *Sprachliche Strukturen thematisieren. Spachunterricht in Zeiten der Bildungsstandards.* Baltmannsweiler: Schneider Verlag Hohengehren, 218-233.

Grießhaber, Wilhelm (2012): Sprechen und Planen rund um zweitsprachliches Schreiben. (erscheint in Berning, Johannes & Marion Bönninghausen (Hrsg.): *Über Texte nachdenken und sprechen – Schreibberatung in Schulen und Hochschulen. Berichte aus Forschung und Praxis.*)

Grießhaber, Wilhelm; Merkel, Svetlana & Roll, Heike (2007): *Missverständnisse durch Nutzung latenter kommunikativer Ressourcen und Maßnahmen zu ihrer Vermeidung. Abschlussbericht.* http://spzwww.uni-muenster.de/~griesha/lmv/Latente-Missverständnisse-2007.pdf (19.01.2012).

Henrici, Laura (2006): *Schriftliche Erzählkompetenz ausländischer Gymnasiast/innen in der Zweitsprache Deutsch.* Münster, WWU: Magisterarbeit Germanistik.

Hoberg, Ursula (1997): E4 Die Linearstruktur des Satzes. In Zifonun, Gisela; Hoffmann, Ludger; Strecker, Bruno; Ballweg, Joachim; Brauße, Ursula; Breindl, Eva; Engel, Ulrich; Frosch, Helmut; Hoberg, Ursula & Vorderwülbecke, Klaus: *Grammatik der deutschen Sprache.* Band 1. Berlin, New York: de Gruyter, 1495-1680.

Hoffmann, Ludger (2003): Funktionale Syntax: Prinzipien und Prozeduren. In Hoffmann, Ludger (Hrsg.): *Funktionale Syntax. Die pragmatische Perspektive.* Berlin, New York: de Gruyter, 18-121.

Kaplan, Ron & Bresnan, Joan (1982): Lexical-Functional Grammar: a formal system for grammatical representation. In Bresnan, Joan (Hrsg.): *The Mental Representation of Grammatical Relations.* Cambridge, Mass.: MIT Press, 173-281.

Kieweg, Werner (2006): Signalgrammatik - Wem hilft sie wirklich? In Jung, Udo O. H. (Hrsg.): *Praktische Handreichung für Fremdsprachenlehrer.* Frankfurt a.M. [u.a.]: Lang, 211-216.

Meisel, Jürgen M. (1975): Der Erwerb des Deutschen durch ausländische Arbeiter. Untersuchungen am Beispiel von Arbeitern aus Italien, Spanien und Portugal. *Linguistische Berichte* 38: 59-69.

Meisel, Jürgen; Clahsen, Harald & Pienemann, Manfred (1978): On determining developmental stages in natural second language acquisition. *Wuppertaler Arbeitspapiere zur Sprachwissenschaft* 2: 1-53; auch in: *Studies in Second Language Acquisition* 3: 109-135.

Pienemann, Manfred (1981): *Der Zweitspracherwerb ausländischer Arbeiterkinder*. Bonn: Bouvier.

Pienemann, Manfred (1986): Is language teachable? Psycholinguistic experiments and hypotheses. *Australian Working Papers in Language Development* 1 (3): 52-79; auch in: *Arbeiten zur Mehrsprachigkeit* 21.

Pienemann, Manfred (1998): *Language Processing and Second Language Development: Processability Theory*. Amsterdam: Benjamins.

Rees, N. (1971): Bases of decision in language training. *JSHD* 36: 283-304.

Rehbein, Jochen (1992): Zur Wortstellung im komplexen deutschen Satz. In Hoffmann, Ludger (Hrsg.): *Deutsche Syntax: Ansichten und Aussichten.* Berlin, New York: de Gruyter, 523-574.

Sahel, Said. (2008): Syntaktische Funktionen im Vorfeld. *Muttersprache* 118: 281-294.

Tracy, Rosemarie (2008): *Wie Kinder Sprachen lernen. Und wie wir sie dabei unterstützen können.* Tübingen: Francke.

Weinrich, Harald (2003²): *Textgrammatik der deutschen Sprache.* Hildesheim: Olms.

Forschungsmethoden der kombinierten Längs- und Querschnittstudie MILA[1]

Angela Grimm & Petra Schulz

1. Einleitung

Eine oder mehrere Sprachen zu erwerben stellt eine der grundlegendsten kindlichen Fähigkeiten dar. Scheinbar mühelos gelingt es Kindern, ohne explizite Unterweisung aus dem naturgemäß defizitären Input die Regeln und Prinzipien der Zielsprache abzuleiten (Chomsky 1986). Um muttersprachliche Kompetenz zu erwerben, ist aus generativer Sichtweise ein qualitativ und quantitativ ausreichender sprachlicher Input notwendig, so dass Kinder Hypothesen über die Struktur der Zielsprache ableiten können, sowie ein Erwerbsbeginn innerhalb einer kritischen Periode (Clahsen 1988; Tracy 1991; Meisel 2004, 2009; Rothweiler 2006).

Vor diesem Hintergrund eröffnet der frühe Zweitspracherwerb ein ideales Untersuchungsfeld, um Altersbeschränkungen und Mechanismen für den Erwerb grammatischer Kompetenzen zu untersuchen (Unsworth 2005). Obgleich eine umfassende Klassifikation des kindlichen Zweitspracherwerbs noch aussteht, wird häufig angenommmen, dass ein Erwerb einer weiteren Sprache zwischen dem zweiten und vierten Geburtstag ein früher Zweitspracherwerb ist, während ein Erwerb vor dem zweiten Geburtstag noch als simultan bilingualer Erwerb und ein Erwerb deutlich nach dem vierten Geburtstag als später kindlicher Zweitspracherwerb gelten (Tracy 2008; Meisel 2009; Rothweiler 2009). Frühe Zweitsprachlerner können einerseits auf bereits erworbenes Wissen aus der Erstsprache zurückgreifen, während andererseits die Erwerbsmechanismen, die den Erstspracherwerb ermöglichen, noch aktiv zu sein scheinen (Unsworth 2005; Meisel 2009). Einzelfallstudien zum Erwerb der Morphosyntax belegen, dass die Erwerbswege bei einem Erwerbsbeginn um den dritten Geburtstag denen monolingualer Kinder gleichen, und dass – bedingt durch das bereits vor-

[1] Dieser Beitrag wurde im Rahmen des *Center for Individual Development and Adaptive Education of Children at Risk* (IDeA) verfasst, gefördert durch die LOEWE-Initiative der Hessischen Landesregierung. Wir danken allen teilnehmenden Kindern und deren Eltern, den beteiligten Institutionen sowie den studentischen und wissenschaftlichen Mitarbeiterinnen von MILA für die Unterstützung.

handene grammatische Wissen aus der Erstsprache – bestimmte Entwicklungsschritte sogar schneller durchlaufen werden als im monolingualen Erwerb des Deutschen (Rothweiler 2006; Thoma & Tracy 2006; Schulz, Tracy & Wenzel 2008; Tracy & Thoma 2009).

Da diese Evidenz auf Einzelfallstudien beruht, die den produktiven Erwerb der Morphosyntax fokussieren, sind folgende Fragen offen: Inwieweit sind die beobachteten Altersfenster auf andere Erwerbsaufgaben übertragbar? Wie lassen sich lernerübergreifend typische Erwerbswege im frühen Zweitspracherwerb charakterisieren? Welche Merkmale oder Erwerbsmuster deuten auf eine auffällige Sprachentwicklung im Zweitspracherwerb?

Die Beantwortung dieser Fragen setzt voraus, dass eine große Stichprobe von frühen Zweitsprachlernern des Deutschen mit monolingual Deutsch lernenden Kindern längs- und querschnittlich verglichen und neben der Sprachproduktion auch das Sprachverständnis als zweiter wesentlicher Bestandteil der Sprachkompetenz untersucht wird. Das Forschungsprojekt MILA (The role of migration background and language impairment in children's language achievement) greift genau diese Aspekte auf. In diesem Beitrag werden die Forschungsmethodik des Projekts sowie erste Ergebnisse für das Sprachverständnis bei monolingualen Kindern und frühen Zweitsprachlernern anhand von drei ausgewählten Untertests aus LiSe-DaZ (Schulz & Tracy 2011) vorgestellt.

Im folgenden Abschnitt 2 gehen wir zunächst auf den Hintergrund und die Motivation für die Studie MILA ein. Das Design der Studie wird in Abschnitt 3 vorgestellt. Ausgewählte Ergebnisse zum Sprachverständniss stellen wir in Abschnitt 4 dar. Der Beitrag endet in Abschnitt 5 mit einer Diskussion und einem Ausblick auf künftige Fragestellungen.

2. Hintergrund und Motivation der Studie MILA

In den Querschnittsstudien der empirischen Sozialforschung wie z.B. PISA (Klieme et al. 2010) oder IGLU (Bos et al. 2007) bleibt oft unberücksichtigt, dass die häufig berichteten schlechteren Leistungen der ,Kinder mit Migrationshintergrund' gegenüber Kindern ohne Migrationshintergrund in (schrift)sprachlichen Aufgaben durch unterschiedliche Erwerbsbiographien mitverursacht sein können.

Kinder mit frühem Zweitspracherwerb (Deutsch als Zweitsprache, im Folgenden: DaZ) haben ihren ersten systematischen Kontakt mit dem Deutschen meist mit dem Eintritt in den Kindergarten (Schulz & Tracy 2011) und schneiden aufgrund der kürzeren Lernphase in altersparallelisierten Sprachtests erwartungsgemäß schlechter ab als gleichaltrige monolingual Deutsch lernende oder simultan bilinguale Kinder (Dubowy, Ebert, von Maurice & Weinert 2008). Die Gruppe der ‚Kinder mit Migrationshintergrund' besteht zu einem großen Anteil aus Kindern mit DaZ (ausgenommen sind beispielsweise Kinder, bei denen ein oder beide Eltern/Großeltern aus dem Ausland stammen, die aber dennoch monolingual deutsch aufwachsen). Dieser Umstand wirkt sich zwangsläufig negativ auf das Ergebnis der gesamten Gruppe der ‚Kinder mit Migrationshintergrund' aus, da Herkunft hier nicht vom Erwerbshintergrund getrennt betrachtet wird. Um den sprachlichen Fähigkeiten der verschiedenen Erwerbstypen besser gerecht zu werden, wird aus linguistischer und pädagogischer Sicht verstärkt für unterschiedliche Maßstäbe bzw. Normen argumentiert, die die spezifischen Erwerbsbedingungen berücksichtigen (z.B. Reich 2003; Beiträge in Reich, Roth & Neumann 2007; Grimm et al. einger).

Die Etablierung solcher Normen setzt generalisierbare Erkenntnisse über den Erst- und über den Zweitspracherwerb voraus. In der empirischen Spracherwerbsforschung werden häufig Querschnittsstudien durchgeführt, um Erkenntnisse darüber zu gewinnen, welche Fähigkeiten in einem bestimmten Alter abhängig von den Erwerbsbedingungen (Deutsch als Muttersprache vs. Zweitsprache) typischerweise erwartet werden können. Die Erhebung beinhaltet dann lediglich einen Messzeitpunkt pro Kind. Mit dieser Methode werden die Leistungen von zwei oder mehr Gruppen verglichen (between-subject design), indem verschiedene Test- und Erhebungsverfahren eingesetzt werden. Um, wie in der Spracherwerbsforschung üblich, individuelle Entwicklungsverläufe beschreiben zu können, sind längsschnittliche Erhebungen erforderlich, in denen ein bestimmtes Kind wiederholt mit dem gleichen Erhebungsverfahren getestet wird (within-subject design).[2] Auf internationaler Ebene existieren bereits Gruppenstudien, wie z.B. 'ESL Measures for Minority Children' (Leitung: Johanne Paradis) und 'Specific Language Impairment in Bilingual Children: A longitudinal study' (Leitung: Sharon Armon-Loten, Joel Walters), in denen mehrsprachige Kinder mit sprachunauffälligem und sprachauffälli-

---

[2] Eine Kombination beider Methoden besteht in den sogenannten Panelstudien, bei denen eine große Gruppe von Probanden wiederholt mit den gleichen Verfahren untersucht wird. Wie im folgenden Abschnitt 3 deutlich wird, geht das Design von MILA über das klassische Paneldesign hinaus, indem zu den Messwiederholungszeitpunkten zusätzliche Erhebungsinstrumente eingesetzt werden.

gem Erwerbsverlauf anhand verschiedener standardisierter und nicht-standardisierter Verfahren untersucht werden.

Die bisherige Forschung zum frühen Zweitspracherwerb des Deutschen konzentriert sich methodisch auf längsschnittliche Untersuchungen von mehreren Einzelfällen (siehe Beiträge in Ahrenholz 2007; Rothweiler 2006; Kroffke & Rothweiler 2006; Chilla 2008; Dimroth 2008; Tracy & Thoma 2009; Lemke 2009; Rothweiler 2009; Tracy & Lemke 2012). In der Regel werden dazu spontansprachliche Äußerungen früher Zweitsprachlerner in Hinblick auf verschiedene Aspekte der morphosyntaktischen Entwicklung analysiert. Spontansprachdaten erlauben Querbezüge zwischen verschiedenen Erwerbsaufgaben, so dass Teilbereiche des morphosyntaktischen Erwerbs (z.B. Verbstellung, Subjekt-Verb-Kongruenz, Subordination) als relativ gut untersucht gelten können. Die Rolle von internen und externen Einflussfaktoren für den Entwicklungsverlauf wie z.B. Erstsprache, Alter bei Erwerbsbeginn oder Sprachauffälligkeit können mit dieser Methode jedoch nur exemplarisch beschrieben und Ursachen für Variation in den Entwicklungsverläufen nur vermutet werden. Die Gültigkeit korpusbasierter Beobachtungen sollte daher, wie beispielsweise von Demuth (1996) gefordert, idealerweise durch anschließende experimentelle Untersuchungen überprüft werden.

Als Ursachen für Variation in den Entwicklungsverläufen von Zweitsprachlernern werden in der aktuellen Spracherwerbsforschung u.a. unterschiedliche Inputsituationen sowie Einflüsse durch die Struktur der Erstsprache diskutiert (Schwartz & Sprouse 1994; Müller & Hulk 2001; Schwartz 2004; Haberzettel 2005). Ein weiterer Grund für interindividuelle Variation kann das Vorliegen einer Spezifischen Sprachentwicklungsstörung sein. Spezifische Sprachentwicklungsstörungen (SSES) betreffen etwa 6-8% der Kinder eines Jahrgangs; sie können nicht auf Primärbeeinträchtigungen, d.h. Hörstörungen, kognitive oder neurologische Beeinträchtigungen bzw. mangelnden sprachlichen Input zurückgeführt werden (Leonard 2003). Kinder mit SSES durchlaufen typische Meilensteine des Spracherwerbs deutlich später als altersgerecht entwickelte Kinder. Sprachliche Schwierigkeiten fallen in den produktiven Leistungen stärker auf, betreffen aber meist rezeptive und produktive Fähigkeiten. Neuere Studien belegen, dass mehrsprachig aufwachsende Kinder mit einer SSES vergleichbare Beeinträchtigungen wie einsprachige Kinder mit einer SSES aufweisen (Hakansson, Salameh & Nettelbladt 2003; Paradis et al. 2003). Das heißt, dass eine SSES immer in allen Sprachen eines Lerners zum Ausdruck kommt, wenngleich sie sich nicht zwangsläufig in den gleichen sprachlichen Bereichen manifestiert.

Wie auch im ungestörten Erwerb konzentrierten sich bisherige Studien zu SSES bei monolingual Deutsch lernenden Kindern auf den produktiven Erwerb der Morphosyntax. Einzelfallstudien deuten darauf hin, dass Kinder mit SSES große Schwierigkeiten in der Produktion der korrekten Verbstellung, der Subjekt-Verb-Kongruenz und im Erwerb von Nebensätzen aufweisen (Clahsen 1988; Hamann, Lindner & Penner 2001). Neuere experimentelle sprachvergleichende Untersuchungen belegen Defizite auch in der Interpretation syntaktisch komplexer Strukturen wie Relativsätze und W-Fragen (van der Lely 2005; Friedmann & Novogrodsky 2011). In der Semantik wurden Defizite von Kindern mit SSES beim Verständnis von Fragestrukturen und Verbbedeutungen gefunden (Penner, Schulz & Wymann 2003; Schulz 2007b, 2010a, b; Schulz & Roeper 2011).

Empirische Studien zum gestörten Zweitspracherwerb des Deutschen liegen bis dato als Einzelfallanalysen vor (Babur, Rothweiler & Kroffke 2007; Chilla 2008; Rothweiler, Chilla & Clahsen 2012), so dass noch offen ist, mit welchen Kriterien sich Zweitsprachlerner mit einer SSES von Zweitsprachlernern mit prinzipiell unauffälligem Spracherwerb, aber Förderbedarf unterscheiden lassen.[3]

Zusammengefasst lässt sich festhalten, dass der Kenntnisstand über den frühen Zweitspracherwerb des Deutschen dank der Forschungsinitiativen der letzten Jahre gewachsen ist, jedoch einen engen Fokus aufweist. Ausgewählte Aspekte des produktiven Erwerbs der Morphosyntax wurden ausführlich untersucht; aufgrund des längsschnittlichen Einzelfalldesigns und der methodischen Beschränkung v.a. auf Spontansprachauswertungen bleibt die Generalisierbarkeit der Befunde noch zu zeigen. Um detaillierte Aussagen zum ungestörten und gestörten Zweitspracherwerb des Deutschen treffen zu können, sind sowohl längs- als auch querschnittlich angelegte Untersuchungen geeignet, die monolinguale Kinder und frühe Zweitsprachlerner sowie sprachunauffällige und sprachauffällige Kinder einschließen und verschiedene Erhebungsverfahren (standardisierte Tests, psycholinguistische Experimente, Spontansprache) beinhalten. Ein Gruppendesign ermöglicht es, Einflussfaktoren wie z.B. das Alter bei Erwerbsbeginn oder die Rolle des elterlichen Bildungshintergrunds für die Tester-

---

3 Dies ist auch in der internationalen Forschung eine offene Frage und wird im internationalen COST-Projekt IS0804 ‚Language impairment in a multilingual society. Linguistic patterns and the road to assessment' (http://www.bi-sli.org 08.03.2012) untersucht.

gebnisse quantitativ zu analysieren. Ist das Ziel die Erfassung der Sprachkompetenz auch über morphosyntaktische Phänomene im engeren Sinn wie Verbstellung etc. hinaus, sollte das Aufgabenspektrum zusätzlich weitere relevante Ebenen wie Semantik und Phonologie berücksichtigen und dabei die Entwicklung von Sprachproduktion und Sprachverständnis gleichermaßen in den Blick nehmen (vgl. Schulz 2007a).

MILA hat das Ziel, zur Schließung dieser Forschungslücken beizutragen, indem unterschiedliche Erhebungsinstumente im längs- und querschnittlichen Design kombiniert werden. Inhaltlich stehen folgende Forschungsfragen im Vordergrund:

1. Wann erreichen frühe Zweitsprachlerner typische Meilensteine des Spracherwerbs im Deutschen, verglichen mit monolingualen sprachunauffälligen und sprachauffälligen Kindern?
2. Welche Erwerbsmuster und interindividuellen Variationen zeigen sich im frühen Zweitspracherwerb, verglichen mit dem unauffälligen und auffälligen monolingualen Spracherwerb?
3. Welche Entwicklungsmuster (in Verstehen und Produktion) zu welchen Erwerbszeitpunkten könnten sich als diagnostische Marker nutzen lassen, um sprachunauffällige frühe Zweitsprachlerner von Zweitsprachlernern zu unterscheiden, die ein Risiko für eine SSES aufweisen?

Der folgende Abschnitt 3 beschreibt das MILA zugrunde liegende Forschungsdesign sowie die eingesetzten Erhebungsverfahren. Der daran anschließende empirische Teil dieses Beitrags konzentriert sich auf einen Teilaspekt von Frage 1: Untersucht wird das Sprachverständnis von sprachunauffälligen monolingualen Kindern und frühen Zweitsprachlernern im Alter von 3;7 Jahren im Querschnitt. Als Erhebungsverfahren dient das Modul ‚Sprachverständnis' aus dem Sprachtest LiSe-DaZ (Schulz & Tracy 2011).

3. MILA: Forschungsdesign

3.1. Probanden

Der Versuchsplan in MILA sieht vor, insgesamt 120 sprachunauffällige und sprachauffällige Kinder mit DaM und DaZ zu untersuchen (Tabelle 1).

Tab. 1. Geplante Zusammensetzung der Stichprobe

	DaM	DaZ	Gesamt
Sprachunauffällig	30	30	60
Sprachauffällig	30	30	60
Summe			120

Da im Längsschnitt aufgrund verschiedener Ursachen (z.B. fehlende oder falsche Angaben seitens der Eltern, Umzug, organisatorische Gründe) mit einer drop-out-Rate von etwa 30% gerechnet wurde, war die tatsächliche Stichprobengröße zum ersten Messzeitpunkt deutlich höher als im Versuchsplan vorgesehen (Tab. 2).

Tab. 2. Zusammensetzung der Stichprobe zum ersten Messzeitpunkt

	DaM	DaZ	Gesamt
Sprachunauffällig	69	46	115
Sprachauffällig	22	32	54
Summe			169

Zur Rekrutierung der Stichprobe wurden etwa 1000 Fragebögen in den Sprachen Deutsch, Türkisch und Russisch in 40 Kindertagesstätten in Frankfurt sowie in 10 sprachtherapeutischen Einrichtungen in Frankfurt und Offenbach an Eltern von Kindern im Alter von etwa drei Jahren ausgegeben. Aus den über 650 Rückläufen wurden anhand der Kriterien Alter des Kindes und Erwerbstyp 300 Eltern ausgewählt, mit denen ein ausführliches Telefoninterview, ggf. in deren Erstsprachen Türkisch, Italienisch oder Russisch, durchgeführt wurde, um sprachbiographische Faktoren (z.B. Beginn der Ein- und Mehrwortphase, familiäre Häufung von Sprachauffälligkeiten bzw. Lese-Rechtschreibproblemen, Familiensprachen) sowie den Bildungshintergrund der Eltern und die sprachliche Inputsituation des Kindes zu erfassen. Vorläufiges Kriterium für die Klassifikation eines Kindes als ‚sprachauffällig' war die Teilnahme an einer Sprachtherapie. Dies betraf neben den in den sprachtherapeutischen Einrichtungen rekrutierten Kindern auch 16 Kinder aus den Kitas (7 DaM und 9 DaZ).[4] Tab. 3 fasst die Kriterien für die Teilnahme an MILA für die sprachunauffälligen Kinder zusammen.

4 Zusätzlich zu den 169 Kindern mit DaM und DaZ wurden noch 16 sprachauffällige bilinguale Kinder (BIL) in die Studie aufgenommen, so dass die tatsächliche Stichprobengröße zum ersten Messzeitpunkt 185 Kinder umfasst. Dieser Beitrag beschränkt sich auf die Kinder mit DaM und DaZ.

Tab. 3. Einschlusskriterien für die sprachunauffälligen Gruppen zum ersten Testzeitpunkt

DaM	DaZ
Monolingualer Erwerb des Deutschen	Erwerb einer nicht-deutschen Muttersprache Beginn des Deutscherwerbs nach dem 2. Geburtstag
Altersentsprechender nonverbaler IQ Normales Hörvermögen Alter zwischen 3;6 und 3;11 Jahre	Altersentsprechender nonverbaler IQ Normales Hörvermögen Alter zwischen 3;6 und 3;11 Jahre

Für die sprachauffälligen Kinder gelten die in Tabelle 4 genannten Kriterien; das Alter zum ersten Messzeitpunkt kann aus organisatorischen Gründen von dem der sprachunauffälligen Gruppe abweichen.

Tab. 4. Einschlusskriterien für die sprachauffälligen Gruppen zum ersten Testzeitpunkt

DaM	DaZ
Monolingualer Erwerb des Deutschen	Erwerb einer nicht-deutschen Muttersprache Beginn des Deutscherwerbs nach dem 2. Geburtstag
Besuch einer Sprachtherapie Altersentsprechender nonverbaler IQ Normales Hörvermögen Alter zwischen 3;6 und 8;0 Jahre	Besuch einer Sprachtherapie Altersentsprechender nonverbaler IQ Normales Hörvermögen Alter zwischen 3;6 und 8;0 Jahre

3.2. Verwendete Verfahren

Um einen detaillierten Einblick in die Sprachentwicklung bei DaM und DaZ zu erhalten, werden in MILA standardisierte Testverfahren, psycholinguistische Experimente und Spontansprachaufnahmen eingesetzt.

3.2.1. Standardisierte Testverfahren

Die standardisierten Tests dienen dazu, den verbalen und nonverbalen Entwicklungsstand der Kinder so zu erfassen, dass mögliche Auffälligkeiten in der Entwicklung diagnostiziert werden können.

Als standardisierte Verfahren zur Messung der sprachlichen Leistungen werden der LiSe-DaZ (Schulz & Tracy 2011) und der SETK 3-5 (Grimm 2001) sowie bei sprachauffälligen Kindern ab einem Alter von 6;0 Jahren der TROG-D (Fox 2006) verwendet. Aufgrund fehlender DaZ-Normdaten werden der SETK 3-5 und der TROG-D nur bei der DaM-Gruppe eingesetzt.

Die Messung der nonverbalen Intelligenz erfolgt für die DaM- und die DaZ-Probandengruppe mit dem nonverbalen Teil des K-ABC (Melchers & Preuß 2003). Liegen für sprachauffällige Kinder bereits Ergebnisse aus dem CFT (Cattell, Weiß & Osterland 1997) vor, die laut Eltern und Therapeut verwendet werden dürfen, wird kein K-ABC durchgeführt. Zur Messung des Arbeitsgedächtnisses (exekutive Funktionen) werden fünf Untertests aus dem AGTB (Hasselhorn et al. in Vorb.) durchgeführt.

3.2.2. Psycholinguistische Experimente

Die psycholinguistischen Experimente untersuchen spezifische linguistische Fähigkeiten im Bereich der semantischen, morphosyntaktischen und phonologischen Entwicklung, die von Kindern mit gestörtem Spracherwerb schwierig zu erwerben sind.

Der Erwerb semantischen Wissens wird anhand des Experiments ‚Verständnis exhaustiver W-Fragen' getestet. In einem question-with-picture-Design werden den Kindern W-Fragen (z.B. ‚Wer trägt eine Tasche?') präsentiert, während die Kinder Bilder betrachten. Aufgabe des Kindes ist es jeweils, alle Personen zu nennen, die die erfragte Eigenschaft besitzen (hier: eine Tasche zu tragen). Diese exhaustiven W-Fragen verlangen – das zeigen die Antworten von Erwachsenen (Schulz & Roeper 2011) – eine sogenannte exhaustive Liste als Antwort. Das Experiment enthält neben einfachen W-Fragen (‚Wer trägt eine Tasche?') auch gepaarte W-Fragen (z.B. ‚Wer sitzt wo?') und dreifache W-Fragen (z.B. ‚Wer gibt wem was?') sowie sogenannte W-alles Fragen (z.B. ‚Wer trägt alles einen Hut?'). Letztere markieren Exhaustivität zusätzlich lexikalisch mit *alles*. Bisherige Untersuchungen zeigen, dass Kinder im Alter von fünf bis sechs Jahren unabhängig von der zu erwerbenden Muttersprache das Merkmal [Exhaustivität] erworben haben (Schulz 2010a). Sprachgestörte monolinguale Kinder dagegen weisen große Schwierigkeiten in der Interpretation exhaustiver W-Fragen auf (Schulz & Roeper 2011).

Eine offene Frage ist, wie Exhaustivität von frühen Zweitsprachlernern mit und ohne Sprachentwicklungsstörung erworben wird. Um die Fähigkeiten in der Erst- und Zweitsprache vergleichen zu können, wird das Experiment für das Türkische, Russische und Italienische adaptiert und mit sprachunauffälligen und sprachauffälligen Kindern in diesen drei Erstsprachen durchgeführt. Die DaM-Gruppe sowie die DaZ-Kinder mit anderen Erstsprachen werden nur mit der deutschen Version untersucht.

Zwei weitere Experimente untersuchen produktive Leistungen. Mit Hilfe der ‚Elizitierten Produktion von Relativsätzen' wird der Erwerb von Subjekt- und Objektrelativsätzen untersucht. Diese Strukturen stellen einen zentralen Aspekt der komplexen Syntax dar, deren (ungestörter und gestörter) Erwerb krosslinguistisch gut untersucht ist (vgl. Friedmann 2010). Die Kinder erhalten einen Kontext, der durch einen Vergleich zweier Situationen Relativsätze elizitiert. Die Kinder werden dann gebeten, den Satz *Ich wäre gern die/der, ...* zu vervollständigen. Ausgewertet wird, ob Kinder Relativpronomen und Relativsatzstrukturen produzieren, welche Arten von Ersatzstrategien sie verwenden und ob ihnen Subjekt- oder Objektrelativsätze leichter fallen. Bisherige Untersuchungen zeigen, dass Kinder im Alter von fünf bis sechs Jahren unabhängig von der zu erwerbenden Muttersprache Subjektrelativsätze produzieren können (Friedmann 2010). Sprachgestörte monolinguale Kinder dagegen weisen große Schwierigkeiten in der Produktion von Objektrelativsätzen auf (Friedmann & Novogrodsky 2004).

Die Entwicklung auf der wortprosodischen Ebene wird mit Hilfe einer Kunstwort-Nachsprechaufgabe (German test of nonword repetition, GNR) untersucht (Grimm in Vorb.). Angelehnt an den ‚Test of Phonological Structure' (ToPhS, van der Lely & Harris 1999, siehe Gallon, Harris & van der Lely 2007), wurden 96 ein- bis viersilbige Kunstwörter mit steigender silbischer und metrischer Komplexität konstruiert. Im ungestörten Erwerb des Deutschen gelten Wörter mit komplexen Silben und komplexer metrischer Struktur mit etwa fünf Jahren als erworben. Kinder mit phonologischen Störungen zeigen insbesondere bei der Produktion komplexer Silbenstrukturen Schwierigkeiten (Chin & Dinnsen 1992; Orsolini et al. 2001; Marshall, Ebbels, Harris & van der Lely 2002). Verglichen werden bei sprachunauffälligen und sprachauffälligen Kindern mit DaM und DaZ die Fehlertypen und -muster abhängig von der Komplexitätsstufe. Die Ergebnisse erlauben Rückschlüsse auf den Erwerb phonologisch komplexer Strukturen und können zudem Hinweise darauf geben, wie sich Schwierigkeiten im Erwerb phonologischer Komplexität auf den späteren Schriftspracherwerb auswirken, der in der zweiten Förderphase des Projekts MILA bei den gleichen Kindern untersucht wird.

3.2.3. Spontansprache

Von jedem Kind werden in einer etwa 30-minütigen unstrukturierten Spielsituation Spontansprachdaten in deutscher Sprache erhoben. Bei Kindern mit DaZ erfolgen zusätzlich Spontansprachaufnahmen in ihrer Erstsprache.

Die Aufnahmen werden mit Hilfe des Programms EXMARaLDA[5] vollständig transkribiert, d.h. die Äußerungen aller Beteiligten werden transliteriert. Eine Kodierung erfolgt nur für die Äußerungen der Kinder; hier werden nonverbale und verbale Aspekte berücksichtigt. Nonverbale Informationen (z.B. Pausen, Unterbrechungen, Gesten) dienen ausschließlich dem besseren Verständnis der Gesprächssituation. Ziel der Kodierung der verbalen Äußerungen ist es, Vergleiche mit den bisherigen Einzelfallstudien zu ermöglichen sowie Zusammenhänge mit den Ergebnissen aus den eingesetzten standardisierten Verfahren (z.B. syntaktische Entwicklungsstufen der Satzklammer in LiSe-DaZ) und den psycholinguistischen Experimenten (z.B. Produktion von Relativpronomen) zu untersuchen. Daher werden vor allem morphosyntaktische Phänomene kodiert wie Haupt- und Nebensatzstrukturen, verschiedene Typen von Nebensätzen, syntaktische Phrasen (z.B. VP, DP, PP) und deren syntaktische Funktion sowie Verbstellung, Nominal- und Verbalflexion und Subjekt-Verb-Kongruenz. Auf der lexikalischen Ebene werden die Wortarten kodiert, um beispielsweise das Auftreten von W-Fragepronomen oder Artikeln zu erfassen. Im semantisch-pragmatischen Bereich werden Quantoren und Fokuspartikel berücksichtigt. Erstere weisen einen engen Zusammenhang zu exhaustiven W-Fragen auf (Schulz & Roeper 2011) und letztere sind u.a. für den Erwerb der Verbzweitstellung relevant (Penner, Tracy & Wymann 1999).

---

[5] EXMARaLDA ist ein im SFB ‚Mehrsprachigkeit' an der Universität Hamburg entwickeltes System für die computerbasierte Transkription gesprochener Sprache (http://www.exmaralda.org/ 08.03.2012). Wir danken Thomas Schmidt (Hamburg) und Daniela Ofner (Mannheim) für die Unterstützung bei der Einarbeitung in das Programm.

3.3. Untersuchung von Sprachverständnis und Sprachproduktion

Der Schwerpunkt des Projekts MILA liegt in der Erforschung des Sprachverstehens bei Kindern mit DaM und DaZ. Wie bereits in Abschnitt 2 dargestellt, bestehen für den Erwerb rezeptiver Fähigkeiten im monolingualen und besonders im frühen Zweitspracherwerb große Forschungslücken.

Die Entwicklung rezeptiver Fähigkeiten wird mithilfe der drei Untertests aus dem LiSe-DaZ-Modul ‚Sprachverständnis' (Schulz & Tracy 2011), mit dem Experiment ‚Verständnis exhaustiver W-Fragen' (Schulz & Roeper 2011) sowie für die DaM-Gruppe mit dem Untertest ‚Verständnis von Sätzen' aus dem SETK 3-5 (Grimm 2001) untersucht.

Die produktiven Leistungen werden in standardisierten Verfahren mithilfe des Moduls ‚Produktion' aus LiSe-DaZ sowie – für die DaM-Gruppe – durch die Untertests ‚Enkodierung semantischer Relationen', ‚Morphologische Regelbildung' und ‚Phonologisches Gedächtnis für Nichtwörter' aus dem SETK 3-5 erhoben. Die Experimente ‚Elizitierte Produktion von Relativsätzen' und der GNR erfassen zudem die produktive Entwicklung für spezifische linguistische Fragestellungen. Die Analyse der Spontansprachdaten ermöglicht umfassende Aussagen über verschiedene Aspekte der produktiven Entwicklung.

Um die Fähigkeiten der DaZ-Kinder in ihrer Erst- und Zweitsprache vergleichen zu können sowie Parallelen zwischen den Erwerbswegen in verschiedenen Erstsprachen ziehen zu können, werden bestimmte Erhebungen bei Kindern mit DaZ in beiden Sprachen durchgeführt. Im rezeptiven Bereich wird das Experiment ‚Verständnis exhaustiver W-Fragen' neben der deutschen Fassung auch im Türkischen, Italienischen bzw. Russischen durchgeführt; die anderen Erstsprachen konnten aufgrund der geringen Probandenzahl oder fehlender sprachlicher Expertise (z.B. für Hausa oder Ewe) nicht berücksichtigt werden. Darüber hinaus finden in beiden Sprachen Spontansprachaufnahmen statt.

3.4. Längsschnittliche Erhebungen

Die erste Förderphase des Projekts umfasst insgesamt fünf Messzeitpunkte im Abstand von jeweils sechs Monaten. Messwiederholungen erfolgen für standardisierte Verfahren (LiSe-DaZ, SETK 3-5), ausgewählte psycholinguistische Experimente (Verständnis exhaustiver W-Fragen in Erst- und Zweitsprachen, GNR, Elizitierte Produktion von Relativsätzen) und für die

Spontansprachaufnahmen. Tab. 5 gibt einen Überblick über die längsschnittlich eingesetzten Verfahren:

Tab. 5. Längsschnittlich eingesetzte Verfahren in MILA

Alter in Jahren	Standardisierte Testverfahren		Psycholinguistische Experimente			Spontansprache
	LiSe-DaZ	SETK 3-5*	Exhaustive W-Fragen	GNR	Produktion Relativsätze	L1 und L2
3;6-3;11	X	X				X
4;0-4;5	X		X+			
4;6-4;11	X			X	X	
5;0-5;5	X	X	X+			
5;6-5;11	X			X	X	X+

*nur bei DaM; + in Deutsch und in den L1 Türkisch, Russisch und Italienisch

3.5. Querschnittliche Erhebungen

Zusätzlich zu den in Tab. 5 dargestellten Erhebungsverfahren werden einmalig zum zweiten Testzeitpunkt (Alter: 4;0 bis 4;5 Jahre) die kognitiven Fähigkeiten mit dem nonverbalen Teil des K-ABC (Melchers & Preuß 2003) sowie zum fünften Testzeitpunkt (Alter: 5;6 bis 5;11 Jahre) die Fähigkeiten im Bereich der exekutiven Funktionen mithilfe des AGTB (Hasselhorn et al. in Vorb.) erfasst.

Dieses Gruppendesign erlaubt querschnittliche Vergleiche zwischen den eingesetzten Erhebungsverfahren. Diese Vergleiche können zwischen verschiedenen sprachlichen Aufgaben erfolgen (z.B. LiSe-DaZ: Untertest W-Fragen – Experiment: exhaustive W-Fragen), aber auch zwischen sprachlichen und nichtsprachlichen Fähigkeiten (z.B. Experiment: GNR – AGTB). Darüber hinaus können die Einflüsse von internen und externen Faktoren (z.B. Geschlecht des Kindes, Bildungshintergrund der Eltern und für die DaZ-Gruppe die Kontaktdauer zum Deutschen) auf Testergebnisse bestimmt werden.

3.6. Vorgehen bei den Erhebungen

Alle Kinder werden individuell von geschulten Projektmitarbeitern in der Kita oder in der sprachtherapeutischen Einrichtung bzw. auf Wunsch der

Eltern zu Hause untersucht. Pro Kind und Messzeitpunkt sind zwei bis drei 30- bis 45-minütige Besuche erforderlich. Die Sitzungen werden mit Panasonic SD-100 Camcordern und extern angeschlossenem SONY-ECM-MS907 Mikrofon videographiert. Erhebung und Auswertung der Untersuchungen erfolgen jeweils durch unterschiedliche MitarbeiterInnen, um eine höhere Auswertungsobjektivität zu gewährleisten.

4. Sprachverständnisfähigkeiten bei DaM und DaZ: Erste Ergebnisse

Dieser Abschnitt illustriert anhand der Ergebnisse des Moduls ‚Sprachverständnis' aus LiSe-DaZ (Schulz & Tracy 2011) für die sprachunauffälligen DaM- und DaZ-Kinder zum ersten Messzeitpunkt (Alter: 3;6 bis 3;11 Jahre), wie querschnittliche Analysen in einem kombinierten Längs- und Querschnittsdesign erfolgen können.

4.1. Probanden

Der Analyse liegen die Daten von 61 Kindern mit DaM und 46 Kindern mit DaZ zugrunde. Das Durchschnittsalter der DaM-Gruppe beträgt 45;1 Monate (SD = 2,1). Zum Erhebungszeitpunkt war die DaZ-Gruppe durchschnittlich 45;3 Monate alt (SD = 2,4) und hatte im Durchschnitt 9;6 Monate Kontakt zum Deutschen (SD = 3,8; min = 4; max = 19 Monate). Innerhalb der DaZ-Gruppe sind 18 verschiedene Erstsprachen vertreten, wobei Türkisch (N = 17), Serbokroatisch (N = 4) und Arabisch (N = 4) die am häufigsten genannten Sprachen darstellen.

Das Geschlechterverhältnis ist ausgewogen. Die DaM-Gruppe setzt sich aus 27 Mädchen (44,3%) und 34 Jungen (55,7%) zusammen; die DaZ-Gruppe besteht aus 25 Mädchen (54,3%) und 21 Jungen (45,7%). Die Geschlechterdifferenzen zwischen den Gruppen sowie die Altersdifferenzen sind statistisch nicht signifikant (Geschlecht: Pearson's χ^2-Test, χ^2= 1.068, $p > .3$; Alter: Mann-Whitney-U-Test, $z = -452$, $p > .5$).

4.2. Methode

4.2.1. Feststellung der nonverbalen und verbalen Entwicklung

Die kognitiven Fähigkeiten wurden im Alter von 4;2 Jahren (DaM = 50;4 Monate, SD = 1,9; DaZ = 50;4 Monate, SD = 1,6) mit Hilfe der nonverbalen Untertests ‚Wiedererkennen von Gesichtern' (15 Items), ‚Handbewegungen' (12 Items) und ‚Dreiecke' (12 Items) aus dem K-ABC (Melchers & Preuß 2003) untersucht. Für die Auswertung werden die Rohwerte der drei Untertests addiert; ein Testwert über 70 Punkte gilt als unauffällig. Sowohl in der DaM- als auch in der DaZ-Gruppe liegen die Rohwerte in den nonverbalen Subtests des K-ABC über dem kritischen Wert von 70 Punkten (DaM: 90,6 Punkte, SD = 11,1; DaZ: 82,1 Punkte, SD = 12,8). Damit weisen allen Kinder eine altersentsprechende kognitive Intelligenz auf, folglich können Defizite in sprachlichen Fähigkeiten nicht auf eine unterdurchschnittliche nonverbale Intelligenz zurückgeführt werden. Dennoch sind die Unterschiede zwischen der DaM- und der DaZ-Gruppe signifikant (Mann-Whithney-U-Test, z = -3,5; p > .00). Ursachen dafür könnten u.a. darin liegen, dass der K-ABC nicht explizit für mehrsprachige Kinder normiert ist und dass auch nonverbale Tests nicht sprachfrei sind.

Um Hinweise auf das Vorliegen einer Sprachentwicklungsstörung zu erhalten, wurde mit der DaM-Gruppe im Alter von 3;7 Jahren (SD = 1,9) der SETK 3-5 mit den Untertests ‚Enkodierung Semantischer Relationen' (ESR, 11 Items), ‚Phonologisches Gedächtnis für Nichtwörter' (PGN, 13 Items), ‚Morphologische Regelbildung' (MR, 10 Items) und ‚Verständnis von Sätzen' (VS, 28 Items) durchgeführt. Im SETK 3-5 gelten T-Werte zwischen 40 und 60 Punkten als Normalbereich. In MILA wurden Kinder als auffällig klassifiziert, wenn im Untertest PGN und einem weiteren Untertest ein T-Wert unter 40 erzielt wird. Nach dieser Klassifikation gelten die 61 DaM-Kinder der vorliegenden Studie als sprachunauffällig. Da keine mit dem SETK 3-5 vergleichbaren Diagnoseinstrumente für DaZ existieren, bildet die Teilnahme an einer Sprachtherapie (laufend oder abgeschlossen) bzw. eine ärztliche Überweisung für eine Sprachtherapie das Kriterium für eine vorläufige Klassifikation als sprachauffällig. Daraus folgt, dass keines der sprachunauffälligen Kinder mit DaZ eine Sprachtherapie erhält bzw. erhalten hat.

4.2.2. Erhebung des Sprachverständnisses

Im Folgenden werden die Leistungen der sprachunauffälligen Kinder mit DaM und DaZ im Modul ‚Sprachverständnis' des standardisierten Testverfahrens LiSe-DaZ (Schulz & Tracy 2011) dargestellt. Das Modul enthält die drei Untertests ‚Verstehen von Verbbedeutung' (12 Items), ‚Verstehen von W-Fragen' (10 Items) und ‚Verstehen von Negation' (12 Items), die zentrale Aspekte des Sprachverstehens erfassen (Schulz 2007a).

Der Untertest ‚Verstehen der Verbbedeutung' untersucht die Semantik von sogenannten endzustandsorientierten und prozessorientierten Verben mithilfe einer Wahrheitswertaufgabe (Truth-Value Judgment Task). Verben wie *aufmachen* oder *zumachen* sind endzustandsorientiert, da der Endzustand obligatorischer Teil der Verbbedeutung ist. Bei prozessorientierten Verben wie *malen* oder *fegen* dagegen ist zwar ein Endzustand häufig beabsichtigt, aber er ist nicht notwendiger Teil der Bedeutung des Verbs. In diesem Untertest bietet der Untersucher passend zu einer Bildsequenz einen kurzen Kontext an, z.B. *Diese Frau hatte eine Dose. Guck, da ist ihre Hand und da ist die Dose. Und dann...* Nun folgt die Testfrage nach dem Wahrheitswert ... *hat sie sie aufgemacht?* Ausgewertet wird, ob das Kind korrekt geantwortet hat. Dabei wird je nach Bildkontext und Verbtyp entweder ja oder nein als zielsprachlich korrekte Antwort gewertet.

Der Untertest ‚Verstehen von W-Fragen' erfasst mit Hilfe einer Question-with-Story-Aufgabe (vgl. Schulz & Roeper 2011) die Interpretation von Informationsfragen. Die syntaktische Funktion des topikalisierten W-Fragepronomens bestimmt dabei jeweils die Antwort. Subjekt-W-Fragen wie *Wer sitzt auf dem Ast?* verlangen beispielsweise ein Subjekt wie *der Vogel* als Antwort. Eine kurze Bildbeschreibung des Untersuchers wie z.B. *Das Eichhörnchen sitzt auf dem Ast. Es hat ein paar Nüsse entdeckt und will sie sich gleich holen.* wird von einer W-Frage gefolgt, in diesem Beispiel der genannten Subjektfrage. Weitere Fragetypen sind Objektfragen (z.B. *Wen sieht Lise im Park?*) und Adjunktfragen (z.B. *Wann treffen Lise und Ibo den Jungen?*). Ausgewertet wird hier, ob der korrekte, ein anderer bereits eingeführter oder ein zusätzlicher nicht eingeführter Satzteil produziert wird oder ob das Kind ja/nein-Antworten gibt (vgl. Schulz, Tracy & Wenzel 2008).

Im Untertest ‚Verstehen von Negation' wird die Interpretation negierter Aussagen mit der Methode einer Wahrheitswertaufgabe untersucht. Negierte Aussagen unterscheiden sich u.a. danach, ob sie eine Situation in der Welt als zutreffend beschreiben oder nicht. In einem Kontext, wo ein Mädchen schaukelt, trifft ein negierter Satz wie *Das Mädchen schaukelt nicht.* nicht zu und sollte als als falsch zurückgewiesen werden. Trifft die negierte Aussage zu, z.B. weil das Mädchen gerade rutscht, wird er akzeptiert. Das Kind soll jeweils entscheiden, ob eine in einen kurzen Kontext eingebettete negierte Aussage auf ein Bild zutrifft (z.B. *Das Mädchen schaukelt nicht.*) oder nicht. Ausgewertet wird, ob das Kind korrekt oder inkorrekt geantwortet hat bzw. eine abweichende Antwort gegeben hat.

4.3. Ergebnisse

In der vorliegenden Studie beziehen sich alle Ergebnisse auf die Anzahl korrekter Antworten. Für die Datenauswertung wurden die Daten eines Kindes in einem der drei Untertests von LiSe-DaZ dann berücksichtigt, wenn der Untertest vollständig absolviert wurde. Daher variiert die Stichprobengröße zwischen den Untertests (siehe Tab. 6).

Wie erwartet ist der Anteil korrekter Antworten für alle drei Untertests in der DaM-Gruppe deutlich höher als in der DaZ-Gruppe. Die Mittelwerte korrekter Antworten und die Standardabweichungen sind in Abb. 1 dargestellt.

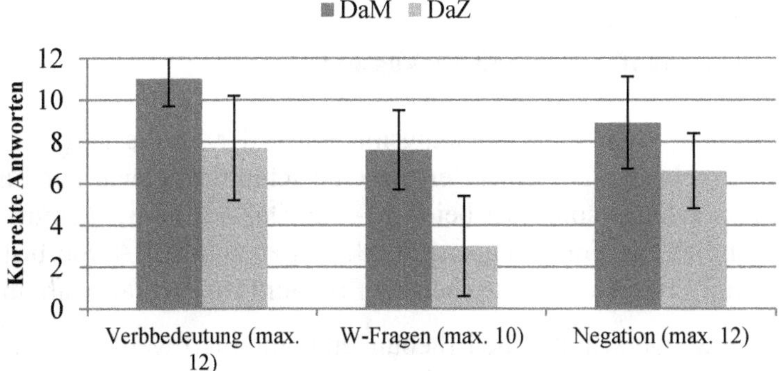

Abb. 1. Mittelwerte und Standardabweichungen korrekter Antworten im LiSe-DaZ-Modul Verständnis für die DaM und DaZ-Gruppe

Ein Mann-Whitney-U-Test bestätigt, dass die Leistungen der DaZ-Gruppe in allen drei Untertests wie erwartet signifikant unter den Testleistungen der gleichaltrigen DaM-Gruppe liegen. Tab. 6 zeigt die statistischen Werte für den Gruppenvergleich.

Tab. 6. Ergebnisse für die Untertests des Moduls Sprachverständnis mit DaM und DaZ als Gruppenvariable

Untertest	N	Z-Wert	p-Wert
Verbbedeutung	DaM = 61, DaZ = 41	-6,54	.00
W-Fragen	DaM = 59, DaZ = 30	-6.39	.00
Negation	DaM = 61, DaZ = 30	-4,64	.00

Zu diesem ersten Testzeitpunkt betrug die Kontaktdauer durchschnittlich 9;6 Monate. Einseitige Korrelationstests nach Pearson ergaben nur für den Untertest ‚Verstehen der Verbbedeutung' eine signifikante Korrelation zwischen der Kontaktdauer zum Deutschen und dem Testergebnis ($r = .356$; $p < .02$). Dies lässt sich darauf zurückführen, dass die Verbbedeutung innerhalb des ersten Jahres nach Erwerbsbeginn erworben wird. Unterschiede in der Kontaktdauer wirken sich deshalb direkt auf die Testergebnisse aus. In den Untertests ‚Verstehen von W-Fragen' und ‚Verstehen von Negation' zeigten sich noch keine signifikanten Korrelationen zwischen Kontaktdauer und Testergebnis.

5. Zusammenfassung und Diskussion

Dieser Beitrag stellt die Forschungsmethodik der Studie MILA vor und fasst die Ergebnisse aus einem ersten Querschnittsvergleich zur Entwicklung des Sprachverständnisses bei DaM- und DaZ-Lernern zusammen.

Hinsichtlich der Forschungsmethodik grenzt sich MILA von bisherigen Studien zum Erwerb des Deutschen als Erst- und Zweitsprache ab, indem

- längs- und querschnittliche Erhebungen kombiniert werden,
- standardisierte Tests, psycholinguistische Experimente und Spontansprachaufnahmen als Erhebungsinstrumente eingesetzt werden,
- sowohl die produktive als auch die rezeptive Entwicklung Gegenstand der Untersuchung sind,
- der Erwerb von Morphosyntax, Semantik und Phonologie untersucht wird,

- die Stichprobe sprachunauffällige und sprachauffällige Kinder mit DaM und DaZ umfasst.

Diese Kombination methodischer und inhaltlicher Schwerpunkte erlaubt Rückschlüsse auf bisher weniger erforschte Bereiche des Spracherwerbs. Hier sind insbesondere der Erwerb des Sprachverständnisses bei sprachunauffälligen und sprachauffälligen Kindern mit DaM und DaZ sowie der Erwerb von semantischen und phonologischen Fähigkeiten bei Kindern mit DaZ zu nennen. Das Gruppendesign ermöglicht, die Rolle externer und interner Faktoren für die sprachlichen Leistungen zu bestimmen sowie Beziehungen zwischen verschiedenen sprachlichen und nichtsprachlichen Fähigkeiten herzustellen.

Für das Sprachverständnis bestätigen die ersten Ergebnisse des Querschnittsvergleichs, dass in einem altersparallelisierten Setting die Kinder mit DaZ signifikant schlechtere Leistungen zeigen als Kinder mit DaM Wenzel, Schulz & Tracy 2009; Schulz & Tracy 2011; Grimm et al. einger.). Die Gruppenunterschiede sind auf den späteren Erwerbsbeginn der DaZ-Gruppe und deren naturgemäß kürzere Kontaktdauer zum Deutschen zurückzuführen. In der vorliegenden Untersuchung betrug die durchschnittliche Kontaktdauer neun Monate und wirkte sich bei den untersuchten dreijährigen Kindern nur signifikant auf den Untertest ‚Verstehen der Verbbedeutung' aus. Dieser Untertest wird von allen Kindern am frühesten gemeistert. Vorangegangene Untersuchungen zeigen, dass nach etwa 11 bis 20 Monaten Kontaktdauer deutliche Erwerbsfortschritte im Verständnis von W-Fragen erzielt werden (Wenzel, Schulz & Tracy 2009). Die Leistungen im Untertest ‚Verstehen von W-Fragen' steigen wiederum schneller als im Untertest ‚Verstehen von Negation' (Schulz et al. 2011). Dieser Befund macht deutlich, dass frühe Zweitsprachlerner – wie Erstsprachlerner auch – bestimmte sprachliche Fähigkeiten schnell erwerben und für andere sprachliche Fähigkeiten mehr Zeit benötigen. Die zukünftige Forschung sollte daher ein verstärktes Augenmerk auf die verschiedenen Erwerbsaufgaben legen. Zu berücksichtigen ist dabei, dass der Erwerb sprachlicher Phänomene eine unterschiedlich lange Kontaktdauer oder auch ein unterschiedliches Alter bei Erwerbsbeginn voraussetzen kann. So könnte z.B. das für den produktiven Erwerb der Morphosyntax angenommene Altersfenster von zwei bis vier Jahren (Rothweiler 2006; Kroffke & Rothweiler 2006; Thoma & Tracy 2006; Meisel 2009; Tracy & Thoma 2009; Rothweiler 2009) für die Erforschung früher Zweitspracherwerbsmuster auf der phonologischen Ebene bereits zu spät sein.

Das Design und die untersuchten Aufgabenbereiche in MILA erlauben Rückschlüsse auf den typischen und gestörten Erwerb semantischer, syntaktischer und phonologischer Fähigkeiten. Die anvisierten Fragestellungen können in dieser Kombination nur im Rahmen einer breit angelegten, zeit- und kostenintensiven Studie bearbeitet werden. Solche Studien sind in der deutschsprachigen und internationalen Spracherwerbsforschung bisher selten. Daher hoffen wir, dass unsere Ergebnisse zu generalisierbaren Aussagen über die Fähigkeiten früher Zweitsprachlerner führen und die Spracherwerbsforschung zu weiteren empirisch überprüfbaren Fragestellungen inspirieren.

6. Referenzen

Ahrenholz, Bernt (2007): *Zweitspracherwerb. Spracherwerb und Fördermöglichkeiten.* Freiburg: Filibach.

Babur, Ezel; Rothweiler, Monika & Kroffke, Solveig (2007): Spezifische Sprachentwicklungsstörung in der Erstsprache Türkisch. *Linguistische Berichte* 212: 377–402.

Bos, Wilfried; Hornberg, Sabine; Arnold, Karl-Heinz; Faust, Gabriele; Fried, Lilian; Lankes, Eva-Maria Schwippert, Knut & Valtin, Renate (2007): *IGLU 2006. Lesekompetenzen von Grundschulkindern in Deutschland im internationalen Vergleich.* Münster: Waxmann.

Cattell, Raymond B.; Weiß, Rudolf & Osterland, Jürgen (1997): *CFT1 (Grundintelligenztest Skala 1).* Göttingen: Hogrefe.

Chilla, Solveig (2008): *Erstsprache, Zweitsprache, Spezifische Sprachentwicklungsstörung? Eine Untersuchung des Erwerbs der deutschen Hauptsatzstruktur durch sukzessiv-bilinguale Kinder mit türkischer Erstsprache.* Hamburg: Dr. Kovac.

Chin, Steven B. & Dinnsen, Daniel (1992): Consonant clusters in disordered speech: Constraints and correspondence patterns. *Journal of Child Language* 19: 259–285.

Chomsky, Noam (1986): *Knowledge of language: Its nature, origin, and use.* London: Praeger.

Clahsen, Harald (1988): *Normale und gestörte Kindersprache. Linguistische Untersuchungen zum Erwerb von Syntax und Morphologie.* Amsterdam: John Benjamins.

Demuth, Katherine (1996): Collecting spontaneous production data. In McDaniel, Dena; McKee, Cecile & Cairns, Helen (Hrsg.): *Methods for Assessing Children's Syntax*. Cambridge, MA: MIT Press, 3–22.

Dimroth, Christine (2008): Age effects on the process of L2 acquisition? Evidence from the acquisition of negation and finiteness in L2 German. *Language Learning,* 58 (1): 117–150.

Dubowy, Minja; Ebert, Susanne; von Maurice, Jutta & Weinert, Sabine (2008): Sprachlich-kognitive Kompetenzen beim Eintritt in den Kindergarten: Ein Vergleich von Kindern mit und ohne Migrationshintergrund. *Zeitschrift für Entwicklungspsychologie und Pädagogische Psychologie* 40: 124–134.

Fox, Anette (2006): *TROG-D. Test zur Überprüfung des Grammatikverständnisses.* 3. Auflage, Idstein: Schulz-Kirchner.

Friedmann, Naama (2010): *The production of relative clauses by 5 year olds across multiple languages: "They prefer to be the children who do not produce object relatives".* Paper presented at the Robust Stages in Language Acquisition meeting, COST A33, London, UK.

Friedman, Naama &Novogrodsky, Rama (2004): The acquisition of relative clause comprehension in Hebrew: A study of SLI and normal development. *Journal of Child Language* 31: 661–181.

Friedmann, Naama & Novogrodsky, Rama (2011): Which questions are most difficult to understand? The comprehension of wh-questions in three subtypes of SLI. *Lingua* 121: 367–382.

Gallon, Nicola; Harris, John & van der Lely, Heather (2007): Non-word repetition: An investigation of phonological complexity in children with Grammatical SLI. *Clinical Linguistics and Phonetics* 21: 435–455.

Grimm, Angela (in Vorb.): *Phonological development in German monolinguals and early second language learners of German. Nonword repetition by typically developing and language-impaired children.*

Grimm, Angela; Ritter, Alexandra; Wojtecka, Magdalena; Voet Cornelli, Barbara & Schulz, Petra (einger.): Die Rolle interner und externer Faktoren auf grammatische Fähigkeiten im Erst- und frühen Zweitspracherwerb. *Zeitschrift für Entwicklungspsychologie und Pädagogische Psychologie.*

Grimm, Hannelore (2001): *SETK 3-5. Sprachentwicklungstest für drei- bis fünfjährige Kinder. Diagnose von Sprachverarbeitungsfähigkeiten und auditiven Gedächtnisleistungen.* Göttingen: Hogrefe.

Haberzettel, Stefanie (2005): *Der Erwerb der Verbstellungsregeln in der Zweitsprache Deutsch durch Kinder mit russischer und türkischer Muttersprache.* Tübingen: Niemeyer.

Hakansson, Gisela; Salameh, Eva-Kristina & Nettelbladt, Ulrika (2003): Measuring language development in bilingual children: Swedish- Arabic children with and without language impairment. *Linguistics* 41 (2): 255–288.

Hamann, Cornelia; Lindner, Kathrin & Penner, Zvi (2001): Tense, Reference Time and Language Impairment in German Children. In Fery, Caroline & Sternefeld, Wolfgang (Hrsg.): *Audiatur vox sapientiae.* Festschrift fur Arnim von Stechow. Berlin: Akademie Verlag, 182–213.

Hasselhorn, Marcus; Schumann-Hengsteler, Ruth; Grube, Dietmar; König, Julia; Mähler, Claudia; Schmid, Inge; Seitz-Stein, Katja & Zoelch, Christof (in Vorb.): *Arbeitsgedächtnistestbatterie für Kinder von 5 bis 12 Jahren* (AGTB 5-12). Göttingen: Hogrefe.

Klieme, Eckhard; Artelt, Cordula; Hartig, Johannes; Jude, Nina; Köller, Olaf; Prenzel, Manfred; Schneider, Wolfgang & Stanat, Petra (2010): *PISA 2009.* Münster: Waxmann.

Kroffke, Solveig & Rothweiler, Monika (2006): Variation im frühen Zweitspracherwerb des Deutschen durch Kinder mit türkischer Erstsprache. In Vliegen, Maurice (Hrsg.): *Variation in Sprachtheorie und Spracherwerb*. Frankfurt: Peter Lang, 145–153.

Lemke, Vytautas (2009): *Der Erwerb der DP: Variation im frühen Zweitspracherwerb.* Dissertation, Universitat Mannheim.

Leonard, Laurence B. (2003): Specific language impairment: Defining the deficits. In Levy, Yonata & Schaeffer, Jeannette (Hrsg.): *Language competence across populations. Toward a definition of specific language impairment*. Mahwah: Erlbaum, 209–231.

Marshall, Cloe; Ebbels, Susan; Harris, John & van der Lely, Heather (2002): Investigating the impact of prosodic complexity on the speech of children with Specific Language Impairment. *University College London Working Papers in Linguistics* 14: 43–66.

Meisel, Jürgen (2004): The bilingual child. In Bhathia, Tej K. & Ritchie, William C. (Hrsg.): *The handbook of bilingualism.* Oxford: Blackwell, 91–113.

Meisel, Jürgen (2009): Second language acquisition in early childhood. *Zeitschrift für Sprachwissenschaft* 28: 5–34.

Melchers, Peter & Preuß, Ulrich (2003): *Kaufman-Assessment Battery for Children: K-ABC. (von Alan S. Kaufman und Nadeen L. Kaufman)* 6. Aufl., deutsche Version. Amsterdam: Swets & Zeitlinger.

Müller, Natascha & Hulk, Aafke (2001): Crosslinguistic influence in bilingual language acquisition: Italian and French as recipient languages. *Bilingualism: Language and Cognition* 4 (1): 1–21.

Orsolini, Magherita; Sechi, Enzo; Maronato, Cristina; Bonvino, Elisabetta & Corcelli, Alessandra (2001): Nature of phonological delay in children with specific language impairment. *International Journal of Language and Communication Disorders* 36: 63–90.

Paradis, Joanne; Crago, Martha; Genesee, Fred & Rice, Mabel (2003): Bilingual children with specific language impairment: How do they compare with their monolingual peers? *Journal of Speech, Language and Hearing Research* 46: 1–15.

Penner, Zvi; Schulz, Petra & Wymann, Karin (2003): Learning the meaning of verbs: what distinguishes language-impaired from normally developing children? *Linguistics* 41 (2): 289–319.

Penner, Zvi; Tracy, Rosemarie & Wymann, Karin (1999): Die Rolle der Fokuspartikel AUCH im frühen kindlichen Lexikon. In Meibauer, Jörg & Rothweiler, Monika (Hrsg.): *Das Lexikon im Spracherwerb*. Tübingen: Francke, 229–251.

Reich, Hans H. (2003): Tests und Sprachstandsmessungen bei Schülern und Schülerinnen, die Deutsch nicht als Muttersprache haben. In Bredel, Ursula; Günther, Hartmut; Klotz, Peter; Ossner, Jakob & Siebert-Ott, Gesa (Hrsg.): *Didaktik der deutschen Sprache*. Band 2. Weinheim: Beltz, 914–923.

Reich, Hans H.; Roth, Hans-Joachim & Neumann, Ursula (2007): *Sprachdiagnostik im Lernprozess. Verfahren zur Analyse von Sprachständen im Kontext von Zweisprachigkeit.* Münster: Waxmann.

Rothweiler, Monika (2006): Multilingualism and Specific Language Impairment. In Auer, Peter & Wie, Li (Hrsg.): *Multilingualism*. Berlin/New York: Mouton de Gruyter, 229–246.

Rothweiler, Monika (2009): Critical periods and SLI. Comment on Jürgen Meisel "Second Language Acquisition in Early Childhood". *Zeitschrift für Sprachwissenschaft* 28: 49–57.

Rothweiler, Monika; Chilla, Solveig & Clahsen, Harald (2012): Subject verb agreement in Specific Language Impairment: A study of monolingual and bilingual German-speaking children. *Bilingualism: Language and Cognition* 15 (1): 39–57.

Schulz, Petra (2007a): Erstspracherwerb Deutsch: Sprachliche Fahigkeiten von eins bis zehn. In Graf, Ulrich & Moser Opitz, Elisabeth (Hrsg.): *Diagnostik am Schulanfang*. Hohengehren: Schneider Verlag, 67–86.

Schulz, Petra (2007b): Frühdiagnostik: Frühindikatoren und Verfahren zur Früherkennung von Risikokindern. In Schöler, Herrmann & Welling, Andreas (Hrsg.): *Sonderpädagogik der Sprache*. Band 1. Göttingen: Hogrefe, 688–704.

Schulz, Petra (2010a): *Who answered what to whom?* On children's understanding of exhaustive wh-questions. Eingeladener Vortrag: Let the children speak: Learning of Critical Language Skills across 25 Languages. Final COST Conference, 22 – 24.01.2010. London, UK.

Schulz, Petra (2010b): Some notes on semantics and SLI. In Castro, Ana; Costa, Joao; Lobo, Maria & Pratas, Fernanda (Hrsg.): *Language Acquisition and Development. Proceedings of GALA 2009.* Cambridge: Cambridge Scholars Press.

Schulz, Petra; Grimm, Angela; Ritter, Alexandra; Wojtecka, Magdalena; Schwarze, Rabea & Koch, Corinna (2011): *Projekt MILA. Language comprehension in preschool children: A longitudinal study of German monolinguals and eL2 learners of German.* Poster, Evaluierung des Forschungszentrums IDeA, 21.03.2011. Frankfurt am Main.

Schulz, Petra & Roeper, Tom (2011): Acquisition of exhaustivity in wh-questions: A semantic dimension of SLI? *Lingua* 121 (3): 383–407.

Schulz, Petra & Tracy, Rosemarie (2011): *Linguistische Sprachstandserhebung – Deutsch als Zweitsprache (LiSe-DaZ).* Göttingen: Hogrefe.

Schulz, Petra; Tracy, Rosemarie & Wenzel, Ramona (2008): Linguistische Sprachstandserhebung – Deutsch als Zweitsprache (LiSe-DaZ): Theoretische Grundlagen und erste Ergebnisse. In Ahrenholz, Bernt (Hrsg.): *Zweitspracherwerb: Diagnosen, Verläufe, Voraussetzungen*. Freiburg i. Br.: Filibach, 17–42.

Schwartz, Bonnie D. (2004): On child L2 development of syntax and morphology. *Lingue e Linguaggio* 3 (1): 97–132.

Schwartz, Bonnie D. & Sprouse, Rex A. (1994): Word order and nominative case in nonnative language acquisition: A longitudinal study of (L1 Turkish) German interlanguage. In Hoekstra, Teun & Schwartz, Bonnie D. (Hrsg.): *Language acquisition studies in Generative Grammar*. Amsterdam: John Benjamins, 317–368.

Thoma, Dieter & Tracy, Rosemarie (2006): Deutsch als frühe Zweitsprache: zweite Erstsprache? In Ahrenholz, Bernt (Hrsg.): *Kinder mit Migrationshintergrund. Spracherwerb und Fördermöglichkeiten*. Freiburg i. Br.: Fillibach, 58–79.

Tracy, Rosemarie (1991): *Sprachliche Strukturentwicklung: Linguistische und kognitions-psychologische Aspekte einer Theorie des Erstspracherwerbs*. Tübingen: Narr.

Tracy, Rosemarie (2008): *Wie Kinder Sprachen lernen. Und wie man sie dabei unterstützen kann*. 2. Auflage. Tübingen: Francke.

Tracy, Rosemarie & Thoma, Dieter (2009): Convergence on finite clauses in L1, bilingual L1 and early L2 acquisition. In Jordens, Peter & Dimroth, Christine (Hrsg.): *Functional elements: variation in learnersystems. Studies on Language Acquisition (SOLA)*. Berlin/New York: Mouton de Gruyter, 1–43.

Tracy, Rosemarie & Lemke, Vytautas (2012): Young L2 and L1 learners: More alike than different. In Watorek, Marzena; Benazzo, Sandra & Hickmann, Maya (Hrsg.): *Comparative perspectives on language acquisition – a tribute to Clive Perdue*. Multilingual Matters, 303–323.

Unsworth, Sharon (2005): *Child L2, Adult L2, Child L1: Differences and similarities. A study on the acquisition of object scrambling in Dutch*. Utrecht: LOT.

van der Lely, Heather (2005): Grammatical-specific language impairment (G-SLI): Identifying and characterizing the G-SLI subgroup. *Frequences* 17 (3): 13–20.

Wenzel, Ramona; Schulz, Petra & Tracy, Rosemarie (2009): Herausforderungen und Potential der Sprachstandsdiagnostik – Überlegungen am Beispiel von LiSe-DaZ. In Reich, Hans H. & Roth, Hans-Joachim (Hrsg.): *Dokumentation der FörMig-Herbsttagung 2007: Von der Sprachdiagnose zur Sprachförderung*. Münster: Waxmann, 45–70.

Videographie als Methode zur Aufzeichnung und Analyse sprachlicher Lehr- und Lernsituationen. Vorschläge zur Systematisierung am Beispiel (vor-) schulischer Sprachförderung

Werner Knapp & Julia Ricart Brede

1. Einleitung

Was ist guter Unterricht? Wie gestaltet man eine wirksame (sprachliche) Förderung? Diese Fragen stellen sich in einer Zeit, in der mithilfe groß angelegter Untersuchungen der Bildungserfolg gemessen wird und sprachliche Kompetenzen als nicht ausreichend diagnostiziert werden.

Im Rahmen der Diskussion zur Qualitätsverbesserung von Unterricht und Förderung spielen die Ergebnisse von Videostudien in den letzten Jahren zunehmend eine Rolle. Dafür gibt es zunächst technische Gründe: Einhergehend mit der fortschreitenden Entwicklung wurden Aufzeichnungsgeräte entwickelt, mit denen man zu erschwinglichen Preisen große Mengen an Daten in guter Ton- und Bildqualität erfassen kann; die aktuellen Kameras sind leicht beweglich und einfach zu handhaben; auf leistungsfähigen Computern kann das Material gespeichert und schnell sowie differenziert bearbeitet werden; für die Transkription liegen einige Programme (wie ELAN, EXMARaLDA, f4video, Transana und Videograph) vor, die sich in der Praxis bewährt haben; des Weiteren können den Bilddaten zu Analysezwecken auf digitalem Weg weitere Daten zugeordnet und umfangreiche digitale Datenbanken generiert werden. Aber auch die Totalität der Wirklichkeitserfassung erhöht die Attraktivität dieser Methode. So werden Unterrichts- und Lernprozesse mittels Videographie nahezu in ihrer Gesamtheit erfasst. Zudem spricht die Möglichkeit der Iteration für das Arbeiten mit videographischen Daten: Durch das digitale Festhalten der Lehr-Lernprozesse können diese immer wieder, auch von anderen Personen oder unter neuen Fragestellungen, angeschaut und analysiert werden.

Vor diesem Hintergrund versteht sich der vorliegende Beitrag als Plädoyer für den Einsatz der Videographie in der Unterrichts- und Lehr-Lern-Forschung. Die Möglichkeiten videographischer Unterrichtsbeobachtung konstituieren insofern das erste Kapitel. Die Videographie ist eine flexible und vielfältig nutzbare Methode zur Datenerfassung und -auswertung. In den weiteren Ausführungen wird daher der Versuch unternommen, Kriterien zur Klassifikation unterschiedlicher videographischer Ansätze zu finden und diese auf die aktuelle Forschungslandschaft anzuwenden, d.h. videographische Arbeiten zu systematisieren. Am Beispiel videographisch aufgezeichneter Fördersituationen im Vorschulalter wird die Realisierung einer Videoanalyse schließlich detaillierter dargestellt.

2. Potenziale der Videoanalyse

2.1. Erfassung der Situation in ihrer Gesamtheit

Um Unterricht oder Sprachförderung verändern und verbessern zu können, ist es hilfreich, sich zunächst ein klares Bild von deren Beschaffenheit zu machen. Man muss beschreiben, wie Unterricht oder Förderung aussehen und welche Merkmale sie aufweisen. Mit der Videographie wird alltäglicher Unterricht und alltägliche Sprachförderung aufgezeichnet. Dieser Unterricht und diese Förderung sind das Ergebnis von:

- gesellschaftlich tradierten Vorstellungen (Einstellungen), wie Lehr- und Lernsituationen auszusehen haben,
- curricularen Planungsprozessen auf globaler Ebene (Bildungsplan, Orientierungsplan),
- institutionellen Planungsprozessen, die auf einen längeren Zeitraum bezogen sind (Stoffverteilungsplan, Förderplan),
- auf die Unterrichtssituation, Sprachfördersituation bezogener konkreter Planung,
- der Beschaffenheit der eingesetzten Medien,
- organisatorischen Rahmenbedingungen
- Voraussetzungen der Lernenden sowie
- Verhalten, insbesondere Kommunikation der Lernenden und der Lehrperson bzw. Sprachförderperson.

Der Unterricht bzw. die Förderung ist also das Resultat eines hochkomplexen Wirkungsgefüges. Zwar vermag es auch die Videografie nicht, alle Faktoren dieses Wirkungsgefüges abzubilden, doch stellt sie zumindest die umfassendste Methode dar, um Lehr- und Lernsituationen in ihrer Gesamtheit abzubilden (vgl. Petko et al. 2003: 265).

Insbesondere sei hervorgehoben, dass Videoaufzeichnungen eine Situation in Bild und Ton einfangen. Dies führt dazu, dass sich videografische Aufzeichnungen für die Analyse nonverbaler Aspekte eignen, was mit ausschließlich audiografischen Aufzeichnungen nicht möglich ist. Wie eine derartige Analyse nonverbaler Aspekte angelegt sein kann, wird beispielsweise in der Arbeit von Mempel deutlich (vgl. Mempel 2010). Dennoch muss einschränkend angemerkt werden, dass es sich auch bei Videoaufnahmen nicht um 1:1-Abbildungen realer Situationen handelt. So ist ausschließlich sichtbar, was vor „das Auge" der Kamera gerückt wird. Entsprechend erhöht sich der Grad der Erfassungsgenauigkeit mit zunehmender Anzahl an Kamerageräten (d.h. es macht einen Unterschied, ob in einem Unterricht mit einer, zwei oder drei Videokameras aufgezeichnet wird). Allerdings ist anzunehmen, dass jede weitere Kamera die aufgrund der Aufnahmesituation ohnehin bestehende Invasivität erhöht, was zu einer gewissen Verzerrung der Unterrichtswirklichkeit führt (vgl. Maak & Ricart Brede 2012). Weiterhin wird die Erfassungsgenauigkeit maßgeblich durch die Aufnahmequalität bedingt: Ist die Kameraauflösung zu gering, können Blickkontakt oder Mimik beispielsweise trotz Bildaufnahme nicht analysiert werden.

2.2. Wiederholung und Variation der Analyse

Wenn Unterrichts- und Fördersituationen aufgezeichnet sind, können sie wiederholt betrachtet und analysiert werden (vgl. Ricart Brede 2011: 94). So wird ein iterativer Forschungsprozess ermöglicht.

Dies beginnt bereits im Zuge der Datenaufbereitung wie bei der Transkription. Je nach Bedürfnissen kann diese unterschiedlich aufwändig gestaltet werden. Treten - z.B. bedingt durch modifizierte Beobachtungsvorschriften - neue Bedürfnisse auf, kann die Transkription entsprechend verfeinert werden. Zudem kann das Videomaterial auch noch Jahre später unter neuen Analyseaspekten oder mit veränderten Beobachtungsvorschriften untersucht werden. Damit kann neuen Forschungsfragen nachgegangen werden. Des Weiteren können die mittels Videographie erhaltenen Forschungsergebnisse zu neuen Fragen führen, denen ebenfalls am vorhandenen Videomaterial nachgegangen werden kann.

Genutzt wird die Wiederholbarkeit insbesondere für die Bestimmung der Güte der Analyse. So gibt es zahlreiche Faktoren, die Untersuchungen beeinflussen. Die Interpretation eines Sachverhaltes bleibt nicht unbedingt konstant. Bei der Zuordnung von Merkmalen zu Kriterien treten häufig Probleme auf, die Ermessensentscheidungen erfordern. Hier stellt sich die Frage, ob ein Wissenschaftler in bestimmten Situationen anders entscheidet als in anderen. Die Wiederholbarkeit der Beobachtung ermöglicht die Überprüfung der Stabilität der Untersuchung über die Zeit hinweg (Intraraterreliabilität). Eine andere Chance besteht darin, mit einer zweiten Person oder weiteren Personen zu arbeiten. Mehrere Beurteiler können dieselbe Analyse vornehmen. Wenden sie die Kriterien in gleicher Weise an? Sind die Kriterien klar genug operationalisiert? Die Überprüfung der Beurteiler-Übereinstimmung (Interraterreliabilität) ermöglicht sowohl eine Kontrolle der Operationalisierbarkeit der Kriterien als auch der Zuverlässigkeit der Beurteiler (vgl. Ricart Brede et al. 2010).

2.3. Die Alltagsnähe der wissenschaftlichen Untersuchung

Von Unterrichts- oder Fördersituationen haben sowohl professionell Arbeitende als auch Laien ein Bild. Wir können solche Situationen beobachten und uns eine Vorstellung davon machen. Nicht zuletzt aufgrund der Komplexität der Situation ist unsere Vorstellung aber immer ausschnitthaft und häufig verzerrt. Es gibt Phänomene, die andere überlagern. So kann sich ein Beobachter beispielsweise auf die inhaltliche Dimension des Unterrichts konzentrieren und Argumentationsmuster beobachten. Dabei entgeht ihm vielleicht, dass sich an der Diskussion überwiegend Jungen und kaum Mädchen beteiligten. Zudem ist das Bild von Unterricht stark von den eigenen Erfahrungen als Schüler oder Lehrperson geprägt. Doch wie sieht Unterricht wirklich aus? Welche Realität spielt sich in Klassenzimmern oder Kindertageseinrichtungen ab?

Mit Videoaufzeichnungen erhalten wir ein weitgehend ungetrübtes Bild der alltäglichen Realität. Es werden die Vorgänge und Kommunikationen aufgezeichnet, die sich in einer weitgehend unbeeinflussten Situation abspielen. Es bleibt zu hoffen, dass utopische Wunschvorstellungen und überzogene, nicht erfüllbare Erwartungshaltungen an die Praxis auf diese Weise zunehmend abgebaut werden können. Der gute Unterricht, die gute Förderung, der/die mittels Videoanalyse identifiziert wird, ist keine Fiktion des Forschers, der sich Gedanken macht, wie Unterricht aussehen soll, sondern er findet bereits statt und wird per Videoanalyse „sichtbar gemacht“. Damit kann man unter verschiedenen Möglichkeiten des alltäglichen Handelns solche auswählen, die eher lernwirksam sind als andere.

Allerdings geht es bei einem derartigen Vorgehen nicht darum, generell zu sagen, dieser Unterricht oder diese Förderung ist lernwirksam und jene/r nicht. Vielmehr kann über einzelne Elemente des Unterrichts oder der Förderung eine Aussage getroffen werden. So erweist sich beispielsweise Unterricht A bezogen auf Kriterium X als erfolgreicher und Unterricht B bezogen auf Kriterium Y.

2.4. Relevanz der Ergebnisse der Videoanalyse für die Aus- und Fortbildung

Wie bereits ausgeführt, zeigen Videoaufzeichnungen den Unterricht bzw. Fördermaßnahmen konkret. Folglich lassen sich auch die Auswertungsergebnisse konkret mit dem Bild- und Tonmaterial in Beziehung setzen. Videodaten und Analyseergebnisse ergänzen und erklären sich somit gegenseitig, d.h. zum einen kann man die Daten besser verstehen, wenn man dazu konkrete Videobeispiele vor Augen hat, zum anderen kann man aber auch die Videobeispiele vor der Folie dieser Daten differenzierter betrachten.

Im Wissen darüber, dass für Situationshandeln auf anderes Wissen zurückgegriffen wird, können Videobeispiele oder andere Einblicke in das praktische Handeln ohnehin als Conditio-sine-qua-non gelten, um theoretische Erkenntnisse, die aus Unterrichtsanalysen resultieren, in konkrete Handlungspläne zu überführen, sodass ein Transfer „vom trägen Wissen zum kompetenten Handeln“ stattfindet (vgl. Wahl 2005).

Eine Lehr-Lernforschung, in der die Videoanalyse eingesetzt wird, ist per se praxisnah, weil sie sich mit der aufgezeichneten Praxis auseinandersetzt. „Videos erleichtern die fachsprachliche Verständigung und überbrücken möglicherweise die Kluft zwischen Theorie und Praxis [, denn] Videos, die im wissenschaftlichen Kontext erhoben wurden, können unter Umständen als Anschauungsmaterial für die Lehrerinnen- und Lehrerbildung dienen.“ (Petko et al. 2003: 265). Der Forscher ist nicht die besserwissende Person, die dem Praktiker sagt, wie guter Unterricht sein soll, ohne ihn selbst vorzuexerzieren. Stattdessen zeigt der Forscher, wie es an anderer Stelle gemacht wurde, worüber er in einen Dialog mit dem Praktiker eintritt. Damit wird auch das Renommee der Forscher bei Praktikern erhöht, weil sich die Forscher mit ihren Problemen, die die Praktiker auch selbst als solche betrachten, befassen und konkrete sowie als realisierbar angesehene Lösungswege zur Verfügung stellen.

Ungeachtet all dieser Vorzüge hat auch die Videographie ihre Grenzen; entsprechend darf nicht übersehen werden, dass umfangreiche Datenerhebungen und komfortable Softwarelösungen in keinerlei Hinsicht hinreichende Bedingung für eine gute Forschung sind. Zudem ist zu fragen, ob der mit der Nutzung dieser Methode einhergehende Mehraufwand gerechtfertigt ist. Entscheidend dafür ist in erster Linie das Ziel bzw. die mit der Analyse verfolgte Fragestellung. Hinzu kommt, dass Videoanalyse nicht gleich Videoanalyse ist. Das Spektrum hierbei aufzuzeigen ist Anliegen des folgenden Kapitels.

3. Systematisierung videoanalytischer Ansätze

3.1. Grundanliegen der Videoanalyse

Je nach Grundanliegen lassen sich Videoanalysen zunächst dahingehend unterscheiden, ob sie Fortbildungszwecken oder der systematischen Analyse von Lehr- und Lernprozessen dienen. Teilweise liegt einem Untersuchungsdesign auch eine Verknüpfung beider Anliegen zugrunde, indem dasselbe Videomaterial für die systematische Analyse von Lehr-Lernprozessen sowie zu Fortbildungszwecken genutzt wird (vgl. Krammer & Reusser 2004, Helmke et al. 2007b), doch existieren auch Videoaufzeichnungen, die ausschließlich als Anschauungsmaterial oder zu Schulungs-/Fortbildungszwecken erhoben werden (beispielsweise das auf DVD beigefügte Videomaterial in Fried &Briedigkeit 2008 sowie die verfügbaren Unterrichtsbeispiele aus dem DaF-Kontext (vgl. Henrici & Riemer 2001 sowie Dahl &Weis 1988).

In Bezug auf die Analyse von Lehr-Lernprozessen ist weiterhin zu unterscheiden, ob die Analyse mit Blick auf das Arrangement und die Interaktion in der Lernsituation erfolgt oder ob die Videografie genutzt wird, um Lernersprachdaten zu generieren. Eng damit in Zusammenhang steht die Frage, auf welchen Akteur des Lehr-Lerngeschehens fokussiert wird: Erfolgt die Analyse eher mit Blick auf das Lehrerhandeln oder ist das (sprachliche) Verhalten der SchülerInnen Gegenstand des Forschungsinteresses wird (vgl. auch Schramm & Aguado 2010: 189 ff.).

Als Beispiel für ein Projekt, in dem die Lernersprachentwicklung fokussiert wird, aber dennoch sowohl Sprachdaten in Einzelsituationen als auch Unterrichtsstunden (DaZ-Förderunterricht sowie regulärer Schulunterricht) videografisch erhoben wurden, sei an dieser Stelle das von der

DFG geförderte Projekt „Förderunterricht und Deutsch-als-Zweitsprache-Erwerb (kurz FöDaZ) angeführt (vgl. Ahrenholz 2006: 92 ff.).

3.2. Pädagogisch-didaktisch vs. linguistisch motivierte Videoanalysen

In Bezug auf Videoanalysen, die in der Sprachdidaktik verortet sind, ist zudem zu unterscheiden, ob eine eher pädagogisch-didaktisch motivierte Analyse von Sichtstrukturen vorgenommen wird (vgl. z.B. die DESI-Videostudie (Helmke et al. 2007a) sowie die zur wissenschaftlichen Begleitung des Programms „Sag' mal was" durchgeführte Videoanalyse (Ricart Brede 2011, auch Knapp et al. 2008)), ob gesprächsanalytisch Strukturen aufgedeckt werden sollen (vgl. z.B. Harren 2011) oder ob eine auf linguistische Aspekte fokussierte Analyse vorgenommen wird. Diese Setzung wirkt sich nicht nur maßgeblich auf die Art der Analyseparameter, sondern auch auf die Wahl der Analysesoftware aus. Beispielsweise eignet sich der Videograph (für nähere Informationen s. http://www.ipn.uni-kiel.de/aktuell/videograph/htmStart.htm) sehr gut für die Analyse von Sichtstrukturen, wobei im Event- sowie im Time-Sampling vorgenommene Kodierungen problemlos in SPSS exportiert werden können. Transkriptionen sind mit dem Videograph zwar komfortabel, jedoch lediglich sehr grundständig und ausschließlich in Textnotationsform möglich. Transana (für nähere Informationen s. Schwab 2006) hingegen schafft durch die in Baumstruktur angelegte Architektur und die einfach handhabbare Möglichkeit zum Setzen von Marken sowie zur Vergabe von „keywords" optimale Voraussetzungen für das Anlegen relationaler Datenbanken (wobei die Arbeit des Schneidens der zu analysierenden Videos durch die Markensetzung entfällt) und die für konversationsanalytische Arbeiten typische Analyse einzelner Sequenzen. Transkriptionen sind hingegen auch in Transana lediglich auf Textnotationsbasis möglich. Hier wiederum bieten EXMARaLDA (für nähere Informationen s. Schmidt o.J.) und ELAN (für nähere Informationen s. Hellwig et al. 2012) umfangreiche Möglichkeiten: Die im Partiturverfahren erstellten Transkriptionen können u.a. aufgrund des Oszillogramms mit diesen Softwaretools vergleichsweise detailliert vorgenommen werden. Auch darüber hinaus bieten ELAN und EXMARaLDA zahlreiche Möglichkeiten, die Transkripte zu annotieren und so für umfangreiche Korpusanalysen nutzbar zu machen.

3.3. Niedrig-inferente vs. hoch-inferente Analysen

In Bezug auf die Reichweite der Analysen können des Weiteren niedrig- von hoch-inferenten Analysen unterschieden werden (vgl. Hugener at al. 2006). Festgemacht wird die Einteilung in niedrig- und hoch-inferente Analysen, die nicht nur in Bezug auf Videoanalysen vorgenommen werden kann, am Grad der Inferenz, d.h. am Grad der Interpretationsleistung, die für die Analyse erforderlich ist: Bei niedrig-inferenten Analysen geht es um die Beobachtung von Sichtstrukturen, d.h. um die Beschreibung konkret beobachtbarer Unterrichtsprozesse. Neben der TIMSS 1999 Videostudie (vgl. Petko et al. 2003) und der IPN-Videostudie (Prenzel et al. 2001; Seidel et al. 2003) aus dem mathematisch-naturwissenschaftlichen Bereich ist die DESI-Videostudie (Helmke et al. 2007a) ein Beispiel hierfür; aber auch die Videoanalysen aus dem „Sag' mal was"-Kontext (vgl. z.B. Knapp et al. 2008 sowie Ricart Brede 2011), die im Folgenden noch näher vorgestellt werden, beinhalten einen niedrig-inferenten Analyseteil, der auf die Erfassung von Sichtstrukturen abzielt. Der Vorteil derartiger Analysen ist, dass sie kaum auf Interpretationsprozessen beruhen und somit als eher objektiv gelten. „Jedoch können damit keine oder nur sehr begrenzte Qualitätsaussagen zu den Unterrichtsprozessen gemacht werden" (Hugener et al. 2006: 47). Im Gegensatz dazu basieren hoch-inferente Analysen auf starken Interpretionsleistungen. Es geht oftmals darum, die Qualität von Unterricht und Unterrichtsereignissen einzuschätzen (vgl. Hugener et al. 2006: 47).

4. Systematische Einordnung der Videoanalysen zur wissenschaftlichen Begleitung des Programms „Sag' mal was – Sprachförderung für Vorschulkinder"

Um die präsentierten Systematisierungsvorschläge an einem konkreten Beispiel zu erläutern, wird im Folgenden das Design der Videoanalysen aus dem Kontext der wissenschaftlichen Begleitung zu „Sag' mal was – Sprachförderung für Vorschulkinder" vorgestellt.[1]

---

[1] Für eine ausführlichere Beschreibung des wiss. Begleitprojekts sowie zur Anlage der Videoanalyse vgl. Knapp et al. 2008, auch Ricart Brede 2011.

4.1. Deskriptive Beschreibung niedrig-inferenter Sichtstrukturen

Wenn man Unterrichtsstunden oder Sprachfördereinheiten aufzeichnet, erhält man eine Fülle an Material. Oftmals ist es nicht ökonomisch bzw. auch nicht möglich, das gesamte Material auf dieselbe Art und Weise auszuwerten. Daher erfolgte die Analyse der Videoaufnahmen im o.g. Projektkontext in einem Zweischritt. Zunächst wurde die gesamte Datenbasis mit Hilfe eines *niedrig-inferenten Beobachtungssystems* auf *Sichtstrukturen* hin analysiert, d.h. Ziel war eine deskriptive Beschreibung der Lehr-Lernsituation; es wurde eine *Analyse der Beschaffenheit* vorgenommen. Hierzu wurde zunächst einmal die Dauer der Sprachfördereinheiten erhoben. Da es diesbezüglich bislang keine Vergleichsdaten gab, stellt bereits die Erfassung dieses Grunddatums eine wichtige Grundgröße dar, auf die im Folgenden weitere Angaben bezogen werden können. Im Anschluss daran wurden die Aufzeichnungen in Sequenzen unterteilt. Auf diese Weise ist es möglich, eine größere Einheit zu strukturieren und zu gliedern und in der Folge Aussagen über einzelne Sequenzen zu treffen. Bei der Untersuchung der vorschulischen Sprachförderung erwies es sich als sinnvoll, Handlungssequenzen zu bilden und die Aktivitäten als konstituierend für die Sequenzierung zu betrachten, d.h. es wurde ein Event-Sampling vorgenommen.[2] Die Ermittlung der Aktivitäten ist von elementarer Bedeutung, weil nur dadurch ein Wissen darüber entsteht, was überhaupt in der Förderung stattfindet. Dies ist die Basis für weitere Aussagen zur Sprachförderung und ihrer Qualität. Es wird diskutierbar, ob die wünschenswerten Aktivitäten ergriffen werden, ob bestimmte Aktivitäten fehlen und ob die Aktivitäten im gewünschten Umfang stattfinden. Bei der Sprachförderung ist von grundlegender Bedeutung, zusätzlich zu den Aktivitäten die *thematisierten Sprachebenen* zu bestimmen. In unseren Analysen orientierten wir uns an den Teilbereichen der Linguistik, um Sprachebenen zu ermitteln, berücksichtigten also die *Phonologie* mit dem Schwerpunkt der Förderung der phonologischen Bewusstheit, den *Wortschatz* mit Wortschatzerweiterung, Bedeutungserwerb und Begriffsbildung, die *Grammatik (Morphologie, Syntax)* und die *Pragmatik* mit den exemplarischen Bereichen Gespräch, Erzählen, Erklären sowie Vorlesen/Rezitieren.[3] Neben den Aktivitäten und

---

2 Zur Unterscheidung von Event- und Time-Sampling vgl. Petko et al. 2003: 273.

3 Dass die kodierten Sprachebenen nicht vollständig gängigen Einteilungen in der Linguistik folgen, liegt daran, dass sprachliche Bereiche in der Praxis teilweise nicht in der Form beobachtbar sind. Bei der Entwicklung des Beobachtungssystems wurde diese

Sprachebenen ermittelten wir die Sozialformen. Für Unterrichtskontexte kann man i.A. zwischen Klassengespräch, Gruppenarbeit, Partnerarbeit und Einzelarbeit unterscheiden. Bei der für *Sag mal was* untersuchten vorschulischen Sprachförderung, die von vornherein in einer Teilgruppe der Gesamtgruppe stattfand, wurde stattdessen zwischen der Gesamtgruppe, der Partner- bzw. Kleingruppenarbeit und der Einzelarbeit differenziert, wobei wir für die Gesamtgruppe unterschieden, ob die Kommunikation dialogisch oder monologisch ablief.

Mit Hilfe dieser Sichtstrukturen kann – auf deskriptiver Basis – bereits ein detailliertes Bild von der vorschulischen Sprachförderpraxis skizziert werden. So kann über die 49 im Rahmen des Projektes analysierten Videos Folgendes ausgesagt werden: Die Sprachförderung wird nahezu ausschließlich als separate Fördereinheit mit 30-70 Minuten Dauer realisiert. Die Einheiten setzen sich dabei i.d.R. aus folgenden Aktivitäten zusammen, die üblicherweise in der Reihenfolge ihrer Nennung vorkommen: einer Begrüßung, einer mündlichen Kommunikationssituation, der Arbeit mit einem Bild/Text, einer Aufgabe ohne Spielcharakter, einer Aufgabe mit Spielcharakter, einer motorisch bestimmten Tätigkeit sowie einer Verabschiedung. Zwischen diesen inhaltlichen Sequenzen, den sogenannten inszenierten Sprachlernsituationen, finden kürzere organisatorische Aktivitäten statt (in denen z.B. die Sitzordnung geändert oder das Material für die nächste Aktivität bereitgestellt wird), sodass insgesamt ein Wechsel von inhaltlichen und organisatorischen Sequenzen als charakteristisch bezeichnet werden kann. Inszeniert sind fast alle Sequenzen in der Sozialform Gesamtgruppe-Dialog, d.h. dass die Fördergruppe gemeinschaftlich agiert; Einzel- oder Partnerarbeit findet kaum statt. In Bezug auf die Sprachebenen ist eine klare Dominanz für den Wortschatzbereich zu konstatieren: Er ist während 70% der Förderzeit ein Arbeitsschwerpunkt, wohingegen die übrigen Sprachbereiche deutlich seltener Beachtung finden. Beispielsweise machen grammatische Lerninhalte im Vergleich dazu lediglich 15% der Förderzeit aus; gleiches gilt für das Erzählen (vgl. auch Ricart Brede 2011: 182 ff.).

Einteilung daher in Hinblick auf die vorschulische Sprachförderpraxis adaptiert (detaillierter vgl. Ricart Brede 2011: 121 ff.).

4.2. Hoch-inferente Analyse der Exzellenz/Güte auf der Basis einzelner Sequenzen

In einem nächsten Schritt war es nun möglich, die Sequenzierung für die weitere Analyse zu nutzen und einzelne Sequenzen für eine feinere, möglicherweise stärker qualitative auszuwählen. Um zu *Aussagen über die Exzellenz/Güte* der Lehr-Lernsituationen zu gelangen, erfolgte die Auswahl der einzelnen Analyseparameter auf theoretisch begründeten Annahmen über Lernprozesse und förderliches Verhalten seitens der Sprachförderpersonen. Auch aus diesem Grund sind die Analysen der zweiten Teilanalyse als inferent zu bezeichnen. Allgemein bieten sich auf der Basis der Sequenzierung die nachstehenden Untersuchungsarten an.

4.2.1. Exemplarische Analyse einer Sequenz

Eine einzige Sequenz wird nach verschiedenen Kriterien untersucht. Für verschiedene Größen werden Untersuchungsgegenstände bestimmt, dafür wiederum Indikatoren. Zum Beispiel wird für die Größe „Sprechen der Kinder“ der Untersuchungsgegenstand „Gesprächsanteile“ bestimmt, der u.a. mit dem Indikator „Quantität der Wörter“ gemessen wird. Nach einer ersten Durchsicht der Sequenz werden aus dem Gesamtset der Untersuchungsgegenstände diejenigen ausgewählt, die aufschlussreiche Ergebnisse erwarten lassen. Diese Untersuchungsart hat den Vorzug, dass sich Zusammenhänge zwischen verschiedenen Verhaltensweisen bzw. zwischen Verhaltensweisen und deren Konsequenzen, wie sie sich in den Untersuchungsgegenständen niederschlagen, gut zeigen lassen. Die detaillierte Untersuchung einer Sequenz ermöglicht es vor allem, ganzheitlich Wirkungsweisen aufzudecken und Bedingungsgefüge zu ermitteln. Aufgrund der eingehenden Analyse einer Sequenz lassen sich gut Fragestellungen für weitere Untersuchungen entwickeln.

4.2.2. Kontrastive Analyse zweier oder mehrerer Sequenzen

Zwei oder mehrere Sequenzen, die einen gemeinsamen Vergleichspunkt zum Ausgang haben (in unserem Fall gleiche Aktivitäten aufweisen bzw. dieselben Sprachebenen thematisieren), werden kontrastiv analysiert. Dazu werden Untersuchungsgegenstände ausgewählt, die für den Vergleich der

Sequenzen als relevant erachtet werden. Auffälligkeiten sind zum Beispiel, wenn in einer Sequenz die Kinder sehr wenig und in einer anderen sehr viel sprechen, wenn in einer Sequenz die Sprachförderperson standardsprachlich spricht und in einer anderen stark dialektal, wenn die Kinder einmal zusammenhängend und das andere Mal stark fragmentarisch erzählen oder wenn die Kinder in einer Sequenz aufmerksam sind und in einer anderen nicht. Auf diese Weise können verschiedene Vorgehens- und Verhaltensweisen identifiziert und miteinander verglichen werden. Man kann zeigen, welche Verhaltensweise eher bestimmten Kriterien für guten Unterricht oder gute Förderung entspricht. Zudem kann man – bezogen auf das konkrete Beispiel – aber auch zeigen, welches Verhalten eher gewünschte Effekte erzielt. Wenn im einen Fall durch offene Fragen längere Äußerungen der Kinder evoziert werden als im anderen Fall durch geschlossene Fragen, so wird man darin einen Wirkzusammenhang vermuten. Interessant sind aber auch die Fälle, in denen sich nicht alles so abspielt, wie wir es uns aufgrund von Theorien vorstellen. Dies bietet den Anlass, weiter zu forschen und zu differenzierteren Erklärungen zu gelangen. Durch kontrastive Analysen erhält man ein differenziertes Bild der Förderung. Dabei ist es nicht so, dass in einer Sequenz alles besser ist als in der anderen, vielmehr ist die eine Sequenz beispielsweise in Bezug auf die Beschaffenheit des Inputs als förderlich anzusehen, wohingegen in der anderen die Kontextanbindung gelungen scheint. Auch aus diesem Grund eignen sich kontrastive Analysen sehr gut für die Aus- und Fortbildung: Sie führen nicht zu der fälschlichen Annahme, es gäbe die schlechten und die guten Lehr-Lernsituationen, d.h. sie schützen vor Schwarz-Weiß-Malerei.[4]

Des Weiteren kann durch eine kontrastive Analyse die Bedeutung situativ angemessenen Sprachhandelns verdeutlicht werden. Beispielsweise können unterstützende Expansionen seitens der Förderlehrkraft in einem Fall unabdingbar sein, damit ein Kind eine Erzählung produzieren kann, wohingegen dasselbe Scaffolding bei einem anderen Kind eher deplatziert wirken und eine ständige Unterbrechung bzw. Behinderung der Sprechhandlung bedeuten würde. Die beiden nachstehenden Transkriptauszüge[5], die beide aus demselben Erzählkreis stammen, machen in der kontrastiven Gegenüberstellung deutlich, wie wichtig die flexile

4 Auch im Rahmen unseres Projektes haben wir kontrastive Vergleiche zwischen Sequenzen vorgenommen. Ein Beispiel dafür findet sich in Ricart Brede et al. 2009.

5 Beide Tranksriptauszüge stammen aus der Dissertationsschrift von Ricart Brede (2011) und wurden nach GAT (vgl. Selting et al. 1998) transkribiert.

Handhabung derartiger Unterstützungsstrategien ist: Die deutschsprachige K erzählt bereits sehr selbstständig von einer am Wochenende erlebten Episode. Die Sprachförderperson (SFP) unterbricht die stark linear zusammenhängende Erzählung Ks nicht, sondern beschließt sie stattdessen mit einer Evaluation („auch nicht schlecht K, oder?"), d.h. mit der Hinzufügung eines narrativen Mittels. Das türkische Mädchen L hingegen wäre, wie Transkriptauszug 2 zeigt, ohne die umfangreichen Erweiterungen der Sprachförderperson vermutlich nicht in der Lage, über ihre Wochenenderlebnisse zu berichten.

Transkript 1: Erzählung von K (w, L1 deutsch, Alter 6;2).

K 03: am wochenende war i (3.0) i erinner mi an geschtern an
was voll witziges. wir woll(.)tet zum BAden. Als
erschtes hemmer bissle fernseh guckt- dann simmer hemmer
gma::lt- in meim phillipheftle- (2.0) und dann hab i a
fü:hltäsch gmacht- da hab i alles AUSgstickt und des hab
i dann gfühlt- nachfahre müsse was es ISCH- und
DANN und=der papa hat (--) denke müsse' weil (-----) ähe
((nickt))
SFP 02: hm=hm ((nickt zurück))
J 01: [MANN <<lacht>>
K 03': [und dann simmer zum ba:de gange' wo mr da wa- hen hen
hot dr papa ja engme da und dann hemmer=d ba:ddasch gar
nich dabei ket.
SFP 03: <<lacht prustend mit geschlossenem mund>>
K 03'': und dann sim=mer esse gange.
SFP 04: auch nicht schlecht K oder? <<lacht>>
K 04: h:: ((nickt))

Transkript: 2 Erzählung von L (weiblich, L1 türkisch, Alter 4;10).

L 01: am rere[ende
SFP 05: [L- AM WOCHenende psch
((zu den anderen kindern))
(4.0)
SFP 06: habe [ich
L 02: [ich müsik
SFP 07: jetzt hab ich=s nicht verstanden
((beug sich zu L vor, lächelt sie an))
L 03: müsik
SFP 08: MUSIK hast du wieder gehört.
im FERNsehen oder aus dem kassettenrecorder?
L 04: <kassette <flüsternd>>

SFP 09: ah: und WELche musik hast du gehört- L?
<<flüsternd>>
L 05: weiß nich
SFP 10: des weißt du gar nicht mehr.
und hast du auch mit R gespielt‘
[(----) am wochenende?
L: [((schüttelt den kopf))
SFP 11: al:leine
L 06: S
SFP 12: UND MIT S. das denk ich mir.
was hast du denn mit S gespielt L?
L 07: puzzle.
SFP 13: <ah: ok. <flüsternd>> u:nd was hast du alleine gespielt L?
(6.0)
SFP 14: WEIßt du=s NOCH? mit deiner PUPPE?
L 08: ja
SFP 15: ja: prima L. das hast du schön gemacht; DANkeschön.
((streckt die hand aus und nimmt den erzählstein von L zurück))

4.2.3. *Analyse eines Untersuchungsgegenstandes in einer größeren Anzahl von Sequenzen*

Wenn ein Untersuchungsgegenstand in vielen Sequenzen betrachtet wird, erhalten wir ein Gesamtbild. So kann man beispielsweise die Äußerungslängen der Sprachförderperson und der Kinder in vielen Sequenzen messen und kommt zu einer verallgemeinerbaren Aussage. Wir ermitteln den Durchschnittswert und die Streuung und gewinnen Referenzwerte, auf die man sich in späteren Untersuchungen auch einzelner Sequenzen beziehen kann. Auf diese Weise kann das Spektrum aufgezeigt werden, das es zum (Sprach-)Handeln in der Unterrichts- oder Sprachfördersituation gibt. Weitere Untersuchungsgegenstände können zum Beispiel sein:

- Sprechanteile der Kinder bzw. der Sprachförderperson,
- Länge der Nominalphrasen im Output der Kinder,
- MLU (durchschnittliche Länge einer Äußerung in Morphemen) der Sprachförderperson und der Kinder,
- Aufmerksamkeitsentwicklung der Kinder während der Sprachfördereinheiten.

Im Rahmen unserer Videoanalysen haben wir die soeben aufgeführten Untersuchungsgegenstände auf 40 der insgesamt 625 gebildeten Handlungssequenzen angewendet. Exemplarisch für die Analyse der

Sprechanteile ergab die Analyse Folgendes: „Die durchschnittlich sechs anwesenden Kinder sprechen pro Minute zusammen lediglich knapp 70 Morpheme; ihr Sprechanteil ist damit addiert immer noch geringer als der der Sprachförderperson. [...] Auch wenn sich dieses Datum auf die Kinder bezieht, sehen sich Sprachförderpersonen ihm nicht machtlos gegenüber. Zwar sind Korrelationen nicht mit Kausalzusammenhängen gleichzusetzen, doch lässt die aufgedeckte Korrelation zwischen der Quantität an sprachlichem Input der SFP und sprachlichem Output der Kinder dennoch vermuten, dass Kinder dadurch zum Sprechen angeregt werden können, dass die Sprachförderperson sich selbst stärker zurücknimmt und den Kindern Raum und Zeit lässt, um zu Wort zu kommen" (Ricart Brede 2011: 221).

5. Fazit

Ziel des Beitrags war es, die Vielfältigkeit in Bezug auf die Anlage und Realisierung videographischer Analysen zu Unterrichts- und Lehr-Lernprozessen aufzeigen. Die Videographie ist eine flexible Erhebungsmethode, die unterschiedlichste Analysen von Lehr-Lernsituationen, aber auch von Lernerdaten zulässt. So flexibel und vielfältig die Methode in Bezug auf Analyse- und Einsatzmöglichkeiten ist, so facettenreich gestaltet sich auch die Lage bzw. die Forschungslandschaft, die, einhergehend mit der stetigen Zunahme videographischer Forschung, zusehends unüberschaubar wird. Ein weiteres Anliegen des Beitrags war es dementsprechend, Systematisierungsvorschläge zur Orientierung im Feld vorzuschlagen und diese am Beispiel der Videoanalysen aus dem Projektkontext „Sag' mal was – Sprachförderung für Vorschulkinder" zu erläutern. In diesem Rahmen wurden 49 vorschulische Sprachfördereinheiten videographiert und in ihrer Gesamtheit deskriptiv im Hinblick auf Sichtstrukturen analysiert. Einzelne Sequenzen wurden weiterhin kontrastiv verglichen und auf diese Weise auch auf ihre Güte/Exzellenz hinsichtlich der Realisierung einzelner Unterrichtsmerkmale hinterfragt.

Ungeachtet der Vorzüge dieser Methode ist für jede Untersuchung neu zu fragen, ob der Mehraufwand, den Videoanalysen gegenüber herkömmlichen Beobachtungen bedeuten, tatsächlich gerechtfertigt ist. Ob Videoanalysen das Verfahren der Wahl sind und falls ja, wie sie anzulegen sind, ist dabei grundsätzlich am Forschungsinteresse und der jeweiligen Fragestellung festzumachen und daher in jedem Fall neu zu entscheiden.

6. Literatur

Ahrenholz, Bernt (2006): Zur Entwicklung mündlicher Sprachkompetenzen bei Schülerinnen und Schülern mit Migrationshintergrund. In: Ahrenholz, Bernt & Apeltauer, Ernst (Hrsg.): *Zweitspracherwerb und curriculare Dimensionen. Empirische Untersuchungen zum Deutschen in Kindergarten und Grundschule.* Tübingen: Stauffenburg, 91-109.

Dahl, Johannes & Weis, Brigitte (Hrsg.) (1988): *Grammatik im Unterricht. Expertisen und Gutachten zum Projekt „Grammatik im Unterricht" des Goethe-Instituts München*. München.

Fried, Lilian & Briedigkeit, Eva (2008): *Sprachförderkompetenz. Selbst- und Teamqualifizierung für Erzieherinnen, Fachberatungen und Ausbilder.* Berlin, Düsseldorf, Mannheim: Cornelsen Scriptor.

Harren, Inga (2011): Die verborgene Arbeit der Fachlehrer – sprachliche Anforderungen im Fachunterricht. In: Ossner, Jakob & Bräuer, Christoph (Hrsg.): *Osnabrücker Beiträge zur Sprachtheorie (OBST) 80. Unterrichtskommunikation: Rahmung und Modellierung*, 101-123.

Helmke, Andreas; Göbel, Kerstin; Hosenfeld, Ingmar; Schrader, Friedrich-Wilhelm; Helmke, Tuyet & Wagner, Wolfgang (2007a): *Die Videostudie im DESI-Projekt: Anlage, Ziele, Kameramanual.* Universität Koblenz-Landau: Campus Landau.

Hellwig, Birgit et al. (2012): *ELAN – Linguistic Annotator* (Version 4.2.0). http://www.mpi.nl/corpus/manuals/manual-elan.pdf [23.03.2012].

Helmke, Andreas; Helmke, Tuyet; Kleinbub, Iris; Nordheider, Iris; Schrader, Friedrich-Wilhelm & Wagner, Wolfgang (2007b): Die DESI-Videostudie. Unterrichtstranskripte für die Lehrerausbildung nutzen. In: *Der fremdsprachliche Unterricht Englisch* 90, 37-45.

Henrici, Gert & Riemer, Claudia (Hrsg.) (2001/3): *Einführung in die Didaktik des Unterrichts Deutsch als Fremdsprache mit Videobeispielen*. Baltmannsweiler: Schneider Verlag Hohengehren.

Hugener, Isabelle; Rakoczy, Katrin; Pauli, Christine & Reusser, Kurt (2006): Videobasierte Unterrichtsforschung: Integration verschiedener Methoden der Videoanalyse für eine differenzierte Sicht auf Lehr-Lernprozesse. In: Rahm, Sibylle; Mammes, Ingelore & Schratz, Michael (Hrsg.): *Schulpädagogische Forschung*, Band 1. Unterrichtsforschung –Perspektiven innovativer Ansätze. Innsbruck: Studienverlag, 41-53.

Knapp, Werner; Ricart Brede, Julia; Gasteiger Klicpera, Barbara; Vomhof, Beate; Kucharz, Diemut & Patzelt, Doreen (2008): Videogestützte Analyse von inszenierten Sprachlernsituationen im Vorschulalter. In Ahrenholz, Bernt (Hrsg.): *Zweitspracherwerb. Diagnosen, Verläufe, Voraussetzungen.* Freiburg im Breisgau: Fillibach, 279-298.

Krammer, Kathrin & Reusser, Kurt (2004): Unterrichtsvideos als Medium der Lehrerinnen- und Lehrerbildung. *Seminar* 4, 80-101.

Maak, Diana & Ricart Brede, Julia (2012): Empirische Erfassung des Invasivitätseffekts in videografierten Unterrichtseinheiten des Faches Biologie der Sekundarstufe, i.Vorb.

Mempel, Caterina (2010): Multimedia-Transkription nonverbaler Kommunikation am Beispiel der Bilderbuchbetrachtung im Deutsch-als-Zweitsprache-Unterricht. In: Aguado, Karin; Schramm, Karen & Vollmer, Helmut Johannes (Hrsg.): *Fremdsprachliches Handeln beobachten, messen, evaluieren*. Reihe: KFU, Band 37. Frankfurt a.M.: Peter Lang, 231-255.

Petko, Dominik; Waldis, Monika; Pauli, Christine & Reusser, Kurt (2003): Methodologische Überlegungen zur videogestützten Forschung in der Mathematikdidaktik. Ansätze der TIMSS 1999 Video Studie und ihrer schweizerischen Erweiterung. *ZDM (Zentralblatt für Didaktik der Mathematik)* 35(6), 265-280.http://subs.emis.de/journals/ZDM/zdm 036a4.pdf (13.10.2007).

Ricart Brede, Julia (2011): *Videobasierte Qualitätsanalyse vorschulischer Sprachfördersituationen.* Freiburg i. Br.: Fillibach.

Ricart Brede, Julia; Knapp, Werner; Gasteiger-Klicpera, Barbara & Kucharz, Diemut (2010): Die Entwicklung von Beobachtungssystemen in der videobasierten Forschung am Beispiel von Qualitätsanalysen vorschulischer Sprachfördereinheiten. In: Aguado, Karin; Schramm, Karen & Vollmer, Helmut Johannes (Hrsg.): *Fremdsprachliches Handeln beobachten, messen, evaluieren.* Reihe: KFU, Band 37. Frankfurt a.M.: Peter Lang, 257-275.

Ricart Brede, Julia; Knapp, Werner; Gasteiger-Klicpera, Barbara & Kucharz, Diemut (2009): Qualitätsanalyse von Sprachförderung für Vorschulkinder – Möglichkeiten der kontrastiven Analyse. In: Ahrenholz, Bernt (Hrsg.): *Empirische Befunde zu DaZ-Erwerb und Sprachförderung.* Freiburg Br.: Fillibach, 81-104.

Schramm, Karen & Aguado, Karin (2010): Videographie in den Fremdsprachendidaktiken – Ein Überblick. In: Aguado, Karin; Schramm, Karen & Vollmer, Helmut Johannes (Hrsg.): *Fremdsprachliches Handeln beobachten, messen und evaluieren.* Frankfurt am Main: Peter Lang, 185-214.

Prenzel, Manfred; Duit, Reinders; Euler, Manfred; Lehrke, Manfred & Seidel, Tina (Hrsg.) (2001): *Erhebungs- und Auswertungsverfahren des DFG-Projekts „Lehr-Lern-Prozesse im Physikunterricht – eine Videostudie“.* Kiel: Leibniz-Institut für Pädagogik der Naturwissenschaften (IPN), 5-26.

Schmidt, Thomas (o.J.): EXMARaLDA. Partitur-Editor Handbuch (Version 1.3.2). http://www1.uni-hamburg.de/exmaralda/Daten/2D-Download/Partitur-Editor/Handbuch-aktuell.pdf [23.03.2012]

Seidel, Tina; Prenzel, Manfred; Duit, Reinders & Lehrke Manfred (Hrsg.) (2003): *Technischer Bericht zur Videostudie „Lehr-Lern-Prozesse im Pyhsikunterricht.* Kiel: IPN.

Selting, Margret; Auer, Peter; Barden, Birgit; Bergmann, Jörg; Couper-Kuhlen, Elizabeth; Günther, Susanne; Meier, Christoph; Quasthoff, Uta; Schlobinski,

Peter & Uhmann, Susanne (1998): *Gesprächsanalytisches Transkriptionssystem (GAT)*. In: Linguistische Berichte, Nr. 173, 91-122.

Schwab, Götz (2006): Transana – ein Transkriptions- und Analyseprogramm zur Verarbeitung von Videodaten am Computer. In: Gesprächsforschung, Ausgabe 7, 70-78. http://www.gespraechsforschung-ozs.de/heft2006/px-schwab.pdf [23.02.2012].

Wahl, Diethelm (2005): *Lernumgebungen erfolgreich gestalten. Wirksame Wege vom trägen Wissen zum kompeteten Handeln in Erwachsenenbildung, Hochschuldidaktik und Unterricht*. Bad Heilbrunn: Julius Klinkhardt.

Forschungsmethodologische Überlegungen zur Untersuchung der Sprachentwicklung von Aussiedern am Beispiel morphologischer Analysen

Aneta Nickel

1. Projektbeschreibung[1]

Das Essener Projekt zum Spracherwerb von Aussiedlern aus der ehemaligen Sowjetunion (ESA-Projekt) wurde in den 90er Jahren ins Leben gerufen und zielte auf die Untersuchung von Spracherwerbsprozessen bei einer speziellen Migrantengruppe, den Aussiedlern. Diese Gruppe kann aufgrund herkunftsbezogener Merkmale sprachlich und soziokulturell äußerst heterogen sein. Sie verfügt z. T. über Vorkenntnisse in der deutschen Sprache, jedoch auf unterschiedlichen Niveaustufen. Auch dialektale Ausprägungen der Sprache sind bei älteren Aussiedlern vielfach vorzufinden. Weitgehend homogen zeigt sich diese Migrantengruppe bezüglich ihrer Herkunftssprache: Meistens handelt es sich dabei um das Russische.

Die Studie des ESA-Projekts war longitudinal angelegt und umfasste Interviews mit Aussiedlern, die sich zum Zeitpunkt der ersten Gespräche seit ungefähr einem Jahr in Deutschland aufgehalten hatten. Um die sprachlichen Entwicklungen bei einzelnen Lernern dokumentieren zu können, wurde die Studie als Panel-Untersuchung über einen Zeitraum von einem Jahr angelegt. Als für die Entwicklung interessanter erster Messzeitpunkt wurde der Abschluss des Intensivsprachkurses[2] (nach etwa einem Jahr Aufenthalt in der BRD) angesehen. Mit insgesamt 53 Personen wurden sprachliche Daten zu drei Zeitpunkten im Abstand von jeweils sechs Monaten erhoben, also nach etwa einem Jahr, nach 18 Monaten und nach 24 Monaten Aufenthalt in Deutschland.

Neben den linguistischen Aspekten, deren Erforschung die Studie in erster Linie diente, waren auch soziolinguistische, soziokulturelle und soziobiografische Begleitfaktoren von Bedeutung. Die durchgeführten Inter-

---

1 Als Erleichterung für den Leser werden hier einleitend die wichtigsten Angaben zum Projekt wiederholt, die bereits an anderer Stelle veröffentlicht wurden (vgl. Baur & Nickel 2008, Nickel 2010).

2 Bei heranwachsenden Probanden war es der Abschluss der sogenannten Vorbereitungsklasse.

views waren durch einen Interviewleitfaden so angelegt, dass nach dem Modell des ZISA-Projekts (Clahsen; Meisel & Pienemann 1983) auch die soziobiografische Entwicklung der Probanden aus ihnen ersichtlich wurde. Aufgrund der Anlage des Interviewleitfadens wurden in den Gesprächen Themen aus dem Alltag und biografische Gegebenheiten erfragt. Somit können bei der Suche nach beeinflussenden Faktoren beobachtete sprachliche Entwicklungen mit soziokulturellen Hintergründen verglichen werden.

Die zu untersuchende Aussiedlergruppe umfasste 22 Jugendliche und 31 Erwachsene. Die Jugendlichen waren zum Zeitpunkt des ersten Interviews zwischen 13 und 18 Jahre alt und alle ohne Vorkenntnisse im Deutschen in die BRD eingereist. Die Erwachsenen gliederten sich auf in eine Gruppe von 13 Akademikern ohne Vorkenntnisse und vier Akademikern mit guten Vorkenntnissen im Deutschen sowie eine Gruppe von zehn Nichtakademikern ohne Vorkenntnisse und vier Nichtakademikern mit guten Vorkenntnissen. Die Datenerhebung im ESA-Projekt erfolgte im mündlich-sprachlichen Bereich, und zwar durch Interviews (anhand eines Interviewleitfadens) und eine Erzählung, die durch eine Bildgeschichte gesteuert wird (vgl. Baur et al. 1999: 136). Die Aufzeichnung der Daten erfolgte auf Video.[3]

Im ESA-Projekt werden verschiedene Aspekte sprachlicher Entwicklungen der Probanden im syntaktischen, morphologischen, phonetisch-phonologischen und lexikalischem Bereich untersucht. Zur Analyse der Daten wurden jeweils Modelle entwickelt, die größtenteils auf etablierten Untersuchungsmodellen zur Erfassung sprachlicher Entwicklung basieren, jedoch in ihrer endgültigen Form im Laufe der Studie heuristisch entstanden sind.[4] Grundsätzlich schließt das ESA-Projekt an Fragen an, die durch das Heidelberger Projekt (HDP 1976) und das Wuppertaler ZISA-Projekt (Clahsen; Meisel & Pienemann 1983) aufgeworfen wurden. Folgende Unterschiede zu diesen Studien können herausgestellt werden: 1. Im ESA-Projekt handelt es sich nicht um Arbeitsmigranten mit wenig Schulbildung, sondern um Zuwanderer mit guter Schulbildung und teilweise akademischen Abschlüssen, 2. Die interviewten Aussiedler verfügen über die deutsche Staatsangehörigkeit und somit einen besonderen juristisch-politischen

---

3 Die Interviews wurden von den Projektmitarbeitern Iris Bäcker, Ulrike Kraft und Klaus Wölz durchgeführt.

4 Eine grundlegende Beschreibung der ESA-Analysemodelle findet sich in Baur & Nickel (2008), Baur & Nickel (2009) und Nickel (2009), die ausführliche Darstellung des sechsstufigen Syntax-Untersuchungsmodells in Baur & Nickel (2008) und des fünfschrittigen Morphologie-Analysemodells in Nickel (2010).

Status,[5] 3. Die Herkunftssprache der ESA-Probanden ist mit Russisch eine slawische, 4. Es wird auch der phonetisch-phonologische Bereich in die Untersuchung mit eingeschlossen, 5. Es wird die Frage untersucht, wie die Entwicklungen in unterschiedlichen sprachlichen Bereichen kovariieren. Wie in den genannten früheren Untersuchungen wird auch der Frage nachgegangen, welche soziolinguistischen und soziobiografischen Faktoren die ermittelten sprachlichen Entwicklungen beeinflussen (Baur & Nickel 2008).

2. Das Korpus

In Nickel (2010) finden sich eine ausführliche Korpusbeschreibung und die Darstellung der Codierungsart aller bisher analysierten Interviews mit Probanden aus dem ESA-Korpus. Tabelle 1 zeigt die Merkmale, die den Codierungen zugeordnet worden sind. Es werden Geschlecht und Alter des Probanden zum ersten Messzeitpunkt, Bildungshintergrund und Bildungsdauer, schließlich Umfang und Art des Kontaktes mit der deutschen Sprache im Herkunftsland verzeichnet. Für die Darstellung der Analyseergebnisse im morphologischen Bereich wird im Abschnitt 3.4 exemplarisch ein jugendlicher Proband vorgestellt. Als Korpus für diese Beispieluntersuchung dienen drei aufgezeichnete Gespräche mit dem Heranwachsenden. Die einzelnen Interviews umfassen eine Länge von ca. 18 bis ca. 25 Minuten.[6]

Der Erwerb bei dem Probanden wird als ein vorwiegend ungesteuerter, „natürlicher“ Spracherwerbsprozess betrachtet.

---

5 Dies ist insofern von Bedeutung, als der psychosoziale Druck, als Deutscher „gutes“ Deutsch sprechen zu müssen und sich ggf. von sprachlichem Umfeld nicht zu unterscheiden, einen Einfluss auf das Lern- und Kommunikationsverhalten haben kann (vgl. Baur; Chlosta & Nickel 2007).

6 Die Interviews mit Jugendlichen fallen in der Regel kürzer aus, vereinzelt gibt es jedoch umfangreichere Aufnahmen bis zu 40 Minuten. Die Interviews mit erwachsenen Probanden dauern z.T. bis zu 65 Minuten an.

Tab. 1. Probanden-Codierung in der Beispieluntersuchung

Proband	Geschlecht	Alter	Bildung	Bildungsjahre	Deutsch-Kontakt	Status
ROCH	m	17	S-Ge	9	4 DaF	KF

Erläuterung zum Tabellenkopf: *Alter*: Es handelt sich um das Alter des Probanden in vollen Jahren zum Zeitpunkt der Durchführung des ersten Interviews (etwa ein Jahr nach der Einwanderung). *Bildung*: S-Ge steht für Schüler, derzeit an einer Gesamtschule. *Bildungsjahre*: Die Zahl der Bildungsjahre erfasst die Gesamtzahl der Bildungsjahre (Schul-, Berufs- und Hochschulbildung) im Herkunftsland. Eventuelle Fortbildungen, Sprachkurse bzw. sogenannte Vorbereitungsklassen in Deutschland werden nicht berücksichtigt. *Deutsch-Kontakt*: 4DaF steht für einen vierjährigen Schulunterricht des Deutschen als Fremdsprache (2 UE pro Woche); 6DaM_a stünde bspw. für einen sechsjährigen, aktiven Kontakt mit der deutschen Sprache in Form von Familiensprache. *Status*: Da sich einige der sprachlichen Analysen im ESA-Korpus auf sogenannte Kontingentflüchtlinge jüdischer Herkunft (KF) beziehen, wird der Status erfasst (der Status SA steht für Spätaussiedler). Aus den soziologischen Identitätsuntersuchungen werden KF-Probanden herausgenommen.

Im Folgenden werden die methodologischen Grundsätze der Sprachanalysen im Bereich der Morphologie anhand eines Modells, das auf die Untersuchung von Präpositionalphrasen abzielt, vorgestellt. Dabei werden die Überlegungen, die zur Entwicklung des Untersuchungsmodells und seiner heuristisch entstandenen Modifikationen geführt haben, dargelegt, und die einzelnen Untersuchungsschritte des Modells selbst kritisch diskutiert. Die vorläufigen Analysen werden in erster Linie dargestellt, um den methodologischen Aspekt der Untersuchungen zu veranschaulichen.

3. Morphologische Analysen am ESA-Korpus

Für die Untersuchung sprachlicher Entwicklung im morphologischen Bereich wurde nach morphematischen Gruppen gesucht, die möglichst viele Marker im Sinne einer formalen Symbolisierung (Encodierung) mindestens einer grammatischen Kategorie enthalten (Wurzel 2001). Das deutsche Präpositionensystem, das zum einen deutliche semantische Unterschiede zum Russischen aufweist, bietet zum anderen insbesondere in Verbindung mit den Präpositionsbegleitern (eine Präpositionalphrase bildend) flexionsmorphologisch eine breite Basis für Analysen bezüglich sprachlicher Korrektheit in diesem Bereich.

> „Präpositionen verlangen immer eine eingebettete Phrase als Ergänzung und bilden mit dieser zusammen eine Präpositionalphrase:
>
> Präpositionalphrase = [*Präposition* + [eingebettete Phrase]]
>
> Bei manchen Präpositionen zeigt sich die umgekehrte Abfolge, d.h., die Präposition folgt als sogenannte Postposition der eingebetteten Phrase:
>
> Präpositionalphrase = [[eingebettete Phrase] + *Präposition*]
>
> Bei der eingebetteten Phrase handelt es sich meistens um eine Nominalphrase. Die Präposition bestimmt deren Kasus; man spricht dann von Rektion.“ (Gallmann 2009: 836)

Der Durchführung morphologischer Analysen am ESA-Korpus gingen mehrere Untersuchungen in anderen sprachlichen Bereichen voraus. Analysen der syntaktischen und phonologischen Entwicklung einiger Probanden wurden exemplarisch in Baur & Nickel (2008), Baur & Nickel (2009) und Nickel (2010)[7] vorgestellt. Zur Durchführung dieser Untersuchungen wurden eigene Analysemodelle und Kriterienkataloge entwickelt. Im Laufe der Arbeit am ESA-Korpus wurden unterschiedliche Methoden zur Untersuchung des morphologischen Bereichs erprobt. Dabei wurde eine wesentliche Unterteilung der Präpositionalphrasen in zwei- und mehrgliedrige Präpositionalphrasen festgelegt.

- Zweigliedrige Präpositionalphrasen bestehen aus einer Präposition und einem weiteren Glied, meist einem Nomen, z.B.: *aus Kasachstan, nach Deutschland, in Sibirien.*
- Mehrgliedrige Präpositionalphrasen bestehen aus einer Präposition und mindestens zwei weiteren Gliedern, also mindestens einem Begleiter und einem Nomen; z.B.: *bei der Stadt, in die neue Arbeit, mit seiner jüngeren Tochter, von der staatlichen Hilfe.*

Diese Unterteilung ist für die Analyse nutzbringend, denn die zweigliedrigen Präpositionalphrasen enthalten häufig keinerlei morphologische Markierungen. Eine nicht differenzierte Betrachtung der Präpositionalphrasen würde somit bedeuten, dass Daten, die keinerlei morphologische Informationen enthalten, zu Aussagen über morphologische Entwicklungen der Probanden herangezogen werden und diese so gegebenenfalls verfälschen.

7 In Nickel (2010) wurde das zu der Zeit fünfschrittige Morphologie-Analysemodell dargestellt.

Mehrgliedrige Präpositionalphrasen sind demgegenüber für die Analyse der morphologischen Entwicklung aussagekräftig, was schon bei früheren Untersuchungen deutlich wurde (Baur & Nickel 2008; Nickel 2009; Nickel 2010).[8] Zweigliedrige Präpositionalphrasen werden in der Untersuchung zwar gezählt, jedoch nicht zur Analyse morphologischer Entwicklungen herangezogen, lediglich zur Erfassung von Tendenzen und für interpretatorische Aussagen verwendet. Darüber hinaus werden die Anteile zwei- und mehrgliedriger Präpositionalphrasen an der Gesamtzahl der realisierten Präpositionalphrasen bestimmt und die Gliederzahl mehrgliedriger Präpositionalphrasen erfasst. Auf diese Weise werden auch Aussagen zur Entwicklung der sprachlichen Komplexität im morphologischen Bereich möglich.

3.1 Verschmelzung von Präposition und Artikel

Gesondert betrachtet in den Untersuchungen werden die Verschmelzungen von definiten Artikeln und Präpositionen.

> „Bestimmte Präpositionen verschmelzen mit Artikelformen im Dativ und/oder Akkusativ (nicht im Genitiv) zu einer einzigen Wortform: *im* aus *in + dem*, *ins* aus *in + das*, *zum* aus *zu + dem*, *beim* aus *bei + dem* usw. Dabei verschmelzen am ehesten die Formen *dem* und *das*, in der gesprochenen Sprache auch *den*, nur selten dagegen *der* und *die* (Ausnahme ist *zur* aus *zu + der*)." (Nübling 2009: 615)

Bei den Präpositionen, die der Zusammenziehung mit dem definiten Artikel unterliegen, handelt es sich um häufig vorkommende Präpositionen, auch Kern- oder primäre Präpositionen genannt (Römer 2006). Die Verschmelzung erfolgt insbesondere im mündlichen Gebrauch. Tabelle 2 stellt die Unterscheidung nach standard- und umgangssprachlicher Verwendung dar (Helbig & Buscha 2001).

Da die Verschmelzungen aus Präposition und Artikel bereits eine Zweigliedrigkeit aufweisen, werden die Präpositionalphrasen, die diese Zusammensetzungen enthalten bzw. enthalten müssten, in den ESA-Untersuchungen den mehrgliedrigen Präpositionalphrasen zugeordnet. So werden Realisierungen wie *zur Schule, im Sommer, beim Arzt* als mehrgliedrig korrekt, und *zu Schule, in Sommer, bei Arzt* usw. als mehrgliedrig inkorrekt gezählt.

---

[8] In Nickel (2010) findet sich eine vergleichende Analyse von vier Probanden, die die Bedeutung der Unterteilung deutlich belegt.

Tab. 2. Verwendung der Zusammenziehung des bestimmten Artikels mit der Präposition: standardsprachlich (fett) und umgangssprachlich (kursiv)[9]

Kasus / Genus Präposition	Dativ Maskulinum Neutrum	Akkusativ Neutrum	Dativ Femininum
an	**am**	**ans**	--
auf	--	*aufs*	--
bei	**beim**	--	--
durch	--	*durchs*	--
für	--	*fürs*	--
hinter	*hinterm*	*hinters*	--
in	**im**	**ins**	--
über	*überm*	*übers*	--
um	--	*ums*	--
unter	*unterm*	*unters*	--
von	**vom**	--	--
vor	*vorm*	*vors*	--
zu	**zum**	--	**zur**

Die Verschmelzung stellt für Deutschlerner mit russischer Herkunftssprache, zusätzlich zum Gebrauch des Artikels, eine besondere Lernschwierigkeit dar, da es ähnliche Verschmelzungen im Russischen nicht gibt. Erschwerend kommt für die Lerner hinzu, dass die Zusammenziehung von Präposition und Artikel im Deutschen obligatorisch, fakultativ oder ausgeschlossen sein kann (Böttger 2008). Dies begünstigt bei russischsprachigen Deutschlernern Übergeneralisierungen bzw. negativen Transfer, z.B.: *im Staat* und *im Stadt.*

Dass die – oberflächlich gesehen – zweigliedrigen Präpositionalphrasen zu mehrgliedrigen gezählt werden, ist ausschlaggebend. Denn aus Präposition und Artikel zusammengesetzte Präpositionen enthalten Marker (z.B. Kasus- oder Genusmarkierungen), die morphologischen Wert haben:

***am** Tag: **an** + **dem** Tag*
***vom** eigenen Sohn: **von** + **dem** eigenen Sohn*

9 Auffällig erscheint, dass in den bisher durchgeführten Analysen am ESA-Korpus keine Realisierungen der umgangssprachlichen Verschmelzungen verzeichnet wurden. Generell finden sich umgangssprachliche Wendungen in den Interviews mit ESA-Probanden tendenziell selten.

***zur** neuen Schule:* ***zu** + **der** neuen Schule*
(Nickel 2010).

3.2 Untersuchungsfragen in der Morphologie

Im Anschluss an die ersten morphologischen Untersuchungen in Nickel (2010), die generelle Entwicklungskurven bei vier Probanden hervorgebracht haben, wurden unter anderem folgende Fragen, die die „Problemfelder“ differenzieren, gestellt:

1. Lassen sich Teilbereiche (Kasus, Genus, Numerus) erkennen, in denen morphologische Fehler häufiger oder weniger häufig anzutreffen sind?
2. Wie verhalten sich fehlerhafte Realisierungen verteilt auf die drei Kasus?
3. Lassen sich lexikalische Entwicklungen auf der Grundlage der verwendeten Präpositionalphrasen und Chunks (z.B. durch Berechnung der type-token-ratio) erkennen?
4. Lassen sich Fehlerkategorien (Auslassung, Kasus, Genus, Numerus, Verschmelzungsfehler) generieren?

Die Ergebnisse der anschließend erfolgten Datenanalysen brachten zusätzlich folgende Fragestellungen zu eventuellen morphologischen Schwierigkeitsbereichen mit sich:

5. Lassen sich Tendenzen in der inkorrekten Verwendung hinsichtlich der Länge der Präpositionalphrasen (Anzahl der Glieder) erkennen?
6. Lassen sich Wortarten ausmachen, die häufiger fehlerhafte Realisierungen aufweisen als andere Wortarten?

3.3 Morphologische Analyse am ESA-Korpus – das achtschrittige Modell

In Nickel 2010 wurde das bis dahin fünfschrittige Modell zur morphologischen Analyse ausführlich beschrieben. Im Laufe der Untersuchungen ist das Modell um drei weitere Schritte ergänzt worden. Im Folgenden werden die ersten fünf Analyseschritte verkürzt und die Schritte 6 bis 8 eingehend vorgestellt.

1. Schritt: Bereinigung der Daten um Anakoluthe[10] mit Konstruktionswechsel und -wiederholung, Einteilung der Präpositionalphrasen in zwei- und mehrgliedrige

Im ersten Schritt der morphologischen Analyse am ESA-Korpus werden die linguistischen Einheiten der Präpositionalphrasen gezählt und der Gruppe der zwei- bzw. mehrgliedrigen Realisierungen zugeordnet. Zuvor erfolgt eine Bereinigung der Daten um Konstruktionsbrüche mit Konstruktionswechsel (Selbstkorrekturen) und Konstruktionsbrüche mit Repetition.

2. Schritt: Zuordnung der verwendeten Präpositionalphrasen zu den Kategorien ‚korrekt'und ‚inkorrekt'

Im zweiten Analyseschritt werden die eingeteilten Präpositionalphrasen auf ihre Korrektheit hin untersucht. Dabei werden alle Realisierungen berücksichtigt, unabhängig von der Häufigkeit ihres Vorkommens. Für die Einstufung ‚korrekt realisiert'müssen alle Glieder der Präpositionalphrase korrekt sein. Da die mehrgliedrigen Präpositionalphrasen aus unterschiedlich vielen Gliedern bestehen, lässt sich an der Stelle keine Unterscheidung, beispielsweise nach Wortart, bei der Analyse vornehmen. Deshalb gilt der Grundsatz, dass auch ein einziger inkorrekt realisierter Teil einer Präpositionalphrase zu einer Einordnung in die Kategorie ‚inkorrekt realisiert' führt.

3. Schritt: Ausschluss formelhafter Wendungen aus dem Datenbestand

In einem weiteren Schritt der morphologischen Untersuchung werden feststehende Wendungen aus dem Zählvorgang ausgeschlossen. Für diese formelhaften Ausdrücke, die besonders häufig vorkommen und schematische Strukturen aufweisen, wird der Begriff *Chunks* verwendet. Chunks werden zwar im ersten Schritt der Untersuchung gezählt und dem jeweiligen Typus zugeordnet, jedoch – ähnlich wie im Fall zweigliedriger Präpositionalphrasen – nicht für Aussagen zur morphologischen Entwicklung verwendet, weil ihre Formelhaftigkeit keine Aussagen über die sprachliche Entwicklung in diesem Bereich zulässt. Die Bestimmung von Chunks (als lexikalisch erlerntes Material) ist relativ schwierig, da diese häufig je nach Sprecher variieren und demnach auch nicht bei jedem der interviewten Probanden in gleicher Weise als „feste Wendung" zu identifizieren und zu klassifizieren sind. Letztendlich ist die Verwendung von Chunks sowohl von den Personen als auch vom Kontext abhängig (ausgenommen sind die Phrasen *zum Beispiel* und *im Grunde*). Auch altersbedingte Unterschiede ließen sich

---

[10] Hierbei handelt es sich sowohl um absichtliche bzw. bewusste als auch unterlaufene bzw. unbewusste Abbrüche der Konstruktion (Schwitalla 1997)

bei den bisher erfolgten Analysen feststellen – bei erwachsenen Probanden kam beispielweise *von Beruf* häufig vor, bei Jugendlichen dagegen überhaupt nicht. So muss letztlich für jede Untersuchungsperson bestimmt werden, ob eine Präpositionalphrase als Chunk oder als eine morphologisch korrekte Bildung bewertet wird.

4. Schritt: Wiederholungen und Echo-Effekte aus der Zählung ausschließen

In einem weiteren Schritt werden alle Mehrfachrealisierungen, also in einem Interview wiederholt realisierte Präpositionalphrasen, aufgelistet. Die Anzahl der Wiederholungen ist häufig kontextabhängig. So wurde beispielsweise im Interview 3 mit VIHE (m., 33 J.) 11 Mal „in Hattingen" realisiert. Da die Wiederholungen nur einfach in die korrekt/inkorrekt-Rechnung der zweigliedrigen Präpositionalphrasen fließen, wird die zur Analyse verbleibende Anzahl im Bereich ‚zweigliedrig korrekt realisiert' um 10 reduziert. Kommt es jedoch zur Wiederholung der Realisierungen in korrekter und inkorrekter Form, so müssen die Zahlen ins Verhältnis gesetzt und anschließend in die Zählung aufgenommen werden. Angenommen, es würde 10 Mal „in Hattingen" (‚korrekt') und 5 Mal „im Hattingen" (‚inkorrekt') realisiert werden, so ist das Verhältnis 2:1 in die Zählung aufzunehmen. In der Beispieluntersuchung kommt eine solche Wiederholungskonstellation jedoch nicht vor.

Realisierungen, die eindeutig als Effekt von Echo-Phänomenen klassifiziert werden können, sind aus der Analyse ebenfalls auszuschließen. Wenn die realisierte Präpositionalphrase vom Interviewer im Gespräch „vorgegeben" und anschließend von dem Probanden lediglich aufgenommen und wiederholt wird, wird sie in der Zählung nicht berücksichtigt, da es sich dabei um keine selbstgesteuerte produktive Bildung linguistischer Einheiten handelt.

5. Schritt: Korrekt/inkorrekt-Rechnung

Die so bereinigten Daten werden noch einmal der korrekt/inkorrekt-Rechnung unterzogen. Die korrekten Realisierungen werden in relativen Zahlen ausgedrückt, um eine möglichst hohe Vergleichbarkeit der Ergebnisse aller drei Messzeitpunkte zu gewährleisten. Die absoluten Zahlen werden jedoch ebenfalls dargestellt. Diese Information ist wichtig im Hinblick auf die teilweise unterschiedliche Länge der Interviews bzw. unterschiedlichen Sprechanteile der Probanden.

6. Schritt: Klassifikation inkorrekter Realisierungen

Zur Erfassung der Fehlertypen in inkorrekten Realisierungen werden diese in einem weiteren Schritt nach Kasus-, Genus- und Numerusfehlern differenziert. Zudem werden auch sogenannte Artikelfehler betrachtet. So können ggf. spezifische Fehlerquellen ermittelt werden.

Bei Kasusfehlern, die sich in den bisher durchgeführten Fehleranalysen als am häufigsten auftretend herausstellten, wird mit der inkorrekten Realisierung markiert, welcher standardsprachlich korrekte Kasus hätte realisiert werden müssen. Das Ergebnis dieser Gegenüberstellung liefert eine Aufstellung, mit welcher Häufigkeit Akkusativ und Dativ inkorrekt realisiert werden. Wenn das mit den absoluten Zahlen des normativ geforderten Gebrauchs verglichen wird, kann man sehen, ob der Dativ auch relativ gesehen die größere Schwierigkeit im morphologischen Bereich der Kasusanwendung darstellt, wie es die absoluten Zahlen suggerieren (vgl. folgende Beispiele.[11])

**__aus__ die Schule*	Dativ[12]
**(ich bin) __in__ die neunte Klasse*	Dativ
**__von__ unser Land*	Dativ
**(ich wollte nicht) __in__ Kino (gehen)*	Akkusativ

Genusfehler treten weitaus weniger häufig auf und sind nicht immer von den Kasusfehlern abzugrenzen. Sind die Fehler jedoch eindeutig dem Bereich Genus zuzuordnen, werden sie nach der standardsprachlichen Norm als Maskulinum-, Femininum- und Neutrumfehler klassifiziert:[13]

**__in__ dieses Stadt (gehen)*	Fem.[14]
**__zum__ zehnten Klasse*	Fem.
**__in__ diesen kleinen Dorf (zurückkehren)*	Neut.
**__auf__ so ein schönes Wagen (stolz sein)*	Mask.

Noch schwieriger von den Kasusfehlern zu unterscheiden und seltener auftretend sind (morphologische) Numerusfehler. Inkorrekte Realisierungen im Bereich der Pluralbildung sind zwar häufig, allerdings sind die Auswirkungen dieser Fehler auf morphologische Korrektheit in den Präpositio-

---

[11] Die Beispielrealisierungen stammen aus dem Interview 3 mit DIRE (m., 16 J.).

[12] In dieser Spalte werden in den folgenden Beispielen die standardsprachlich geforderten korrekten Kasus eingetragen.

[13] Die Beispielrealisierungen stammen aus den Interviews 2 und 3 mit VIHE (m., 33 J.) und dem Interview 3 mit DIRE (m., 16 J.).

[14] In dieser Spalte werden in den folgenden Beispielen die standardsprachlich geforderten korrekten Generaeingetragen.

nalphrasen nicht ohne Weiteres nachweisbar. Eine Ausnahme stellen die Singularia- bzw. Pluraliatantum im Deutschen dar. In diesen Fällen sind die Fehler deutlich auf den Bereich des Numerus zurückzuführen.[15]

****mit*** meinem Geschwister*	Plural[16]
****über*** viele Gelde (gesprochen)*	Singular

Als Artikelfehler[17] werden inkorrekte Äußerungen klassifiziert, die durch Artikelauslassungen zu morphologisch inkorrekten Realisierungen der Präpositionalphrasen führen.[18]

****durch*** Post (geschickt)*	Auslassung
****mit*** Mutter*	Auslassung
****mit*** Kind*	Auslassung
****in*** Schule (gegangen)*	Auslassung

Eine morphologisch richtige Verwendung von Artikeln an Stellen, wo vom Sprachusus her der Nullartikel steht, wird nicht als Fehler gewertet, sofern die Realisierung morphologisch keinen Kasus-, Genus- oder Numerusfehler aufweist:

(das war nicht) ***von der*** *großen Bedeutung*
(er hat es richtig) ***mit der*** *Überzeugung (gesagt)*

Artikelauslassungen kommen relativ häufig vor. Die Eröffnung dieser Fehlerkategorie ist besonders wichtig, da die Auslassungen von Artikeln Fehler in den anderen Fehlerkategorien „verdecken“ können. Die Verwendung von Artikeln in Äußerungen, die dessen nicht bedürfen, ist demgegenüber eher morphologisch „aufdeckend“, weil man den Artikel in den Präpositionalphrasen immer gleichzeitig als einen morphologischen Marker interpretieren kann.

Häufig treten fehlerhafte Realisierungen in einer Form auf, die sowohl Kasus-, Genus- als auch Numerusfehler zur Ursache haben könnten. Das heißt, dass die Fehlerquelle nicht eindeutig bestimmbar ist.[19]

---

15 Die Beispielrealisierungen stammen aus dem Interview 1 mit VIHE (m., 33 J.) und dem Interview 2 mit TAWE (w., 40 J.).

16 Standardsprachlich korrekt.

17 Die hier beschriebenen Artikelfehler sin dvon Fehlern „am Artikel“ zu unterscheiden (s. Tab. 10).

18 Die Beispielrealisierungen stammen aus den Interviews 2 und 3 mit VIHE (m., 33 J.) und dem Interview 2 mit NADI (w., 34 J.).

19 Die Beispielrealisierungen stammen aus dem Interview 2 mit VIHE (m., 33 J.) und dem Interview 1 mit TAWE (w., 40 J.).

(Mutter)* ***von* *diese deutsche Junge* Kasus/Genus[20]
****über*** *solche Thema (gesprochen)* Kasus/Genus/Numerus[21]

7. Schritt: Betrachtung der Gliederanzahl korrekter und inkorrekter mehrgliedriger Präpositionalphrasen

Die Einstufung einer Präpositionalphrase in die Kategorie ‚mehrgliedrig inkorrekt' erfolgt, wenn mindestens ein Glied der Präpositionalphrase morphologisch inkorrekt verwendet wurde. Eventuell korrekt realisierte Teile der Präpositionalphrase werden nicht betrachtet und somit aus der Analyse ausgenommen.[22] Die Realisierungen[23]

bei* ***diese* *deutschen Freunden* (4 Glieder)
über die nette* ***deutschen* *Lehrerin (gesprochen)* (5 Glieder)

werden aufgrund eines fehlerhaften Gliedes als *mehrgliedrig inkorrekt* eingestuft. Hier stellt sich die Frage, ob die Korrektheit/Inkorrektheit einer Präpositionalphrase mit der Anzahl der Glieder korreliert. Dieses Verhältnis wird im siebten Schritt überprüft.

8. Schritt: Analyse inkorrekter Realisierungen – Korrelation zwischen dem Fehler und der Wortart fehlerhafter Glieder

Abschließend wird untersucht, ob bestimmte Wortarten bei fehlerhaften Realisierungen häufiger als andere auftreten. Dazu werden die Glieder jeder Präpositionalphrase einer Wortart und der Kategorie ‚korrekt' bzw. ‘inkorrekt' zugeordnet.

von den* ***russlanddeutsche Leute* *(gehört)*
Artikel (k) – Adjektiv (ik) – Substantiv (ik)
mit dem* ***russische* *Freund*
Artikel (k) – Adjektiv (ik) – Substantiv (k)
in diese* ***neuen* *Mittelschule (gegangen)*
Demonstrativpronomen (k) – Adjektiv (ik) – Substantiv (k)
zum russischen und* ***ukrainische* *Unterricht (gehen)*
Artikelverschm. (k) – Adjektiv (k) – Adjektiv (ik) - Substantiv (k)

---

20 Vermutet wird hier ein Kasusfehler, weil jedes Genus in der Beispieläußerung eine Markierung fordert. Jedoch ist der Fehlertyp nicht eindeutig bestimmbar.

21 Ein Numerusfehler ist hier eher nicht wahrscheinlich, jedoch auch dem Kontext nach nicht eindeutig auszuschließen. Vermutlich handelt es sich um einen Genusfehler.

22 Es ist angedacht, korrekt realisierte Glieder inkorrekter Präpositionalphrasen einer separaten Analyse zu unterziehen.

23 Die Beispielrealisierungen für die Untersuchungsschritte 7 und 8 stammen aus den Interviews 1, 2 und 3 mit ROCH (m., 17 J.) und 2 und 3 mit TAWE (w., 40 J.).

In den oben angeführten Beispielen wurden fünf Adjektive verwendet, von denen vier inkorrekt realisiert wurden. Alle drei Artikelrealisierungen waren korrekt. Bei den Substantiven wurden drei von vier korrekt verwendet, wobei die inkorrekte Realisierung bei dem einzigen morphologisch markierten Substantiv auftrat. Die Substantive sind seltener morphologisch markiert (Ausnahmen häufig bei der n-Deklination), was bei der Zuordnung fehlerhafter Realisierungen zu den Wortarten unbedingt berücksichtigt werden sollte.

Insgesamt wird nach diesem Analyseschritt eine Tendenz zu der Wortart mit dem größten Schwierigkeitspotenzial im morphologischen Bereich gezeigt. Die Untersuchung sollte ebenfalls bei korrekten Realisierungen durchgeführt werden.

3.4 Die morphologische Entwicklung bei ROCH

Für die vorliegende Beispieluntersuchung wurde der Proband ROCH ausgewählt. Zum Zeitpunkt des ersten Interviews ist er 17 Jahre alt und Schüler einer Gesamtschule. Im ersten Jahr nach der Ankunft in Deutschland hat er die sogenannte Vorbereitungsklasse besucht. ROCH gibt an, sich in einem vorwiegend russischsprachigen sozialen Umfeld zu bewegen und nur wenige Kontakte mit Deutsch-Muttersprachlern zu unterhalten. Er stammt aus der Ukraine und gehört zu den sogenannten Kontingentflüchtlingen jüdischer Herkunft. Im Herkunftsland gab es für ROCH wenig Berührungspunkte mit der deutschen Sprache; er hatte vier Jahre lang Fremdsprachenunterricht in der Schule. Seine Sprachkenntnisse bei der Einreise nach Deutschland bezeichnet ROCH als geringfügig.

Die Darstellung der Zwischenschritte der morphologischen Analyse erfolgt nachstehend exemplarisch für Interview 1 mit ROCH[24].

1. und 2. Schritt:

Im ersten Interview mit ROCH wurden insgesamt 48 Präpositionalphrasen realisiert (vgl. Tabelle 3), davon 20 zwei- und 28 mehrgliedrige. Alle zweigliedrigen Präpositionalphrasen wurden korrekt verwendet, im Bereich der mehrgliedrigen wurden 12 korrekt und 16 inkorrekt realisiert.

---

[24] Die Untersuchungsschritte 1 bis 5 für den Probanden DIRE wurden in Nickel (2010) ausführlich dargestellt.

Tab. 3. ROCH, Interview 1; Daten nach den Analyseschritten 1 und 2; alle realisierten Präpositionalphrasen

ROCH	Gesamtzahl der Realisierungen	zweigliedrig		mehrgliedrig	
		korrekt	inkorrekt	korrekt	inkorrekt
Int. 1	48	20	0	12	16

3. Schritt:

Im nächsten Schritt erfolgt der Ausschluss der Chunks aus dem zu analysierenden Datenbestand. Folgende Realisierungen aus dem ersten Interview mit ROCH wurden der Kategorie ‚Chunks' zugeordnet:

zum Beispiel (5)
zu Hause (2)

Die Zahl der zur Analyse verbleibenden Realisierungen reduziert sich durch den Ausschluss von Chunks im Bereich der zweigliedrigen korrekten auf 18 und im Bereich der mehrgliedrigen korrekten auf 7. Die Gesamtzahl der zur Analyse verbleibenden Realisierungen beträgt nach diesem Schritt 41 (s. Tabelle 4). Der Anteil korrekt realisierter mehrgliedriger Präpositionalphrasen beträgt nach diesem Schritt 30%.

Tab. 4. ROCH, Interview 1; Daten nach dem Analyseschritt 3; Präpositionalphrasen ohne Chunks

ROCH	Gesamtzahl der Realisierungen	zweigliedrig		mehrgliedrig	
		korrekt	inkorrekt	korrekt	inkorrekt
Int. 1	41	18	0	7	16

4. Schritt:

Im ersten Interview mit ROCH wurden keine Echo-Effekte gezählt. Nach Abzug der drei Mehrfachrealisierungen im Bereich ‚zweigliedrig korrekt' (im Interview 1 wird vier Mal „in Deutschland" verwendet), reduziert sich die Gesamtzahl der Realisierungen auf 38 (vgl. Tab. 5).

Tab. 5. ROCH, Interview 1; Daten nach dem Analyseschritt 4; Präpositionalphrasen abzüglich der Echo-Effekte und Wiederholungen

ROCH	Gesamtzahl der Realisierungen	zweigliedrig		mehrgliedrig	
		korrekt	inkorrekt	korrekt	inkorrekt
Int. 1	38	15	0	7	16

5. Schritt:

Die zur Analyse verbleibenden Präpositionalphrasen werden schließlich der korrekt/inkorrekt-Rechnung unterzogen:

Tab. 6. ROCH, Interview 1, 2 und 3; Daten nach dem Analyseschritt 5[25]

ROCH	Gesamtzahl der Realisierungen		korrekt realisierte Präpositionalphrasen		Anteil korrekter Präpositionalphrasen	
	zweigliedrig	mehrgliedrig	zweigliedrig	mehrgliedrig	zweigliedrig	mehrgliedrig
Int. 1	15	23	15	7	100%	30,4%
Int. 2	14	18	12	12	85,7%	66,7%
Int. 3	23	13	22	9	95,6%	69,2%

Bei ROCH fällt auf, dass zweigliedrige Präpositionalphrasen in allen Interviews keinerlei Schwierigkeiten zu bereiten scheinen. Im zweiten und dritten Interview kommt es lediglich vereinzelt zu Fehlern in diesem Bereich. Insgesamt ist die absolute Anzahl fehlerhafter Realisierungen zweigliedriger Präpositionalphrasen jedoch sehr gering und die relativen Zahlen korrekter Realisierungen in allen Interviews auf einem sehr hohen Niveau, so dass die Entwicklung nicht als regressiv anzusehen ist. Der Entwicklungsverlauf bei mehrgliedrigen Präpositionalphrasen zeigt sich kontinuierlich steigend – der Anteil korrekter Realisierungen wächst im zweiten Interview auf mehr als das Doppelte an, um im dritten Interview mit drei weiteren Prozentpunkten auf mehr als zwei Drittel korrekter Realisierungen zu kommen. Das Ergebnis im Bereich mehrgliedriger Präpositionalphrasen kann sowohl morphologisch, als auch lexikalisch als positive Entwicklung interpretiert werden. Der vom Probanden angegebene fehlende Kontakt zu

[25] Die erhobenen Daten zur Häufigkeit der realisierten Präpositionalphrasen können in Type-Token-Analysen verwendet werden. So können ergänzende Vergleiche gezogen und Entwicklungen in den einzelnen Segmenten gezeichnet werden.

Deutsch-Muttersprachlern scheint zumindest im morphologischen Bereich keinen Einfluss auf die sprachliche Entwicklung zu haben. Um diese Vermutung zu stützen sind jedoch Vergleichsdaten mit anderen gleichaltrigen Probanden mit mehr Deutsch-Kontakt notwendig.

6. Schritt:

Im sechsten Analyseschritt werden die inkorrekten Realisierungen betrachtet. Fehlerhafte mehrgliedrige Präpositionalphrasen werden nach Fehlertypus klassifiziert. Anschließend wird der Bereich mit den meisten inkorrekten Realisierungen analysiert.

Tab. 7. ROCH, Interview 1, 2 und 3; Klassifikation inkorrekter Realisierungen nach Fehlertyp

ROCH	Gesamtzahl inkorrekter Realisierungen		Inkorrekte mehrgliedrige Realisierungen nach Fehlertyp			
	zweigliedrig	mehrgliedrig	Kasus	Genus	Numerus	Artikel-auslassung
Int. 1	-	16	12	1	-	3
Int. 2	2	6	4	-	-	2
Int. 3	1	4	2	1	-	1

Tabelle 7 zeigt die Klassifizierung inkorrekter Realisierungen mehrgliedriger Präpositionalphrasen nach Fehlertyp. Alle Fehler waren eindeutig identifizierbar, es traten keine „Zweifelsfälle“ bezüglich des Fehlertyps auf. Man sieht, dass die meisten inkorrekten Realisierungen auf einen Kasusfehler zurückzuführen sind. Numerusfehler kommen überhaupt nicht vor, während Genusfehler und Artikelauslassungen einen eher geringen Anteil der fehlerhaften Äußerungen ausmachen. Die korrekte Realisierung der Kasusmarkierungen bei den Adjektiven bereitet ROCH die meisten Schwierigkeiten im morphologischen Bereich. Tabelle 7 belegt, dass die meisten Präpositionalphrasen, die fehlerhaft sind, den Dativ erfordern.

Tab. 8. ROCH, Interview 1, 2 und 3; Klassifikation der Kasusfehler

ROCH	Kasusfehler bei der Realisierung von Präpositionalphrasen			
	Kasusfehler insgesamt	Genitiv	Dativ	Akkusativ
Int. 1	12	-	9	3
Int. 2	4	-	3	1
Int. 3	2	-	2	-

Der Genitiv wird bekanntlich nur von wenigen Präpositionen gefordert und kommt bei ROCH gar nicht vor. Der Dativ als der „Präpositionenkasus" muss am häufigsten verwendet werden und führt zu den meisten Fehlern. Das ist auch der Tatsache geschuldet, dass Nominativ und Akkusativ der femininen und neutralen Nomen morphologisch identisch sind, während sich der Dativ bei allen Genera vom Nominativ unterscheidet.[26] Der Dativ ist also der Kasus, der dem Lerner die meisten Schwierigkeiten im Bereich der Kasusanwendung in Präpositionalphrasen zu bereiten scheint.

7. Schritt:

Die Analyse der inkorrekt realisierten mehrgliedrigen Präpositionalphrasen im Hinblick auf deren Länge bzw. Gliederzahl deckt zunächst eine ungleich verteilte Anwendung auf: Die meisten Präpositionalphrasen sind dreigliedrig, vier- und fünfgliedrige Realisierungen kommen lediglich im zweiten Interview verstärkt vor und werden ausschließlich dort korrekt verwendet (s. Tabelle 9). In den Interviews 1 und 3 realisiert ROCH keine Präpositionalphrase, die mehr als drei Glieder aufweist, fehlerfrei. Da die absoluten Zahlen der zu bewertenden Realisierungen sehr niedrig sind, können keine eindeutigen Schlüsse bezüglich des Zusammenhangs zwischen der Länge der Präpositionalphrase und der Inkorrektheit der Realisierung gezogen werden. Es kann lediglich von einer Tendenz gesprochen werden. Hinweise auf eventuelle Vermeidungsstategien des Probanden sind in diesem Zusammenhang ebenfalls nicht zu erkennen.

---

[26] Für weitere Untersuchungen ist geplant, eine Dativ-Akkusativ-Gegenüberstellung nur beim Maskulinum vorzunehmen, um zu eruieren, ob der Akkusativ dort, wo er nicht gleich Nominativ ist, auch weniger Fehler verursacht.

Tab. 9. ROCH, Interview 1, 2 und 3; Daten nach dem Analyseschritt 7

ROCH	Pph	Gesamtzahl der mehrgliedrigen Realisierungen	korrekt realisierte Präpositionalphrasen		inkorrekt realisierte Präpositionalphrasen	
			absolut	relativ	absolut	relativ
Int. 1	dreigliedrig	20	7	35%	13	65%
	viergliedrig	2	-	-	2	100%
	fünfgliedrig	1	-	-	1	100%
Int. 2	dreigliedrig	13	10	77%	3	23%
	viergliedrig	2	1	50%	1	50%
	fünfgliedrig	3	1	33%	2	67%
Int. 3	dreigliedrig	12	9	75%	3	25%
	viergliedrig	-	-	-	-	-
	fünfgliedrig	1	-	-	1	100%

8. Schritt:

Im letzten Analyseschritt wird auf die Wortart der inkorrekt realisierten Glieder der mehrgliedrigen Präpositionalphrasen eingegangen, indem ein Vergleich mit korrekten Realisierungen vorgenommen wird. Dieser Untersuchungsschritt schließt an die Klassifikation nach Fehlertyp an, bei der versucht wurde, einen „Problemfehlertypus" bzw. im Anschluss den „Problemkasus" zu eruieren.

In den Interviews 1, 2 und 3 mit ROCH wiesen Realisierungen der Präpositionalphrasen folgenden Aufbau auf:

Tab. 10. ROCH, Interviews 1, 2 und 3; Daten nach dem Analyseschritt 8

Pph \ Präpos. +		Artikel[27]		Adjektiv		Adjektiv 2		Substantiv	
		korrekt	inkorrekt	korrekt	inkorrekt	korrekt	inkorrekt	korrekt	inkorrekt
Int. 1	dreigliedrig	7	13	-	-	-	-	19	1
	viergliedrig	2	0	0	2	-	-	2	0
	fünfgliedrig	1	0	0	1	0	1	1	0
Int. 2	dreigliedrig	10	3	-	-	-	-	13	0
	viergliedrig	2	0	1	1	-	-	2	0
	fünfgliedrig	3	0	1	2	1	2	3	0
Int. 3	dreigliedrig	9	3	-	-	-	-	12	0
	viergliedrig	-	-	-	-	-	-	-	-
	fünfgliedrig	1	0	0	1	0	1	1	0

Die Beispieldaten des ersten Interviews mit ROCH suggerieren zwar, dass die „problematische" Wortart im Bezug auf morphologische Korrektheit der Artikel sei, allerdings bezieht sich die Zahl der 13 inkorrekten Realisierungen auf dreigliedrige Präpositionalphrasen. Auffällig ist jedoch die korrekte Artikelverwendung in vier- und fünfgliedrigen Präpositionalphrasen. Realisierungen mit mindestens einer adjektivischen Komponente, die morphologisch markiert ist, scheinen wiederum eine größere Hürde darzustellen – keine der Adjektivrealisierungen ist im ersten Interview mit ROCH korrekt. Allerdings sind die absoluten Zahlen relativ gering, was Aussagen über Tendenzen zu einer bestimmten „Problemwortart" erschwert. Weitere Analysen und vor allem eine genaue Auswertung der Interviews 2 und 3 sind dazu notwendig.

Die Ergebnisse des zweiten Interviews sind aussagekräftiger, da der Anteil mehr als dreigliedriger Präpositionalphrasen größer ausfällt. Bei diesen Realisierungen ist es auffällig, dass hier keine Artikelfehler auftreten. Eine Präpositionalphrase mit zwei adjektivischen Gliedern wird korrekt realisiert (*über die* ***komische, lustige*** *Musik*), ansonsten werden Adjektive morphologisch inkorrekt verwendet. Einschränkend ist natürlich anzumerken, dass es sich um ein Femininum in der korrekt realisierten Präpositio-

27 Die Daten der inkorrekten Realisierungen des Artikels beinhalten den Fehlertypus ‚Artikelauslassungen' nicht.

nalphrase handelt, wodurch Nominativ und Akkusativ morphologisch zusammenfallen. Im Bereich dreigliedriger Präpositionalphrasen ist eine kontinuierlich positive Entwicklung gegenüber den Ergebnissen des ersten Interviews zu verzeichnen: 10 von 13 Artikeln werden hier korrekt realisiert.

Im dritten Interview verwendet ROCH keine viergliedrigen und nur eine fünfgliedrige Präpositionalphrase. In dieser realisiert der Proband zwar erneut den Artikel korrekt, jedoch die adjektivischen Glieder inkorrekt. Dreigliedrige Präpositionalphrasen werden im dritten Interview zu 75% korrekt realisiert, wobei sich dieser Wert auf die Verwendung des Artikels bezieht. Bei substantivischen Gliedern sind die Realisierungen, wie im zweiten Interview, zu 100% korrekt. Daraus ist jedoch nicht zu schließen, dass Substantive als morphologisch „unproblematische" Wortart innerhalb der Präpositionalphrasen gelten. Es müssten solche Fälle überprüft werden, wo auch bei Substantiven morphologische Marker erforderlich sind.[28] Hier konnte in allen drei Interviews mit ROCH lediglich eine solche Präpositionalphrase verzeichnet werden – und diese wurde fehlerhaft realisiert: *mit den **Männer** (arbeiten)*. Alle anderen realisierten Substantive sind korrekt realisiert worden, enthielten jedoch keine morphologischen Marker.

Die differenzierte Betrachtung der Präpositionalphrasen nach verwendeten Wortarten ergab zudem, dass ROCH relativ wenig unterschiedliche Wortarten gebrauchte. So handelte es sich bei den Artikeln ausschließlich um definite. Darüber hinaus wurden weder Possessiv- noch Demonstrativpronomen verwendet. Die Realisierungen der Präpositionalphrasen umfassten die Wortarten: bestimmter Artikel, Adjektiv und Substantiv.[29]

Insgesamt zeigt die Entwicklung der drei weiteren Analyseschritte (seit Nickel 2010) die Notwendigkeit einer genaueren Untersuchung der inkorrekten Realisierungen und darin vor allem der Unterscheidung zwischen korrekter und inkorrekter morphologischer Verwendung einzelner Glieder der Präpositionalphrasen. Eine separate und weitgehend detaillierte Betrachtung der nach Wortarten eingeordneten Glieder ist erforderlich, damit

---

[28] Für weitere Untersuchungen ist geplant, realisierte Substantive auf „Problemgenus" im Zusammenhang mit dem „Problemkasus" Dativ zu untersuchen. Da bei Feminina und Neutra die Formen in Akkusativ und Nominativ identisch sind, ist die Gefahr einer statistischen Verzerrung groß.

[29] Es wird beabsichtigt, bei der differenzierten Betrachtung der Wortarten, den Artikel und weitere Begleiter in der Präpositionalphrase zu trennen und eine Suprakategorie der morphologisch markiert zu realisierenden Begleiter (Adjektive, Pronomina) nach dem Artikel zu bilden. Die Ergebnisse der Beispieluntersuchung bestätigen die Sinnhaftigkeit eines solchen Vorgehens.

die Zuordnung zu bestimmten morphologischen „Problemkategorien“ (wie ‚Problemkasus‘ oder ‚Problemwortart‘) nicht voreilig und ggf. auf Datenverzerrungen basierend, erfolgt. Präpositionalphrasen sollten vielleicht nur dann in die Analyse aufgenommen werden, wenn sich Nominativ und Akkusativ morphologisch unterscheiden. Zudem sollten nur Realisierungen analysiert werden, die einem Fehlertypus zweifelsfrei zugeordnet bzw. auf eine Fehlerquelle eindeutig zurückgeführt werden können. Eventuelle „Zweifelsfälle“ (wie bei den Beispielen in der Beschreibung des Analyseschritts 6 dargestellt) sollten aus den Untersuchungen unbedingt ausgeschlossen werden. Bei ROCH sieht es so aus, als würden in mehrgliedrigen Präpositionalphrasen die morphologischen Veränderungen der begleitenden Adjektive Indikatoren für die Sprachentwicklung in diesem Bereich liefern können. Ob diese Aussage generalisierbar ist, wird sich bei der Analyse weiterer Datensätze zeigen.

4. Literatur

Baur, Rupprecht S.; Chlosta, Christoph; Krekeler, Christian & Wenderott, Claus (1999): *Die unbekannten Deutschen.* Baltmannsweiler: Schneider Hohengehren.

Baur, Rupprecht S.; Chlosta, Christoph & Nickel, Aneta (2007). Aussiedler – Identität und Sprache. In: Deutschmann, Peter (Hrsg.): *Kritik und Phrase. Festschrift für Wolfgang Eismann zum 65. Geburtstag.* Wien: Praesens, 459-470.

Baur, Rupprecht S. & Nickel, Aneta (2008): ESA. Das Essener Projekt zum Spracherwerb von Aussiedlern – und was man damit machen kann. In Ahrenholz, Bernt (Hrsg.): *Kinder mit Migrationshintergrund. Zweitspracherwerb. Diagnosen, Verläufe, Voraussetzungen.* Freiburg i. Br.: Fillibach, 185–201.

Baur, Rupprecht S. & Nickel, Aneta (2009): „Man kann doch sowieso merken, dass wir nicht deutsch bin“. Phonetische Analysen am ESA-Korpus. In Ahrenholz, Bernt (Hrsg.): *Empirische Befunde zu DaZ-Erwerb und Sprachförderung.* Freiburg i. Br.: Fillibach, 313–331.

Böttger, Katharina (2008): *Die häufigsten Fehler russischer Deutschlerner. Ein Handbuch für Lehrende.* Münster: Waxmann.

Clahsen, Harald; Meisel, Jürgen M. & Pienemann, Manfred (1983): *Deutsch als Zweitsprache. Der Spracherwerb ausländischer Arbeiter.* Tübingen: Narr.

Gallmann, Peter (2009): Der Satz. Satzglieder und Gliedteile. In Kunkel-Razum, Katrin; Scholze-Stubenrecht, Werner & Wermke, Matthias (Hrsg.): *Duden. Die Grammatik.* Mannheim: Duden, 763–843.

Helbig, Gerhard & Buscha, Joachim (2001): *Deutsche Grammatik. Ein Handbuch für den Ausländerunterricht.* Berlin und München: Langenscheid, 348–390.

HPD (1976): *Heidelberger Forschungsprojekt "Pidgin-Deutsch". Untersuchungen zur Erlernung des Deutschen durch ausländische Arbeiter* (Arbeitsbericht III). Heidelberg.

Nickel, Aneta (2009): Sprachanalysen bei Russlanddeutschen: Beispiele aus dem Essener Projekt zum Spracherwerb von Aussiedlern (ESA). In Fellmann, Gabriele; Lütge, Christiane; Kollenrott, Anne Ingrid & Ziegenmeyer, Birgit (Hrsg.): *Empirische Fremdsprachenforschung – Konzepte und Perspektiven.* Hannover: Peter Lang, 147–160.

Nickel, Aneta (2010): Sprachliche Entwicklung am Beispiel von Präpositionalphrasen. Morphologische Analysen am ESA-Korpus. In Rost-Roth, Martina (Hrsg.): *DaZ-Spracherwerb und Sprachförderung Deutsch als Zweitsprache.* Freiburg i. Br.: Fillibach, 53–77.

Nübling, Damaris (2009): Das Wort. Die nicht flektierbaren Wortarten. In Kunkel-Razum, Katrin; Scholze-Stubenrecht, Werner & Wermke, Matthias (Hrsg.): *Duden. Die Grammatik.* Mannheim: Duden, 567–632.

Römer, Christina (2006): *Morphologie der deutschen Sprache.* Tübingen und Basel: Francke.

Schwitalla, Johannes (1997): *Gesprochenes Deutsch. Eine Einführung.* Berlin: Erich Schmidt.

Wurzel, Wolfgang Ulrich (2001): *Flexionsmorphologie und Natürlichkeit. Ein Beitrag zur morphologischen Theoriebildung*. Berlin: Akademie.

Zweitsprachenerwerb als Erfahrung: Narrationsanalytische Rekonstruktionen biographischer Verstrickungen von Erwerbsprozessen

Udo Ohm

1. Das autobiographisch-narrative Interview als Methode für die soziokulturelle Zweitsprachenerwerbsforschung

Der vorliegende Beitrag verortet sich im soziokulturellen Paradigma der Zweitsprachenerwerbsforschung (ZSEF). Zweitsprachenerwerb (ZSE) wird als Sozialisationsprozess bzw. als Prozess der Partizipation an einer zielsprachlichen Gemeinschaft verstanden. Die Art, wie dieser Prozess verläuft, wird maßgeblich von den Zugriffsoptionen der Lerner auf zielsprachliche Ressourcen, den Zugangsmöglichkeiten, die sich ihnen zu zielsprachlichen sozialen Netzwerken eröffnen, und der Handlungsperspektiven, die ihnen in konkreten Situationen zur Verfügung stehen, bestimmt. (Ohm 2007: 29f.) Es ist klar, dass dieser Prozess weder aus der Erfahrung, die er mitkonstituiert hat, noch aus der sozialen Praxis, in der er sich ereignet hat, isoliert werden kann.

Die Rede vom ZSE als Erfahrung besagt, dass die zugrunde liegenden Aneignungsprozesse in Lebensgeschichten verwickelt sind und daher auch in deren Kontext untersucht werden müssen. Im vorliegenden Beitrag wird das autobiographisch-narrative Interview als Methode zur Erforschung von ZSE in lebensgeschichtlicher Perspektive vorgestellt. Als Datenerhebungsinstrument stellt das autobiographisch-narrative Interview einen Diskursraum bereit, in dem die Informanten ihre Erfahrungen in sinnhafter Zuwendung rekonstruieren und den mit ihrem damaligen Erleben verbundenen Emotionen, Normen und Werten nach eigenen Relevanzsetzungen Ausdruck verleihen können. Die Informanten erzählen die Geschichte ihres ZSEs im Interview aus dem Stegreif. Ziel ist es, die in die Gegenwart transportierte Erfahrungsaufschichtung durch die Dynamik des Stegreiferzählvorgangs wieder zu „verflüssigen“ und damit einer Rekonstruktion zugänglich zu machen (vgl. Glinka 2003: 9).

2. Das autobiographisch-narrative Interview als Forschungsinstrument

Es ist an dieser Stelle nicht möglich, die Methode des narrativen Interviews umfassend darzustellen. Ich werde mich daher auf die für diesen Artikel relevanten Fragen konzentrieren: Was für eine Erkenntnisleistung kann vom autobiographischen Stegreiferzählen erwartet werden? Was sind die grundlegenden Ordnungsprinzipien der Strukturierung und Abwicklung der Sachverhaltsdarstellung beim Stegreiferzählen? Wie wird ein narratives Interview durchgeführt? Wie werden die Stegreiferzählungen ausgewertet? Ich möchte betonen, dass ich mich auch bei der Beantwortung dieser Fragen auf das Notwendigste beschränken muss.

Insbesondere im Kontext der soziokulturellen Zweisprachenerwerbsforschung gibt es mittlerweile eine ganze Reihe von Untersuchungen, die sich auf narrative Analysen bzw. biographische Daten stützen. Allerdings unterscheiden sich diese Arbeiten methodologisch z.T. deutlich voneinander. Nicht alle Forschungen stützen sich auf den im vorliegenden Beitrag beschrieben Einsatz des autobiographisch-narrativen Interviews in Verbindung mit einer Narrationsanalyse, die auf einer ausgearbeiteten Erzähltheorie basiert (vgl. u.a. Küsters 2009: 17–38; Przyborski & Wohlrab-Sahr 2010: 221–230; Rosenthal 2005: 161–198; Schütze 1987). Als Beispiele für Arbeiten zum ZSE in biographischer Perspektive, die sich explizit der Methode des autobiographisch-narrativen Interviews sowie narrationsanalytischen Auswerungsverfahren bedienen, seien Buß (1995), Franceschini (2003) und Ohm (2004, 2008) genannt (vgl. a. die Beiträge zum Thema „Sprache und Biographie“ in der Zeitschrift für Literaturwissenschaft und Linguistik (Franceschini 2010)). In der angloamerikanischen ZSEF sind seit Mitte der neunziger Jahre des vergangenen Jahrhunderts v.a. im Bereich des soziokulturellen Paradigmas zahlreiche Arbeiten entstanden, die versuchen die lebensgeschichtliche Perspektive von Subjekten auf ihren ZSE zu rekonstruieren. Hier sei stellvertretend auf die grundlegenden Arbeiten von Norton Peirce (z.B. 1995) bzw. Norton (z.B. 2000, 2001) und Pavlenko (z.B. 2001a, 2001b) verwiesen.

2.1. Was für eine Erkenntnisleistung kann vom autobiographischen Stegreiferzählen erwartet werden?

Die erkenntnisgenerierende Kraft des Erzählverfahrens zur Rekonstruktion von Sachverhalten schlägt sich laut Schütze in sechs Bereichen von Texterscheinungen nieder, die hier allerdings nur kurz angedeutet werden können (vgl. Schütze 1987: 94–97): An der Erzählsegmentierung lassen sich Ereignisabläufe und Zustandsänderungen des Erzählers oder anderer Ereignisträger sowie dominante Haltungen zum ablaufenden Geschehen ablesen. Die Erzählung berichtet nicht nur über äußere Abläufe, sondern auch über die Innenwelt des Erzählers. Neben narrativen Darstellungsteilen enthält die Erzählung zudem nicht-narrative Passagen, die die eigentheoretische und bewertende Haltung des Erzählers aus der Perspektive der Erzählzeit, aber z.T. auch aus der Perspektive der erzählten Zeit wiedergeben. Beim Erzählen werden nicht nur Inhalte dargestellt, sondern auch damalige Erlebnisperspektiven und damalige oder aktuelle Sichtweisen auf das erzählte Geschehen durch suprasegmentale Merkmale und Stilmittel zum Ausdruck gebracht. Nach Schütze bringt die Erzählung „auch halbvergessene, aus der Erinnerung ausgeblendete oder gar partiell verdrängte Erfahrungen [...] im Zuge der Darstellungsdynamik des Stegreiferzählens teils zum indirekten Ausdruck, teils zur direkten Formulierung“ (Schütze 1987: 96). Nicht zuletzt werden in der Erzählung auch Hintergrundereignisse dargestellt, die der Erzähler gar nicht oder nur partiell miterlebt hat, die aber trotzdem Einfluss auf die dargestellten Handlungsabläufe genommen haben.

2.2. Was sind die grundlegenden Ordnungsprinzipien der Strukturierung und Abwicklung der Sachverhaltsdarstellung beim Stegreiferzählen?

Beim Stegreiferzählen lässt der Erzähler sich – und dies entspricht auch der Erwartung des Zuhörers – grundsätzlich von der sequenziellen Strukturierung der Ereignisdarstellung leiten. Abweichungen von der sequenziellen Darstellungsweise (Rückgriffe, Vorgriffe, Einschübe, Erläuterungen etc.) sind üblich, erfordern aber zusätzliche interaktive Darstellungsarbeit, die bei der Analyse nachgewiesen werden kann (vgl. Schütze 1982: 570).

Angesichts der beim narrativen Interview von ihm erwarteten Aufgabe, seine Erfahrungen aus dem Stegreif zu erzählen, und angesichts der zeitlich begrenzten Erzählzeit ist der Erzähler nach Schütze (1982: 571–573) außerdem sog. Erzählzugzwängen unterworfen. Der *Gestaltschließungszwang* bewirkt, „daß der Tendenz nach *alle* wesentlichen Teilereigniszusammenhänge der erlebten Geschichte vom Erzähler narrativ rekapituliert werden“. Selbstverständlich kann der Erzähler Teilergnissezusammenhänge in seiner Darstellung unberücksichtigt lassen. Solche Ausklammerungen schlagen sich jedoch in der Darstellung nieder und werden vom aufmerksamen Interviewer bereits in deren Verlauf registriert, sodass dieser im Nachfrageteil des Interviews darauf Bezug nehmen kann (s. 2.3).[1] Der *Kondensierungszwang* bewirkt, „daß der Tendenz nach nur das Ereignisgerüst der erlebten Geschichte und das, was zum Verständnis des Entstehens und der wesentlichen Folgen der Ereignisknotenpunkte unumgänglich ist, berichtet wird". Da mit Blick auf die begrenzte Zeit nur das erzählt werden kann, was für die Gesamtgestalt der Geschichte relevant ist, kann man auch vom Zwang zur Relevanzfestsetzung sprechen (vgl. Glinka 2003: 89–91). Der *Detaillierungszwang* tritt dann in Kraft, wenn der Erzähler bei der Darstellung gezwungen ist, zum Zwecke der Plausibilisierung detaillierter auf den Kontext des Geschehenen einzugehen, um intentional-motivationale oder auch kausale Verknüpfungen zwischen Ereignissen herzustellen.

Schließlich benötigt das autobiographische Stegreiferzählen „elementarste Orientierungs- und Darstellungsraster für das, was in der Welt an *Ereignissen und entsprechenden Erfahrungen aus der Sicht persönlichen Erlebens* der Fall sein kann und was sich die Interaktionspartner als *Plattform gemeinsamen Welterlebens* wechselseitig als selbstverständlich unterstellen" (Schütze 1984: 80). Schütze spricht von den „kognitiven Figuren des Stegreiferzählens". Er unterscheidet vier kognitive Figuren: „*Biographie- und Ereignisträger nebst der zwischen ihnen bestehenden bzw. sich verändernden sozialen Beziehungen; Ereignis- und Erfahrungsverkettung; Situationen, Lebensmilieu und soziale Welten* als Bedingungs- und Orientierungsrahmen sozialer Prozesse; sowie die *Gesamtgestalt der Lebensgeschichte*" (Schütze 1984: 81).

2.3. Wie wird ein narratives Interview durchgeführt?

Das Interview umfasst einen offenen *Erzählstimulus* (Erzählaufforderung) durch den Interviewer, die sich daraus entwickelnde *Stegreif- oder Haupterzählung* des Informanten und eine *Nachfragephase* (vgl. Dirks 2002: 16). Fischer-Rosenthal & Rosenthal (1997: 414f.) unterscheiden zwischen einer offenen, jede Themenbeschränkung vermeidenden Form der Erzählaufforderung und einer geschlossen Form, die dem Erzähler aber immer noch erlaubt, seine Darstellungen autonom zu gestalten. Keinesfalls sollte der

[1] In jedem Fall wird bei der Analyse einer Erzähldarstellung nicht nur deren „manifeste[r] Gehalt", sondern auch ihr „symptomatische[r] und stilistische[r] Darstellungsduktus" berücksichtigt (Schütze 1987: 16).

Interviewer in den Erzählfluss eingreifen, denn „[w]ie der Autobiograph seine Präsentation gestaltet, worüber er erzählt, argumentiert, oder was er ausläßt, gibt uns Aufschluß über die Struktur seiner biographischen Selbstwahrnehmungen und die Bedeutung seiner Lebenserfahrungen.“ (Fischer-Rosenthal & Rosenthal 1997: 416). Das bedeutet auch, dass es dem Erzähler selbst überlassen bleibt, die Haupterzählung und damit die von ihm präsentierte Gesamtgestalt seiner Lebensgeschichte abzuschließen. Die Nachfragephase gliedert sich in einen ersten Teil mit immanenten Fragen, die darauf gerichtet sind, zusätzliches Erzählpotential auszuschöpfen und einen zweiten Teil mit exmanenten Fragen, die stärker auf theoretisch-argumentative Stellungnahmen des Erzählers zu den von ihm vorgenommenen Beschreibungen sozialer Rahmen in seinen Erzähldarstellungen abstellen (Glinka 2003: 145–150). Dabei sollen sich immanente Fragen auch auf Bereiche beziehen, die in der Haupterzählung ausgeklammert wurden, von denen aber angenommen werden muss, dass solche Ausklammerungen im Sinne des Gestaltschließungszwangs als symptomatisch für die Erzähldarstellung betrachtet werden müssen (vgl. Przyborski & Wohlrab-Sahr (2010): 99, 219).

2.4. Wie werden die Stegreiferzählungen ausgewertet?

Nach Dirks (2002) muss bei der Auswertung der Interviewtexte zwischen fünf Analyseschritten unterschieden werden. Die ersten drei Schritte, *formale Textanalyse, strukturell-inhaltliche Beschreibung* und *analytische Abstraktion*, markieren die einzelfallbezogene Analyseebene. Es folgt die Ebene des *kontrastiven Vergleichs* von Einzelfällen, die wiederum die Grundlage für den letzten Auswertungsschritt, die *Konstruktion eines theoretischen Modells*, liefert.

Die *formale Textanalyse* untersucht Aufbau und Strukturierung des Interviewtextes. Sie hat u.a. zu klären, „wie die Interviewpartnerin ihre biographischen Re-/Konstruktionen strukturiert, welche Sinnstruktur den narrativen, deskriptiven und argumentativen Sequenzen zugrunde liegt und welche Interdependenzen bzw. Relationen sich zwischen der jeweiligen Textsortenarchitektur, den feldspezifischen Erlebnis- und Handlungsstrukturen sowie den entsprechenden Wissensordnungen nachweisen lassen“ (Dirks 2002: 18). Die *strukturell-inhaltliche Beschreibung* fokussiert „vor allem die immer wiederkehrenden, ähnlichen […] oder auch widersprüchlichen, kontrastiven Darstellungs- und Prozessstrukturierungen“, wobei sich – dem „Prinzip der pragmatischen Brechung“ folgend – „Diskrepanzen zwischen eigentheoretischen Kommentierungen und der pragmatisch relevanten Darstellungsarbeit“ nachweisen lassen (Dirks 2002: 18f.). Die *analytische Abstraktion* richtet sich als letzter einzelfallbezogener Auswertungsschritt auf die Analyse der biographischen Gesamtgestalt. Sie zielt auf eine „systematische Zusammenschau der einzelnen Prozessstrukturen des Lebensablaufs und ihrer verschiedenen Beziehungen zueinander in der Lebensgeschichte“ (Schütze 1988: 45, zit. n. Dirks 2002: 19).

Beim *kontrastiven Vergleich* der Einzelfälle unterscheidet Schütze zwischen der Strategie des minimalen und maximalen Vergleichs. Während es beim minimalen Vergleich um eine Verdichtung der aus der Einzelfallanalyse gewonnen Kategorien und deren Ablösung vom Einzelfall geht, soll der maximale Vergleich die Herausarbeitung von Elementarkategorien ermöglichen, „die selbst den miteinander konfrontierten Alternativprozessen noch gemeinsam sind“ (Schütze 1983: 287f.). Bei der *Konstruktion eines theoretischen Modells* geht es u.a. darum, systematische Relationen zwischen den Kategorien herzustellen und Wechselwirkungen zwischen sozialen Phänomenen herauszuarbeiten, die für den Untersuchungsgegenstand relevant sind (vgl. Dirks 2002: 20).

3. Anwendungsbeispiele aus Fallanalysen

Da im Rahmen dieses Beitrags nur exemplarische und ausschnitthafte Analysen möglich sind, werde ich im Folgenden am Fall einer finnischen Deutschlernerin die einzelfallbezogenen Detailanalysen an ausgewählten Transkripten vorführen (3.1.). Hierbei muss aus Platzgründen auf eine Unterscheidung zwischen formaler und strukturell-inhaltlicher Analyse (s. 2.4) verzichtet werden. Um auch einen Einblick in die Gesamtbetrachtung von Fällen und deren kontrastive Analyse geben zu können, werde ich anschließend den Fall eines deutschen Englischlerners hinzuziehen (3.2.). Auch hier muss aufgrund des beschränkten Umfangs des vorliegenden Aufsatzes auf eine Trennung zwischen dem letzten, noch einzelfallbezogenen Analyseschritt (analytische Abstraktion) und dem kontrastiven Vergleich der Fälle (s. 2.4) verzichtet werden. Abschließend werde ich für einen ausgewählten Aspekt einer Fallanalyse Ansatzpunkte für die Theoriebildung aufzeigen (3.3.).[2]

---

[2] Alle Beispiele entstammen meiner bisher unveröffentlichten Habilitationsschrift (Ohm 2008), in der autobiographisch-narrative Interviews mit fünf Informanten (3 Frauen, 2

3.1. Fallanalyse: „un das kam erst als ich ehrlich zu mir wurde“

Die formale Analyse des Interviews mit einer finnischen Deutschlernerin (Frau Häkkinen; zum Zeitpunkt des Interviews 48 Jahre alt, lebt seit 27 Jahren in Deutschland) ergibt u.a., dass für alle Lebensphasen narrative Passagen mit Belegerzählungen existieren, in denen Erfahrungen, die die Informantin in zielsprachlichen Gruppen machte, rekonstruiert werden. In zahlreichen argumentativen Darstellungssegmenten setzt sich die Informantin mit den in den Belegerzählungen rekonstruierten Erlebnissen, mit ihrem eigenen Verhalten und dem Verhalten anderer sowie mit der ihr zugewiesenen bzw. von ihr angenommenen sozialen Rolle auseinander. Ohne hier weiter auf die formale Analyse eingehen zu können, kann festgehalten werden, dass mit ihr nicht nur die Segmentierung der Erzähldarstellung, die vom Erzähler rekonstruierte Anordnung von Ereignissen und Abläufen sowie die Strukturierung der Darstellung in narrative und argumentative Passagen aufgezeigt werden kann, sondern dass sie auch einen Zugang zu Relevanzsetzungen und Sinnstrukturen liefert.

So kann bereits auf der Ebene der formalen Analyse der Darstellungen von Frau Häkkinen mit „Sprechen in Zielsprachensprechergruppen“ der erste Kandidat für eine zentrale Kategorie des Falls benannt werden. Auf dieser Basis können dann auf der Ebene der strukturell-inhaltlichen Beschreibung wiederkehrende, ähnliche oder auch widersprüchliche Darstellungsaktivitäten, Relevanzsetzungen und Sinnstrukturen über den gesamten Erzähltext hinweg nachgewiesen werden. Das soll im vorliegenden Fall anhand von drei Transkriptausschnitten, die allerdings jeweils nur Subsegmente voll ausgebauter Erzählsegmente repräsentieren, exemplarisch vorgeführt werden.

In ihrer ersten Belegerzählung, die sich mit ihre Beteiligung an Gruppengesprächen befasst, führt die Erzählerin sich selbst mit einer charak-

---

Männer) nach dem in Abschnitt 2 umrissenen Verfahren analysiert wurden. Für den vorliegenden Aufsatz mussten die Analysen selbstverständlich insgesamt stark gekürzt und inhaltlich überblicksartig wiedergegeben werden. Der Untersuchung liegt ein weit gefasster Begriff von ZSE im Sinne des englischen Begriffs *Second Language Acquisition* zugrunde. Die Darstellungen der Informanten beziehen sich sowohl auf Fremdsprachenlern- und Zweitsprachenerwerbserfahrungen als auch auf Erfahrungen mit Mehrsprachigkeit. In der Schrift werden mit Bezug auf den letzten Auswertungschritt der narrativen Analyse (Konstruktion eines theoretischen Modells, vgl. 2.4) Ansatzpunkte für Begriffsbildungen in einer erfahrungsbezogenen Zweitsprachenerwerbsforschung unter folgenden Überschriften herausgearbeitet: „Zweitsprachenerwerb als Identitätskonstruktion“ (vgl. 3.3), „Zweitsprachenerwerb als Partizipation und als Aneignung sozialer Praxis“, „Zweitsprachenerwerb als Investition und als Kapital“.

terisierenden Selbstbeschreibung als Biographie- und Hauptereignisträger ein. Die Situation spielt am Esstisch der deutschen Gastfamilie, bei der die Informantin während eines einjährigen Schüleraustauschs lebte. Die Erzählerin stellt dar, dass es ihr schwer fällt, sich aktiv an den Gesprächen der Familie zu beteiligen. Meistens verhält sie sich still und versucht dem Gesprächsfluss zu folgen. Sie macht die Erfahrung, dass die Gesprächsschritte sehr schnell ablaufen und die Gesprächsbeiträge aus ihrer Sicht häufig nur aus Andeutungen bestehen. An dieser Stelle lässt die Erzählerin ein Subsegment folgen, mit dem sie die Situation am Esstisch typisierend charakterisiert (Z. 1–9).

un dann aber in den fluss einzusteigen (0.69) weme weman da was sagen
wollte wars eigentlich schon <<lachend> lange vorbei #(1.89) [I: #((lacht))]>
<<laut und schneller> dann saß man da jetz könnt ich was sagen abers
war schon #andres [I: #jaja] thema dran un dann saß man wieder still ne
#denn [I: #ja ja ja] man will dann ja auch na zwei minuten verspätung
oder sowas #irgendwie [I: #mh] noch sowas sagen was so nich mehr [I: das
is albern ja] ja #ne (0.69) n das [I: #((lacht))] merkt man dann schon wenn
man die inhalte versteht ne> [I: mhm]
also das war schwierig so in gesprächssituation wo mehrere leute waren ne
(~H: 0.33) das zu zweit ging relativ schnell ne
#weil [I: #mhm] dann der andere geht ja auf einen ein und wartet drauf
(~H: 0.40) bis man drauf reagieren kann bis man das erwartet
asso das iss ganz leichte #situation ne [I: #mhm mhm]
aber diese gruppensituation das war schwer (0.33) [I: mhm] da hab ich würd
ich sagen jahre damit gekämpft eigentlich [I: jahre] (0.34) ja aso richtig #jahre
[I: #mh] ehe ich mich wirklich in gruppensituationen wohlgefühlt habe

Die Darstellungsweise ist nicht im engeren Sinne als erzählerisch zu bezeichnen, da ihr szenisch-episodische Elemente fehlen. Vielmehr haben wir es mit einer berichtenden Darstellung zu tun, in der die Handlungen, Abläufe und deren Erlebnisqualitäten zusammenfassend und kategorisierend beschrieben werden (vgl. Lucius-Hoene & Deppermann 2002: 153f.). Die gegenüber den umgebenden Subsegmenten auffällige Expressivität der Darstellung (Z. 2: lachendes Sprechen; Z. 3-8: lautes und schnelleres Sprechen) macht zwar die emotionale Relevanz der gemeinten Erlebnisse deutlich, doch ist sie eher dem distanzierenden Blick auf das ehedem Erlebte geschuldet. Das wird von Seiten der Erzählerin zudem durch den Darstellungsduktus, der wesentlich vom Gebrauch des Indefinitpronomens *man* (Z. 1, 3, 4, 5, 7) und von Präteritumformen der Verben (Z. 2, 3, 4) geprägt ist, belegt. Aber auch der Interviewer greift die Distanzierung durch Hörersignale, mit denen er seine Belustigung anzeigt (Z. 2,

7), auf und bestätigt durch entsprechend intensive Ratifizierungen die Sichtweise der Erzählerin (Z. 4, 5, 6f.), dass ein verspätet vorgebrachter Beitrag „albern“ sei.

Die Erzählerin stellt dar, dass es einem Nicht-Muttersprachler in Situationen wie der von ihr hier angesprochenen schwer fällt in den Gesprächsfluss „einzusteigen“ (Z. 1). Sie evoziert das Bild eines Sprechers, der zwar bemüht ist, sich am Gespräch zu beteiligen, aber aufgrund der hohen Geschwindigkeit der Gesprächsabläufe mit seinem eigenen Beitrag immer schon zu spät kommt, weil dessen Planung zu viel Zeit in Anspruch nimmt (Z. 2–4). Den Planungsprozess verdeutlicht die Erzählerin in Zeile 3 durch Wiedergabe der inneren Stimme, die sie in solchen Situationen hörte. Diese Stimme sagte ihr, dass sie für einen Beitrag bereit sei („jetzt könnt ich was sagen“), sie musste aber sogleich feststellen, dass der Beitrag für das Gespräch nicht mehr relevant war. Dies habe schließlich dazu geführt, dass sie nichts gesagt habe und weiter still geblieben sei (Z. 4). Ab Zeile 5 verdeutlicht sie die Problematik, indem sie den Grund dafür, dass sie den überholten Beitrag nicht zum Gespräch beisteuert, explizit darstellt. Zur Illustration nennt sie eine Zeitspanne von zwei Minuten, mit der ein Gesprächsbeitrag unter den dargestellten Bedingungen zu spät kommen könnte. Die Heckenausdrücke „oder sowas“, „irgendwie“ und „sowas“ zeigen an (Z. 6), dass sie die Angabe der zweiminütigen Verspätung lediglich als Beispiel für zu spät kommende Beiträge verstanden wissen will.

Die Erzählerin schließt das Subsegment mit einer Ergebnissicherung ab, in der sie nochmals bestätigt, dass solche Gesprächssituationen für sie schwierig waren (Z. 9). Eingeleitet durch das Positions-Relativ *wo* (vgl. Weinrich 2003: 776f.) nimmt sie sodann eine Spezifizierung des Typus ‚schwierige Gesprächssituation‘ vor. Sie macht klar, dass es sich um Gespräche handelte, an denen mehrere Personen beteiligt waren. Die spezifischen Schwierigkeiten, die ihr Gesprächssituationen mit mehreren Personen damals bereiteten, hebt sie zusätzlich hervor, indem sie nun in einem kurzen Subsegment kontrastierend darstellt, warum ihr das Sprechen in einem Zweiergespräch leichter fiel (Z. 10–13).

Die Erzählerin schließt das Segment mit einer Evaluation ihrer Erfahrungen mit dem Sprechen in Gruppensituationen ab (Z. 14). Eingeleitet durch die adversative Konjunktion *aber* kontrastiert sie diese Erfahrungen mit den soeben angeführten guten Erfahrungen in Zweiergesprächen. Mit dem Adjektiv *schwer* referiert sie auf die Anstrengung, die die Bewältigung der Schwierigkeiten mit dem Sprechen in Gruppen erforderte. Sie macht klar, dass es tatsächlich Jahre dauerte, ehe sie ihre Schwierigkeiten bewältigt hatte (Z. 16). Dieser Punkt sei für sie erst erreicht gewesen, als sie sich in Gruppensituationen „wohlgefühlt habe“. Diese abschließenden Hinweise haben neben ihrer evaluativen Funktion zugleich den Charakter von Erzählankündigungen. Der Interviewer kann erwarten, dass im Verlauf des Interviews weitere Situationen dargestellt werden, in denen die Informantin sich mit den umrissenen Schwierigkeiten auseinandersetzt und diese schlussendlich überwindet.

Es sollte deutlich geworden sein, dass die Informantin in dem hier lediglich ausschnitthaft analysierten Erzählsegment nicht einfach nur mehr oder weniger präzise Erinnerungen an ein Ereignis aus ihrer Sprachlerngeschichte wiedergibt. Im Rahmen der narrativen Rekonstruktion ihrer Zweitsprachenerwerbserfahrung hat die Darstellung des Ereignisses vielmehr die Funktion, eine Typisierung der für ihren Zweitspracherwerb zentralen Erfahrung des Sprechens in Gruppensituationen mit Zielsprachensprechern vorzunehmen, die von ihr in diesen Situationen eingenommene Rolle zu charakterisieren und durch implizite Hinweise auf Zustandsänderungen auf Sinnzusammenhänge mit noch zu erzählenden Ereignissen herzustellen.

Um die strukturell-inhaltliche Beschreibung der suprasegmentalen Zusammenhänge der Erfahrungsaufschichtung, die sich hier andeuten, zumindest ansatzweise vorführen zu können, werde ich nun – wiederum ausschnitthaft – zwei weitere Erzählsegmente analysieren, die der Kategorie „Sprechen in Zielsprachensprechergruppen“ zugordnet werden können.

Das folgende Erzählsegment ist Teil einer Interviewphase, in der die Informantin über ihre Erfahrungen im Rahmen ihres wirtschaftswissenschaftlichen Studiums an einer deutschen Universität berichtet. Sie stellt dar, dass sie fachlich erfolgreich war und später sogar im Fach promovierte. Im Zentrum ihrer Darstellungen stehen aber erneut ihre Schwierigkeiten mit dem Sprechen in Gruppen mit Zielsprachensprechern. Die entsprechenden Subsegmente werde ich nun analysieren, wobei ich allerdings wiederum nur auf ausgewählte Aspekte eingehen kann.

(0.79) denn ich weiss ich hatte so ganz starke frustrationserlebnisse hatt ich
am anfang an der uni auch (1.07)
ich (äh: 0.53) wollte was sagen und hab auch in arbeitsgruppen was gesagt
und ich denk auch schon das richtige (~H: 0.46) das wurde aber so ((pfeift
und vollführt spiralförmige bewegungen mit der rechten hand: 1.23)) so
rübergegangen als ob ich nix gesagt hätte #(~H: 0.54) [I: #mhm]
und hinterher sagt jemand anders das war ein männliche person hat das gesagt
[I: mhm] wurde sofort gesagt toll und so #und is richtig [I: #mhm] und so
und das also es wurde irgendwie über/ s kam ÜBERhaupt nich an (~H: 0.45)

(und ich frag dann) (? 4) wieSO ich hab das doch eben geSAGT ne
warum hat das denn keiner notiert man hat noch lange rum (? 2) die lösung
war richtig einfach [I: mhm]
(~H: 0.30) un dann sagt das jemand anders un so ne
un (0.36) hab ich natürlich ich war so ich kam weinend dann oft nach hause
#ne und hab [I: #mhm] bei meinem freund auch mich ausgeweint un gesagt
was soll das denn ich versuch was zu sagen es kommt überhaupt nich an
#(0.67) [I: #mhm] hab natürlich dann auch angfangen zu fragen
ja woran liegt das denn ne (0.90) sagst das richtige keiner notiert dich und so
(~H: 0.52) und ich glaube das liegt aber auch irgewie daran (~H: 0.34)
dass im grunde keine sprachmächtigkeit im deutschen hatte
#ich hab vokabeln [I: #mhm] hintereinandergereimt die aber nicht inhaltlich
belegt waren also vom sprachgehalt her vom sprachsystem her (~H: 0.60)
[I: mhm] sondern das klang in den ohren so wie so eine geklimpere [I: mhm]
(0.42) und erst dann wenn man so diese tiefere sprachstruktur auch wirklich so
in sich trägt ne und damit so warm ist erst dann (0.55) ist die ist der
andere auch bereit einem zuzuhören [I: (0.27) ja] (0.41)
ich glaube das dann hab i irgendwie so angefangen das zu kapieren (0.52)
hab dann auch latein mir beigebracht hab mit griechisch und hebräisch
und so auseinandergesetzt (~H: 0.74) um diese indoeuropäischen sprachen
reinzukommen ich bin ja nicht indoeuro#päisch (? 3) [I: #ja ja]
um da diesen tiefen gehalt auch hier zu erarbeiten
(~H: 0.30) un dann wurde das auch besser #leute [I: #mhm] fingen an mir
zuzuhören wenn ich was #sagte merkte [I: #mhm] ich
#(0.56) [I: #mh] abers war viel viel arbeit

Die Erzählerin beginnt das Subsegment mit einer Erzählankündigung, in der sie angibt, dass sie am Anfang ihres Studiums starke Frustrationserlebnisse hatte (Z. 20f). Es geht um eine Auseinandersetzung mit einer Gruppe Zielsprachensprecher, in diesem Fall um eine studentische Arbeitsgruppe (Z. 22–32). Die Erzählerin stellt eine Situation dar, in welcher es ihr nicht gelang, einen von der Gruppe akzeptierten mündlichen Beitrag zu leisten (Z. 22–25). Ihrem Beitrag wurde von den Gruppenmitgliedern keine Aufmerksamkeit geschenkt, sodass es schien, als habe sie nichts gesagt (Z. 25). Die Erzählerin gebraucht nonverbale Formen der Dramatisierung (Z. 23f.), mit denen sie andeutet, dass sich ihr Beitrag schlichtweg verflüchtigt hatte. Ihre Frustration verstärkt sich nochmals, als kurz nach ihrem Beitrag ein anderes – männliches – Gruppenmitglied genau das wiederholte, was sie soeben gesagt hatte (Z. 26). Dass dieser Beitrag von der Gruppe als richtig begrüßt und gelobt wurde (Z. 27), dürfte sie besonders gekränkt haben.

Bereits an dieser Stelle gibt die Erzählerin Teile der damaligen Äußerungen in direkter Rede wieder („toll“, „is richtig“). Wie stark der Erinnerungsstrom sie mitreißt, zeigt der Abbruch der Ergebnissicherung, die sie in Zeile 28 begonnen hatte („also es wurde irgendwie über/“). Vermutlich hatte Sie ursprünglich beabsichtigt, das narrative Subsegment mit der Feststellung abzuschließen, dass ihr Beitrag übergangen wurde (vgl. Z. 25: „rübergegangen“). Tatsächlich unterbricht sie aber die Äußerung nach dem ersten Teil des Kompositums *übergangen*, woraufhin sie dann die Feststellung trifft, das ihr Beitrag „ÜBERhaupt nich ankam“, d.h. letztlich nutzlos war. An dieser Stelle wechselt sie zur direkten Rede, was darauf hindeutet, dass sie die Situation und das mit ihr verbundene Gefühl der Kränkung im Erzählen noch einmal durchlebt. Sie lässt eine längere lebhafte Darstellung folgen (Z. 29–31: emphatische Intonation; dramatisierte direkte Rede), wie sie die Gruppe zur Rede stellte. Wie sehr sie dabei von dem Erinnerungsstrom und den wieder auftretenden damaligen Gefühlen mitgerissen wird, zeigen auch die beiden Fehlstarts in Zeile 33. Es gelingt ihr schließlich den nächsten Erzählsatz zu formulieren, in dem sie angibt, dass sie oft weinend nach Hause kam. Sie stellt dar, wie sie versuchte, Trost und Rat bei ihrem Freund zu finden (Z. 34f.) und wie sie mit sich selbst haderte (Z. 36f.). Auch hier gibt sie die an ihren Freund gerichtete verzweifelte Frage (Z. 35) und die innere Stimme, die ihre Selbstzweifel ausdrückt (Z. 37), in direkter Rede wieder.

In einem sich unmittelbar anschließenden argumentativen Subsegment arbeitet die Erzählerin den zentralen Begriff der „Sprachmächtigkeit“ heraus (Z. 38–45). Sprachmächtigkeit sei das gewesen, was ihr im Deutschen immer gefehlt habe (Z. 38f.). Wie sich das Fehlen der Sprachmächtigkeit ihrer Erfahrung nach auswirkte, erläutert sie in einer illustrierenden Beschreibung (Z. 40–42). Sie habe lediglich Vokabeln aneinandergereiht („hintereinandergereimt“). Diese seien aber „nicht inhaltlich belegt“ gewesen. Was sie damit meint, deutet sie mit den Nomen *Sprachgehalt* und *Sprachsystem* an. Sie war offensichtlich in der Lage formal weitgehend akzeptable Sätze zu bilden, die aber in der lebendigen Kommunikation des sozialen und kulturellen Milieus nicht funktional waren. Das bestätigt auch ihr Bild von einem „Geklimper“, das den Kommunikationspartnern in den Ohren klang (Z. 42). Sie vertritt somit die Ansicht, dass man ihr deshalb nicht zuhörte, weil sie die sprachlichen Mittel des Deutschen nur stümperhaft anwenden konnte. Sie ist demzufolge davon überzeugt, dass der Andere – in diesem Fall also der deutsche Muttersprachler – erst dann bereit sei, einem zuzuhören, wenn man sich die Sprachmächtigkeit angeeignet hat. Die Erzählerin spricht von der „tieferen Sprachstruktur“, die man in sich tragen und mit der man warm werden müsse (Z. 43f.). Sie macht damit klar, dass es sich hierbei um einen grundlegenden Prozess der Übernahme und Aneignung sprachlicher und kultureller Ressourcen handelt.

Im folgenden Subsegment geht die Erzählerin auf ihre Anstrengungen ein, die sie unternommen hat, nachdem sie die soeben umrissenen Zusammenhänge verstanden hatte (Z. 46–53). Sie habe sich Latein beigebracht und sich mit Griechisch und Hebräisch auseinandergesetzt (Z. 47). Sie habe sich bemüht, sich den „tiefen Gehalt“ der indoeuropäischen Sprachkultur zu erarbeiten, um in die indoeuropäischen Sprachen „reinzukommen“, da sie selbst ja nicht indoeuropäisch sei (Z. 48–50). Die Situation sei dann besser geworden. Sie habe gemerkt, dass die Leute anfingen, ihr zuzuhören (Z. 51f.). Ergebnissichernd hält sie abschließend fest, dass es aber sehr viel Arbeit gewesen sei (Z. 53).

Während die Informantin das regelmäßige Misslingen einer Beteiligung an Gruppengesprächen zuzeiten des Schüleraustauschs noch ganz auf ihre mangelnde Sprachkompetenz zurückführte und sich klaglos in die – wie sie es nennt – „Rolle der stillen Beobachterin“ fügte, rekonstruiert sie entsprechende Erlebnisse in studentischen Arbeitsgruppen als Marginalisierungserfahrung. Anders als während des Schüleraustauschs wollte sich die Erzählerin an der Universität nicht mehr mit der stillen Rolle zufrieden geben. Die explizite Thematisierung des Problems in den Gruppen änderte jedoch nichts an der Situation. Die Erzählerin stellt dar, dass diese Erfahrungen in ihr damals große Selbstzweifel hervorriefen.

Wie schon bei der Belegerzählung zum Schüleraustausch schließt die Informantin das Erzählsegment zu ihren Erfahrungen in studentischen Arbeitsgruppen nach der Ergebnissicherung mit einer Erzählankündigung ab (Z. 53: „abers war viel viel arbeit“). Hiermit spricht sie v.a. die grundlegende berufliche Neuorientierung an, die nach der Promotion erfolgte. Das Ökonomiestudium hatte ihr bis dahin kaum Zeit gelassen, sich mit den Ursachen für ihre sprachlichen Probleme auseinanderzusetzen. Dass sie sich überhaupt für ein wirtschaftswissenschaftliches Studium entschieden hatte, begründet sie mit ihrem Widerstand gegen die Berufslaufbahn als Medizinerin, die ihre Mutter ihr aufzwingen wollte. In einer aufwendigen argumentativen Auseinandersetzung mit ihrer Loslösung vom Elternhaus, ihrem zunehmenden Zweifel an einer wirtschaftswissenschaftlichen Karriere und ihrer Entscheidung für eine mehrjährige künstlerische Ausbildung arbeitet sie das für den folgenden Lebensabschnitt leitende Motiv „Ehrlichsein zu sich selbst“ heraus. An dieser Stelle kann nur das Ergebnis dieser umfangreichen Darstellung wiedergegeben werden: Die Informantin beschreibt ihre Aufgaben und Tätigkeiten im Fach Wirtschaftswissenschaften als trivial, als „relativ bedeutungsloses Zeug“ als „Spielkram“. Ihre künstlerische Tätigkeit sei im Vergleich dazu viel wichtiger und bedeutsamer gewesen. Sie stellt dar, dass ihre Entscheidung für die Künstlerkarriere als eine Entscheidung für das „Ehrlichsein“ und gegen das „Erfolgreichsein“ zu verstehen sei.

Abschließend möchte ich einen Ausschnitt aus dem Erzählsegment des Interviews analysieren, in dem sich die Informantin ein letztes Mal mit dem Sprechen in Zielsprachensprechergruppen beschäftigt. Durch das Kunststudium hatte sich die Erzählerin ein Moratorium verschafft, das sie zur intensiven künstlerischen Auseinandersetzung mit der Distanz zwischen der eigenen und der zielsprachlichen Kultur sowie zur Entdeckung und Ausschöpfung eines bis dahin ungenutzten kreativen Potenzials nutzte. Nach dem Moratorium begann sie Kontakte zu zielsprachlichen Gemeinschaften im künstlerischen Milieu aufzunehmen. Im folgenden Subsegment stellt sie Erfahrungen dar, die sie auf Ausstellungen ihrer eigenen Arbeiten machte.

60 ja (? 1) ja die fingen auf ei also ich merkte einmal dass mir ZUgehört wurde
61 [I: hm] man spürts
62 (0.37) [I: hm] ich merkte einmal die leute habe ganze so lang also si mit mir
63 dann auch auseinandergesetzt
64 (~H: 0.38) oft merkte ich einmal die waren irgendwie auch begei/stert
65 so #wenn [I: hm] ich so zum reden komme dann kann ich jetzt auch reden
66 [I: hm] was ich früher nicht ko/nnte [I: ja]
67 (0.47) u(n:0.31)d die haben so darüber muss ich ma nachdenken
68 so ich merkte ich hatte was zu vermitteln [I: lacht bis $]
69 und es kam auch an $ [I: (~H: 0.44) hm]
70 es blieb jetzt nicht irgendwo in den zwischenstrukturen ne [I: hm hm]
71 ich hatte diese schwelle soweit geschafft ich KAM jetzt bei den leuten an

Die Erzählerin gibt an, dass sie in Gesprächen, die sie auf ihren Ausstellungen führte, spürte, dass ihr zugehört wurde (Z. 60f.). Mit der besonderen Betonung der ersten Silbe des Partizips des Verbs *zuhören*, macht sie noch einmal deutlich, dass die Frage, ob man ihr zuhört, sie im Hinblick auf ihre Sprachkompetenz am meisten umgetrieben hatte. Ihre Darstellung hat den Charakter einer Zusammenfassung und enthält all jene Elemente, die sie früher vermisst hatte. Sie gibt an, dass die Leute nun auf das hören, was sie zu sagen hat, und sich mit ihr auseinandersetzen (Z. 62f.). Oft habe sie auch bemerkt, dass sie ihre Gesprächspartner begeistern konnte, denn sie könne seit der Zeit anders reden als früher (Z. 64–66). Indem die Erzählerin die Reaktion ihrer Gesprächspartner wiedergibt („muss ich mal nachdenken"), macht sie deutlich, dass sie etwas zu sagen hatte, dass ihr Standpunkt als bedenkenswert verstanden bzw. wahrgenommen wurde (Z. 67). Sie habe gemerkt, dass sie etwas zu vermitteln hatte (Z. 68) und dass das auch ankam (Z. 69). Die Inhalte und Botschaften, die sie vermitteln wollte, seien nicht mehr in den „Zwischenstrukturen" hängengeblieben oder verschwunden (Z. 70). Mit dem Begriff der „Zwischenstrukturen" greift sie implizit den Begriff der Sprachmächtigkeit wieder auf. Nun sieht sie sich in der Lage, einen Gegenstand sprachlich angemessen darzustellen. In dieser Hinsicht („soweit") habe sie „diese schwelle" – darunter versteht sie den Zugang zur indoeuropäischen Sprachkultur – geschafft. Abschließend gibt sie ihrer Überzeugung Ausdruck, dass das, was sie sagte, „bei den Leuten ankam" (Z. 71).

3.2. Fallvergleich: Zweitsprachenerwerb als Erfolgsgeschichte vs. Zweitsprachenerwerb als Identitätsarbeit

Ich werde mich im Folgenden auf einen Vergleich des oben bereits ansatzweise analysierten Falls der finnischen Deutschlernerin (Frau Häkkinen) mit dem Fall eines deutschen Englischlerners (Herr Bode) beschränken. Die beiden Fälle weisen deutliche strukturelle und inhaltliche Gemeinsamkeiten auf (u.a. Schüleraustausch, Studium im Zielsprachenland, hohe Relevanz der Interaktion mit Zielsprachensprechern für die Selbstwahrnehmung und die soziale Rolle), sind mit Blick auf die übergeordneten Prozessstrukturen des Lebensablaufs aber als maximal unterschiedlich zu betrachten.

Die grundlegende Haltung, die Herr Bode und Frau Häkkinen ihrem Lebensablauf in ihrer Schulzeit gegenüber einnehmen, ist die der institutionalisierten Ablauferwartung.[3] Beide ordnen das Ereignis Schüleraustausch selbstverständlich in den damals erwarteten Lebensablauf ein, ohne ihn als Ursache für nachfolgende lebensgeschichtliche Entwicklungen zu thematisieren. Obwohl der Schüleraustausch von beiden Informanten quasi nur als Vorspiel für die nachfolgenden, lebensgeschichtlich bedeutsamen Ereignisse thematisiert wird, arbeiten sie bei der Rekonstruktion ihrer damaligen Erlebnisse aber schon zentrale Aspekte ihrer Zweitsprachenerwerbserfahrung heraus.

---

[3] Diese Prozessstruktur repräsentiert das „normativ-versachlichte Prinzip des Lebensablaufs" (Schütze 1981: 145) und vollzieht sich im Familienzyklus, in Ausbildungs- und Berufskarrieren (Schütze 1981: 67–70).

Herrn Bode brachte der Schüleraustausch neue Erfahrungen mit der Zweitsprache Englisch. Er erfuhr den Unterschied zwischen dem Englisch, das er in der Schule gelernt hatte, und dem Englisch, das er für die Alltagsverrichtungen im Zielsprachenland benötigte. Wichtig war dabei vor allem die Erfahrung, dass sich die Alltagspraktiken der Kommunikation von denen unterschieden, die er in der Schule gelernt hat (Beispiel: „hey what‘s up“ statt “how are you“ bei der Begrüßung unter Altersgenossen). Als Ergebnis hält Herr Bode das Entstehen eines Sprachbewusstseins sowie eine veränderte Haltung zur Zielsprache und zum Sprachenlernen fest.

Während Herr Bode neben seinen sprachlichen Schwächen vor allem erste Erfolge bei der Verbesserung seiner Zweitsprachenkompetenz thematisiert, setzt Frau Häkkinen sich intensiv mit dem zentralen Problem ihrer Spracherwerbsbiographie auseinander: Das regelmäßige Misslingen einer Beteiligung an Gesprächen in Gruppen mit Zielsprachensprechern. Sie berichtet von der Verunsicherung, die ihre Handlungsinitiative lähmte, wenn es ihr wieder einmal nicht gelang einen akzeptablen Gesprächsbeitrag zu leisten. Und schließlich stellt sie dar, wie ihre aus dieser Verunsicherung resultierende Tendenz, sich in Gesprächen still zu verhalten, sich wechselseitig mit den entsprechenden Erwartungen ihrer zielsprachigen Interaktionspartner bestätigte („die ist eh meist still“) und zur Übernahme der „Rolle der stillen Beobachterin“ führte.

Bei Herrn Bode wurde die während des Schüleraustauschs aufgeflammte und danach zunächst nicht weiterverfolgte Initiative zur Verbesserung seiner Zweitsprachenkenntnisse völlig unerwartet durch das Wiedersehen mit der Tochter der ehemaligen amerikanischen Gastfamilie wiederbelebt. Das Entstehen einer Intimbeziehung zwischen den beiden war der Auslöser für die Handlungsinitiative von Herrn Bode, sich auf ein Sportstudium in den Vereinigten Staaten zu bewerben. Das treibende Motiv für die Aufnahme des wirtschaftswissenschaftlichen Studiums an einer deutschen Universität war für Frau Häkkinen die bereits angesprochene Opposition gegen die beruflichen Zukunftsplanungen, die ihre Mutter ihr in Finnland aufzwingen wollte.

Sowohl für Herrn Bode als auch für Frau Häkkinen waren Erfahrungen der Positionierung durch Zielsprachensprecher, die sie in ihrer Studienzeit machten, von entscheidender Bedeutung für die weitere Auseinandersetzung mit der Zielsprache. Während Herr Bode wiederholt erlebte, dass Zielsprachensprecher ihn schon zu Beginn eines Gesprächs als Nicht-Muttersprachler identifizierten, litt Frau Häkkinen zunehmend unter der Erfahrung, in studentischen Arbeitsgruppen nicht als würdige Gesprächspartnerin wahrgenommen zu werden. Für beide war ihre Situation auf Dauer nicht akzeptabel. Um sie zu verändern, beschritten sie jedoch unterschiedliche Wege. Herr Bode richtete seine Lernbemühungen verstärkt auf das Ziel, nicht als Nicht-Muttersprachler erkannt zu werden. Er verfolgte dabei die Strategie, sich vor allem die sprachlichen Praktiken anzueignen, die von Zielsprachensprechern in der Alltagskommunikation verwendet werden (z.B. Kommilitonen beim Bestellen in der Mensa beobachten und ihr Verhalten imitieren). Auf diese Weise gelang es ihm nach einiger Zeit „als Amerikaner durchzugehen". Im Studium war er nicht nur in sportlicher Hinsicht erfolgreich, sondern auch seine sprachlichen Leistungen im schriftlichen Englisch lagen weit über dem Durchschnitt der Leistungen von Muttersprachlern. Frau Häkkinen war ebenfalls im Studium erfolgreich und promovierte sogar in ihrem Fach. Ihre Marginalisierungserfahrungen in studentischen Arbeitsgruppen belasteten sie jedoch sehr. Sie war gekränkt und verzweifelt, weil sie sich die Ursachen für ihre Marginalisierung nicht erklären konnte.

Anders als Herr Bode, der seine eingeschränkte Kommunikationsfähigkeit auf sprachliche Defizite zurückführte, die er durch die Aneignung von sprachlichem Wissen zu beseitigen versuchte, führte Frau Häkkinen ihre Schwierigkeiten auf ihre Distanz zur Kultur des Zielsprachenlandes zurück. Die Erfahrung der Marginalisierung in Gruppen mit Zielsprachensprechern führte dazu, dass sie – obwohl äußerlich erfolgreich – ihre bisherige Berufs- und Lebensplanung in Frage zu stellen begann und schließlich völlig aufgab. Sie zog sich von fast all ihren sozialen Kontakten zurück und konzentrierte sich in den folgenden Jahren auf die Auseinandersetzung mit der Distanz zwischen ihrer eigenen und der zielsprachlichen Kultur im Rahmen einer künstlerischen Ausbildung. Frau Häkkinen verschaffte sich auf diese Weise ein Moratorium, in dem sie zum einen ein bisher kaum genutztes kreatives Potential freilegte und ausschöpfte und zum anderen – davon nicht zu trennen – ihre Teilidentität als Nicht-Muttersprachlerin neu zu erschaffen begann. Anlässlich ihrer ersten Ausstellung nach dem Moratorium machte sie die Erfahrung, dass sie in der Zweitsprache etwas zu sagen hatte und dass ihr zugehört wurde.

Auch Herrn Bodes Teilidentität als Zweitsprachensprecher veränderte sich im Lauf seiner Sprachlerngeschichte. Sein Identitätsentwurf war darauf ausgerichtet „als Amerikaner durchzugehen" und mit den entsprechenden Strategien war er in der Lage, sich eine nahezu muttersprachliche Kompetenz in der Zielsprache anzueignen. Im Unterschied zu Frau Häkkinen wurde die Wandlung der Selbstidentität bei ihm aber nicht zum langfristigen handlungsschematischen Orientierungsrahmen. Er war lediglich einem Bearbeitungsschema gefolgt, das darauf abzielte, eine unbefriedigende Situation zu bewältigen.[4] Bei Frau Häkkinen hingegen stand die Wandlung ihrer eigenen Identität („ehrlich zu sich selbst werden") im Zentrum ihrer künstlerischen Aktivitäten und führte zu einer Neuthematisierung ihrer Lebensgeschichte. Vor allem distanzierte sie sich von ihrer bisherigen beruflichen Orientierung und den sozialen Kontakten im Kontext ihrer wirtschaftswissenschaftlichen Tätigkeiten. Frau Häkkinens Identitätsarbeit war eng mit einer intensiven Auseinandersetzung mit der deutschen Sprache und Kultur verbunden. Die angestrebte „Sprachmächtigkeit" fand sie in der Erfahrung, von Zielsprachensprechern als würdige Gesprächspartnerin wahrgenommen zu werden und demzufolge das Recht zu sprechen und gehört zu werden beanspruchen zu können.

3.3. Ansatzpunkte für Theoriebildung: Die Identität des Zweitsprachenlerners als Ort zähen Ringens

Angesichts der Tatsache, dass hier nur punktuell auf Analyseergebnisse eingegangen werden konnte, kann natürlich nicht annähernd an die Konstruktion eines theoretischen Modells gedacht werden. Anknüpfend an die Beispielanalysen möchte ich abschließend aber zumindest aufzeigen, wie aus den hier angerissenen Analyseergebnissen Theoriestücke abgeleitet werden können.

Das oben analysierte Beispiel von Frau Häkkinen zeigt, dass Identitätszuweisungen, die Zielsprachensprecher gegenüber Zweitsprachensprechern vornehmen, von letzteren nicht immer klaglos hingenommen werden. Die Informantin stellt dar, wie sie die Mitglieder einer studentischen Arbeitsgruppe zur Rede stellt, die einen von ihr geleisteten Gesprächsbeitrag übergangen hatten. Es ist dabei nicht entscheidend, was die Gründe für die von Frau Häkkinen beklagten Missachtungen waren. Ihr Aufbegehren gegen die mit den Missachtungen verbundene Fremdpositionierung ließen ihre Identität unversehens zu einem Ort zähen Ringens (*site of struggle*,

[4] Alle Prozessstrukturen des Lebensablaufs implizieren Wandlungen der Selbstidentität des Biographieträgers. Diese werden von den Informanten in der Regel jedoch nicht fokussiert. So gehen Herrn Bodes Lernaktivitäten selbstverständlich mit einer Wandlung seiner Selbstidentität einher. Er fokussiert sein Handeln aber nicht auf die Wandlung seiner Selbstidentität, sondern auf die Veränderung der unbefriedigenden Situation. Frau Häkkinens Darstellungen im Rahmen des autobiographisch-narrativen Interviews fokussieren hingegen systematisch auf Wandlungsprozesse ihrer Selbstidentität (vgl. Schütze 1981: 103).

vgl. Norton Peirce 1995: 14–16) werden. Anders als in der Phase des Schüleraustauschs begann Frau Häkkinen nun um das Recht, zu sprechen und gehört zu werden, zu kämpfen.

Ellis (2001: 77) hat darauf hingewiesen, dass von Norton Peirce eine „Lerner-als-Kämpfer"-Metapher (*learner as struggler*) in die Zweitsprachenerwerbsforschung eingeführt wurde. Die Autorin versteht Identität als sozial konstruiert und schlägt vor, die Doppelfunktion der Zweitsprache, die einerseits konstitutiv für die Identität des Sprachenlerners ist und andererseits durch die Identität des Sprachenlerners konstitutiert wird, stärker zu berücksichtigen. Damit ist im Sinne von Heller (1987) gemeint, dass Personen ihr Gefühl für ihr Selbst an unterschiedlichen Orten und jenseits dieser Orte zu unterschiedlichen Zeiten mit Sprache aushandeln und dass sich durch die Art des Einsatzes von Sprache entscheidet, ob sie Zugang zu einflussreichen sozialen Netzwerken erhalten, die ihnen die Gelegenheit zu sprechen geben, oder ob ihnen dieser Zugang verwehrt wird (Norton 2000: 5). Bei Frau Häkkinen hatten wir mit der Gastfamilie während des Schüleraustauschs, der studentischen Arbeitsgruppe an der Universität und der Besuchergruppe auf ihren Kunstausstellungen zentrale Orte für die Aushandlung ihrer Zweitsprachenidentität bzw. für den Einsatz der Zweitsprache beschreiben können. Diese Orte stehen für Phasen in der Sprachlerngeschichte der Informantin und zeigen, inwieweit es ihr gelang, Zugang zu den jeweiligen zielsprachlichen Gemeinschaften zu erhalten.

Basiert der Begriff des Aushandelns von Identität noch auf einem idealisierten Sprachbegriff, der postuliert, dass die Bedingungen, die eine Kommunikationssituation ermöglichen, von vornherein gegeben sind, geht Norton Peirce im Anschluss an Bourdieu davon aus, dass genau diese Annahme in Frage gestellt werden muss (1995: 18). Die Autorin erläutert, dass Bourdieu auf das Verhältnis zwischen Identität und symbolischer Macht hingewiesen und dadurch aufgezeigt habe, dass eine sprachliche Äußerung immer einen großen Teil ihres Werts dem Wert der Person schuldet, die diese Äußerung vorbringt (vgl. Norton 2000: 8). Der Wert, der einer sprachlichen Äußerung zugeschrieben wird, könne deshalb nicht unabhängig von der sprechenden Person und die sprechende Person nicht unabhängig von umfassenderen Netzwerken sozialer Beziehungen verstanden werden.

Bei Frau Häkkinen lässt sich der angedeutete Zusammenhang zwischen Identität und symbolischer Macht wie folgt beschreiben: Während sie in studentischen Arbeitsgruppen an der Universität erfuhr, dass den Beiträgen, die sie leistete, keine Beachtung geschenkt wurde, machte sie auf ihren Kunstausstellungen die Erfahrung, dass die Besucher das, was sie sagte, ernst nahmen. Im Interview hat sie darauf hingewiesen, dass es lange dauerte, bis sie sich aus der stillen Rolle der Zeit des Schüleraustauschs befreien konnte. Für die Studienzeit stellt sie dann dar, dass es ihr trotz harter Auseinandersetzungen letztlich nicht gelang, von ihren Kommilitonen als würdige Sprecherin akzeptiert zu werden. Sie macht klar, dass sie diese Erfahrung erst machte, als sie in ein Netzwerk von Künstlern und künstlerisch Interessierten eintrat. Hier kam ihr qua ihrer Identität als Künstlerin mit eigenen Ausstellungen das Recht zu, in der Zweitsprache zu sprechen und gehört zu werden.

Vor dem skizzierten Hintergrund fordert Norton mit Blick auf Zweitsprachenlerner, dass die Definition der kommunikativen Kompetenz das „Recht auf sprachliche Äußerung" („right to speech"), das sie als „Recht zu sprechen" oder als „Macht Zuhören einzufordern" („power to impose reception") übersetzt, einschließen muss (Norton 2000: 8). Im Unterschied zu Bourdieu wird dem Individuum in diesem Ansatz ein größeres Handlungsvermögen zugestanden. Das Identitätsgefühl wird an einer Vielzahl sozialer Orte produziert, die allesamt von Machtbeziehungen strukturiert sind, in denen eine Person unterschiedliche Positionen (z.B. als Tochter, Migrantin, Künstlerin, Mieterin) einnimmt. Die Person wird dabei sowohl als Objekt als auch als Subjekt von Machtbeziehungen an einem bestimmten Schauplatz, in einer bestimmten Gemeinschaft und Gesellschaft begriffen. Deshalb sind die Positionen, die eine Person in einem bestimmt Diskurs einnimmt, Gegenstand von Auseinandersetzungen. Eine Person mag zwar in einem ablaufenden Diskurs in einer bestimmten Weise positioniert werden, sie kann sich aber – wie Frau Häkkinen – gegen eine Fremdpositionierung wehren oder gar einen Gegendiskurs eröffnen, um sich in eine starke statt in eine marginalisierte Position zu bringen.

4. Literatur

Buß, Stefan (1995): Zweitspracherwerb und soziale Integration als biographische Erfahrung. Eine Analyse narrativer Interviews mit türkischen Arbeitsmigranten. *Deutsch Lernen* 20: 248–275.

Dirks, Una (2002): Das biographisch-narrative Interview als Forschungsinstrument einer modernen Kulturtheorie. In Elflein, Peter; Grieß-Stüber, Petra; Laging, Ralf & Miethling, Wolf-Dietrich (Hrsg.): *Qualitative Ansätze und Biographieforschung in der Bewegungs- und Sportpädagogik.* Butzbach-Griedel: Afra, 10–29.

Ellis, Rod (2001): The Methaphorical Constructions of Second Language Learners. In Breen, Michael (ed.): *Learner Contributions to Language Learning.* London: Longman, 65–85.

Fischer-Rosenthal, Wolfram & Rosenthal, Gabriele (1997): Warum Biographieanalyse und wie man sie macht. *Zeitschrift für Sozialisationsforschung und Erziehungssoziologie,* 17 (4): 405–427.

Franceschini, Rita (2003): Unfocussed Language Acquisition? The Presentation of Linguistic Situations in Biographical Narration [62 paragraphs]. *Forum Qualitative Sozialforschung/Forum: Qualitative Social Research* 4 (3). http://www.qualitative-research.net/fqs-texte/3-03/3-03franceschini-e.htm (26.04.2012).

Franceschini, Rita (2010): *Sprache und Biographie. Zeitschrift für Litera-turwissenschaft und Linguistik* 40 (160).

Glinka, Hans-Jürgen (2003): *Das narrative Interview. Eine Einführung für Sozialpädagogen.* 2. Aufl., Weinheim; München: Juventa.

Heller, Monica (1987): The Role of Language in the Formation of Ethnic Identity. In Phinney, Jean S. & Rotheram, Mary Jane (eds): *Children's Ethnic Socialization: Pluralism and Development.* Newbury Park, CA: Sage, 180–200.

Küsters, Ivonne (2009): *Narrative Interviews. Grundlagen und Anwendungen.* 2. Aufl. VS Verlag für Sozialwissenschaften: Wiesbaden.

Lucius-Hoene, Gabriele & Deppermann, Arnulf (2002): *Rekonstruktion narrativer Identität. Ein Arbeitsbuch zur Analyse narrativer Interviews.* Leske + Budrich: Opladen.

Norton, Bonny (2000): *Identity in Language Learning. Gender, Ethnicity and Educational Change.* London: Longman.

Norton, Bonny (2001): Non-participation, Imagined Communities and the Language Classroom. In Breen, Michael (ed.): *Learner Contributions to Lan-guage Learning.* London: Longman, 159–171.

Norton Peirce, Bonny (1995): Social Identity, Investment, and Language Learning. *TESOL Quarterly* 29 (1): 9–31.

Ohm, Udo (2004): Zum Zweitsprachenerwerb von wirklichen Menschen im richtigen Leben. *Deutsch als Zweitsprache* 4/2004: 47–64.

Ohm, Udo (2007): Informationsverarbeitung vs. Partizipation: Zweitsprachenerwerb aus kognitiv-interaktionistischer und soziokultureller Perspektive. In Eßer, Ruth & Krumm, Hans-Jürgen (Hrsg.): *Bausteine für Babylon: Sprachen, Kulturen, Unterricht ....* München: iudicium, 24–33.

Ohm, Udo (2008): *Zweitsprachenerwerb als Erfahrung. Eine qualitativ-explorative Untersuchung auf der Basis narrativer Interviews.* Habil., Philosophische Fakultät, Friedrich-Schiller-Universität.

Pavlenko, Aneta (2001a): Language Learning Memoirs as Gendered Genre. *Applied Linguistics* 22 (2), 213–240.

Pavlenko, Aneta (2001b): „How am I to Become a Woman in American Vein?". Transformations of Gender Performance in Second Language Learning. In

Pavlenko, Aneta; Blackledge, Adrian; Piller, Ingrid & Teutsch-Dwyer, Marya (eds.): *Multilingualism, Second Language Learning, and Gender*. Berlin, New York: Mouton de Gruyter, 133–174.

Przyborski, Aglaja & Wohlrab-Sahr, Monika (2010): *Qualitative Sozialforschung. Ein Arbeitsbuch*. 3., korr. Aufl. München: Oldenbourg.

Rosenthal, Gabriele (2005): *Interpretative Sozialforschung. Eine Einführung*. Weinheim; München: Juventa.

Schütze, Fritz (1981): Prozeßstrukturen des Lebensablaufs. In Matthes, Joachim; Pfeifenberger, Arno & Stosberg, Manfred (Hrsg.): *Biographie in hand-lungswissenschaftlicher Perspektive. Kolloquium am sozialwissenschaft-lichen Forschungszentrum der Universität Erlangen-Nürnberg*. Nürnberg: Verlag der Nürnberger Forschungsvereinigung e.V, 67–156.

Schütze, Fritz (1982): Narrative Repräsentationen kollektiver Schicksalsbetroffenheit. In Lämmert, Eberhard (Hrsg.): *Erzählforschung. Ein Symposion*. Stuttgart: Metzler, 568–590.

Schütze, Fritz (1983): Biographieforschung und narratives Interview. *Neue Praxis* 3: 283–293.

Schütze, Fritz (1984): Kognitive Figuren des autobiographischen Stegreiferzählens. In Kohli, Martin & Robert, Günther (Hrsg.): *Biographie und soziale Wirklichkeit. Neue Beiträge und Forschungsperspektiven*. Stuttgart: Metzler, 78–117.

Schütze, Fritz (1987): Das narrative Interview in Interaktionsfeldstudien: erzähltheoretische Grundlagen. Teil 1. Merkmale von Alltagserzählungen und was wir mit ihrer Hilfe erkennen können. Hagen: Fernuniversität Gesamthochschule Hagen.

Schütze, Fritz (1988): Erfahrungen amerikanischer und deutscher Soldaten und Kriegsbetroffener im Zweiten Weltkrieg: Die Verstrickung in die Kriegsereignisse als Lebensphase, ihre Bedeutsamkeit für den weiteren Lebensablauf und ihre Auswirkungen auf die politisch-symbolischen Diskursuniversa der heutigen amerikanischen und westdeutschen Gesellschaft. Antrag an die Zentrale Forschungsförderung der GhK. Kassel.

Weinrich, Harald (2003): *Textgrammatik der deutschen Sprache*. 2. revidierte Aufl., Hildesheim: Olms.

5. Anhang

Verwendete Transkriptionszeichen

[I: hm]	Beiträge des Interviewers in eckigen Klammern
(1.56)	Pause in Sekunden
und=äh	Verschleifung
ich h(a: 1.74)be	Dehnung in Sekunden
ich HATTE recht	Primär- bzw. Hauptakzent
kommst du mit/	Tonhöhe steigend
~H	Einatmen, normale Länge
(~H: 1.22)	längeres Einatmen, Länge in Sekunden
<<schnell>geht doch nich>	Reichweitenangabe für ein Ereignis
(und ich frag)	vermuteter Wortlaut
(? 3)	Zahl der nicht transkribierbaren Silben
#situation ne [I: #mhm mhm]	Beginn parallelen Sprechens
((lacht)), ((steht auf))	para-/nonverbale Handlungen/Ereignisse
((lacht bis $)) ... $	Reichweitenangabe para- und außersprachlicher Handlungen/Ereignisse bei Überschneidung

Evaluation von Sprachförderkonzepten

Heidi Rösch & Daniela Rotter

1. Einleitung

Im BeFo-Projekt geht es um zwei Sprachförderansätze für die Grundschule. Der eine fokussiert die Bedeutung (=Be), der andere die Form (=Fo) von Sprache. Beide werden im Rahmen eines feldexperimentellen Designs auf ihre Wirksamkeit überprüft: Explizite Sprachförderung mit „focus on form" (FoF) durch sprachsystematischen Unterricht in Deutsch als Zweitsprache und implizite Sprachförderung mit „focus on meaning" (FoM) durch fachbezogenen Unterricht in den Fächern Mathematik und Sachunterricht. FoM-Konzepte stellen die inhaltliche Bedeutung und damit die Rezeption von Sprache in den Vordergrund; FoF-Konzepte lenken dagegen die Aufmerksamkeit der Lernenden auf Sprachstrukturen, wobei es im Unterschied zu „focus on forms" (FoFs) nicht um die Vermittlung der grammatischen Regeln geht, son-dern darum, die Kinder in ihrem Sprachaneignungsprozess zu unter-stützen und zwar bezogen auf Sprachphänomene, die sich im konkreten Sprachverwendungskontext als problematisch erweisen und im natürlichen Erwerb als ‚Stolpersteine' bekannt sind. Im Vordergrund der expliziten Förderung steht die Sprachproduktion gegenüber der -rezeption.

Untersucht wird die relative Effektivität dieser Ansätze durch Sprachleistungstests vor, während, am Ende und drei Monate nach erfolgter einjähriger Förderphase. Diese Rahmenuntersuchung wird im Beitrag von Anja Felbrich, Petra Stanat, Jennifer Paetsch und Annkathrin Darsow (in diesem Band) eingebettet in grundsätzliche Überlegungen zum „Erkenntnispotenzial experimenteller Studien zur Untersuchung der Wirksamkeit von Sprachfördermaßnahmen" ausgeführt. Um eine solche vergleichende Untersuchung durchführen zu können, müssen zunächst beide Förderansätze so modelliert werden, dass einerseits eine hohe Parallelisierung, andererseits aber auch eine deutliche Kontrastierung erreicht wird: Parallelisierung hat die Funktion, möglichst viele der die Komplexität der Sprachförderung bestimmenden Faktoren gleich zu gestalten, um einen Vergleich bezogen auf die verbleibenden Faktoren zu ermöglichen. Diese müssen so kontrastiert werden, dass nicht die Schnittmenge, sondern die unterscheidbaren Faktoren beider Ansätze ins Zentrum rücken. Im ersten Teil des Beitrags wird deshalb die Modellierung beider Ansätze aus (zweit-)sprachdidaktischer Perspektive problematisiert und am Beispiel der Entscheidungen im BeFo-Projekt exemplifiziert.

Um ein Üben für den Test (Teaching to the Test) zu verhindern, darf die externe, von der Fördermaßnahme abgekoppelte Erhebung der Sprachentwicklung für die Modellierung der Sprachförderung keine Rolle spielen. Da die Ergebnisse von Rahmenuntersuchungen oft als einziger Beleg für die Wirkung und Qualität der Förderung bzw. in einer vergleichenden Untersuchung des Förderansatzes gesehen werden, sei darauf hingewiesen, dass kritisch zu prüfen ist, ob die verwendeten Instrumente tatsächlich auch in der Lage sind, die unter Umständen nur feinen Nuancen des Lernzu-wachses im Zweitspracherwerbsprozess zu erfassen. Eine kontroverse Debatte darüber hat es im Zusammenhang mit der EVAS-Studie der Landesstiftung Baden-Württemberg gegeben (vgl. Hofman, Polotzek, Roos & Schöler 2008), die die Sprachentwicklung von Kindergartenkindern mit bzw. ohne spezifische Sprachförderung untersucht haben und zu dem Ergebnis kamen, dass die spezifische Sprachförderung nach drei verschie-denen Programmen keine besonderen Zuwächse gebracht hat. Erika Kal-tenbacher und Christiane von Stutterheim (2009) haben gezeigt, dass die für einsprachige Kinder entwickelten Instrumente gar nicht in der Lage waren, den tatsächlichen Sprachzuwachs, der sich auch in der EVAS-Studie durchaus andeutete, wahrzunehmen, weil die Orientierung an einsprachigen Kindern von Sprachkompetenzen ausgeht, die Zweitsprachlernende trotz Zuwächsen in einem frühen Stadium nicht erreichen können. Dadurch bewegen sich alle Kinder mit Migrationshintergrund mit und ohne spezifische/r Sprachförderung auf einem ähnlich niedrigen Niveau.

Im BeFo-Projekt wurden spezifische Instrumente entwickelt, die diesen Anforderungen genügen sollen.

Aufgrund dieser Problemlage wird in vielen zweitsprachdidaktischen Studien zusätzlich zu einer externen Evaluation, eine interne Untersuchung durchgeführt, die nicht nur den Lernprozess der Lernenden sehr viel genauer erfassen kann als externe Untersuchungen, sondern auch die Qualität des Unterrichts und damit das Lehrerhandeln in den Blick nimmt. Ein solches Vorgehen bietet sich vor allem für neue, noch nicht etablierte, ggf. auch umstrittene Ansätze an. Bezogen auf die Arbeit mit Grundschulkindern ist der FoF-Ansatz umstrittener als der FoM-Ansatz, der zumindest den grundschulpädagogischen Vorgaben eines ganzheitlichen Lernens, bei dem Sprache verwendet, aber nicht explizit zum Lerngegenstand wird, weit mehr entspricht als der FoF-Ansatz, der allerdings aus zweitsprachdidaktischer Perspektive eine höhere Akzeptanz aufweist. Im zweiten Teil des

Beitrags wird die interne Evaluation des FoF-Ansatzes erläutert, wobei auch hier grundlegende Überlegungen zur internen Evaluierung von Sprachförderkonzepten einfließen. Sie dient der Bewertung und Verbesserung des Ansatzes.

2. Kontrastive Modellierung von Sprachförderkonzepten

Folgende Faktoren determinieren die Sprachförderung und sind deshalb Grundlage für ihre Modellierung: Auswahl der Lernenden und Zusammensetzung der Lerngruppe, Qualifikation der Lehrkräfte, Organisationsform sowie Dauer, Umfang und Grobstruktur, didaktisches Konzept im engeren Sinn.

- Entscheidend für die Auswahl der Lernenden sind Alter, Spracherwerbskontext (z.B. Erst- oder Zweitspracherwerb), Sprachstand sowie Sprachlernerfahrungen (z.B. additives oder immersives Sprachlernen). Bezogen auf die Gruppenzusammensetzung spielen Größe, aber auch Heterogenität versus Homogenität (bezogen auf den Erwerbskontext oder den erreichten Sprachstand) eine Rolle.
- Die Qualifikation der Lehrkräfte lässt sich über deren Ausbildung bzw. Berufserfahrung ermitteln. Für die Sprachförderung ist die Art und Qualität ihrer (psycho-)linguistischen und (zweit-)sprachdidaktischen Qualifikation entscheidend. Bezogen auf die Altersgruppe sind allgemeine und schulstufenspezifische didaktische Kompetenzen ausschlaggebend. Eine wichtige Rolle spielen außerdem Kultur- und Sprach-sensibilität bei der Planung, Durchführung und Reflexion von Unterrichtsprozessen.
- Zu unterscheiden sind interne oder externe Organisationsformen, d.h. in oder außerhalb der Bildungseinrichtung angebotene Fördermaßnahmen, die durch Ort, (Tages-)Zeit, vor allem aber durch Umfang, Dauer und Grobstruktur genauer bestimmt werden. Bezogen auf die Grobstruktur ist festzuhalten, ob es sich um eine mehr oder weniger systematische Verbindung von Sprachlernen z.B. mit Theaterarbeit, eine zeitlich befristete Projektorientierung oder eine fortlaufende Maßnahme als Teil des Regelangebots oder ergänzend dazu handelt. Die Grobstruktur tangiert auch den Ablauf der Fördereinheiten mit nicht- bzw. ritualisierten Verläufen, mit oder ohne Akzentsetzung auf sprachliche Fertigkeiten (Lesen, Schreiben, Hören und Sprechen) oder sprachliche Lernbereiche (Lexik, Grammatik, Pragmatik etc.).

- Das didaktische Konzept im engeren Sinne benennt die ausgewählten Inhalte, die angestrebten Intentionen, die angewendeten Verfahren sowie den methodischen Verlauf der gesamten Förderung und einzelner Fördereinheiten. Da dies im Zentrum steht, wird es weiter unten ausführlich behandelt.

Will man etwa die Wirkung eines Förderansatzes in bestimmten Lerngruppen untersuchen, wird man die Modellierung anders gestalten, als wenn es um die Wirkung unterschiedlicher didaktischer Konzepte auf dieselbe Lerngruppe geht, wie im BeFo-Projekt. Deshalb findet hier eine Parallelisierung hinsichtlich der Lernenden, der Lerngruppen, der Organisationsform und der Lehrkräfte statt (vgl. ausführlicher Rösch & Stanat 2011 und unten wiedergegebene Übersicht *BeFo als vergleichende Interventionsstudie*). Die Lernenden, Grundschulkinder der dritten Jahrgangsstufe aus Schulen mit hohen Anteilen von Kindern mit Migrationshintergrund, die Deutsch als Zweitsprache erwerben und in einem Screening (vgl. Felbrich et al. in diesem Band) relativ niedrige Ergebnisse erreicht hatten, werden per Zufallsgenerator auf die FoF-, FoM- oder Wartegruppe verteilt. Pro Treatment werden 140 Kinder nicht-deutscher Herkunftssprache in 15 Fördergruppen mit je 7-10 Kindern ein Jahr lang ein Mal pro Woche am Nachmittag 90 Minuten gefördert. Die einzelnen Fördereinheiten (FE) werden in gleicher Weise ritualisiert, der Anteil von Lese- und Schreibaufgaben wird angeglichen. Die FE werden im jeweiligen Treatment in gleicher Weise und mit denselben Materialien umgesetzt, damit alle Kinder innerhalb eines Treatments eine vergleichbare Förderung erhalten.

Die Kontrastierung beider Ansätze erfolgt unter der gemeinsamen Zielsetzung, die bildungssprachlichen Kompetenzen der Kinder zu erweitern. Ansatzbezogene Ziele sind formalsprachlich angemessene Sprachproduktionen (FoF) sowie die angemessene Kommunikation über komplexe fachliche Inhalte (FoM). Auch auf theoretischer Basis gibt es einen gemeinsamen Rahmen in Anlehnung an die Interlanguagehypothese und die Interaktionshypothese, während für die Umsetzung beider Ansätze spezifische Erwerbshypothesen relevant werden, die sich auf Vermittlungsprozesse beziehen, das methodische Vorgehen innerhalb der beiden Ansätze und auch Feedbackverfahren determinieren. Auf der inhaltlichen Ebene geht es im FoF-Ansatz um Form-Funktionsbeziehungen, während im FoM-Ansatz ein thematischer Wortschatz und thematische Redemittel im Zentrum stehen.

<table>
<tr><th colspan="3">BeFo als vergleichende Interventionsstudie</th></tr>
<tr><td rowspan="2">Wozu</td><td colspan="2">Entfalten der bildungssprachlichen Kompetenz</td></tr>
<tr><td>Focus on Form (FoF)
Sprachbewusstheit, formalsprachlich angemessene Sprachproduktion</td><td>Focus on Meaning (FoM)
Verstehen und Kommunizieren über komplexe fachliche Inhalte</td></tr>
<tr><td>Für wen</td><td colspan="2">DaZ-Kinder in Ganztagsgrundschulen
mit mindestens 30-40% Minderheitenanteil</td></tr>
<tr><td rowspan="2">Wer</td><td colspan="2">Grundschul-Lehramtsstudierende nach Absolvierung des DaZ-Moduls</td></tr>
<tr><td>FoF-Vorbereitungsworkshops, Coaching während der Förderphase, Implementierungscheck (2x)</td><td>FoM-Vorbereitungsworkshops, Coaching während der Förderphase, Implementierungscheck (2x)</td></tr>
<tr><td rowspan="2">Was</td><td colspan="2">Deutsch als Zweitsprache</td></tr>
<tr><td>FoF: Sprache als Lerngegenstand
Form-Funktionsbeziehungen,
Wort-, Satz- und Text-produktionsstrategien</td><td>FoM: Sprache als Werkzeug
thematische Redemittel,
Wort-, Satz- und Texterschließungsstrategien</td></tr>
<tr><td rowspan="2">Grundlage</td><td colspan="2">Interlanguage-Hypothese (Selinker 1972),
Interaktionshypothese (Long 1985)</td></tr>
<tr><td>Output-Hypothese (Swain 1985),
Noticing-Hypothese (Schmidt 1990)</td><td>Input-Hypothese (Krashen 1985), Interaktionismus (Vygotsky 1929, Brunner 1989)</td></tr>
<tr><td rowspan="2">Wie</td><td colspan="2">Scaffolding im Prozess und als Planungsprinzip:
Parallelisierung der Verlaufspläne der einzelnen Fördereinheiten</td></tr>
<tr><td>• Formfokusierung nach Bedeutungsklärung
• Inputintensivierung & -modellierung
• aufmerksamkeitsfördernde Aktivitäten
• Feedback: outputfordernd
Formfokussierung: präventiv & reaktiv
Planung orientiert sich an grammatischen Inhalten und phasenweise dekontextualisiertem Umgang mit Sprache zum Erwerb prozeduralen Sprachwissens</td><td>• Bedeutung klären, Wortschatz entwickeln
• Fachspez. Input ohne Modellierung
• Impulse zur Anwendung und Übung
• Feedback: inputliefernd
Bedeutungsfokussierung im weiten Sinn
Planung orientiert sich an lexikalischen Inhalten und dem handlungsorientierten Umgang mit Sprache zur Unterstützung des impliziten Spracherwerbs</td></tr>
<tr><td rowspan="2">Womit</td><td colspan="2">Parallelisierung der Lesetexte (Menge, Länge)
und Schreibanlässe (Anzahl, Art)</td></tr>
<tr><td>FoF: Sprachfördermaterial
Pragmatische und literarische Texte, Sprachportfolio</td><td>FoM: Fachbezogenes Material
aus dem Mathematik- und Sachunterricht, Forschertagebuch</td></tr>
</table>

Die Auswahl der Lehrkräfte beschränkt sich auf Studierende des Grundschullehramts in der Bachelor-Phase nach Absolvierung des DaZ-Moduls, das in Berlin für alle Lehramtstudierenden obligatorisch ist. Sie werden im gleichen Umfang, aber getrennt nach den Ansätzen, die sie später in ihren Gruppen realisieren, geschult.

Diese und jede Parallelisierung schafft auch Ungleichgewichte, die insgesamt so auszugleichen sind, dass es keine Bevorzugung eines Ansatzes gibt. So ist die Bildung von (auf den Spracherwerbskontext bezogen) homogenen DaZ-Lerngruppen stärker dem FoF-Ansatz verpflichtet, denn der FoM-Ansatz ließe sich auch in gemischten DaZ-DaM-Gruppen anwenden. Da die Lerninhalte und auch ein großer Anteil der Aufgabenformate im FoF-Ansatz DaZ-spezifisch gewählt werden, erforderte eine Umsetzung in gemischten DaZ-DaM-Gruppen eine sehr viel komplexere Organisationsform mit Phasen des gemeinsamen und getrennten Lernens, die dem Anspruch zur Parallelisierung entgegengewirkt hätte.

Auf der anderen Seite begünstigte die Beschränkung auf Studierende des Grundschullehramts den FoM-Ansatz, denn Lehramtstudierende einer Fremdsprachphilologie oder eines DaF-/DaZ-Studiengangs sind aufgrund ihrer fundierteren Beschäftigung mit Linguistik sicher besser auf einen sprachstrukturell determinierten Ansatz vorbereitet als Grundschullehramtstudierende, die gleichzeitig im Studium immer wieder mit integrativen Ansätzen konfrontiert werden und denen es erfahrungsgemäß schwerfällt, sich auf einen sprachstrukturellen Ansatz einzulassen bzw. diesen nicht auf einen traditionellen, Regeln vermittelnden Grammatikunterricht zu reduzieren. Da es aber darum geht, eine in den Grundschulalltag integrierbare Förderung zu evaluieren, ist das Festhalten an der Studierendenauswahl sinnvoll.

Auch wenn die Schulung der Förderstudierenden und der Implementationscheck nach Ansätzen getrennt erfolgt, werden ihr Umfang und die konkrete Umsetzung weitgehend parallelisiert: Die Förderstudierenden beteiligen sich an der Erstellung der Fördereinheiten, verfassen Unterrichtsprotokolle, die ergänzt um Hospitationen und Videografien als Implementierungskontroll- und Beratungsinstrument genutzt werden.

Die Orientierung am Fachunterricht, die im BeFo-Projekt an den FoM-Ansatz gebunden wird, ist für den FoF-Ansatz nicht prinzipiell ausgeschlossen. Denn selbstverständlich lassen sich Sprachstrukturen auch an fachlichen Themen erarbeiten. Im BeFo-Projekt wird die Trennung zwischen fachbezogenem und sprachstrukturellem Sprachlernen auch über die Themenwahl reguliert. Deshalb kommen im FoF-Ansatz allgemeine Themen aus kinderliterarischen und altersentsprechenden pragmatischen Texten zum Einsatz.

Die Kontrastierung beider Ansätze bedeutete im BeFo-Projekt auch, dass die für die Realisierung des jeweiligen Ansatzes zuständigen Personen diese Aufgabe – nachdem grundlegende Entscheidungen getroffen worden waren – weitgehend getrennt voneinander wahrgenommen haben. Das unterstützt die Kontrastierung der Ansätze in der Interventionsphase, in der je die Hälfte der beteiligten Kinder ein Schuljahr lang nach dem FoM-Konzept oder dem FoF-Konzept gefördert wurden (vgl. Rösch, Rotter & Darsow im Druck). Sie erschwert aber den während einer einjährigen Förderphase unter Umständen nötig werdenden Adaptionsprozess. Dieser erfolgt im BeFo-Projekt bezogen auf die Wartegruppe, die eine optimierte Förderung, in die beide Ansätze einfließen, erhält.

3. Interne Evaluation des FoF-Sprachförderkonzepts

Evaluation als Beschreibung, Analyse und Bewertung von Projekten, Prozessen und Organisationseinheiten kann prospektiv (vor dem Einsatz als Bedarfs- und Konzeptionsanalyse), formativ (prozessbegleitend zur Qualitätssicherung) oder summativ (nach Abschluss als Prozessbeschreibung) erfolgen. Zusätzlich zur BeFo-Rahmenuntersuchung wird bezogen auf den FoF-Ansatz summativ evaluiert, wie die Lernenden mit dem spezi-fischen Ansatz, vor allem den expliziten Angeboten zum Strukturlernen, umgehen, ob sie Sprachbewusstheit entwickeln, kognitive Sprachlernstrate-gien aktiv anwenden etc.

Methodisch lassen sich Unterrichtsinteraktionen dahingehend untersuchen, wie welche Kinder mit dem Lernangebot, gegebenenfalls in Abhängigkeit von einer bestimmten Phase des Unterrichts umgehen, ob und welche Sprachstrukturen sie überhaupt wahrnehmen und wie sie sie sich aneignen. Darüber kann auch die Analyse und der Umgang mit spezifischen Aufgabenformaten Aufschluss geben, ob und wie sich die Kinder innerhalb des Ansatzes verhalten.

Grundsätzlich sieht FoF eine Fokussierung sprachlicher Form (phonologisch, lexikalisch, morphologisch, syntaktisch, pragmatisch) im Kontext bedeutsamer Kommunikation vor. Im Rahmen des BeFo-Projekts wurden im Schuljahr 2010/11 28 FoF-Fördereeinheiten durchgeführt. Dabei hielten sich die Studierenden an Verlaufspläne, in denen die Aktivitäten aus Gründen der Vergleichbarkeit genau vorgegeben waren. Diese Aktivitäten unterschieden sich hinsichtlich ihrer primären Zielsetzung bzw. Orientierung. Einige der Aktivitäten sind eindeutig als formorientiert zu identifizieren, da sie ausschließlich der Übung von Paradigmen und dem Verstehen und Anwenden von sprachlichen Regeln dienten. Andere sind als kommunikativ und primär inhaltsorientiert zu bezeichnen, da sie keine Form im Fokus hatten und dem echten Austausch von Informationen dienten. Als Untergruppe dieser Aktivitäten wurden Aufgaben entwickelt, die sowohl inhaltlich ansprechend und fordernd waren als auch eine Form fokussierten. In Anlehnung an Loschky & Bley-Vroman (vgl. 1993) wurde der Versuch unternommen, kommunikative Aufgaben so zu gestalten, dass eine zuvor ausgewählte Form bei der Bearbeitung der Aufgabe salient bzw. natürlicherweise benutzt wurde. Hinzu kommt das Feedbackverhalten der Studierenden, das die kontextuell eingebettete Formfokussierung verstärken sollte und über den Grad der Aufdringlichkeit bzw. Explizitheit mitentscheidet. Zu unterscheiden sind demnach Aktivitäten mit Übungscharakter, mit Aufgabencharakter (ohne intendierte Formfokussierung) und mit doppeltem Fokus (wobei die Form im Rahmen der Aufgabenbearbeitung relevant wird).

Bei der Auswertung der Verlaufspläne wurden 190 Aktivitäten ermittelt. Pro Fördereinheit wurden zwischen 3 und 10 Aktivitäten durchgeführt. Im Folgenden werden die unterschiedlichen Aktivitäten-Typen diskutiert und deren Verteilung über die 28 Fördereinheiten dargestellt, dass davon auszugehen ist, dass die Häufigkeit der gewählten Aktivitäten einen Einfluss auf den Explizitheitsgrad der BeFo-Förderung hat. Sie geben erste Hinweise darauf, inwiefern der BeFo-Förderunterricht als explizitformbezogen oder implizit-formbezogen zu bezeichnen ist[1] (vgl. Housen & Pierrard 2005).

3.1 Aktivitäten mit Übungscharakter

Insgesamt wurden 86 Aktivitäten, die ausschließlich und eindeutig auf die Regelfindung und korrekte Verwendung der jeweils geplanten Zielform fokussieren, ermittelt. Konkret handelt es sich dabei um Tafelarbeit, Lückentexte, Ergänzungs- und Einsetzaufgaben. Kennzeichnend für diese Aktivitäten ist die strenge Vorgabe der zu verwendenden und manipulie-

[1] Natürlich spielt die konkrete Implementierung durch die Studierenden eine entscheidende Rolle. Hier stehen jedoch die vorgegebenen Aktivitäten als Steuerungsinstrumente im Vordergrund.

renden sprachlichen Elemente in Übungen wie Verben würfeln, Sprachbaukastenspiele, Memory, Domino etc.

Beispiel 1 aus dem Arbeitsheft „Werkstatt Deutsch C" zeigt eine Aktivität der Fördereinheit 6, in der den Lernenden die sprachlichen Mittel stark vorgegeben wurden und das Ziel das korrekte Einfügen der Form ist.

Beispiel 1: FE 6

losfahren	anhalten
aufgehen	einsteigen
aussteigen	aufpassen
anhalten	vorbeilassen

1 Unterstreiche beide Teile der trennbaren Verben.

Ausschnitt aus der Einsetzübung:
Meral fährt zu ihrer Freundin. Setze ein!

auf passen Sie ______ gut ____.
ab biegen An der Ecke ____ gerade ein Auto nach rechts ______.

Bisher wurde diese Aktivität in 5 der 15 Fördergruppen ausgewertet.[2] Die Kinder produzierten Lösungen wie:

Sie *Passen* gut auf.
An der Ecke *ab* gerade ein Auto nach rechts *biegen*.
Meral *fährt* langsam *weiter*.
Der Autofahrer *lasst* Meral *vorbei*.
An der nächsten Ecke *biegt* Meral nach rechts *ab*.

Es wurde deutlich, dass die meisten Kinder die Trennung der Verben korrekt vornahmen. Interessant ist jedoch, dass häufig die Verben nicht konjugiert wurden:

---

2 Die Anzahl der Kinder spiegelt nicht die eigentliche Gruppengröße wieder. Einige der Kinder fehlten an diesem Tag oder füllten das Arbeitsblatt nicht aus.

	Anzahl der Kinder	Korrekt getrennt und konjugiert	Korrekt getrennt, nicht konjugiert	Anmerkung
Gruppe 1	4	7 Lücken	13 Lücken	
Gruppe 2	3	3 Lücken	11 Lücken	1 Lücke fehlend
Gruppe 3	5	8 Lücken	14 Lücken	3 Lücken fehlend
Gruppe 4	5	1 Lücke	14 Lücken	10 Lücken fehlend
Gruppe 5	6	11 Lücken	16 Lücken	3 falsch getrennt
Gesamt: 23 Kinder		30 Lücken korrekt	68 Lücken nicht konjugiert	17 Lücken fehlend oder falsch getrennt
Korrekt getrennt: 98 von 115 Lücken				

Von insgesamt 115 Lücken wurden nur 30 komplett korrekt ausgefüllt. Bei 68 Lücken wurden die Verben zwar korrekt getrennt, die fehlende Konjugation der Verben weist aber darauf hin, dass die Lernenden den Satzkontext nicht berücksichtigt haben. Als Tendenz zeigt sich, dass die Kinder zwar auf die im Fokus stehende Zielform (die Verbtrennung und damit die Satzklammer) aufmerksam wurden, aber die ihnen bereits vertraute Anforderung an die Konjugation von Verben ignorierten und lediglich die Infinitive einsetzten. Offensichtlich war das Aufgabenformat zu komplex oder – was wahrscheinlicher ist – der Unterricht zu wenig kontextgebunden, um eine rein schematische Bearbeitung der Aufgabe zu verhindern.

3.2. Aktivitäten mit Aufgabencharakter

Die zweite Kategorie für Aktivitäten orientiert sich am Begriff der Lernaufgabe (Task, vgl. Ellis 2003), bei der die kommunikative, auf ein nichtsprachliches Ziel ausgerichtete Verwendung der Zielsprache im Vordergrund steht. Hier geht es primär um die Involvierung der Lernenden und darum echte Mitteilungsbedürfnisse zu schaffen und zu befriedigen (vgl. Timm 2009). In den Verlaufsplänen finden sich 50 solcher primär kommunikativer Aktivitäten mit Aufgabencharakter wie Interviews durchführen, Texte lesen und Fragen beantworten, kurze Präsentationen oder freie Erzählimpulse.

Beispiel 2: FE 12

Bildimpulse wie in Beispiel 2 wurden häufig eingesetzt, damit die Lernenden frei sprechen und ihre Gedanken und Meinungen verbalisieren. Das Ziel dieser Aktivitäten ist die semantische Verankerung der sprachlichen Mittel. Die Involvierung der Lernenden (vgl. Funk 2006) weist darauf hin, dass die Orientierung an ihren Mitteilungsbedürfnissen das zu lernende sprachliche Material erst bedeutsam macht. Um diesen Aufgabentyp zu identifizieren, wird überprüft, ob die Lernenden die Zweitsprache als Werkzeug benutzen oder als Lerngegenstand betrachten sollen.

Bisher wurden nur zwei Unterrichtsvideos grob ausgewertet. Darin lässt sich erkennen, dass diese Aktivität tatsächlich primär inhaltsorientiert umgesetzt wurde. Es werden echte Fragen gestellt (Was hat dir wehgetan? Wer war denn schon einmal im Krankenhaus? Warum?), die Kinder erzählen unaufgefordert und das Feedback bezieht sich auf den Inhalt des Geäußerten, das heißt formale Probleme werden ignoriert, um den Kommunikationsfluss nicht zu unterbrechen.

3.3 Aktivitäten mit doppeltem Fokus

Diese Aktivitäten beziehen sich sowohl auf den Inhalt als auch auf die Form. Die Studierenden sollen die Lerner in ein Gespräch verwickeln und durch Fragen und Impulse die Zielform elizitieren, um gegebenenfalls darauf zu fokussieren. Für die Zuordnung einer Aktivität zu einer der drei Kategorien ist die Umsetzung durch die Studierende zu berücksichtigen. So wurde im FoF-Unterricht häufig eine kommunikativ angelegte Aktivität von den Studierenden als Übung realisiert oder die Lernenden waren bereits so stark auf die Form orientiert, dass kein inhaltliches Gespräch mehr zustande kam. Der umgekehrte Fall konnte ebenfalls beobachtet werden: Die Lernenden waren so stark ins inhaltliche Gespräch involviert und am

Thema interessiert, dass eine Fokuslenkung auf die Form im Sinne einer Aktivität mit doppeltem Fokus nicht mehr gelang.

Aktivitäten mit doppeltem Fokus werden nur, wenn bei der Umsetzung der Aufgabe ein anderes als das sprachliche Ziel erkennbar ist, als solche identifiziert. In jedem Fall ist eine primäre Inhaltsorientierung Voraussetzung für die Zuordnung zu dieser Kategorie. Im Unterschied zu „Aktivität mit Aufgabencharakter" zeigen diese Aktivitäten, dass die Form bei der Bearbeitung (eventuell erst durch die Studierenden) relevant wird. Dabei ist die notwendige Lenkung nicht bei allen Aktivitäten gleich ausgeprägt. Allerdings zeigen alle 53 ermittelten Aktivitäten neben dem sprachlichen Fokus einen deutlichen inhaltlichen Bezug. Häufig wird eine kommunikative Aktivität zu einem späteren Zeitpunkt um einen Formfokus ergänzt, sodass sie schließlich als Aktivität mit doppeltem Fokus zu bezeichnen ist. Ein Beispiel verdeutlicht dies:

Beispiel 3: FE 7

Thema: Halloween, Zielform: reflexive Verben

Während der Festigungsphase wählen die Kinder zwischen einer Bastelanleitung und einem Rätsel. In beiden Texten sind wenige reflexive Verben fettgedruckt. Die Aufgabe besteht jedoch darin, zu basteln bzw. das Rätsel zu lösen. Gleichzeitig nutzt die Studierende den Kontext, um auf die Zielform erneut hinzuweisen bzw. sie mit den Lernern einzeln auszuhandeln. Dadurch handelt es sich um eine Aktivität mit doppeltem Fokus, vorausgesetzt den Studierenden gelingt die Formfokussierung trotz des Bastelns oder Rätsellösens.

Der für die Lernenden bedeutsame Kontext entsteht zunächst meist durch offene Gesprächsimpulse, die die Lernenden zur freien Sprachproduktion anregen sollen und persönliche Meinungen oder Erfahrungen elizitieren. Idealerweise geben die Studierenden auch schon während dieser Phase ein auf die Zielform fokussiertes Feedback (focused interactional feedback, vgl. Mackey 2006) und entfalten gleichzeitig das Gespräch. Zur Bewältigung dieser sehr komplexen Aufgabe ist darauf zu rekurrieren, dass immer mehrere Dinge kommuniziert werden können und es durchaus möglich ist, „den Inhalt interessiert auf[zu]greifen und zugleich indirekt, d.h. ohne explizite Korrektur zu erkennen [zu] geben, wie wir uns äußern würden und was im Rahmen unseres [Sprach]Systems eine mögliche Ausdrucksweise wäre" (Tracy 2007: 182–183).

Tracy verweist hier auf Recasts, die auch Long (1991) u.a. als geeignete Form zur Realisierung von FoF nennt. Dabei wird eine fehlerhafte Äußerung korrigiert wiederholt und liefert den Lernenden ein Modell für die korrekte Form ohne den Kommunikationsfluss zu unterbrechen wie in folgendem Dialog:

> Student: She saw young woman.
> Teacher: Oh, she saw the young woman.
> Student: Yeah. (Nassaji 2009: 430)

Diese meist als unaufdringlich und implizit bezeichnete Feedbacktechnik findet auch im FoF-Unterricht Anwendung, führt aber in der BeFo-Förderung nicht immer zu einem Uptake oder sonstigen Hinweisen von Noticing, weil eine starke Inhaltsorientierung teilweise eine Fokusverschiebung auf den Formaspekt verhindert. Problematisch an der impliziten, unaufdringlichen Formfokussierung durch Recasts ist, dass die Lernenden der Form nicht ausreichend Aufmerksamkeit widmen.

Das folgende Beispiel 4 verdeutlicht, wie eine zunächst inhaltliche Aktivität genutzt werden kann, um zusätzlich die Form zu fokussieren und sie im Sinne eines FoF im Kontext bedeutsamer Kommunikation aufzu-greifen.

Beispiel 4: FE 25

Thema: Reisen, Zielform: Perfekt

Zunächst beantworten die Lernenden einen Fragebogen zum Thema Urlaub, anschließend erzählen sie, welche der angeführten Dinge sie schon gemacht haben.

AB 1 Was davon **hast** du schon **gemacht**?
Kreuze an und erzähle anschließend, was du davon schon **gemacht hast**!

im Meer schwimmen
am Strand spielen
Sandburgen bauen
.....

Die Lernenden erhalten hier die Chance, echte Informationen einzubringen, was als Merkmal kommunikativen Unterrichts gedeutet wird (vgl. Spada & Fröhlich 1995). Die dem Gespräch vorausgehende stille Bearbeitungsphase verschafft den Lernenden (theoretisch) Planungszeit, was ebenfalls als entscheidender Faktor für authentische Lernerprodukte angesehen wird (vgl. Skehan 2003). Außerdem unterstützt der Fragebogen das folgende

Unterrichtsgespräch und schafft Ressourcen für die Formfokussierung, nachdem der Inhalt geklärt ist.

Transkript 1 zeigt, wie die durch das Aufgabenformat angebahnte Formfokussierung aussehen kann und im Sinne Seedhouse' (vgl. 1997) ein doppelter Fokus verfolgt werden kann, bei dem sowohl dem Inhalt als auch der Form von Lerneräußerungen Aufmerksamkeit geschenkt wird.

Transkript 1: Förderstudierende 1

Studierende: Esma, erzähl mal. Was hast du schon gemacht?
Kind 1: Ich habe auf einen Esel gereitet. (T1)
Studierende: Ich? (Indikator 1)
Kind 1: hab
Studierende: ich? (Indikator 1)
Kind 1: bin auf einen Esel gereiten (R1 = T2)
Studierende: ge? (Indikator 2)
Kind 2: geritten
Kind 1: geritten (R2)
Studierende: sehr gut (RR2)
Kind 1: und habe wasserball gespielt
Studierende: ok, sehr schön.

Bereits die erste Frage der Studierenden elizitiert die Zielform, provoziert damit ein formales Problem und bietet die Chance für eine Fokussierung der geplanten Zielform. Sie nutzt diese Gelegenheit, um die Form mit dem Kind auszuhandeln. Als Feedbacktechnik setzt sie Elizitieren ein, das den Fokus des Kindes auf die problematische Form des Hilfsverbs lenkt und zu einer Überarbeitung führt. Im Sinne des Modells von Varonis & Gass (vgl. 1985) führt die fehlerhafte Form in Zeile 2 (T1) zu einem Hinweis (Indikator 1) durch die Studierende, der beim zweiten Mal als Reaktion (R1) eine Überarbeitung durch das Kind selbst zur Folge hat (outputfordernde Strategie). Diese Überarbeitung führt wiederum zu einem formalen Problem (T2), das mit derselben Feedbackstrategie (Elizitieren) (I2) eine erfolgreiche Überarbeitung mit Hilfe einer weiteren Schülerin (Kind 2) zur Folge hat. Interessant an diesem Beispiel ist, dass das Kind 1 nach der Formaushandlung, die durchaus als aufdringlich und direkt zu bezeichnen ist, seine Erzählung weiterführt (Zeile 11). Dieselbe Aktivität in einer anderen Fördergruppe:

Transkript 2: Förderstudierende 2

Studierende: Was hast du im Urlaub gemacht?
Kind 1: im Meer schwimmen.

Studierende: und ähm, kannst du das auch z.B. so sagen: ich bin im Meer geschwommen?
Kind 1: In der Türkei bin ich im Meer geschwommen.
Studierende: super (schreibt den Satz an der Tafel an)
Studierende: Das nächste, hast du das gemacht im Urlaub?
Kind 2: hab (Kind 2 weiß, worauf es ankommt und formuliert dementsprechend den Satz im Perfekt)
Studierende: genau
Kind 2: Ich hab am Strand gespielt.
...
Kind 5: ich hab/ ich bin / ich hab
Studierende: Das war schon richtig.
Kind 5: Ich bin auf einen Esel geritten.
Kind (alle): geritten
Kind 5: geritten

Hier wird deutlich, dass die Kinder viel stärker auf die Form orientiert sind und weniger das inhaltliche Gespräch über die Erlebnisse im Urlaub im Vordergrund steht. Die Vorgaben durch die Studierende lenken das Gespräch stärker und beeinflussen das Sprechverhalten des Schülers deutlicher als in Transkript 1. Beispiele wie die hier referierten finden sich im Datenmaterial häufiger und zeigen, dass die geplante Aktivität zu stark variierender Formfokussierung führen kann. Die konkrete Realisierung entscheidet letztlich, ob die Aufmerksamkeitslenkung auf die Form für die Lernenden hilfreich und sinnvoll erscheint oder nicht.

Am Ende der FE 25 sollen die Kinder Postkarten schreiben, wobei die zu verwendenden sprachlichen Mittel als Stichworte vorgegeben sind und in Textform gebracht werden müssen (eindeutig als Aktivität mit Übungscharakter). Die erste grobe Auswertung dieser schriftlichen Lernerprodukte zeigt, dass es trotz der kogntiven Aktivierung während der mündlichen Interaktion, bei der die Zielform Gegenstand des Aushandlungsprozesses ist, für die Lernenden schwierig ist, einen Transfer ins Schriftliche zu leisten. Häufig werden unvollständige Sätze oder Sätze im Präsens formuliert. Das Aufgabenformat führt ohne Lenkung kaum zur Produktion der intendierten Zielform. Auch der Aspekt der persönlichen Involvierung fehlt, was wiederum mit der mangelnden Beteiligung der Lernenden in Zusammenhang gebracht werden kann. Um konkretere Aussagen treffen zu können, sind jedoch weitere detaillierte Analysen notwendig.

Insgesamt erweist sich die Implementierung des FoF-Ansatzes im DaZ-Kontext als äußerst komplex und anspruchsvoll. Von den Lehrenden werden vielfältige Kompetenzen auf interaktionaler und linguistischer Ebene verlangt. Um den Ansatz korrekt zu implementieren, bedarf es einer sehr langen Vorbereitungs- und Schulungszeit, wie die Beobachtungen im BeFo-Projekt belegen. Von den konzipierten und realisierten Aktivitäten scheinen nur bestimmte den Ansprüchen des Ansatzes entgegenzukommen. Sofern die Lernenden persönlich angesprochen und zur Produktion bestimmter Formen angeregt werden, erscheint eine kurze Formfokussierung durchaus sinnvoll. Die Lernenden nehmen formbezogenes Feedback auf und sind im Stande ihren Output zu überarbeiten. Traditionellere Aktivitäten erscheinen zunächst erfolgsversprechender, da die starke Lenkung die Lernenden bei der Lösung der Aufgaben unterstützt. Fehlt jedoch die persönliche Involvierung und interaktionale Aushandlung, bleiben die Formen ‚leer'. Der Anspruch, Aktivitäten herzustellen, die einen doppelten Fokus verfolgen, wurde zumindest teilweise erreicht. Diese Aktivitäten ermöglichen eine dem Ansatz entsprechende Fokussierung sprachlicher Formen, verlangen jedoch vom Lehrenden eine hohe Sprachbewusstheit und Flexibiltät in der Umsetzung.

4. Fazit

Es zeigt sich, dass die interne und externe Evaluation von Sprachförderkonzepten unterschiedliche Funktionen übernehmen, unterschiedliche Ziele verfolgen und damit auch unterschiedliche Ergebnisse bringen. Gleichzeitig hängen ihre Ergebnisse aber eng zusammen. Stellt sich bei der internen Evaluation zum Beispiel heraus, dass die Implementierung des Ansatzes nur bedingt oder erst im Laufe der Förderphase zunehmend besser gelingt, so ist das bei der Interpretation der externen Ergebnisse zu berücksichtigen. Eventuell wäre es in einem solchen Fall sinnvoller gewesen, den für das konkrete Experimentierfeld neuen und umstrittenen Ansatz erst nach gelungener Implementierung bezogen auf seine Anwendung von kompetenten Förderstudierenden realisieren zu lassen.

Insofern werfen solche Untersuchungen am Ende Fragen auf, die es rückwirkend (wenn die Datenlage darüber Aufschluss verspricht) oder durch auf diese offen gebliebenen Aspekte fokussierte neue Forschungsdesigns genauer zu untersuchen gilt. In Bezug auf den FoF-Ansatz im DaZ-Kontext haben sich erst durch die Implementierung im BeFo-Projekt neue Aspekte ergeben, die es in einem eigenen Forschungsdesign zu untersuchen gilt (z.B.: Welche Formen des Deutschen eignen sich für diesen Ansatz?). Die ersten Ergebnisse der internen Untersuchung der FoF-Förderung weisen außerdem darauf hin, dass es sich lohnt, nicht nur die Lernenden, sondern vor allem auch die Lehrenden – im BeFo-Projekt die Förderstudierenden – in den Blick zu nehmen und sich weniger auf Lernendenprodukte zu konzentrieren, als vielmehr die Interaktionen im Unterricht zu untersuchen und daraus Schlüsse für gelingendes Lehren und Lernen abzuleiten.

5. Literatur

Ellis, Rod (2003): *Task-based language learning and teaching.* Oxford: Oxford University Press.

Funk, Hermann (2006): Aufgabenorientierung in Lehrwerk und Unterricht- das Problem der Theorie mit der Vielfalt der Praxis. In Bausch, K.-R.; Burwitz-Melzer, E.; Königs, F.G. & Krumm, H.-J. (Hrsg.): *Aufgabenorientierung als Aufgabe.* Tübingen: Gunter Narr, 52–61.

Hofman, Nicole; Polotzek, Silvana; Roos, Jeanette & Schöler, Hermann (2008): Sprachförderung im Vorschulalter – Evaluation dreier Sprachförderkonzepte. In *Diskurs Kindheits- und Jugendforschung*, 3, 291–300.

Housen, Alex & Pierrard, Michael (2005): Investigating Instructed Second Language Acquisition. In Robinson, P. (Hrsg.): *Investigations in Instructed Second Language Acquisition.* Berlin: Mouton de Gruyter, 1–49.

Kaltenbacher, Erika & Stutterheim, Christiane von (2009): *Stellungnahme zur EVAS-Studie.* http://www.deutsch-fuer-den-schulstart.de/upload/ stellungnahme1.pdf (02.04.2012).

Long, Michael (1991): Focus on Form: A design feature in language teaching methodology. In De Bot, K. (Hrsg.): *Foreign Language Research in Cross-Cultural Perspective.* Amsterdam: John Benjamins, 39–52.

Loschky, Lester & Bley-Vroman, Robert (1993): Grammar and Task-Based Methodology. In *Tasks and Language Learning. Integrating Theory and Practice.* Clevedon, Avon: Multilingual Matters, 123–167.

Rösch, Heidi; Rotter, Daniela & Darsow, Annkathrin (im Druck): FoM und FoF: Konzeption der fachbezogenen und sprachsystematischen Zweitsprachförderung im BeFo-Projekt. In Ahrenholz, B. & Knapp W. (Hrsg.): *Sprachstand erheben – Spracherwerb erforschen. Beiträge aus dem 6. Workshop Kinder und Jugendliche mit Migrationshintergrund.* Freiburg: Fillibach.

Rösch, Heidi & Stanat, Petra (2011): Bedeutung und Form (BeFo): Form-fokussierte und bedeutungsfokussierte Förderung in Deutsch als Zweitsprache. In Hahn, N. & Roelcke, T. (Hrsg.): *Grenzen überwinden in Deutsch. 37. Jahrestagung des Fachverbandes Deutsch als Fremdsprache an der Pädagogischen Hochschule Freiburg/Br.* Göttingen: Universitätsverlag, 149–161.

Mackey, Alison (2006): Feedback, Noticing and Instructed Second Language Learning. In *Applied Linguistics.* 27, 3, Oxford: Oxford University Press, 405–430.

Nassaji, Hossein (2009): Effects of recasts and elicitations in dyadic interaction and the role of feedback explicitness. In *Language Learning.* 59/2, Wiley Online Library, 411–452.

Seedhouse, Paul (1997): Combining form and meaning. In *ELT Journal.* 51/4, 336–344.

Skehan, Peter (2003): Task-based Instruction. In *Language Teaching.* 36, 1–14.

Spada, Nina & Fröhlich, Maria (1995): COLT. Communicative Orientation of Language Teaching. Observation Scheme. Coding Converntions ans Applications, Sidney. In *National Center for English Language Teaching and Research.*

Timm, Johannes-Peter (2009): Lernorientierter Fremdsprachenunterricht: Förderung systemisch-konstruktiver Lernprozesse. In *Englischunterricht.* Tübingen: Narr Verlag, 43–60.

Tracy, Rosemarie (2007): Wie Kinder Sprachen erwerben. Und wie wir sie dabei unterstützen können. Tübingen: Francke.

Marlos Varonis, Evangelina & Gass, Susan (1985): Non-native/Non-native conversations: A Model for Negotiation of Meaning. In *Applied Linguistics.* 6/1, 71–90.

6. Lehrwerke

Kehbel, S. et al. (2003): *Werkstatt Deutsch als Zweitsprache C.* Braunschweig: Schroedel.

Parry, Linda & Parry, A. (1992): *Hallo, Du!* Giessen: Brunnen.

Selbstgesteuertes Hören und Bildauswahlaufgaben in der Zweitspracherwerbsforschung

Sarah Schimke

1. Einleitung

Ein zentrales Anliegen der Forschung zum Erwerb einer Zweitsprache (*second language*, L2) ist es, das grammatische Wissen von Lernern zu einem bestimmten Zeitpunkt während des Erwerbsprozesses zu bestimmen. Wichtige Forschungsfragen sind, wie die Grammatik eines Lerners zu Beginn des Erwerbsprozesses aussieht (s.z.B. Schwartz & Sprouse 1996; Vainikka & Young-Scholten 1994; 1996a, b), welcher Endzustand erreicht werden kann, insbesondere, ob das grammatische Wissen dem eines Muttersprachlers entsprechen kann (Hyltenstam & Abrahamson 2003; Birdsong 2004), und in welchen Stufen sich die Entwicklung grammatischen Wissens vollzieht (z.B. Dimroth, Gretsch, Jordens, Perdue & Starren 2003). Zur Beantwortung dieser Fragen werden häufig Produktionsdaten analysiert, von denen auf das zugrundeliegende grammatische Wissen geschlossen wird. Diese Methode stößt jedoch an eine Grenze, wenn interessierende Strukturen in der Produktion (noch) nicht oder sehr selten vorkommen. Dies ist einer der Gründe, warum Produktionsmethoden in der Zweitspracherwerbsforschung zunehmend durch rezeptive Methoden ergänzt werden. Eine Untersuchung des Verstehens von Strukturen kann Rückschlüsse auf die Lernergrammatik erlauben, auch wenn diese Strukturen in der Produktion kaum oder nicht vorkommen. Insbesondere kann mit Sprachverstehensmethoden Wissen untersucht werden, über das Lerner zwar passiv verfügen, das sie aber noch nicht aktiv in ihrer Produktion einsetzen können. Dies gilt auch dann, wenn es sich um implizites Wissen handelt, zu dem kein bewusster Zugang besteht, und das somit nicht durch das Erheben metasprachlicher Urteile erfasst werden kann. Die Erfassung impliziten Wissens kann auch dazu dienen, zu untersuchen, ob Lerner Wissen verinnerlicht haben und tatsächlich automatisch anwenden, oder ob zum Beispiel in der Produktion vorkommende Formen nur auf ein bloßes Kopieren von Oberflächeneigenschaften der Zielsprache zurückgehen.

Rückschlüsse auf die zugrundeliegende Grammatik sind ein für die Zweitspracherwerbsforschung zentrales, aber indirektes Ergebnis von Untersuchungen zum Sprachverstehen. Direkter erfassen diese Studien natürlich auch, welche Prozesse beim Verstehen einer L2 ablaufen und wo Schwierigkeiten beim Verstehen bestehen, das heißt, in welchen Fällen das Ergebnis des Verstehensprozesses nicht muttersprachlich ist. Da diese rezeptiven Fähigkeiten offensichtlich ein ebenso wichtiger Teil des Zweitspracherwerbs sind wie produktive Fähigkeiten, ist ihre Erforschung ein wichtiges Gegenstandsgebiet an sich.[1]

Im vorliegenden Beitrag sollen zwei Methoden aus der Sprachverstehensforschung vorgestellt werden: selbstgesteuertes Hören und Bildauswahlaufgaben. Im ersten Teil des Beitrags wird ein Überblick über jede der beiden Methoden und ihre Anwendung insbesondere in der Zweitspracherwerbsforschung gegeben. Im zweiten Teil wird ein kurzes Beispiel für ihre Anwendung dargestellt, basierend auf einer Studie zum Erwerb der Finitheit im Deutschen (Schimke, 2009), in der es um grammatisches Wissen bei beginnenden Lernern geht. Dabei wird insbesondere die Bedeutung von Methodenkombinationen zur Erfassung des sprachlichen Wissens von Lernern diskutiert.

2. Selbstgesteuertes Hören und Bildauswahlaufgaben: ein Überblick

Selbstgesteuertes Hören und Bildauswahlaufgaben erfassen unterschiedliche Phänomene. Beim selbstgesteuerten Hören wird die *Verarbeitungskomplexität* von sprachlichem Material festgestellt. Dabei wird die Schwierigkeit während des Sprachverstehens, also *online* erfasst. Bildauswahlaufgaben dagegen stellen eine Möglichkeit dar, *offline* das Ergebnis des Sprachverstehensprozesses, also die endgültige *Interpretation* einer gegebenen Äußerung, zu erfassen.

---

[1] Diese beiden Fragen hängen zusammen, da die zugrundeliegende Grammatik natürlich die Verarbeitung und Interpretation von Äußerungen entscheidend beeinflusst. Die in diesem Beitrag vorgestellten Studien liefern deswegen Erkenntnisse zu beiden Fragen, auch wenn sie häufig den Schwerpunkt auf die Frage nach der Lernergrammatik legen.

2.1. Selbstgesteuertes Hören

Beim selbstgesteuerten Hören wird Probanden gesprochene Sprache in einzelnen Stücken (zum Beispiel einzelnen Wörtern oder intonatorischen Phrasen) präsentiert. Die Geschwindigkeit wird durch die Probanden bestimmt, die jeweils eine Taste drücken müssen, um das nächste Stück des Inputs anzuhören. Die Zeit zwischen zwei Tastendrücken wird ermittelt, um festzustellen, wie lange die Probanden an jeder Stelle für die Integration des neu hinzukommenden Stückes brauchen.[2] Häufig werden nach jedem oder einigen der präsentierten Texte oder Sätze Fragen zum Verständnis des Inhalts gestellt. Dies stellt sicher, dass die Probanden sich bemühen, das Material zu verstehen.[3] Während der Verarbeitung gemessene Reaktionszeiten in verschiedenen Bedingungen, also minimal unterschiedlichen Versionen der Materialien, werden miteinander verglichen. Sind die Reaktionszeiten in einer Bedingung länger, kann daraus geschlossen werden, dass diese Bedingung schwieriger zu verarbeiten ist. Zum Beispiel beobachteten Ferreira, Henderson, Anes, Weeks & Mac-Farlane (1996) in einer der ersten Studien, die selbstgesteuertes Hören anwandten, längere Reaktionszeiten beim Hören des Wortes *agreed* in (1a) als in (1b).

(1a) *The editor played the tape agreed the story was important.*
'Der Herausgeber, dem das Band vorgespielt wurde, stimmte zu, dass die Story wichtig war.'

(1b) *The editor played the tape and agreed the story was important.*
'Der Herausgeber spielte das Band ab und stimmte zu, dass die Story wichtig war.'

Dieser zuvor bereits in Lesestudien beobachtete Effekt (s.u.a. Ferreira & Clifton 1986) wird darauf zurückgeführt, dass der Beginn des Satzes, *The editor played the tape...* sowohl in Version a) als auch Version b) zunächst als einfacher Hauptsatz, bestehend aus einem Subjekt, Hauptverb und

---

[2] Häufig wird die rohe Zeit vom Beginn eines Segments bis zum nächsten Tastendruck gemessen. In dem Fall ist es sehr wichtig, dass miteinander verglichene Segmente ähnlich lang sind. Der Einfluss der Länge der Elemente bei jedem Teilnehmer kann aber auch statistisch kontrolliert werden, insbesondere wenn es nicht möglich ist, die Länge konstant zu halten (Ferreira & Clifton 1986; Trueswell, Tanenhaus & Garnsey 1994).

[3] Manchmal werden die Durchgänge, in denen die Frage falsch beantwortet wurde, von der weiteren Analyse ausgeschlossen. Man geht davon aus, dass hier die Sprachverarbeitung nicht erfolgreich war. Besonders bei beginnenden Lernern ist aber auch vorstellbar, dass die Frage an sich schwierig zu verstehen sein kann und falsch beantwortet wird, selbst wenn der Satz erfolgreich verarbeitet und verstanden wurde.

Objekt, analysiert wird. In der ersten Version stellen die Leser oder Hörer dann fest, dass ein weiteres finites Verb folgt, und müssen *played the tape* deswegen als einen (reduzierten) Relativsatz reanalysieren. Dies ist bei der Version b) nicht nötig. Die Version a) ist komplexer und führt damit zu einem höheren Verarbeitungsaufwand beim Hören des Hauptverbs, und dies lässt sich durch selbstgesteuertes Hören messen (s. auch Juffs 1998, 2006 und Rah & Adone 2010, für Untersuchungen desselben Effekts bei L2-Lernern).

Selbstgesteuertes Hören geht auf das früher entwickelte Paradigma des selbstgesteuerten Lesens zurück, bei dem die Probanden die Materialien ebenfalls selbstgesteuert und stückweise verarbeiten, die Stimuli aber in geschriebener Form präsentiert werden (Just, Carpenter & Woolley, 1982). Just et al. (1982) verglichen mit dieser Methode gewonnene Daten mit denen einer Blickbewegungsstudie (Just & Carpenter, 1980), in der die gleichen Materialien präsentiert wurden, allerdings nicht stückweise, sondern in Form jeweils vollständig präsentierter Textpassagen. Sie konnten zeigen, dass Wörter, die während des freien Lesens der Textpassagen besonders lange fixiert wurden, auch beim selbstgesteuerten Lesen zu besonders langen Lesezeiten führten. Weiterhin konnten Ferreira et al. (1996) zeigen, dass beim selbstgesteuerten Hören an den gleichen Stellen Verzögerungen auftraten wie mit den gleichen Materialien beim selbstgesteuerten Lesen. Insgesamt kann deswegen angenommen werden, dass Wörter, die beim selbstgesteuerten Lesen oder Hören schwer zu integrieren sind, dies in natürlicheren Lese- und vermutlich auch Hörsituationen ebenfalls wären (s. auch Ferreira & Clifton 1986, Kennedy & Murray 1984).

Studien, die selbstgesteuertes Lesen bei Muttersprachlern angewandt haben, haben zu der Erkenntnis beigetragen, dass die Sprachverarbeitung inkrementell abläuft, das heißt, dass zu jeder Zeit Prozesse ablaufen, die zum Verstehen des bisherigen Inputs und zur Vorhersage des zu erwartenden weiteren Materials dienen (s. z.B. Altmann & Steedman 1988). Viel beforschte Fragen sind, ob, wann und wie verschiedene Typen linguistischen Wissens während dieser inkrementellen, automatisierten und unbewussten Verarbeitung von Sätzen und Diskursen zum Tragen kommen und eventuell miteinander interagieren (s. z.B. Pearlmutter, Garnsey & Bock 1999 zu morphologischem Wissen; Weyerts, Penke, Münte, Heinze & Clahsen 2002 zu syntaktischem Wissen und Altmann & Steedman 1988; Trueswell, Tanenhaus & Garnsey 1994; Trueswell 1996 und Kaiser & Trueswell 2004 zur Interaktion verschiedener Wissenstypen).

Sehr ähnliche Fragen werden in Studien untersucht, die selbstgesteuertes Lesen oder Hören mit L2-Lernern anwenden. Zum einen geht es häufig darum, festzustellen, ob in der Sprachverarbeitung Evidenz für die Anwendung (und damit auch Existenz) zielsprachlichen morphosyntaktischen Wissens zu finden ist. So untersuchte Jiang (2004), ob chinesische Lerner des Englischen Wissen über Subjekt-Verb-Kongruenz *online* nutzen. Die Ergebnisse zeigten, dass Lerner im Gegensatz zu Muttersprachlern durch Kongruenzfehler nicht in ihrer Verarbeitung beeinträchtigt wurden, obwohl sie *offline* korrektes Wissen über Subjekt-Verb-Kongruenz zeigten. Die Fragen, ob Lerner bestimmtes Wissen auf einer metasprachlichen Ebene haben und ob sie es auch *online* anwenden, sind also voneinander zu trennen. Weiterhin wird auch in L2-Studien häufig untersucht, in welcher Gewichtung und Reihenfolge verschiedene Informationsquellen während der Sprachverarbeitung genutzt werden. Studien zur Inkrementalität zeigen, dass die Verarbeitung von Äußerungen in einer L2 grundsätzlich auch inkrementell abläuft, Lerner aber insbesondere bei bestimmten grammatischen Konstruktionen einige Verarbeitungsschritte später im Satz vollziehen als Muttersprachler (Havik, Roberts, van Hout, Schreuder & Haverkort 2009; Williams 2006). Weiterhin wurde in einigen Studien beobachtet, dass semantische und pragmatische Informationsquellen von Lernern besser genutzt zu werden scheinen als morphosyntaktische Informationsquellen (s. u.a. Marinis, Roberts, Felser & Clahsen 2005; Roberts & Felser 2011).[4] Außerdem konnte beobachtet werden, dass Lerner zur Verarbeitung der L2 auch aus der Muttersprache transferiertes Wissen einsetzen (Roberts & Liszka 2008).

Die bisher zusammengefassten Ergebnisse wurden überwiegend mit selbstgesteuertem Lesen gewonnen. Da die Vorbereitung und Durchführung eines Experiments mit auditiven Stimuli aufwändiger ist als die Durchführung mit geschriebenen Stimuli, wird selbstgesteuertes Hören im Allgemeinen nur dann eingesetzt, wenn die Forschungsfrage mit selbstgesteuertem Lesen nicht untersucht werden kann. Ferreira et al. (1996) untersuchten beispielsweise unter anderem, ob die Verarbeitung von Sätzen vom Typ (1a) und (1b) durch verschiedene Intonationskurven beeinflusst wird. Bei L2-Lernern bietet sich der Einsatz von selbstgesteuertem Hören statt

4 Dies führte zu der Formulierung der einflussreichen *shallow structure hypothesis* (Clahsen & Felser 2006), der zufolge L2-Lerner während der Sprachverarbeitung weniger detaillierte morphosyntaktische Repräsentationen aufbauen als Muttersprachler. Diese Position ist aber nicht unumstritten (s. Hopp 2010, und Roberts 2012, für einen Überblick).

Lesen an, wenn die Teilnehmenden in der Zielsprache keine sicheren Leser sind (s. auch Felser, Roberts, Marinis & Gross 2003 zum Einsatz bei Kindern aus dem gleichen Grund)

Bei der Interpretation von mit selbstgesteuertem Lesen oder Hören gewonnenen Ergebnissen muss beachtet werden, dass verzögerte Reaktionszeiten verschiedene Ursachen haben können. Einzelne Wörter können zum Beispiel aus rein lexikalischen Gründen schwer zu verarbeiten sein (wenn es sich um seltene Wörter handelt), oder weil sie aus syntaktischen, semantischen oder diskurspragmatischen Gründen in dem gegebenen Kontext unerwartet sind. Obwohl Abweichungen von der Grammatik ein Faktor sein können, der zu verzögerten Reaktionszeiten führt, kann selbstgesteuertes Lesen oder Hören deswegen nicht ohne weiteres als ein Grammatikalitätstest eingesetzt werden. Dies kann man als einen Nachteil, aber auch als eine Bereicherung sehen: selbstgesteuertes Lesen oder Hören kann über Grammatikalitätsurteile hinausgehende Daten darüber liefern, welches Wissen bei der Verarbeitung von Sätzen tatsächlich spontan eingesetzt wird. Um die Ergebnisse interpretieren und die Ursache von verzögerten Reaktionszeiten möglichst gut eingrenzen zu können, ist eine sorgfältige Konstruktion der Materialien wichtig. Bei L2-Studien ist es außerdem immer hilfreich, Daten einer muttersprachlichen Kontrollgruppe zu erheben.

2.2. Bildauswahlaufgaben

In einer Bildauswahlaufgabe sehen die Teilnehmenden Bilder und hören einen Satz oder ein Wort,[5] dem sie eines der Bilder zuordnen sollen. Die Zuordnung erlaubt Rückschlüsse auf die Interpretation der Äußerung, und damit auch auf das zugrundeliegende sprachliche Wissen über die getestete Struktur. Zumeist werden drei Arten von Bildern präsentiert: ein Bild, das die korrekte (muttersprachliche) Interpretation eines gegebenen Satzes abbildet (Zielbild), ein Bild, das eine alternative Interpretation abbildet, insbesondere eine, die man bei den getesteten Personen vermutet (Konkurrenzbild), und ein Bild, das keine mit dem Testsatz assoziierbare Bedeutung abbildet (Distraktorbild). Für einen gegebenen Satz wird dann

[5] Im Folgenden wird davon ausgegangen, dass die Bedeutung von Sätzen erfasst wird. Die Bedeutung von Wörtern spielt vor allem bei der Anwendung dieses Paradigmas in der Forschung zu phonologischem und lexikalischem Wissen von Sprachlernern eine Rolle (s. z.B. Barton 1980; Carrow-Woolfolk 1985).

getestet, ob die Teilnehmenden das Ziel- oder das Konkurrenzbild wählen. Die Distraktorbilder dienen dazu, zu überprüfen, wie oft die Wahl eines Bildes zufällig erfolgt, zum Beispiel, weil der Proband abgelenkt ist oder überhaupt keine Bedeutung mit der gegebenen Äußerung verbinden kann. Dadurch ist es einfacher, statistisch bedeutsame Effekte in der Wahl der anderen beiden Bilder zu beobachten.[6]

Bildauswahlaufgaben sind ein relativ aufwändiges Mittel, die Interpretation von Äußerungen zu erfassen. Wird eine Studie mit gesunden Erwachsenen durchgeführt, ist es meist einfacher, sprachliche Umschreibungen der Interpretation einer Äußerung zu erfragen. Dies ist jedoch dann problematisch, wenn die Produktion oder das Verstehen von sprachlichen (anstelle von bildlichen) Wiedergaben von Bedeutungen an sich eine Schwierigkeit für den jeweiligen Probanden darstellt, wie es bei Kindern und einigen Patientengruppen der Fall sein kann. Mit diesen Populationen sind Bildauswahlstudien zur Untersuchung einer breiten Palette von morphologischen, syntaktischen und semantischen Phänomenen eingesetzt worden (beispielsweise mit Kindern: Schönenberger, Pierce, Wexler &Wijnen 1995, Brandt-Kobele & Höhle 2010 und van Hout 2007 zur Interpretation von Verbmorphologie; Brooks & Braine 1996 zum Skopus von Quantifizierern; Paterson, Liversedge, Rowland & Filik 2003 zum Skopus von Fokuspartikeln; Sekerina, Stromswold & Hestvik 2004 zur Interpretation von reflexiven Pronomen und Personalpronomen. mit Alzheimer-Patienten oder Aphasikern: Baauw, Ruigendijk, Cuetos & Avrutin 2011 zur Interpretation von Pronomen; Friedmann & Novogrodsky 2011 zu W-Fragen im Englischen; Rassiga, Lucchelli, Crippa & Pagagno 2009 zum Verständnis von feststehenden Redewendungen; siehe auch Grüter 2005 zur Interpretation von Objektpronomen mit L2-Lernern im Kindesalter).

Bei erwachsenen L2-Lernern (und Muttersprachlern) wurden Bildauswahlaufgaben vor allem dann angewandt, wenn sich die Bedeutung der interessierenden Strukturen leicht in Bilder und/oder besonders schwer in Worte fassen lässt. Gut durch Bilder ausdrücken lassen sich Ambiguitäten in der Zuweisung von thematischen Rollen. So benutzten etwa Papado-

---

[6] Wie Gerken & Shady (1996) anmerken, ist es erstrebenswert, dass die Wahl aller Bilder gleich wahrscheinlich ist, wenn der Proband kein Wissen über das interessierende Phänomen hat. Nur dann wirken Disktraktorbilder wirklich als eine Kontrolle von durch den Zufall bedingten Bildauswahlen. Dies kann jedoch sehr schwer zu erreichen sein. Eine zusätzliche Möglichkeit, zufällige Bildauswahlen zu reduzieren, besteht darin, den Probanden die Möglichkeit einzuräumen, kein Bild auszuwählen, wenn Sie nicht wissen, welches am ehesten zu dem jeweiligen Satz passt (Verhagen 2010).

poulou, Varlokosta, Spyropoulos, Kaili, Prokou & Revithiadou (2011) Paare von Bildern mit vertauschten thematischen Rollen, also zum Beispiel ein Bild eines eine Frau küssenden Mannes und ein korrespondierendes Bild einer einen Mann küssenden Frau, um Schwierigkeiten in der Nutzung von Kasusmarkierungen und Wortstellung für die Zuweisung von thematischen Rollen bei griechischen Lernern des Türkischen zu erfassen. Ähnliche Bilder benutzten auch O´Grady, Lee & Choo (2003) und Aydin (2007), um größere Schwierigkeiten bei der korrekten Interpretation von Objekt- als von Subjektrelativsätzen im Koreanischen und Türkischen als L2 nachzuweisen (s. auch Street & Dabrowska 2010, die ähnliche Bilder in einer Studie zur Interpretation des Passivs bei Muttersprachlern unterschiedlicher Bildungsgrade im Englischen einsetzten). Ein Beispiel für eine Studie, bei der die Lerner die untersuchten Interpretationen vermutlich schwer in Worte hätten fassen können, ist Verhagen (2010). Hier wurde untersucht, ob beginnende Lerner des Niederländischen mit Türkisch oder Arabisch als Erstsprache bestimmte Verbformen mit einer aspektuellen Bedeutung assoziierten. Die untersuchten Formen waren im Niederländischen nicht grammatisch korrekt, kamen aber in der Produktion der Lerner vor.

Zusammenfassend lässt sich sagen, dass Bildauswahlaufgaben in der L2-Forschung bisher dazu eingesetzt wurden, entweder von der Zielsprache abweichende Interpretationen zielsprachlicher Strukturen oder die Interpretation von der Zielsprache abweichender, zu der Lernergrammatik gehörender Strukturen festzustellen. Bei der Interpretation der Ergebnisse muss bedacht werden, dass die Auswahl der Bilder einen großen Einfluss auf die Ergebnisse hat. Die Wahl eines Bildes für einen bestimmten Satz sagt etwas über die Passung zwischen dem Bild und dem Satz aus, aber dies relativ zu der Passung der anderen Bilder. Es kann also durchaus sein, dass die anderen Bilder auch als passend empfunden werden, nur in geringerem Maße als das gewählte Bild.[7] Dies zeigt sich auch in den Daten der unten vorgestellten Studie, in der diese relativen Urteile genutzt wurden, um subtile Bedeutungsunterschiede zu erfassen. Kommt es jedoch darauf an, herauszufinden, ob eine bestimmte Interpretation eines Satzes möglich (wenn auch vielleicht nicht präferiert) ist, ist es sinnvoll, statt des Bildauswahltests einen Wahrheitsbeurteilungstest durchzuführen (s. Avrutin &

7 Andererseits kann auch nicht ausgeschlossen werden, dass die Probanden keines der Bilder als besonders passend empfinden und das gewählte nur der eigentlichen Interpretation am nächsten kommt.

Baauw 2003 für einen Vergleich der beiden Methoden). Als eine weitere alternative Aufgabe kann auch erwogen werden, nicht nur die Auswahl der Bilder zu erfassen, sondern auch die Augenbewegungen, während Probanden Sätze hören und dazu passende Bilder sehen (s. Ellert in diesem Band). In Studien mit Kindern hat sich gezeigt, dass es Entwicklungsstadien gibt, in denen während des Hörens eines Satzes mehr Blickbewegungen zum Ziel- als zum Konkurrenzbild gemessen werden, obwohl die Kinder noch nicht in der Lage sind, diese Präferenz auch durch die bewusste Auswahl dieses Bildes anzuzeigen (Brandt-Kobele und Höhle 2010). Auch bei L2-Lernern könnten sich durch diese Technik unbewusste oder auch sehr früh in der Verarbeitung entstehende Präferenzen messen lassen. Es könnte so auch festgestellt werden, in welchem Maße ein letztendlich nicht gewähltes Bild mit dem präferierten Bild während der Verarbeitung in Konkurrenz stand.

In jedem Fall ist für eine gute Interpretierbarkeit der Ergebnisse eine sorgfältige Konstruktion der Bilder sehr wichtig. Das Ziel- und das Konkurrenzbild sollten die interessierenden Bedeutungen möglichst genau erfassen und voneinander abgrenzen. Außerdem sollten in L2-Studien die Ergebnisse mit denen einer muttersprachlichen Kontrollgruppe verglichen werden.

3. Finitheit im Erwerb des Deutschen als Zweitsprache: Schimke (2009)

Im Folgenden wird die Anwendung von selbstgesteuertem Hören und einer Bildauswahlaufgabe anhand einer Studie von Schimke (2009) illustriert, die sich unter anderem mit dem ungesteuerten Zweitspracherwerb des Deutschen durch türkische Immigranten beschäftigt.

Der ungesteuerte Zweitspracherwerb von Immigranten in verschiedenen europäischen Ländern ist ausführlich unter anderem in einem von Wolfgang Klein und Clive Perdue initiierten Forschungsprojekt untersucht worden (Perdue 1993; Klein & Perdue 1997; Becker in diesem Band). Ein Hauptergebnis dieses Projekts war die Beobachtung, dass sich bei ganz verschiedenen Quell- und Zielsprachenkombinationen jeweils drei sehr ähnliche Phasen in der Entwicklung der Lernergrammatik und damit der Äußerungsstruktur beobachten lassen (s. insbes. Klein und Perdue 1997). In einer ersten Phase benutzen Lerner hauptsächlich Nomen, Adjektive und Adverbien der Zielsprache und kombinieren sie zu einfachen Äußerungen.

Verben, und damit auch die durch sie eingeführte Argumentstruktur, fehlen. In einer zweiten Phase werden Verben der Zielsprache erworben. Dabei wird jedoch zunächst die Verbmorphologie nicht produktiv genutzt: Häufig erscheinen Verben nur in einer *default*-Form und mit den wenigen vorkommenden morphologischen Variationen sind keine Funktionen verknüpft (s. auch Lardiere 1998; Prévost & White 2000). Die Wortstellung in dieser Phase wird durch übersprachlich gültige semantische Prinzipien bestimmt, und weicht damit häufig von der zielsprachlichen Grammatik ab (s. auch Dimroth et al. 2003). Erst in einer dritten Phase beginnt der Erwerb der Finitheit, dass heißt der Erwerb von Wissen über Form und Stellung finiter Verben und der damit verbundenen Funktionen. Bei der Entwicklung hin zu der finiten Phase nehmen Hilfsverben im Vergleich zu lexikalischen Verben eine Vorreiterrolle ein (Dimroth et al., 2003; Verhagen, 2009).

In Schimke (2009) wurde unter anderem untersucht, wie Lerner des Deutschen den Schritt von der nicht-finiten zur finiten Äußerungsorganisation vollziehen. Dafür wurden zunächst mit 48 türkischen Immigranten Produktionsdaten erhoben, die aus Filmnacherzählungen der *finite story* (s. Dimroth, in diesem Band) bestanden. Es zeigte sich, dass bei etwa der Hälfte der Teilnehmer (im Folgenden: nicht-finite Gruppe) die Äußerungsstruktur überwiegend der nicht-finiten Phase entsprach: Verbmorphologie wurde nicht korrekt benutzt, die Wortstellung wich von der Zielgrammatik ab und die Lerner benutzten kaum Hilfsverben. Bei dem Rest der Teilnehmer (finite Gruppe) dagegen wurden zumindest bei einem Teil der Äußerungen Hilfsverben sowie lexikalische Verben in zielsprachlicher Form und Stellung beobachtet. Beide Gruppen hatten eine relativ lange Aufenthaltsdauer in Deutschland (im Durchschnitt 9 Jahre). Diese Beobachtungen werfen die Frage auf, was diese Lerner über die Zielsprache wissen: Hat die nicht-finite Gruppe, trotz der relativ langen Aufenthaltsdauer, im Bereich der Finitheit kein Wissen über die zielsprachliche Grammatik oder zeigt sich dieses Wissen nur nicht in der spontanen Produktion? Hat die finite Gruppe tatsächlich so viel Wissen über Finitheit, wie es in einem Teil der Äußerungen scheint, oder handelt es sich hier um aus der Zielsprache übernommene Oberflächenformen, denen kein tieferes grammatisches Wissen zugrunde liegt? Um diese Fragen zu untersuchen, wurden die Produktionsdaten durch Daten von einer Reihe anderer Experimente ergänzt, unter anderem den im Folgenden vorgestellten zwei Experimenten, in denen selbstgesteuertes Hören und eine Bildauswahlaufgabe angewandt wurden.

3.1. Selbstgesteuertes Hören

Selbstgesteuertes Hören wurde in Schimke (2009) angewandt, um Wissen der beiden Lernergruppen über die korrekte Stellung von finiten lexikalischen Verben zu untersuchen.[8] Produktionsstudien zum Erwerb der Verbstellung im Deutschen haben häufig negierte Sätzen untersucht, da die Stellung des Verbs links oder rechts von der Negation ein eindeutiges Kriterium dafür liefert, ob Lerner die zielsprachliche Verbstellung kennen oder nicht (s. z.B. Becker, 2005; Meisel, 1997; Parodi, 2000; Prévost & White, 2000). In der Zielsprache steht das Verb in Hauptsätzen immer an zweiter Position, also links von der Negation (2). Bei beginnenden Lernern wurde jedoch beobachtet, dass lexikalische Verben häufig rechts der Negation erscheinen (3).

(2) Mein Vater schläft nicht.
(3) Mein Vater nicht schlafen. (aus Becker, 2005)

Becker (2005) erklärt dies damit, dass Lerner die Wortstellung ihrer Sätze nach einem übersprachlich gültigen semantischen Prinzip organisieren. Dabei werden Operatoren, wie die Negation, direkt vor ihren Anwendungsbereich, häufig das Verb, gestellt. Laut Dimroth et al. (2003) wird mit dem Erwerb der Finitheit der Einfluss dieses übersprachlich gültigen semantischen Prinzips geringer, und gewinnt die Anforderung der Zielgrammatik, der zufolge das Verb an zweiter Stelle stehen muss, an Einfluss.

In der hier vorgestellten Studie wurden den beiden Lernergruppen sowie einer Kontrollgruppe von Muttersprachlern die beiden folgenden Typen von Sätzen präsentiert (die Längsstriche deuten die Stücke an, in denen die Sätze präsentiert wurden):

- Typ 1: *fin* + *neg*:: Der Junge | schreibt | nicht | an | seine traurige Tante.
- Typ 2: *neg* + *fin*: *Der Junge | nicht | schreibt | an | seine traurige Tante.

Verarbeiten die Lerner Satz 1 schneller als Satz 2, würde das dafür sprechen, dass sie Wissen über die morphosyntaktischen Regeln der Finit-

[8] In dem Experiment wurde nicht nur die im Text dargestellte Stellung von finiten lexikalischen Verben, sondern auch von nicht-finiten lexikalischen und finiten Hilfsverben getestet. Aus Platzgründen können hier nicht alle Bedingungen dargestellt werden. Siehe Schimke (2009), S. 16–83 und 196–208 für mehr Details.

heit im Deutschen haben und dieses Wissen bei der Verarbeitung eine Rolle spielt, so dass eine falsche Wortstellung zu längeren Reaktionszeiten führt.[9] Eine schnellere Verarbeitung von Satz 2 im Vergleich zu Satz 1 würde dafür sprechen, dass nicht zielsprachliche Korrektheit, sondern semantische Transparenz die Verarbeitungskomplexität für die Lerner bestimmt.

Die Muttersprachler zeigten in ihrer Verarbeitung keinerlei Unterschied zwischen den beiden Sätzen. Höchstwahrscheinlich waren die in dem Experiment vorkommenden Sätze für die Muttersprachler so einfach, dass sie auch die ungrammatischen Sätze ohne einen messbaren Mehraufwand verarbeiten konnten. Für die Lernergruppen war die Verarbeitung sicherlich weniger einfach, und in der Tat zeigten sich hier deutliche Unterschiede zwischen den beiden Versionen. Die Verarbeitungszeiten für den Verb-Negatorkomplex sowie die darauffolgende Präposition waren in beiden Lernergruppen in grammatischen Sätzen vom Typ (1) länger als in ungrammatischen Sätze vom Typ (2). Es ist bemerkenswert, dass Lerner hier die ungrammatischen Sätze leichter verarbeiten konnten, obwohl diese Struktur im Input selten vorkommen dürfte. Dieses Ergebnis unterstützt die auf Produktionsstudien beruhende Annahme, dass die Lernergrammatik als ein eigenständiges System zu betrachten ist, dessen Regeln durchaus von der Zielgrammatik abweichen können (Klein & Perdue, 1997; Dimroth et al., 2003). In diesem Fall spricht es dafür, dass in der Lernergrammatik eine transparente Operator-Anwendungsbereich-Abfolge bevorzugt wird. Interessanterweise zeigten Analysen der Verarbeitungszeiten für die Objekt-NP für die nicht-finite Gruppe weiterhin eine Präferenz für Satz (2) über (1), für die finite Gruppe aber eine deutlich schnellere Verarbeitung von Satz (1) als von Satz (2). Dies kann so interpretiert werden, dass die finite Gruppe Wissen über die korrekte Wortstellung hat, dass aber dieses Wissen erst am Ende des Satzes eine Rolle spielt. Eventuell versuchen die Lerner erst hier, eine vollständige Repräsentation der Satzstruktur aufzubauen, und dies scheint ihnen besser mit grammatischen als mit ungrammatischen Sätzen zu gelingen. Dieser Effekt scheint unabhängig von der lokalen Verarbeitungserleichterung durch die Negation-Verb-Abfolge zu sein.

---

9 Alternativ könnte eine schnellere Verarbeitung von Satz (1) auch darauf zurückgeführt werden, dass grammatische Sätze im Input häufiger vorkommen als ungrammatische. Allein die Frequenz einer bestimmten Struktur kann die Verarbeitungsgeschwindigkeit beeinflussen. Deswegen ist es umso bemerkenswerter, wenn eine schnellere Verarbeitung seltener Strukturen gefunden wird.

Zusammenfassend liefern die Ergebnisse dieses Experiments einerseits zusätzliche Evidenz für die von der Zielgrammatik abweichende Lernergrammatik in der nicht-finiten Gruppe. Hier kann also eine Verstehensmethode die Reichweite und Robustheit der abweichenden Grammatik demonstrieren, die sogar zu einer schnelleren Verarbeitung von so nicht im Input vorkommenden Satztypen führen kann. Gleichzeitig demonstrieren die Ergebnisse für die finite Gruppe, wie die zielsprachliche Grammatik zunehmend an Einfluss gewinnt. Die Tatsache, dass die Grammatikalität der Sätze nun die Verarbeitungskomplexität (mit) beeinflusst, spricht dafür, dass die sich verändernde Produktion der Lerner auf einen tiefgreifenderen Wandel zurückgeht als nur eine Übernahme von Oberflächenformen.

3.2. Bildauswahlaufgabe

Während durch selbstgesteuertes Hören formales syntaktisches Wissen über die Wortstellung erfasst wurde, ging es in der Bildauswahlaufgabe um Wissen über Funktionen. Die Frage war, ob das Erreichen der finiten Organisationsphase tatsächlich mit einem Verstehen nicht nur der zielsprachlichen Form, sondern auch der Funktion von Finitheit (im Sinne von finiter, also zielsprachlicher, Wortstellung und Morphologie) einhergeht, wie von Dimroth et al. (2003) angenommen. Dabei wird davon ausgegangen, dass die Grundfunktion von Finitheit das Markieren der Assertion in einem Satz ist (Klein, 1998). Der Unterschied zwischen einem finiten Satz wie (4a) und einem nicht finiten Satz wie (4b) ist demnach, dass es in Satz (4a) eine formale Markierung der Assertion gibt, also der Tatsache, dass der lexikalische Inhalt des Satzes, die sogenannte Satzbasis, in diesem Fall „Peter einen Tisch bauen", für eine bestimmte Topikzeit und einen bestimmten Topikort als wahr erklärt wird. In Satz (4b) dagegen wird die Satzbasis nur als Thema eingeführt, ohne dass es eine formale Markierung dafür gibt, ob, wann und wo dieser Inhalt zutrifft. Satz (4b) lässt hierdurch mehr verschiedene Interpretationen zu als Satz (4a). Je nach Kontext könnte er zum Beispiel so intepretiert werden, dass Peter im Moment einen Tisch baut, dass er einen Tisch bauen soll oder will. Insbesondere mit einer steigenden Intonationskurve ist auch eine im Folgenden als offen bezeichnete Interpretation möglich, der zufolge sich der Sprecher fragt, ob Peter einen Tisch baut, und dies eher für unwahrscheinlich hält.

(4a) Peter baut einen Tisch.
(4b) Peter einen Tisch bauen.

Um festzustellen, ob Sensitivität für die größere Anzahl von Interpretationsmöglichkeiten für Satz (4b) sich tatsächlich mit Wissen über Finitheit entwickelt, wurden in Schimke (2009) Sätze vom Typ (4a) und (4b) in einem Kontext präsentiert, in dem die Wahrheit der Aussage in Frage stand:

(5) Sprecher 1: Baut Peter einen Tisch?
(5a) Antwort a: Peter baut einen Tisch.
(5b) Antwort b: Peter einen Tisch bauen.

Dies sollte für Satz (5b) die offene Interpretation verfügbar machen, während Satz (5a) weiterhin nur die Interpretation zulassen sollte, dass Peter tatsächlich einen Tisch baut. Es ist hier wichtig, zu beachten, dass es bei der offenen Interpretation um die Einschätzung des Sprechers geht, wie wahrscheinlich es ist, dass diese Satzbasis zu einem bestimmten Ort und einer bestimmten Zeit wahr sein könnte. Eine Paraphrase der Bedeutung des Satzes wäre „Der Sprecher fragt sich, wie wahrscheinlich es ist, dass Peter zu einer bestimmten Zeit einen Tisch baut". Um diese Bedeutung auf einem Bild abzubilden, ist es notwendig, nicht nur den Inhalt der Satzbasis, sondern auch den Sprecher auf dem Bild abzubilden. Die zu (5a)/(5b) gehörenden Bilder, aus denen die Versuchsteilnehmer jeweils eine Wahl treffen sollten, sind in Abbildung 1 dargestellt.

Abb. 1. Bilder zum Item „Peter baut einen Tisch"; Bild 1: Assertionsbild, Bild 2: offenes Bild, Bild 3: abgeschlossenes Bild

Wenn Lerner oder Muttersprachler sich der Tatsache bewusst sind, dass Finitheit Assertion ausdrückt, sollte es einen Unterschied in der Anzahl der Wahl der Bilder je nach Finitheit des Verbs geben: bei Sätzen vom Typ (5a) ist Bild 1 (im Folgenden „Assertionsbild“), bei dem der Sprecher davon ausgeht, dass Peter in dem zur Diskussion stehenden Moment einen Tisch baut, eindeutig das Zielbild. Für Satz (5b) sollte dieses Bild auch in einer gewissen Anzahl der Fälle gewählt werden, da der Satz nicht inkompatibel mit der Überzeugung ist, dass Peter nun einen Tisch baut. Er sollte aber auch kompatibel mit der Idee sein, dass der Sprecher zweifelt, ob Peter einen Tisch baut. Deswegen sollte auch Bild 2 (offenes Bild) in einer gewissen Anzahl der Fälle gewählt werden. Beide Bilder sollten also in dieser Bedingung Zielbilder sein. Bild 3 (abgeschlossenes Bild) dient als Distraktor. Das Experiment wurde wiederum mit beiden Lernergruppen und einer muttersprachlichen Kontrollgruppe durchgeführt.

Die Muttersprachler wählten für finite Sätze immer das Assertionsbild und für nicht-finite Sätze in ca. 60% der Fälle das Assertionsbild und 25% der Fälle das offene Bild. Das abgeschlossene Bild wurde in den beiden kritischen Bedingungen in 10–15% der Fälle gewählt. Diese Ergebnisse entsprechen den Erwartungen. Es lässt sich schließen, dass die Bildauswahlaufgabe zumindest bei Muttersprachlern geeignet ist, die Bedeutung von finiten im Vergleich zu nicht-finiten Sätzen zu erfassen, und dass dieser Bedeutungsunterschied tatsächlich darin liegt, dass nur finite Sätze eindeutig eine Assertion ausdrücken.

In der nicht-finiten Lernergruppe wurde für nicht-finite Äußerungen in über 80% der Fälle das Assertionsbild gewählt, für finite Äußerungen aber nur in ca. 70% der Fälle. Das offene Bild wurde für beide Äußerungstypen nur in 5–10% der Fälle gewählt. Das abgeschlossene Bild dagegen wurde in dieser Gruppe für finite Sätze in 25% der Fälle gewählt. Dieses Ergebnis bestätigt zunächst, dass diese beginnenden Lerner kein Wissen über die Funktion von Finitheit in der Zielsprache haben. Für ihr Empfinden unterscheiden sich nicht-finite und finite Sätze nicht im Ausdruck der Assertion, denn das hätte sich in einer erhöhten Anzahl an Wahlen des offenen Bildes in einer der beiden Bedingungen zeigen müssen. Stattdessen interpretieren sie den Bedeutungsunterschied zwischen Sätzen vom Typ (5a) und (5b) anscheinend in einigen Fällen als aspektuell: Relativ häufig wurde für finite, aber nicht für nicht-finite Sätze das abgeschlossene Bild gewählt. Einige Lerner gaben nach dem Experiment tatsächlich an, die Endung –t als Markierung von Abgeschlossenheit zu interpretieren. Dies geht vermutlich auf eine Verwechslung der finiten Verbform mit dem Partizip

Perfekt zurück, das ja auch häufig auf –t endet. Die finite Gruppe schließlich befand sich in ihrem Verhalten zwischen der nicht-finiten Gruppe und den Muttersprachlern: diese Gruppe wählte das Assertionsbild etwa gleich häufig für beide kritischen Satztypen (ca. 70%), jedoch das abgeschlossene Bild häufiger für finite Sätze (ca. 25%) und das offene Bild häufiger für nicht finite Sätze (ca. 12%). Die Tatsache, dass der nicht-finite Satz im Vergleich zur nicht-finiten Gruppe weniger häufig mit dem Assertionsbild und häufiger mit dem offenen Bild assoziiert wurde, kann so interpretiert werden, dass die finite Gruppe mehr Sensibilität für die fehlende Assertionsmarkierung hat als die nicht-finite Gruppe und in dieser Hinsicht den Muttersprachlern ähnelt.

Zusammenfassend zeigen die Ergebnisse dieses Experiments, dass das Erreichen einer wenigstens teilweise finiten Organisation der Äußerungsstruktur, wie es in der Produktion beobachtet werden kann, mit starken Veränderungen auch in der Interpretation finiter und nicht-finiter Verbformen verbunden ist. Dies bestätigt noch einmal, dass die beobachteten Änderungen auf verändertes grammatisches Wissen und nicht auf die Übernahme von Oberflächenformen zurückgehen. Sie bestätigen auch, dass beginnende Lerner noch keinerlei zielsprachliches Wissen über Finitheit haben.

4. Diskussion

Die Ergebnisse der beiden Verstehensexperimente liefern eine interessante Ergänzung zu den Produktionsdaten. Zum einen zeigen sie die klare Bevorzugung von nicht-finiten Strukturen durch beginnende Lerner. Diese Lerner können nicht-finite Strukturen nicht nur einfacher verarbeiten (selbstgesteuertes Hören), sondern ihre Bedeutung scheint für sie auch eindeutiger und in diesem Sinne leichter zu sein (Bildauswahlaufgabe). Mit Bezug auf die Form und Stellung von finiten lexikalischen Verben gibt es hier also eine große Übereinstimmung zwischen Produktion, Verarbeitungskomplexität und Interpretation. Dies spricht dafür, dass Lerner in diesem Fall tatsächlich nicht mehr zielsprachliches Wissen haben, als sie in der Produktion zeigen. Vielmehr scheint in diesem Stadium eine relativ stabile und von der Zielgrammatik klar abweichende Lernergrammatik das Sprachverstehen und die Sprachproduktion zu bestimmen. Die finite Lernergruppe scheint sich auf einer Entwicklungsstufe zwischen dieser Lernergrammatik und der Zielgrammatik zu befinden. Auch hier sprechen

Produktions-, Verarbeitungs und Bildauswahldaten für die gleiche Interpretation, der zufolge diese Lernergruppe mehr Wissen über zielsprachliche Finitheit hat als die nicht finite Gruppe. Gleichzeitig zeigen die Unterschiede zwischen der finiten Gruppe und den Kontrolldaten von Muttersprachlern, dass das Verstehen von finiten Äußerungen in dieser Gruppe noch nicht dem von Muttersprachlern entspricht. Dennoch bestätigen die Ergebnisse aus den Sprachverstehensaufgaben alles in allem, dass mit dem Erscheinen von finiten Äußerungen in der Produktion ein tiefgreifender Wandel im grammatischen Wissen einhergeht.

Zusammenfassend zeichnet sich also ein konsistentes Bild ab, wenn man die Ergebnisse der verschiedenen Experimente zusammen nimmt. Dies ist der Fall, auch wenn jede Studie für sich durchaus Fragen aufwirft. So ist das beim selbstgesteuerten Hören beobachtete Phänomen, dass die finite Lernergruppe an einigen Stellen im Satz finite, und an anderen nichtfinite Formen zu präferieren scheint, überraschend. Um die oben vorgestellte Interpretation dieses Ergebnisses abzustützen, wäre es hilfreich, mehr Daten mit vergleichbar beginnenden Lernern zu erheben, um die Natur der Prozesse an unterschiedlichen Stellen im Satz bei verschiedenen Lernern und Phänomenen untersuchen zu können. Auch die Tatsache, dass die Muttersprachler nicht auf die Wortstellungsmanipulation reagieren, sollte näher untersucht werden. Es kann davon ausgegangen werden, dass Sätze vom Typ (1b) für Muttersprachler ungrammatisch sind. Das Ergebnis bestätigt somit auf jeden Fall, dass selbstgesteuertes Hören nicht mit einem Grammatikalitätstest gleichzusetzen ist. Es wäre interessant, zu überprüfen, ob in negierten Sätzen ein Grammatikalitätseffekt bei Muttersprachlern gefunden werden kann, wenn komplexere Materialien verwendet werden. Was das Bildauswahlexperiment betrifft, so zeigt sich hier sehr deutlich der große Einfluss der angebotenen Bildkombination. Die Tatsache, dass die Lerner insbesondere bei finiten Verbformen häufig das Distraktorbild gewählt haben, macht es, obwohl interessant an sich, schwieriger die Ergebnisse für die anderen beiden Bilder zu interpretieren. Schließlich zeigt die relativ seltene Wahl des offenen Zielbildes für nichtfinite Äußerungen bei den Muttersprachlern, wie schwierig es sein kann, für abstrakte grammatische Phänomene wirklich passende Bilder zu finden.

Schwierigkeiten in der Interpretation von Sprachverstehensdaten sollten durch eine gute theoretische Fundierung und sorgfältiges methodisches Vorgehen so weit wie möglich reduziert werden. Darüber hinaus ist es aber, wie oben deutlich geworden sein sollte, vor allem die Kombination verschiedener Methoden, die die Interpretation vereinfacht und zu stabilen Erkenntnissen führt.

5. Literatur

Altmann, Gerry & Steedman, Mark (1988): Interaction with context during human sentence processing. *Cognitio,* 30: 191–238.

Avrutin, Sergey & Baauw, Sergio (2003): 'Truth Value Judgment Task vs. Picture Selection Task'. *Workshop Experimental Methodology in Language Acquisition Research*. Utrecht University, 12 November.

Aydin, Özgür (2007): The comprehension of Turkish relative clauses in second language acquisition and agrammatism. *Applied Psycholinguistics* 28: 295–315

Baauw, Sergio; Ruigendijk, Esther; Cuetos, Fernando & Avrutin, Sergey (2011): The interpretation of stressed and non-stressed pronouns in Spanish language breakdown. *Aphasiology* 25 (3): 386–408.

Barton, David (1980): Phonemic perception in children. In Yeni-Komshian, Grace H.; Kavanagh, James F. & Ferguson, Charles Albert (eds*.): Child phonology 2: Perception.* New York, NY: Academic Press.

Becker, Angelika (2005): The semantic knowledge base for the acquisition of negation and the acquisition of finiteness. In Hendriks, Henriette (ed.): *The Structure of Learner Varieties.* Berlin, New York: De Gruyter, 263–314.

Birdsong, David (2004): Second language acquisition and ultimate attainment. In Davies, Alan & Elder, Catherine (eds.): *Handbook of applied linguistics*. Oxford: Blackwell, 82–105.

Brand-Kobele, Oda-Christina & Höhle, Barbara (2010): What asymmetries within comprehension reveal about asymmetries between comprehension and production: The case of verb inflection in language acquisition. *Lingua* 120 (8): 1910–1925.

Brooks, Patricia J. & Braine, Martin D. S. (1996): What do children know about the universal quantifiers all and each? *Cognition* 60 (3): 235–268.

Carrow-Woolfolk, Elizabeth (1985): *Test of Auditory Comprehension of Language.* Revised Edition. Alien, TX: DLM Teaching Resources.

Clahsen, Harald & Felser, Claudia (2006): Grammatical processing in language learners. *Applied Psycholinguistics* 27: 3–42.

Dimroth, Christine; Gretsch, Petra; Jordens, Peter; Perdue, Clive & Starren, Marianne (2003): Finiteness in Germanic languages: a stage-model for first and second language development. In Dimroth, Christine & Starren, Marianne (eds.): *Information Structure and the Dynamics of Language Acquisition*. Amsterdam: Benjamins, 65–93.

Felser, Claudia; Roberts, Leah; Marinis, Theodore & Gross, Rebecca (2003): The processing of ambiguous sentences by first and second language learners of

English. *Applied Psycholinguistics* 24: 453–489.

Ferreira, Fernanda & Clifton, Charles Jr. (1986): The independence of syntactic processing. *Journal of Memory and Language* 25: 348–368.

Ferreira, Fernanda,;Henderson, John M.; Anes, Michael D.; Weeks Jr., Phillip A. & McFarlane, David K. (1996): Effects of lexical frequency and syntactic complexity in spoken language comprehension: Evidence from the auditory moving window technique. *Journal of Experimental Psychology: Learning, Memory and Cognition* 22: 324–335.

Friedmann, Naama & Novogrodsky, Rama (2011): Which questions are most difficult to understand? The comprehension of WH-questions in three subtypes of SLI. *Lingua* 121 (3): 367–382.

Gerken, LouAnn & Shady, Michele (1996): The Picture Selection Task. In McDaniel, Dana; McKee, Cecile & Smith Cairns, Helen (eds.): *Methods for assessing childrens' syntax*. Cambridge, MA: MIT Press, 125–145.

Grüter, Theres (2005): Comprehension and production of French object clitics by child second language learners and children with specific language impairment. *Applied Psycholinguistics* 26 (3): 363–391.

Havik, Else; Roberts, Leah; van Hout, Roeland; Schreuder, Robert & Haverkort, Marco (2009): Processing subject-object ambiguities in the L2: A selfpaced reading study with German L2 learners of Dutch. *Language Learning* 59 (1): 73–112.

Hopp, Holger (2010): Ultimate attainment in L2 inflectional morphology: Performance similarities between non-native and native speakers. *Lingua* 120: 901–931.

Hyltenstamm, Kenneth & Abrahamson, Niclas (2003): Maturational constraints in SLA. In Doughty, Catherine J. & Long, Michael (eds.): *The handbook of second language acquisition*. Oxford: Blackwell, 539–588.

Jiang, Nan (2004): Morphological insensitivity in second language processing. *Applied Psycholinguistics* 25: 603–634.

Juffs, Alan (1998): Main verb vs. reduced relative clause ambiguity resolution in L2 sentence processing. *Language Learning* 48: 107–147.

Juffs, Alan (2006): Processing reduced relative versus main verb ambiguity in English as a second language: A replication study with working memory. In Slabakova, Roumyana; Montrul, Silvina & Prévost, Philippe (eds.): *Inquiries in linguistic development in honor of Lydia White*.Amsterdam: Benjamins, 213–234.

Just, Marcel Adam & Carpenter, Patricia A. (1980): A theory of reading: From eye fixations to comprehension. *Psychological Review* 87: 329–354.

Just, Marcel Adam; Carpenter, Patricia A. & Woolley, Jacqueline (1982): Paradigms and processes in reading comprehension. *Journal of Experimental Psychology: General* 111: 228–238.

Kaiser, Elsi & Trueswell, John (2004): The role of discourse context in the processing of a flexible word order language. *Cognition* 94 (2): 113–147.

Kennedy, Alan & Murray, Wayne S. (1984): Reading without eye movements. In Gale, Alastair G. & Johnson, Frank (eds.): *Theoretical and Applied Aspects of Eye Movement Research*. North-Holland.

Klein, Wolfgang (1998): Assertion and finiteness. In Dittmar, Norbert & Penner, Zvi (eds.). *Issues in the Theory of Language Acquisition*. Bern: Lang, 225–245.

Klein, Wolfgang & Perdue, Clive (1997): The basic variety (or: couldn't natural language be much simpler?). *Second Language Research* 13: 301–47.

Lardiere, Donna (1998): Dissociating syntax from morphology in a divergent L2 end-state grammar. *Second Language Research* 14 (4): 359–375.

Meisel, Jürgen (1997): The acquisition of the syntax of negation in French and German: contrasting first and second language development. *Second Language Research* 13: 227–263.

Marinis, Theodore; Roberts, Leah; Felser, Claudia & Clahsen, Harald (2005): Gaps in second language processing. *Studies in Second Language Acquisition* 27: 53–78.

O'Grady, William; Lee, Miseon & Choo, Miho (2003): A subject-object asymmetry in the acquisition of relative clauses in Korean as a second language. *Studies in Second Language Acquisition* 25: 433–448.

Papadopoulou, Despina; Varlokosta, Spyridoula; Spyropoulos, Vassilios; Kaili, Hasan; Prokou, Sophia & Revithiadou, Anthi (2011): Case morphology and word order in second language Turkish: Evidence from Greek learners. *Second Language Research* 27 (2): 173–205.

Parodi, Teresa (2000): Finiteness and verb placement in second language acquisition. *Second Language Research* 16 (4): 125–141.

Paterson, Kevin B.; Liversedge, Simon P.; Rowland, Caroline & Filik, Ruth (2003): Children´s comprehension of sentences with focus particles. *Cognition* 89: 263–294.

Pearlmutter, Neal J.; Garnsey, Susan M. & Bock, Kathryn (1999): Agreement processes in sentence comprehension. *Journal of Memory and Language* 41: 427–456.

Perdue, Clive (1993): *Adult language acquisition: Crosslinguistic perspectives. Volume 2. The results.* Cambridge, MA: Cambridge University Press.

Prévost, Philippe & White, Lydia (2000): Missing surface inflection or impairment in second language acquisition? Evidence from tense and agreement. *Second Language Research* 16 (2): 103–133.

Rah, Anne & Adone, Dany (2010): Processing of the reduced relative clause versus main verb ambiguity in L2 learners at different proficiency levels. *Studies in Second Language Acquisition* 32: 79– 109.

Rassiga, Cecilia; Lucchelli, Federica; Crippa, Franca & Papagno, Costanza (2009): Ambiguous idiom comprehension in Alzheimer´s disease. *Journal of clinical and experimental neuropsychology* 31 (4): 402–411.

Roberts, Leah (2012): Review article: Psycholinguistic techniques and resources in second language acquisition research. *Second Language Research* 28: 113–127.

Roberts, Leah & Felser, Claudia (2011): Plausibility and recovery from gardenpaths in second language sentence processing. *Applied Psycholinguistics* 32: 299–331.

Roberts, Leah & Liszka, Sarah A. (2008): L2 learners' sensitivity to tense/aspect violations in realtime L2 sentence processing: A selfpaced reading with French and German advanced learners of English. *Komferenzpräsentation EUROSLA* 18. Université de Provence : Aixen-Provence, September.

Schimke, Sarah (2009) : *The acquisition of finiteness by Turkish learners of German and Turkish learners of French: Investigating knowledge of forms and functions in production and comprehension.* Doktorarbeit, Radboudt Universität: Nijmegen.

Schönenberger, Manuela; Pierce, Amy; Wexler, Ken & Wijnen, Frank (1995): Accounts of Root Infinitives and the Interpretation of Root Infinitives. *GenGenP* 3 (2): 47–71.

Schwartz, Bonnie & Sprouse, Rex (1996): L2 cognitive states and the full transfer/full access model. *Second Language Research* 12 (1): 40–72.

Sekerina, Irina A.; Stromswold, Karin & Hestvik, Arild (2004): How do adults and children process referentially ambiguous pronouns? *Journal of Child Language* 31: 123–152.

Street, James & Dambrowska, Eva (2010): More Individual Differences in Language Attainment: How much do adult native speakers of English know about passives and quantifiers? *Lingua* 120: 2080–2094.

Trueswell, John C.; Tanenhaus, Michael K. & Garnsey, Susan (1994): Semantic influences on parsing: Use of thematic role information in syntactic ambiguity resolution. *Journal of Memory and Language* 33: 285–318.

Trueswell, John C. (1996): The role of lexical frequency in syntactic ambiguity resolution. *Journal of Memory and Language* 35: 566–585.

van Hout, Angeliek (2007): Optimal and non optimal interpretations in the acquisition of Dutch past tenses. In Belikova, Alyona (ed.): *Proceedings of the 2nd Conference on Generative Approaches to Language Acquisition North America (GALANA)*. Somerville, MA: Cascadilla, 159–170.

Vainikka, Anne & Young-Scholten, Martha (1994): Direct access to X'-theory: evidence from Korean and Turkish adults learning German. In Hoekstra, Teun & Schwarz, Bonnie (eds.): *Language acquisition studies in generative grammar*. Amsterdam/Philadelphia: Benjamins, 265–316.

Vainikka, Anne & Young-Scholten, Martha (1996a): Gradual development of L2 phrase structure. *Second Language Research* 12: 7–39.

Vainikka, Anne & Young-Scholten, Martha (1996b): The earliest stages in adult L2 syntax: additional evidence from Romance speakers. *Second Language Research* 12: 140–176.

Verhagen, Josje (2009): Finiteness in Dutch as a second language. Doktorarbeit, Vrije Universiteit Amsterdam.

Verhagen, Josje (2010): Dummy verbs in L2 Dutch: Evidence from comprehension and production. Präsentation bei dem Workshop *Dummy auxiliaries in (a) typical first and second language acquisition*. Nijmegen, Juli 2010.

Weyerts, Helga; Penke, Martina; Münte, F. Thomas; Heinze, Hans-Jochen & Clahsen, Harald (2002): Word order in sentence processing: An experimental study of verb placement in German. *Journal of Psycholinguistic Research* 31 (3): 211–268.

Williams, John (2006): Incremental interpretation in second language sentence processing. *Bilingualism: Language and Cognition* 9: 71–81.

Möglichkeiten und Grenzen der Prüfung konvergenter Validität sprachstandsdiagnostischer Verfahren

Julia Settinieri

1. Einleitung

Sprachstandsdiagnostische Verfahren für Kinder mit Deutsch als Zweitsprache wurden ab der zweiten Hälfte der 70er Jahre entwickelt. Die Tatsache, dass über die sprachliche Entwicklung mehrsprachig aufwachsender Kinder noch wenig gesicherte Forschung vorlag sowie eine in Deutschland vorherrschende Aversion gegenüber der Testung von Kindern (insbesondere zu Selektionszwecken) sorgten jedoch dafür, dass die Aktivitäten relativ rasch wieder erlahmten und erst kurz vor und dann vor allem mit dem PISA-Schock erneut Bewegung in die sprachstandsdiagnostische Landschaft kam (vgl. Reich 2005; Roth & Dirim 2007: 649–651; Roth 2008: 22).

Wenn man über Sprachstandsdiagnostik spricht, muss man generell zwischen Verfahren trennen, die förderdiagnostische Zielsetzungen verfolgen, und solchen, die selektionsdiagnostisch ausgerichtet sind, wobei es auch einige wenige Verfahren gibt, die beides zu vereinen suchen. Fried (2005: 21–24; ebenso Kallmeyer 2007: 43–44) differenziert in diesem Zusammenhang zwischen sprachstandsdiagnostischen Verfahren mit pädagogischer vs. politischer Funktion. Im Falle pädagogisch eingesetzter Verfahren gehe es um eine auf den Einzelfall bezogene Analyse des individuellen Ist-Stands sowie der Entwicklungsschritte eines Kindes (Fried 2005: 24). Für politisch motivierte Verfahren hingegen gelte:

> Diejenigen Kinder, bei denen sich z.B. Sprachentwicklungsprobleme abzeichnen, sollen herausgefunden werden, um durch vorbeugende Maßnahmen oder heilende Therapien persönliche Probleme und gesellschaftliche Kosten vermeiden oder minimieren zu können. Allerdings kann dies nur gelingen, wenn Verfahren eingesetzt werden, mit denen tatsächlich diejenigen Sprachentwicklungsaspekte erfassbar sind, die prognostisch valide sind, die also Indikator dafür sind, ob die Sprachentwicklung eines Kindes problematisch verläuft. (Fried 2005: 21)

Reich (2005: 90) spricht analog von Zuweisungs- vs. Förderdiagnostik. Wie in dem Zitat von Fried bereits angedeutet, verbinden sich mit den unterschiedlichen Zielsetzungen auch unterschiedliche messmethodische Anforderungen an die Verfahren, die im Falle der Selektionsdiagnostik wesentlich strenger sind als im Falle der Förderdiagnostik. Auf erstere fokussiert der vorliegende Beitrag. An einen theoretischen Überblick über allgemeine und messmethodische Anforderungen an sprachstandsdiagnostische Verfahren für das Vorschulalter schließt sich eine Überprüfung und Diskussion der konvergenten Validität zweier aktuell selektionsdiagnostisch eingesetzter Verfahren, Sismik/Seldak und Delfin 4, an.

2. Allgemeine Anforderungen an sprachstandsdiagnostische Verfahren für den Vorschulbereich

Grundsätzlich kann eine Sprachstandserhebung im Vorschulbereich über Schätzverfahren, Profilanalysen, Beobachtungen oder Tests erfolgen (Ehlich 2007: 43–44; Kallmeyer 2007: 45; Reich 2007: 154–164; Kurzwernhart 2009: 38–43). Schätzverfahren befragen Personen aus dem Umfeld des Kindes, wie z.B. Eltern oder Erzieher, um so Auskunft zu erhalten, was ein Kind sprachlich zu leisten in der Lage ist. Bei Profilanalysen hingegen werden Spontandaten von Kindern in natürlichen oder quasi-natürlichen Situationen (häufig auf Basis einer Tonaufnahme) linguistisch analysiert. Besonderes Augenmerk liegt dabei auf Sprachstandsindikatoren (vgl. genauer weiter unten), deren Erwerb in einer relativ festen, nicht hintergehbaren Reihenfolge erfolgt (vgl. Ehlich 2007: 43–44). Demgegenüber stehen Beobachtungsverfahren, die den Sprachstand eines Kindes in natürlichen Kommunikationssituationen, z.B. im Kindergartenalltag, erfassen. Dies geschieht in der Regel auf Grundlage eines Beobachtungsbogens, der über einen längeren Zeitraum wiederholt eingesetzt werden kann. Testverfahren schließlich sind standardisiert und werden in stark kontrollierten Settings eingesetzt, in denen bestimmte sprachliche Phänomene gezielt elizitiert werden. Sie betrachten, ähnlich wie Profilanalysen, jeweils einen bestimmten Ausschnitt des sprachlichen Handelns, der als repräsentativ für die gesamte Sprachkompetenz gilt. Von den Testverfahren abgegrenzt bzw. als Untergruppe von ihnen betrachtet werden häufig außerdem sog. Screenings, die weniger umfangreich als Tests sind und lediglich eine Grobdifferenzierung zwischen einer durchschnittlichen und einer Risikoentwicklung leisten wollen (vgl. Kallmeyer 2007: 45; Redder et al. 2010: 44–45).

Bundesweit dominieren im Elementarbereich Beobachtungs- und vor allem Testverfahren, wobei beide Verfahrenstypen zu selektionsdiagnostischen Zwecken eingesetzt werden. Für Beobachtungen spricht, dass das Sprachverhalten der Kinder ganzheitlich, über einen längeren Zeitraum und in ihrer natürlichen Umgebung erhoben wird. Tests hingegen gelten als objektiver und methodisch kontrollierter und sind darüber hinaus nicht an den Besuch einer Kindertageseinrichtung gebunden (vgl. auch Apeltauer 2004; Fried 2004: 7–10; Ulich & Mayr 2004: 12–13; Ehlich 2007: 43–44; Fried & Briedigkeit 2007: 10; Reich 2007: 154–164; Kurzwernhart 2009: 39–43; zur Diskussion um Beobachten vs. Testen Settinieri 2012,).

Unabhängig davon, ob Beobachtungs- oder Testverfahren eingesetzt werden, lassen sich einige Spannungsfelder umreißen, in denen sich Sprachstandsdiagnostik im Vorschulalter bewegt. Das erste messmethodische Problem der Sprachstandsmessung liegt bereits in der Operationalisierung von Sprachkompetenz. Grundsätzlich lässt sich das äußerst komplexe Phänomen in die Teilbereiche Phonetik/Phonologie, Morphologie, Syntax, Lexik/Semantik und Pragmatik sowie in produktive vs. rezeptive Kompetenzen untergliedern (vgl. z.B. Ehlich 2005: 44–45, 2009: 19–23; Kallmeyer 2007: 47–48). Aus diesen Teilbereichen, die sich wiederum in weitere feingliedrige Aspekte unterteilen lassen, ist eine begründete Auswahl zu untersuchender Phänomene zu treffen, da es viel zu aufwändig und in keinster Weise praxistauglich wäre, Sprachkompetenz in ihrer Gänze zu betrachten. Messmethodisch ist es daher vielmehr notwendig, ausgewählte Phänomene zu messen, die das Gesamtkonzept Sprachstand möglichst gut abbilden, quasi Stellvertreterfunktion haben: die Sprachstandsindikatoren.

Geeignete Sprachstandsindikatoren sind zum einen solche, die rechnerisch hoch mit anderen Sprachstandsmaßen korrelieren, was indiziert, dass sie das Gesamtkonzept gut repräsentieren. Damit verbunden ist, dass sie sich durch Streuung auszeichnen, d.h. zwischen Kindern mit höherem und Kindern mit niedrigerem Sprachstand zu differenzieren vermögen. Statistisch drückt sich dies in Trennschärfe und Schwierigkeit der Items aus (vgl. Bortz & Döring 2006: 217–221 zum Verfahren der Itemanalyse). Darüber hinaus sollten gute Indikatoren den allgemeinen Anforderungen an messtheoretische Güte, Objektivität, Reliabilität und Validität genügen (s. Kapitel 3).

Da Selektionsdiagnostik darauf zielt, zwischen Kindern mit mehr oder weniger großem Förderbedarf zu unterscheiden, müssen die erhobenen Sprachstandsindikatoren außerdem vergleichbar sein, d.h., alle Kinder sollten exakt dieselben Items produziert haben. Dies ist streng genommen nur im Rahmen einer gezielten Elizitierung entsprechender Sprachdaten im

Rahmen einer Testsituation möglich, im Rahmen einer – selbst sehr langwierigen – Beobachtung hingegen nur bedingt zu erreichen. Gleichzeitig geht die Elizitierung jedoch zu Lasten der Natürlichkeit der Kommunikationssituation. Unter Umständen entwickeln die getesteten Kinder sogar Sprechangst und zeigen dadurch einen wesentlich schlechteren Sprachstand als den, auf dem sie sich eigentlich befinden. Ein geeignetes sprachstandsdiagnostisches Verfahren zeichnet sich also dadurch aus, dass es zwar gezielt und standardisiert bestimmte Äußerungen der Kinder elizitiert, dabei aber so geschickt vorgeht, dass die Testsituation von den Kindern nicht als solche wahrgenommen wird, sondern einer alltäglichen Kindergartenkommunikationssituation vergleichbar bleibt.

Ein weiteres Problem der Erfassung von Sprachstand besteht darin, dass es sich bei der Sprachentwicklung häufig um eine diskontinuierliche Entwicklung handelt, die auch Rückentwicklungen einschließen kann und so individuell verläuft, dass sie sich einer einheitlichen Normierung im Grunde genommen entzieht (Ehlich 2009: 15–19). Dies lässt einmalige Messungen des Sprachstands, wie sie in der Regel im Rahmen von Testungen vorgesehen sind, gegenüber longitudinalen, die in der Regel im Rahmen von Beobachtungen erfolgen, als nachteilig erscheinen.

Wenzel, Schulz & Tracy (2009: 49) verweisen außerdem darauf, dass eine Orientierung an mündlichen (nicht an schriftsprachlichen) Sprachnormen zentral sei sowie auf die Notwendigkeit der Trennung von Sprach- und Weltwissen. Einerseits dürften in einer Testsituation geäußerte kindliche Formulierungen wie z.B. *weiß ich*, die Erwachsene in derselben Sprechsituation in identischer Form äußern würden, nicht etwa als fehlerhafte Objektelision, sondern vielmehr als gesprochensprachlich absolut normgerechte Äußerung interpretiert werden. Und zum anderen sollten Tests möglichst frei von kulturspezifischen Kommunikationssituationen sein, um zu vermeiden, dass mehrsprachige Kinder nicht an ihren tatsächlichen sprachlichen Fähigkeiten, sondern vielmehr an ihrem kulturellen Weltwissen gemessen würden (Wenzel, Schulz & Tracy 2009: 49–50). Aus dieser Forderung nach Unabhängigkeit von unterschiedlichen Erwerbsgelegenheiten leitet sich auch die Empfehlung ab, nur regelgeleitete Grammatikkompetenz und nicht etwa unregelmäßige Formen oder gar Wortschatz abzutesten. Eine solche Beschränkung auf „regelbasierte grammatische Kernbereiche“ (Schulz, Tracy & Wenzel 2008: 12) erscheint auch angesichts der begrenzten Zeit, die für einen Test in Anspruch genommen werden kann, sinnvoll.

Für den Bereich der Sprachstandsdiagnostik des Deutschen als Zweitsprache wird außerdem immer wieder angeführt, dass auch der Sprachstand in der Erstsprache der Kinder berücksichtigt werden sollte (z.B. Schroeder & Stölting 2005). Dies ist jedoch in der Praxis nur schwer umzusetzen und daher in den einzelnen Bundesländern auch nur sehr selten der Fall (Lisker 2010: 24). Eine damit in Zusammenhang stehende Forderung besteht darin, dass ein Verfahren auch in der Lage sein sollte, zwischen normal verlaufendem mehrsprachigen Spracherwerb und einer Spracherwerbsstörung zu unterscheiden (z.B. Kallmeyer 2007: 46). Hier kann die Einbeziehung der Erstsprache wertvolle Hinweise liefern.

Die Mehrsprachigkeit der Kinder sollte in jedem Fall zumindest bei der Normierung (vgl. genauer weiter unten) differenzierend berücksichtigt werden. Wenzel, Schulz und Tracy (2009: 50–51) schlagen z.B. vor, neben Ein- vs. Mehrsprachigkeit und dem Alter der Kinder, das standardmäßig der Normierung zugrunde gelegt wird, auch die Kontaktdauer mit dem Deutschen als Zweitsprache einzubeziehen, wie dies in dem in vielerlei Hinsicht vorbildlich erscheinenden Verfahren LiSe-DaZ (Schulz & Tracy 2011) bereits umgesetzt wird.

3. Zur Überprüfung der Messgüte sprachstandsdiagnostischer Verfahren

An selektionsdiagnostisch eingesetzte Verfahren (nicht an förderdiagnostisch eingesetzte!) besteht außerdem der Anspruch möglichst hoher messmethodischer Güte. Die klassische Testtheorie[1] benennt Objektivität, Reliabilität und Validität als die drei Hauptgütekriterien, die durch die Nebengütekriterien Normierung, Vergleichbarkeit, Ökonomie und Nützlichkeit ergänzt werden (Lienert & Raatz 1998: 7; Bühner 2006: 33, 43).

Das Gütekriterium der Objektivität bezieht sich dabei auf die Unabhängigkeit der Messergebnisse vom Untersucher und kann sich auf die Durchführung eines Tests, seine Auswertung und die Interpretation der Ergebnisse beziehen und als Korrelation zwischen unterschiedlichen Bewertern gemessen werden (Lienert & Raatz 1998: 7–9). „Vollständige Objektivität

---

[1] Die klassische Testtheorie geht von verschiedenen Axiomen aus, von denen das zentrale lautet: „Jedes Testergebnis X ist mit einem zufälligen Meßfehler e behaftet. T wäre der ‚wahre' Wert, den man bei einer absolut fehlerfreien Messung erhalten würde. T würde sich ebenfalls ergeben, wenn man eine Messung unter gleichen Bedingungen beliebig oft wiederholen und dann den Durchschnitt, den ‚Erwartungswert', bestimmen würde." (Lienert & Raatz 1998: 175). Im Kern ist die klassische Testtheorie also eine Messfehlertheorie.

liegt dann vor, wenn zwei Anwender mit dem gleichen Messinstrument jeweils übereinstimmende Ergebnisse erzielen." (Raithel 2008: 45).

Die Reliabilität eines Tests hingegen bezeichnet den „Grad der Genauigkeit, mit dem er ein bestimmtes Persönlichkeits- oder Verhaltensmerkmal mißt, gleichgültig, ob er dieses Merkmal auch zu messen beansprucht [...]" (Lienert & Raatz 1998: 9). Reliabilität kann über im Vorfeld erstellte Paralleltests (Paralleltest-Reliabilität), Testwiederholung an derselben Stichprobe (Retest-Reliabilität), Testhalbierung und Korrelation der Testhälften (Split-half-Reliabilität) oder durch Konsistenzanalyse (Lienert & Raatz 1998: 9–10, 180–200; Raithel 2008: 46–47) eingeschätzt werden. Alle genannten Arten der Reliabilitätsprüfung beruhen auf unterschiedlichen Arten von parallelen Messungen (Lienert & Raatz 1998: 176).

Unter Validität schließlich versteht man den Grad der Genauigkeit, mit dem ein Messverfahren das misst, was es zu messen angibt. Dabei geht es weniger um Eigenschaften des Tests an sich, sondern vielmehr um die Frage, ob die Verwendung der Testergebnisse zweckmäßig bzw. zulässig ist (vgl. Dlaska & Krekeler 2009: 36). Unterschieden wird wiederum in Inhaltsvalidität, Konstruktvalidität und Kriteriumsvalidität. Die Inhaltsvalidität zielt dabei auf die Frage, ob ein Test alle entscheidenden Aspekte einer Messgröße berücksichtigt, das Konstrukt also in seinen Teilaspekten erschöpfend abbildet. Sie wird in der Regel nur durch Expertenurteil abgeschätzt. Objektive Kriterien liegen hingegen nicht vor (Bühner 2006: 36; Raithel 2008: 48).

„*Konstruktvalidität* liegt dann vor, wenn aus dem Konstrukt (Konzept, Begriff) empirisch überprüfbare Aussagen über Zusammenhänge dieses Konstrukts mit anderen Konstrukten theoretisch hergeleitet werden können und sich diese Zusammenhänge empirisch nachweisen lassen." (Raithel 2008: 49 – Hervorhebung im Original) Unterschieden wird dabei in konvergente Validität und diskriminante/divergente Validität. Während im Falle der konvergenten Validität nach möglichst hohen Korrelationen mit Tests, die dasselbe Konstrukt messen, gesucht wird, wird im Falle der diskriminanten/divergenten Validität überprüft, ob ein neues Verfahren möglichst nur sehr niedrig oder gar nicht mit Tests nahestehender, jedoch theoretisch abgegrenzter Konstrukte korreliert (Bühner 2006: 39). So sollte ein Sprachstandstest möglichst hoch mit vergleichbaren Sprachstandstests korrelieren, hingegen niedrig z.B. mit Intelligenztests, Konzentrationstests o.Ä. für dieselbe Zielgruppe. Konvergente Validität ist dann gegeben, „wenn verschiedene Operationalisierungen desselben Konstrukts auch zu ähnlichen Ergebnissen führen" (Bortz & Döring 2006: 203; vgl. auch Lienert & Raatz 1998: 226–227), und wird als Höhe der Korrelation zwischen den beiden Messinstrumenten operationalisiert.

Neben einfachen Korrelationen eignen sich auch Faktorenanalysen oder der komplexere Multitrait-Multimethoden-Ansatz zur Überprüfung der Konstruktvalidität. Letzterer berücksichtigt zusätzlich, dass neben den gemessenen Merkmalen auch die Messmethode auf die Höhe der Korrelation wirkt (Bühner 2006: 39–40).

Bühner (2006: 40–41) hebt hervor, dass die Überprüfung der Konstruktvalidität auf sorgfältigen Vorüberlegungen beruhen und unter Einbeziehung von Überlegungen zur Inhaltsvalidität geschehen sollte. Entsprechend inhaltsbezogener Vorannahmen sollte ein theoretisch erwartbares Korrelationsmuster getestet werden. Für die Höhe der Korrelationen gebe es allerdings keine Normerwartungen. Die Einschätzung der Ergebnisse liege somit im Auge des Betrachters.

Kriteriumsvalidität schließlich wird über die Korrelation mit einem vom Test unabhängigen Außenkriterium gemessen. Eine besonders wichtige Unterform kriterienbezogener Validität ist die prognostische Validität eines Tests, d.h. seine Voraussagekraft bzgl. eines später eintretenden Umstands. Zum Beispiel kann ein im Vorschulalter durchgeführter sprachstandsdiagnostischer Test mit den Schulnoten derselben Kinder zum Abschluss der vierten Klasse korreliert werden. Zu bedenken ist dabei allerdings, dass der Validitätskoeffizient immer davon abhängt, wie groß die tatsächlichen Gemeinsamkeiten zwischen Test und Kriterium sind, wie reliabel der Test misst und wie reliabel das Kriterium gemessen werden kann (Lienert & Raatz 1998: 11).

Bühner (2006: 41–42) zufolge lassen sich fünf Hauptgründe für mangelnde Validität, wobei insbesondere Kriteriumsvalidität gemeint ist, unterscheiden: „Methodenfaktoren“, „Kriteriumskontamination und -defizienz“, „mangelnde Symmetrie zwischen Prädiktor und Kriterium“, „Streuungsrestriktionen“ und „mangelnde Reliabilität im Kriterium oder Prädiktor“. So kann eine Korrelation unter Umständen dadurch niedriger ausfallen, dass Prädiktor und Kriterium mittels unterschiedlicher Methoden gemessen wurden. Auch ist es möglich, dass in die Messung des Kriteriums eine Störvariable mit eingeht bzw. dass das Kriterium nicht alle relevanten Aspekte des Konstrukts erfasst. Problematisch ist auch, wenn Prädiktor und Kriterium „unterschiedlich breit messen“ (Bühner 2006: 41), wenn also ein kleiner Ausschnitt eines Konstrukts mit einem breit operationalisierten Konstrukt korreliert wird. Weiter sollten die Variablen ausreichend streuen, da die Varianz in die Höhe der Korrelation eingeht. Negativ auf die Validität wirkt es sich außerdem aus, wenn die Reliabilität des

Kriteriums und/oder des Prädiktors niedrig ist, d.h. eine hohe Fehlervarianz aufweist, was damit zusammenhängt, dass Objektivität, Reliabilität und Validität in einem Inklusionsverhältnis stehen: ohne Objektivität keine Reliabilität, ohne Reliabilität keine Validität (vgl. Grotjahn 1987: 62–63).

Immer größere Relevanz wird auch den genannten Nebengütekriterien zugeschrieben: Normierung, Vergleichbarkeit, Ökonomie und Nützlichkeit (Bühner 2006: 43). Normierung meint, dass „über einen Test Angaben vorliegen sollen, die als Bezugssystem für die Einordnung des individuellen Testergebnisses dienen können. Danach werden die Ergebnisse verschiedener Tests vergleichbar.“ (Lienert & Raatz 1998: 11) Statistisch betrachtet, werden Testrohwerte im Rahmen der Normierung normalverteilten Testwerten zugeordnet, wobei sich die Normierung auf eine Gesamtpopulation, aber auch auf unterschiedliche Gruppennormen beziehen kann (Lienert & Raatz 1998: 12). Normierungen sollten alle acht Jahre neu durchgeführt werden, für unterschiedliche Gruppen vorliegen und jeweils auf Grundlage von mindestens 300 Probanden vorgenommen werden (Bühner 2006: 43). Die Ergebnisse der Normierung sollten darüber hinaus detailliert publiziert werden (vgl. die von Bühner 2006: 43–44 geforderten Angaben zur Normstichprobe).

Ebenfalls sehr relevant, insbesondere für die Testung großer Gruppen, ist das Kriterium der Ökonomie. Ökonomisch ist ein Test, wenn er „eine kurze Durchführungszeit beansprucht, wenig Material verbraucht, einfach zu handhaben, als Gruppentest durchführbar, schnell und bequem auszuwerten ist“ (Lienert & Raatz 1998: 12; vgl. auch Bühner 2006: 44).

Nützlich ist ein Test, wenn er einem praktischen Erfordernis nachkommt, zu dessen Messung bislang kein ähnlich geeignetes Verfahren vorliegt (Bühner 2006: 44).[2] Mit Blick auf die Sprachstandsdiagnostik für Deutsch als Zweitsprache könnte man hier spezifizieren, dass Verfahren, die nicht nur selektionsdiagnostische, sondern gleichzeitig auch förderdiagnostische Informationen liefern, als besonders nützlich angesehen werden können (vgl. auch Gogolin, Neumann & Roth 2005: 14).

Das Nebengütekriterium der Vergleichbarkeit schließlich bezieht sich auf die Forderung, dass ähnliche Testformen ähnliche Ergebnisse produzie-

---

2 Dass die Frage der Nützlichkeit mit Blick auf sprachstandsdiagnostische Verfahren grundsätzlich zu stellen ist, zeigt z.B. die Studie von Mengering (2005), die zu dem Schluss kommt, dass das mittlerweile vom Markt genommene Berliner Verfahren *Bärenstark* „entbehrlich“ (Mengering 2005: 261) sei, da eine Fördermittelverteilung auf Grundlage der vorliegenden Statistiken zu entnehmenden Variablen *Einkommen* und *Anteil an Kindern mit nichtdeutscher Familiensprache auf Ortsteilebene* zu sehr ähnlichen Ergebnissen führen würde.

ren sollten, was anhand von Parallelformen überprüfbar wird (Bühner 2006: 44; vgl. auch Lienert/Raatz 1998: 12).

Schließlich sollte das Gütekriterium der Transparenz (vgl. Aguado 2000) nicht außer Acht gelassen werden. Um die Güte eines Verfahrens einschätzen zu können, müssen seine Konstruktion und die Normierung, die es durchlaufen haben sollte, so detailliert dargestellt werden, dass der Nutzer sich selbst ein Bild von der Einsetzbarkeit des Verfahrens (z.B. bzgl. der Zielgruppe) machen kann. Soweit dies möglich ist, sollte die Güte eines Verfahrens idealerweise bereits vor seiner Veröffentlichung überprüft werden.

4. Korrelationsstudie Sismik/Seldak – Delfin 4

Die in diesem Aufsatz beschriebene quantitative Querschnittsstudie[3] vergleicht die Sismik- bzw. Seldak-Ergebnisse Bielefelder Kitakinder mit den Delfin-4-Ergebnissen derselben Kinder, um so die konvergente Validität (als Teil der Konstruktvalidität) der Verfahren einschätzen zu können. Sowohl Sismik/Seldak als auch Delfin 4 werden eingesetzt, um zwischen sprachförderbedürftigen Vierjährigen und Gleichaltrigen ohne Sprachförderbedarf zu trennen, dienen also demselben Zweck.

Der Beobachtungsbogen Sismik (**S**prachverhalten und **I**nteresse an **S**prache bei **Mi**grantenkindern in **K**indertageseinrichtungen) wurde 2004 von Michaela Ulich und Toni Mayr am Staatsinstitut für Frühpädagogik in München entwickelt und ist für mehrsprachig aufwachsende Kinder von ca. dreieinhalb Jahren bis zum Schuleintritt konzipiert. Dabei zielt er explizit nicht auf die Diagnostik von Sprachstörungen, sondern vielmehr auf die „Begleitung und Dokumentation von ‚normaler' Sprachentwicklung" (Ulich & Mayr 2004: 14) ab. Untergliedert ist der Bogen in vier Teilas-

---

[3] Die Studie wurde in Kooperation mit der Stadt Bielefeld durchgeführt. Mein Dank gilt Birgit May und Karl-Heinz Voßhans (Amt für Integration und Interkulturelle Angelegenheiten) sowie Angelika Neth und Dirk Wittler (Amt für Jugend und Familie/Jugendamt, Geschäftsbereich Städtische Kindertageseinrichtungen) für ihre Unterstützung des Projekts. Außerdem sei der Deutschen Gesellschaft für Fremdsprachenforschung, der Fakultät für Linguistik und Literaturwissenschaft der Universität Bielefeld und der Stadt Bielefeld für die finanzielle Unterstützung der Datenerhebung gedankt, ohne die das Projekt nicht hätte durchgeführt werden können. Auch Dörthe Kuhlmann und Carlos Alejandro Romero danke ich herzlich für ihren Einsatz bei der Erhebung und Aufbereitung der Daten. Schließlich geht ein besonderer Dank an die an der Studie beteiligten Kita-Kollegien für die reibungslose Kooperation und den zusätzlich geleisteten Arbeitsaufwand im Rahmen der Datenerhebung.

pekte: „Sprachverhalten in verschiedenen Situationen“, „Sprachliche Kompetenz im engeren Sinne (deutsch)“, „Die Familiensprache des Kindes“ und „Die Familie des Kindes“. Letztere Kategorie bezieht sich auf die Lebensumstände und die Sprachensituation des Kindes sowie auf den Kontakt zwischen Erziehungsberechtigten und Kita und geht somit deutlich über das rein Sprachliche hinaus.

Zu selektionsdiagnostischen Zwecken wird dabei nur der zweite Teil des Beobachtungsbogens herangezogen, der sich wiederum aus den Teilskalen L („Verstehen von Handlungsaufträgen/Aufforderungen“), M („Sprechweise, Wortschatz“) und N („Satzbau, Grammatik“) zusammensetzt, auf denen auch die hier beschriebene Studie basiert. Während die L-Skala nur zwei Items umfasst, setzen sich die M- und N-Skala aus fünf bzw. acht Items zusammen. Es handelt sich dabei um als Statement formulierte Items[4], zu denen mittels unterschiedlicher drei- bis fünfstufiger Verbalskalen Stellung bezogen werden soll.

Ganz ähnlich gestaltet ist auch der ebenfalls von Michaela Ulich und Toni Mayr (2007) analog für einsprachig deutsch aufwachsende Kinder entwickelte Beobachtungsbogen Seldak (**S**prach**e**ntwicklung und **L**iteracy bei **d**eutschsprachig **a**ufwachsenden **K**indern), der 2007 erschienen und für Kinder von ca. vier Jahren bis zum Schuleintritt konzipiert ist. Ein erwähnenswerter Unterschied zu Sismik besteht darin, dass der Seldak-Bogen auch dialektale Aspekte einbezieht und insgesamt etwas anders gegliedert ist. Er besteht aus den Abschnitten „Sprachrelevante Situationen: Aktivität und Kompetenzen“ und „Sprachliche Kompetenzen im engeren Sinn“, wobei Letzterer wiederum aus I („Verstehen von Handlungsaufträgen/Aufforderungen“), J („Wortschatz“), K („Grammatik, Morphologie, Syntax“) und L („Dialekt – Hochdeutsch“) sowie M („Sprechweise“) und N („Sätze nachsprechen“) zusammengesetzt ist. Quantitativ ausgewertet werden allerdings nur die Skalen J, K und N, wobei die N-Skala in Bielefeld weggelassen und die Förderentscheidung auf Basis der Summe aus der J- und K-Skala getroffen wird, weshalb auch die vorliegende Studie entsprechend vorgeht. J besteht aus fünf Items, K aus zehn, wobei die Vorgehensweise bei der Itemformulierung im Wesentlichen der oben für den Sismik-Bogen beschriebenen entspricht, abgesehen davon, dass die Skalierung vier- bis sechsstufig ist. Tabelle 1 gibt Beispiele für die verschiedenen Skalen beider Bögen.

4 Eine Ausnahme bildet lediglich Item N5, das als Frage formuliert ist.

Tab. 1: Beispielitems für die verwendeten Sismik- und Seldak-Skalen (jeweils das erste Item der Skala, wörtlich zitiert)

Subskala	Beispielitem
L (Sismik)	Kind kann einfache Handlungsanweisungen umsetzen, die es nur sprachlich verstehen kann (nicht aus dem Zusammenhang/aus der Situation heraus). Beispiel: *Erzieherin sitzt und bastelt mit Mario am Tisch und sagt zu ihm, er soll sich seine Jacke holen – ohne dass sie dabei zur Garderobe blickt* (1) gar nicht, (2) mit großer Mühe, (3) mit etwas Mühe, (4) mühelos
M (Sismik)	das Kind spricht im Deutschen (1) sehr undeutlich, (2) etwas undeutlich, (3) deutlich
N (Sismik)	Wenn das Kind etwas erzählen oder tun möchte, verwendet es Einwortäußerungen, z.B. *Saft*, *Schuhe* oder formelhafte Wendungen wie *habdu* (*hastdu*) (1) vorwiegend, (2) manchmal, (3) selten/nie
J (Seldak)	Kind beschreibt bei Rate- und Suchspielen Gegenstände: Farbe, Form, Größe, Verwendung, Teile/Zusammensetzung, … z.B. Kimspiele; *„ich sehe was, was du nicht siehst"*, … (4) Beschreibung ist sehr differenziert, (3) Beschreibung ist eher differenziert, (2) Beschreibung ist eher grob, (1) Beschreibung ist sehr grob
K (Seldak)	Verbbeugung das Kind kann das Verb entsprechend der Person beugen *ich spiele, du spielst, …, wir spielen, ihr spielt* usw. (5) durchgängig richtig, (4) überwiegend richtig, (3) teilweise richtig, (2) kaum richtig, (1) gar nicht

Das von Lilian Fried im Auftrag der Landesregierung NRW an der TU Dortmund entwickelte Screeningverfahren Delfin 4 (**D**iagnostik, **El**ternarbeit, **F**örderung der Sprachkompetenz **in** **N**RW bei **4**-Jährigen) wird ebenfalls seit 2007 bzw. in überarbeiteter Form seit 2008 zwei Jahre vor Einschulung landesweit obligatorisch eingesetzt. Ziel des für Kinder zwischen 3;4 und 4;7 (Kallmeyer 2007: 70) normierten Tests ist es, „festzustellen, ob die Sprachentwicklung von Kindern zwei Jahre vor Schulbeginn altersgerecht ist bzw. ob sie die deutsche Sprache hinreichend beherrschen" (Fried & Briedigkeit 2007: 10). Dabei geht das Verfahren in zwei Schritten vor: Zunächst wird in den Kitas ein Gruppenscreening durchgeführt, das sich „Besuch im Zoo" nennt und in der Regel von Grundschullehrerinnen

(Protokollierung) und Erzieherinnen (Durchführung des Tests) moderiert wird. Nur im Falle eines uneindeutigen Testergebnisses werden die Kinder darüber hinaus zu einem Einzeltestverfahren, bei dem auch die Eltern anwesend sein können und das in der Grundschule stattfindet, dem „Besuch im Pfiffikushaus“[5], eingeladen. Die hier beschriebene Studie konzentriert sich jedoch lediglich auf Testdaten aus dem ersten Teil des Verfahrens: Der „Besuch im Zoo“ gliedert sich in vier Untertests, die auf jeweils unterschiedliche linguistische Kompetenzbereiche zielen: Morpho-Syntax („Sätze nachsprechen“; SN), Lexik-Semantik („Handlungsanweisungen ausführen“; HA), Metasprache/Arbeitsgedächtnis („Kunstwörter nachsprechen“; KN) und Pragmatik („Bild beschreiben“; BB).

Tab. 2: Beispielitems für Untertests von Delfin 4 (jeweils das erste Item des Untertests, wörtlich zitiert)

Subskala	**Beispielitem**
Sätze nachsprechen (SN)	*Der Hase wird von Lukas gestreichelt.* Für jedes korrekt nachgesprochene Wort wird ein Punkt vergeben.
Handlungsanweisungen ausführen (HA)	*Stelle den Tierpfleger auf eine Giraffe.* Bei Aufgabe 1 erhält das Kind einen Punkt, wenn es die Figur auf (oder auch über) eine Giraffe setzt.
Kunstwörter nachsprechen (KN)	*Tami* Für jedes vollständig richtig nachgesprochene Kunstwort wird ein Punkt vergeben. Jedes nicht vollständig korrekt nachgesprochene Wort wird mit „0“ Punkten bewertet.
Bild beschreiben (BB)	*Beschreibt spontan (nach der ersten Aufforderung)* Ist dies der Fall, wird ein Punkt vergeben; anderenfalls erhält das Kind hier „0“ Punkte.

Aufgemacht ist das Screeningverfahren, das von maximal vier Kindern gleichzeitig durchlaufen werden kann, als eine Art Brettspiel in Form eines Zoorundgangs, wobei die Kinder reihum jeweils vier Aufgaben lösen müssen. SN und KN sind klassische *Elicited-Imitation*-Tests mit Sätzen bzw. Wörtern, wobei SN sowohl sinnhafte Sätze als auch Quatschsätze (z.B. *Heute trinkt das schlaue Telefon einen Tisch.*) umfasst, KN hingegen ausschließlich aus Nichtwörtern besteht. Im HA-Untertest müssen die Kinder

[5] Der „Besuch im Pfiffikushaus“ ist umfangreicher als der „Besuch im Zoo“ und besteht aus Untertests zu Wortschatz (Wortverständnis, Begriffsklassifikation, Wortproduktion), Phonemgedächtnis (Kunstwörter nachsprechen), Morpho-Syntax (Sätze nachsprechen, Pluralbildung) und Bilderzählung.

eine Spielfigur nach Anweisung der Erzieherin auf dem Spielplan platzieren und im BB-Untertest sollen sie genau beschreiben, was auf einem Teil des Spielbretts zu sehen ist. Während SN vier Items umfasst, bestehen HA aus fünf, KN aus acht und BB aus zwölf Items (vgl. auch die Beispielitems in Tabelle 2). Im Ergebnis werden die Kinder drei Gruppen zugeordnet, die (in Absprache mit dem Kitakollegium) Sprachförderung brauchen, keine Sprachförderung benötigen oder zunächst im Rahmen der oben beschriebenen Einzeltestung genauer untersucht werden sollen.

Das Delfin 4 zugrunde liegende Sprachkompetenzmodell ist in einer, allerdings bereits wieder vom Netz genommenen, Publikation von Fried (2009) ausführlich beschrieben worden, die T-Normierung bislang in Ansätzen. Sie erfolgte im Anschluss an umfangreiche qualitative Pretests an einer nach Geschlecht und sozioökonomischem Status geschichteten Normstichprobe von 14.859 monolingual deutsch aufwachsenden Kindern im Durchschnittsalter von 4;1 Jahren (vgl. Fried, Briedigkeit, Isele & Schunder 2009). Auffällig ist, dass eine mögliche Mehrsprachigkeit der Kinder unberücksichtigt bleibt und Normerwartungen lediglich am Alter der Kinder orientiert sind.

Der Beobachtungsbogen Sismik hingegen wurde anhand einer Stichprobe von 2011 Kindern ausschließlich mit Migrationshintergrund (12 Bundesländer, 326 Kitas, 84 Nationalitäten, 56 Sprachgruppen; vgl. Ulich & Mayr 2004: 19) prozentrangnormiert. Insgesamt gehen 61 von 97 Fragen (aus dem ersten und zweiten Teil des Beobachtungsbogens) in die Auswertung ein, die mittels Hauptkomponentenanalyse zu sechs Skalen mit hohen Zuverlässigkeitskoeffizienten[6] zusammengefasst werden konnten (vgl. Ulich & Mayr 2004: 19–20).[7]

Während sprachtheoretische Grundannahmen und das Normierungsverfahren beider Selektionsinstrumente also publiziert worden sind, erfolgte eine Überprüfung und Diskussion der messtheoretischen Güte bislang erst

---

6 Für die Sismik-Skalen konnten Zuverlässigkeitskoeffizienten zwischen 0.88 und 0.95 nachgewiesen werden (vgl. Ulich & Mayr 2004: 20). Der Wert zeigt allerdings lediglich, dass die Erzieherinnen die Kinder relativ homogen bewertet haben, was angesichts der schätzenden Anteile des Verfahrens unter Inbetrachtnahme eines möglichen Konsistenzeffekts zu erwarten war.

7 Die für die quantitative Auswertung relevanten 61 Fragen in Sismik wurden zu folgenden Skalen gebündelt: „Sprachverhalten im Kontakt mit Kindern", „Sprachverhalten im Kontakt mit pädagogischen Bezugspersonen", „Sprachverhalten bei Bilderbuchbetrachtungen, Erzählungen, Reimen", „Selbständiger Umgang mit Bilderbüchern", „Interesse an Schrift", „Sprachliche Kompetenz". Zur inhaltlichen Beschreibung der Skalen vgl. Ulich & Mayr (2003: 15–16).

in Ansätzen (vgl. Fried, Briedigkeit, Isele & Schunder 2009 für Delfin 4). Genau dafür interessiert sich daher die vorliegende Studie, die untersucht, inwieweit die Gesamtwerte bzw. Teilskalen beider Verfahren miteinander korrelieren.

Ausgewertet wurden die Delfin-4- sowie die Sismik- bzw. Seldak-Daten von insgesamt 647 Kindern aus Bielefelder Kindertagesstätten in städtischer Trägerschaft. Während von allen in NRW wohnenden Kindern Delfin-4-Daten erhoben werden, werden zusätzliche Sismik- bzw. Seldak-Daten derselben Kinder in Bielefeld allerdings in der Regel nur dann erhoben, wenn bei einem Kind Förderbedarf vermutet wird. Daher besteht die hier vorliegende Stichprobe aus Kindern mit eher unterdurchschnittlicher Sprachentwicklung im Deutschen.

Die folgenden ersten Ergebnisse beziehen sich auf 332 dieser 647 Kinder, deren Datensätze bereits vollständig bereinigt sind. Von 189 dieser Kinder liegen Delfin-4- und Sismik-Werte vor, von 134 Kindern Delfin-4- und Seldak-Werte; von weiteren 9 Kindern fehlt einer der beiden notwendigen Datensätze. Die 154 Mädchen und 168 Jungen (10 fehlende Werte) sind zwischen 41 und 54 Monate alt, bei einem Durchschnittsalter von 47,8 Monaten (SD = 3,5). 140 der Kinder sprechen „deutsch“ als Familiensprache, 111 „nicht deutsch“ und 70 wachsen zu Hause „zweisprachig mit Deutsch“ auf (11 fehlende Werte).[8] Die dem Sismik-Bogen zufolge am häufigsten gesprochenen Familiensprachen der Kinder sind Türkisch (63x), Russisch (27x) und Kurdisch (18x). Während die Sismik- und Seldak-Bögen von den Erzieherinnen zwischen August 2009 und März 2010 bearbeitet wurden, fanden die Delfin-4-Testungen zwischen dem 23.3.2010 und dem 18.5.2010 statt. Beide Datensätze wurden zunächst kopiert, dann anonymisiert und in die Statistik-Software SPSS eingegeben, wobei die Dateneingabe von einer zweiten Person erneut überprüft wurde bzw. wird.

Rechnerisch wurde dann zunächst überprüft, wie hoch die Gesamtergebnisse beider Verfahren miteinander korrelieren, und daran anschließend, ob Verfahrensteile, die sich jeweils auf ähnliche linguistische Kategorien beziehen, höher miteinander korrelieren als mit anderen Verfahrensteilen.

---

[8] Da die Unterscheidung in „nicht deutsch“ und „zweisprachig mit Deutsch“ von den Testdurchführenden aller Wahrscheinlichkeit nach nicht einheitlich gehandhabt wurde, was sich z.B. darin zeigt, dass einige Kitas ausschließlich die eine oder die andere Kategorie genutzt haben, werden die beiden Gruppen bei der Datenauswertung zusammengefasst.

Es zeigt sich, dass sowohl die Sismik- als auch die Seldak-Sprachskalen zu fast der Hälfte bzw. etwas mehr als einem Drittel dasselbe wie der Delfin-4-Gesamtwert des Besuchs im Zoo messen. Die Korrelation zwischen der Summe der L-, M- und N-Skalen des Sismik-Bogens mit Delfin 4 beträgt Spearman's Rho[9] = .665, p = .000, R-Quadrat = 47,4%. Die Summe aus den Seldak-Skalen J und K korreliert deutlich niedriger, und zwar mit Spearman's Rho = .593, p = .000, R-Quadrat = 34,8% mit Delfin 4.[10] Somit messen die beiden Verfahren zum größeren Teil etwas Unterschiedliches, d.h. entweder etwas anderes als den Sprachstand der Kinder oder zumindest andere Aspekte des Konstrukts.

Weiter zeigt eine Gegenüberstellung der Verfahrensteile, welche Subskalen höher miteinander korrelieren sollten als mit anderen. Die Zuordnung zu linguistischen Kategorien (s. Tabelle 3) ist von den Autoren der Verfahren übernommen, da geprüft werden soll, ob die Operationalisierung gelungen ist. Diese könnte man teilweise durchaus hinterfragen. So ist beispielsweise zur erfolgreichen Befolgung der Handlungsanweisungen des Delfin-4-Tests mit Sicherheit auch grammatische Kompetenz vonnöten.[11]

Erwartbar wären, der Zuordnung zu linguistischen Kategorien entsprechend, vergleichsweise hohe Korrelationen (in Tabelle 4 grau hinterlegt) zwischen SN (Delfin 4) und N (Sismik) bzw. K (Seldak), HA (Delfin 4) und M (Sismik) bzw. J (Seldak), aber auch zwischen HA (Delfin 4) und L (Sismik). Zu beachten ist allerdings, dass die Zuordnungen zu Produktion vs. Rezeption nicht immer übereinstimmen. Geringere Korrelationen sollte es hingegen zwischen KN (Delfin 4) bzw. BB (Delfin 4) und den Sismik-

---

9 Der Kolmogorov-Smirnov-Test an einer Stichprobe zeigt, dass weder die Delfin-4- (p = .000) noch die Sismik- (p = .042) oder Seldak-Werte (p = .015) normalverteilt sind. Daher werden die Daten im Folgenden trotz ausreichend großer Probandenzahl als ordinal skaliert interpretiert.

10 Diese Werte müssen allerdings sehr vorsichtig interpretiert werden, da die R-Quadrate bei ersten Proberechnungen mit den unbereinigten Daten der gesamten 647 Kinder für Seldak zwar einen sehr ähnlichen, für Sismik hingegen einen deutlich abweichenden Wert (36,9%) ergeben hatten. Die Daten scheinen also stark stichprobenabhängig zu sein.

11 Auch das Delfin-4-Team selbst hat die Übereinstimmung von Delfin 4 mit Teilskalen anderer Sprachtests überprüft, wobei Teilskalen des „SSV – Sprachscreening für das Vorschulalter" und des „HASE – Heidelberger Auditives Screening in der Einschulungsuntersuchung" mit Teilskalen des Besuchs im Zoo korreliert wurden. Die Korrelationen nach Pearson liegen zwischen r = .50 und r = .70 (p = .001) (Fried, Briedigkeit, Isele & Schunder 2009: 20). Allerdings handelt es sich bei den zum Vergleich herangezogenen Untertests um den Delfin-4-Untertests methodisch sehr ähnliche Verfahren. So werden z.B. in allen drei Testverfahren Kunstwörter nachgesprochen.

bzw. Seldak-Skalen geben, da diese Fertigkeiten von den beiden letztgenannten Verfahren nicht berücksichtigt werden.[12]

Tab. 3: Verfahrensteile von Delfin 4, Sismik und Seldak im Vergleich

Subskala	**Linguistische Kategorie**	**Produktion vs. Rezeption**
SN (Sätze nachsprechen; Delfin 4)	Morphologie, Syntax	Rezeption, Produktion
HA (Handlungsanweisungen ausführen; Delfin 4)	Lexik, Semantik	Rezeption
KN (Kunstwörter nachsprechen: Delfin 4)	Metasprache, Arbeitsgedächtnis	Rezeption, Produktion
BB (Bild beschreiben; Delfin 4)	Pragmatik	Produktion
L (Sismik)	Verstehen von Handlungsaufträgen/Aufforderungen	Rezeption
M (Sismik)	Sprechweise, Wortschatz	Produktion
N (Sismik)	Satzbau, Grammatik	Produktion
J (Seldak)	Wortschatz	Produktion
K (Seldak)	Morphologie, Syntax	Produktion

In der Tat korrelieren die Morphologie- und Syntax-Indikatoren insgesamt höher miteinander als mit anderen Indikatoren, mit Ausnahme der Korrelation zwischen HA und der Skala N, was, wie weiter oben bereits angesprochen, darauf hinweisen könnte, dass Grammatikkompetenz auch beim Befolgen von Handlungsanweisungen eine wichtige Rolle spielt. Die Zusammenhänge zwischen den wortschatzbezogenen Variablen sind jedoch nicht auffällig höher als zwischen anderen Untertests. Auch zwischen HA und L besteht kein herausragend starker Zusammenhang.

[12] Alternativ könnte man auch annehmen, dass BB (Delfin 4) besonders hoch mit allen Sismik- bzw. Seldak-Skalen korrelieren müsste, da es sich hier um die produktionsorientierten Verfahrensteile handelt. Den Unterschied zwischen Produktion vs. Rezeption schätze ich aber als weniger relevant (wenn auch durchaus nicht irrelevant!) ein als die Unterschiede zwischen den linguistischen Teilgebieten.

Tab. 4: Spearman-Korrelationen[13] zwischen den unterschiedlichen Verfahrensteilen ($p < .01$)

	SN	HA	KN	BB	L	M	N	J	K
SN	1	,694	,679	,703	,518	,583	,619	,579	,647
HA	,694	1	,532	,656	,536	,570	,621	,315	,364
KN	,679	,532	1	,557	,385	,482	,442	,396	,477
BB	,703	,656	,557	1	,447	,570	,613	,240	,320
L	,518	,536	,385	,447	1	,750	,769	.	.
M	,583	,570	,482	,570	,750	1	,848	.	.
N	,619	,621	,442	,613	,769	,848	1	.	.
J	,579	,315	,396	,240	.	.	.	1	,785
K	,647	,364	,477	,320	.	.	.	,785	1

Die höchsten Korrelationen zwischen dem Gesamtwert des einen Verfahrens und einem Subtest des anderen Verfahrens bestehen zwischen:

Delfin 4 – N (Sismik) (Spearman's Rho = .652, p = .000),
Delfin 4 – K (Seldak) (Spearman's Rho = .598, p = .000),
Sismik – SN (Spearman's Rho = .630, p = .000),
Seldak – SN (Spearman's Rho = .660, p = .000).

Insgesamt stechen also die morpho-syntaktischen Indikatoren besonders hervor und scheinen das Gesamtkonzept „Sprachstand" am besten zu repräsentieren. Auffällig ist außerdem, dass die Teilskalen der beiden Tests untereinander insgesamt höher korrelieren als mit den Subskalen des jeweils anderen Tests. Deutlich wird dies vor allem für Sismik und Seldak.

5. Diskussion

Zentrales Ergebnis der Studie ist, dass das Test- bzw. Screeningverfahren Delfin 4 und das Beobachtungsverfahren Sismik/Seldak zu ca. 30–50% dieselben Sprachstandsanteile vierjähriger Kinder messen. Dabei wird die Korrelation jedoch zum einen künstlich erhöht, weil es zu einem großen

[13] Korrelationskoeffizienten können Werte zwischen -1 und +1 annehmen, wobei -1 einen perfekten negativen, +1 einen perfekten positiven und Werte um 0 herum einen Nichtzusammenhang indizieren (vgl. z.B. Rasch, Friese, Hofmann & Naumann 2006: 143). Ab wann eine Korrelation als hoch gelten kann, hängt vom Untersuchungsgegenstand ab.

Teil dieselben Personen sind, die beide Verfahren durchführen. Dies führt zum einen zu einer Homogenisierung der Sismik-/Seldak-Schätzungen, was sich in hohen Korrelationen zwischen den Subskalen äußert, zum anderen teilweise auch zu einer Anpassung der Delfin-4-Förderentscheidungen an die Einschätzung der Erzieherinnen, die sich in den Daten darin äußert, dass das Testergebnis z.B. eine Teilnahme an der zweiten Stufe erfordert, das Kind aber dennoch der Gruppe der Kinder mit Sprachförderbedarf zugeordnet wird. Verringert wird die Korrelation andererseits dadurch, dass bei einem Vergleich zwischen einem Test und einem Beobachtungsverfahren unterschiedliche Methodenfehler in die Messung eingehen. Einfluss auf die Höhe der Korrelation könnte außerdem die Tatsache genommen haben, dass die Gesamtstreuung beschnitten wurde, da nur schwächere Kinder in die Korrelation eingehen.

Die Einschätzung, wie hoch zwei Verfahren gleicher Zielsetzung miteinander korrelieren sollten, bleibt Bühner (2006: 40–41) zufolge dem Rezipienten einer Studie überlassen. Die Tatsache, dass die oben angeführte Zusammenhangsstärke bedeutet, dass jedes dritte bis fünfte Kind nur von einem der beiden Verfahren als förderbedürftig eingeschätzt wird (vgl. genauer Settinieri, erscheint), beide Verfahren in unterschiedlichen Bundesländern jedoch für die Zuweisung zu Fördermaßnahmen genutzt werden, lässt den Wert m.E. noch verbesserungswürdig erscheinen. Allerdings ist Vorsicht geboten bei der Interpretation der Korrelation, da sich in keinster Weise schlussfolgern lässt, ob eines der Verfahren valider misst als das andere. Die verhältnismäßig niedrige Korrelation könnte dadurch entstanden sein, dass eines der Verfahren (wobei nicht erkennbar ist, welches) etwas anderes als den Sprachstand misst oder dass beide dies tun. Möglich wäre auch, dass beide sehr wohl Sprachstandsmerkmale messen, jedoch unterschiedliche Teilaspekte des Konstrukts. Weitere Korrelationsstudien, die Sismik/Seldak und Delfin 4 mit anderen Verfahren vergleichen, könnten hier genaueren Aufschluss liefern.[14]

Relevant für die Weiterentwicklung sprachstandsdiagnostischer Verfahren erscheint auch das Ergebnis, dass morpho-syntaktische Indikatoren sich gegenüber den lexikalischen als robuster erwiesen haben. Dies unterstützt die oben ausgeführte Forderung von Wenzel, Schulz & Tracy (2009), vor allem reguläre Grammatikphänomene als Indikatoren auszuwählen.

---

[14] Vgl. z.B. Demirkaya, Gültekin-Karakoç & Riemer (2010), die Sismik-Daten mit quasispontansprachlichen, im Rahmen von Wimmelbildbeschreibungen erhobenen Äußerungen korrelieren, wobei die Spearman-Korrelationen zwischen .192 und .407 ($p < .05$) liegen und somit im Vergleich deutlich niedriger ausfallen.

Anzuzweifeln ist allerdings auch bereits die Reliabilität von Delfin 4 und noch stärker von Sismik/Seldak, was auch die Validität beider Verfahren fraglich erscheinen lässt. So führt die Testung mit Delfin 4 zu einem hohen Anteil fehlender Testwerte (im Untertest Bild beschreiben: 25,8%, im Untertest Sätze nachsprechen: 22,8%), was auf einen hohen Anteil von Kindern, die angesichts der Testsituation Sprechangst entwickeln und daher unter ihren Möglichkeiten bleiben, hindeutet. Testangst geht somit als Störvariable in die Messung mit ein. Problematisch erscheint in diesem Zusammenhang auch, dass Delfin 4 ausschließlich an monolingual deutschsprachigen Kindern normiert wurde, also streng genommen für mehrsprachige Kinder gar nicht eingesetzt werden sollte. Auch die Reliabilität des Beobachtungs- bzw. Schätzinstruments Sismik/Seldak wird angezweifelt, insbesondere da viele Items mehrdeutig interpretiert werden können (vgl. Kallmeyer 2007: 84; Demirkaya, Gültekin-Karakoç & Settinieri 2009). Darüber hinaus lassen die hohen Korrelationen zwischen den Teilskalen von Sismik/Seldak den vorsichtigen Schluss zu, dass die schätzenden Anteile am Beobachtungsverfahren dazu führen, dass die Erzieherinnen die Kinder auf allen Dimensionen ähnlich einschätzen, was den Einsatz von Beobachtungsverfahren zur Selektionsdiagnostik aufgrund mangelnder Objektivität grundsätzlich in Frage stellt.

Schließlich sollte die Überprüfung der Konstruktvalidität mit einer Reflexion der Inhaltsvalidität in Zusammenhang gebracht werden. Dies gestaltet sich jedoch schwierig, da es noch keinen klaren Konsens gibt, wie das Konstrukt Sprachstand umfassend und prognostisch valide operationalisiert werden sollte.

Zur Klärung dieser Frage ist die Einbeziehung von Kriteriumsvariaten notwendig (vgl. auch Fried 2005: 28; Redder et al. 2010: 39–40). So könnte beispielsweise die Sprache einer repräsentativen Gruppe einsprachiger und mehrsprachiger Kinder über mehrere Jahre beobachtet werden, um jeweils zu analysieren, in welchen Teilbereichen die Kinder in welchem Alter bzw. nach wie vielen Kontaktmonaten in ihrem Sprachverhalten Varianz zeigen. Diese linguistischen Kategorien, die Streuungen aufweisen, könnten dann retrospektiv mit einer zu bestimmenden Kriteriumsvariate in Beziehung gesetzt werden, um herauszufinden, welche der Kategorien das Kriterium am besten zu prognostizieren in der Lage waren. Mögliche Kriteriumsvariaten können enger spracherwerbsbezogen sein, wie zum Beispiel die Hamburger Schreibprobe (May 2010) oder ein C-Test bzw. auch globalere Bildungsindikatoren, wie z.B. Schulnoten oder Übergangsempfehlungen, umfassen.

6. Ausblick

Aufgezeigt wurde, dass Verfahren zur selektiven Sprachstandsdiagnostik im Vorschulalter aktuell in Beobachtungs- oder (häufiger) in Testform vorliegen. Bezüglich einer angemessenen Operationalisierung der Sprachkompetenz eines Kindes, d.h. der Auswahl geeigneter Sprachstandsindikatoren, liegt jedoch noch kein Konsens vor. Neben einer inhaltsvaliden Auswahl dieser Indikatoren sollten sie sich durch Streuung und Messgüte auszeichnen. Des Weiteren erscheinen eine Konzentration auf grammatische Kernkompetenzen, die weitestgehend unabhängig von den lebensweltlichen Erfahrungen der Kinder erworben werden, sowie eine Orientierung an gesprochensprachlichen Normen essentiell. Die notwendige und transparent zu machende Normierung eines Verfahrens sollte zwischen einsprachigen und mehrsprachigen Kindern sowie zwischen unterschiedlichen Altersstufen und Kontaktdauern mit dem Deutschen als Zweitsprache differenzieren.

Die Prüfung der konvergenten Validität zweier aktuell im Elementarbereich eingesetzter Verfahren, des Beobachtungsverfahrens Sismik/Seldak und des Test- bzw. Screeningverfahrens Delfin 4, kommt zu dem Schluss, dass beide Verfahren nur zu ca. einem Drittel bis der Hälfte dasselbe messen und somit in vielen Fällen zu unterschiedlichen Förderentscheidungen kommen. Auch die Korrelationen zwischen inhaltlich ähnlichen Teilskalen der Verfahren stellen die Konstruktvalidität zumindest eines der Verfahren, wobei nicht ablesbar ist, welches dies wäre, in Frage. Vorgeschlagen wird daher, zum einen weitere Korrelationsstudien mit zu gleichen Zwecken eingesetzten sprachstandsdiagnostischen Verfahren durchzuführen, zum anderen longitudinale Studien unter Einbeziehung unterschiedlicher Kriteriumsvariaten anzustreben. Auf diesem Wege könnte der Frage nachgegangen werden, welche Sprachstandsindikatoren über besonders hohe prognostische Validität verfügen.[15] In jedem Fall zentral erscheint eine weitere Prüfung der Messgüte aktuell eingesetzter (vgl. auch Gogolin, Neumann & Roth 2005: 13; Roth & Dirim 2007: 662–663), vor allem aber auch zukünftig erscheinender sprachstandsdiagnostischer Verfahren, die sich an psychometrischen Standards orientieren sollte. Denn, wie Lienert und Raatz (1998: 270) warnen: „Ein Test muß in einem solchen Umfang valide

---

15 Ein solchermaßen geeigneter Sprachstandsindikator stellt allerdings nicht automatisch auch einen geeigneten Förderschwerpunkt dar. Hier sind wiederum gesonderte Studien vonnöten.

sein, daß seine Anwendung eine bessere Voraussage ermöglicht als seine Unterlassung.“

7. Literatur

Aguado, Karin (2000): Empirische Fremdsprachenerwerbsforschung. Ein Plädoyer für mehr Transparenz. In Aguado, Karin (Hrsg.): *Zur Methodologie in der empirischen Fremdsprachenforschung.* Baltmannsweiler: Schneider, 119–131.

Apeltauer, Ernst (2004): *Beobachten oder Testen? Möglichkeiten zur Erfassung des Sprachentwicklungsstandes von Vorschulkindern mit Migrationshintergrund.* Flensburg: Rux.

Bortz, Jürgen & Döring, Nicola (2006): *Forschungsmethoden und Evaluation für Human- und Sozialwissenschaftler.* 4., überarb. Aufl. Heidelberg: Springer.

Bühner, Markus (2006): *Einführung in die Test- und Fragebogenkonstruktion.* 2., aktual. Aufl. München: Pearson.

Demirkaya, Sevilen; Gültekin-Karakoç, Nazan & Settinieri, Julia (2009): Mit Sismik punkten? Zum quantitativen Einsatz des Beobachtungsbogens. In Ahrenholz, Bernt (Hrsg.): *Empirische Befunde zu DaZ-Erwerb und Sprachförderung.* Freiburg i.B.: Fillibach, 43–62.

Demirkaya, Sevilen; Gültekin-Karakoç, Nazan & Riemer, Claudia (2010): *Abschlussbericht MiKi. Wissenschaftliche Begleitforschung der vorschulischen Sprachförderung für Kinder mit Migrationshintergrund in Bielefeld.* http://www.uni-bielefeld.de/lili/studium/faecher/daf/miki/Abschlussbericht.pdf, (26.04.2012).

Dlaska, Andrea; Krekeler, Christian (2009): *Sprachtests. Leistungsbeurteilungen im Fremdsprachenunterricht evaluieren und verbessern.* Baltmannsweiler: Schneider.

Ehlich, Konrad (2005): Eine Expertise zu „Anforderungen an Verfahren der regelmäßigen Sprachstandsfeststellung als Grundlage für die frühe und individuelle Sprachförderung von Kindern mit und ohne Migrationshintergrund. In Gogolin, Ingrid; Neumann, Ursula & Roth, Hans-Joachim (Hrsg.): *Sprachdiagnostik bei Kindern und Jugendlichen mit Migrationshintergrund.* Münster: Waxmann, 33–50.

Ehlich, Konrad (2007): Sprachaneignung und deren Feststellung bei Kindern mit und ohne Migrationshintergrund. Was man weiß, was man braucht, was man erwarten kann. In Ehlich, Konrad (Hrsg.): *Anforderungen an Verfahren der regelmäßigen Sprachstandsfeststellung als Grundlage für die frühe und individuelle Förderung von Kindern mit und ohne Migrationshintergrund.* Bonn u.a.: BMBF, 11–75.

Ehlich, Konrad (2009): Sprachaneignung – Was man weiß, und was man wissen müsste. In Lengyel, Drorit; Reich, Hans H.; Roth, Hans-Joachim & Döll, Marion (Hrsg.): *Von der Sprachdiagnose zur Sprachförderung.* Münster u.a.: Waxmann, 15–24.

Fried, Lilian (2004): *Expertise zu Sprachstandserhebungen für Kindergartenkinder und Schulanfänger. Eine kritische Betrachtung.* Deutsches Jugendinstitut München. http://cgi.dji.de/bibs/271_2232_ExpertiseFried.pdf (26.04.2012).

Fried, Lilian (2005): Spracherfassungsverfahren für Kindergartenkinder und Schulanfänger. In Gogolin, Ingrid; Neumann, Ursula & Roth, Hans-Joachim (Hrsg.): *Sprachdiagnostik bei Kindern und Jugendlichen mit Migrationshintergrund.* Münster: Waxmann, 19–32.

Fried, Lilian (2009): *Sprachkompetenzmodell Delfin 4. Testmanual (1. Teil).* http://www.delfin4.fb12.uni-dortmund.de/downloads/Sprachkompetenzmodell_Jan2009.pdf (15.5.2010).

Fried, Lilian & Briedigkeit, Eva (2007): Delfin 4. Hintergründe und Einblicke zum neuen System der Sprachstandsfeststellung und -förderung. *KOMPAKT Spezial*, 5, 10–12.

Fried, Lilian; Briedigkeit, Eva; Isele, Patrick & Schunder, Rabea (2009): Delfin 4 – Sprachkompetenzmodell und Messgüte eines Instrumentariums zur Diagnose, Förderung und Elternarbeit in Bezug auf die Sprachkompetenz vierjähriger Kinder. *Zeitschrift für Grundschulforschung*, 2, 13–26.

Gogolin, Ingrid; Neumann, Ursula & Roth, Hans-Joachim (2005): Sprachdiagnostik im Kontext sprachlicher Vielfalt. Zur Einführung in die Dokumentation der Fachtagung am 14. Juli 2004 in Hamburg. In Gogolin, Ingrid; Neumann, Ursula & Roth, Hans-Joachim (Hrsg.): *Sprachdiagnostik bei Kindern und Jugendlichen mit Migrationshintergrund.* Münster: Waxmann, 7–16.

Grotjahn, Rüdiger (1987): On the methodological basis of introspective methods. In Faerch, Claus & Kasper, Gabriele (Hrsg.): *Introspection in second language research.* Clevedon, Philadelphia: Multilingual Matters Ltd., 54–81.

Kallmeyer, Kirsten (2007): *Vorschulische Maßnahmen zur Sprachstandserhebung in den deutschen Bundesländern. Eine wissenschaftliche Synopse ausgewählter praxisrelevanter Verfahren.* Aachen: Shaker.

Kurzwernhart, Petra Johanna (2009): *Sprachstandserhebungsverfahren im Überblick unter Berücksichtigung von linguistischen Grundlagen, Mehrsprachigkeitsdiagnostik, Basisqualifikationen, Gütekriterien und Verfahrensarten.* http://othes.univie.ac.at/6699/1/2009-08-10_0203973.pdf, (26.04.2012)

Lienert, Gustav A. & Raatz, Ulrich (1998): *Testaufbau und Testanalyse.* Weinheim: Beltz.

Lisker, Andrea (2010): *Sprachstandsfeststellung und Sprachförderung im Kindergarten sowie beim Übergang in die Schule. Expertise im Auftrag des Deutschen Jugendinstituts.* http://www.dji.de/bibs/Expertise_Sprachstandserhebung_Lisker_2010.pdf, (26.04.2012).

May, Peter (2010): *Hamburger Schreib-Probe HSP 1-9. Diagnose orthografischer Kompetenz zur Erfassung der grundlegenden Rechtschreibstrategien.* Stuttgart: vpm.

Mengering, Fred (2005): Bärenstark – Empirische Ergebnisse der Berliner Sprachstandserhebung an Kindern im Vorschulalter. *Zeitschrift für Erziehungswissenschaft*, 8, 241–262.

Raithel, Jürgen (2008): *Quantitative Forschung. Ein Praxiskurs.* 2., durchges. Aufl. Wiesbaden: VS.

Rasch, Björn; Friese, Malte; Hofmann, Wilhelm & Naumann, Ewald (2006): *Quantitative Methoden 1.* 2., erw. Aufl. Heidelberg: Springer.

Redder, Angelika; Schwippert, Knut; Hasselhorn, Marcus; Forschner, Sabine; Fickermann, Detlef & Ehlich, Konrad (2010): *ZUSE-Diskussionspapier Nummer 1. Grundzüge eines nationalen Forschungsprogramms zur Sprachdiagnostik und Sprachförderung.* http://www.zuse.uni-hamburg.de/501publikation/ZUSE_Diskussion001.pdf, (26.04.2012).

Reich, Hans H. (2005): Auch die „Verfahren zur Sprachstandsanalyse bei Kindern und Jugendlichen mit Migrationshintergrund" haben ihre Geschichte. In Gogolin, Ingrid; Neumann, Ursula & Roth, Hans-Joachim (Hrsg.): *Sprachdiagnostik bei Kindern und Jugendlichen mit Migrationshintergrund.* Münster: Waxmann, 87–95.

Reich, Hans H. (2007): Forschungsstand und Desideratenaufweis zu Migrationslinguistik und Migrationspädagogik für die Zwecke des „Anforderungsrahmens". In Ehlich, Konrad (Hrsg.): *Anforderungen an Verfahren der regelmäßigen Sprachstandsfeststellung als Grundlage für die frühe und individuelle Förderung von Kindern mit und ohne Migrationshintergrund.* Bonn u.a.: BMBF, 121–169.

Roth, Hans-Joachim (2008): Verfahren zur Sprachstandsfeststellung – ein kritischer Überblick. In Bainski, Christiane & Krüger-Potratz, Marianne (Hrsg.): *Handbuch Sprachförderung.* Essen: Neue Deutsche Schule, 22–41.

Roth, Hans-Joachim; Dirim, Inci (2007): Diagnostik der Sprachleistungen zweisprachig aufwachsender Kinder. In Schöler, Hermann & Welling, Alfons (Hrsg.): *Sonderpädagogik der Sprache.* Göttingen u.a.: Hogrefe, 648–665.

Schroeder, Christoph & Stölting, Wilfried (2005): Mehrsprachig orientierte Sprachstandsfeststellungen für Kinder mit Migrationshintergrund. In Gogolin, Ingrid; Neumann, Ursula; Roth, Hans-Joachim (Hrsg.): *Sprachdiagnostik bei Kindern und Jugendlichen mit Migrationshintergrund.* Münster: Waxmann, 59–74.

Schulz, Petra & Tracy, Rosemarie (2011): *LiSe-DaZ. Linguistische Sprachstandserhebung Deutsch als Zweitsprache.* Göttingen u.a.: Hogrefe.

Schulz, Petra; Tracy, Rosemarie & Wenzel, Ramona (2008): Linguistische Sprachstandserhebung – Deutsch als Zweitsprache (LiSe-DaZ): Theoretische Grundlagen und erste Ergebnisse. In Ahrenholz, Bernt (Hrsg.): *Zweitspracherwerb: Diagnosen, Verläufe, Voraussetzungen.* Freiburg i.B.: Fillibach, 9–33.

Settinieri, Julia (2012): Zur Messgüte sprachstandsdiagnostischer Verfahren im Vorschulalter. Erste Ergebnisse der Korrelationsstudie Sismik/Seldak – Delfin 4. In Ahrenholz, Bernt & Knapp, Werner (Hrsg.): Spracherwerb erheben, Spracherwerb erforschen. Freiburg i.B.: Fillibach.

Ulich, Michaela & Mayr, Toni (2003): *Sismik. Sprachverhalten und Interesse an Sprache bei Migrantenkindern in Kindertageseinrichtungen. Begleitheft zum Beobachtungsbogen Sismik.* Freiburg: Herder.

Ulich, Michaela & Mayr, Toni (2004): Sprachentwicklung von Migrantenkindern im Kindergarten – der Beobachtungsbogen SISMIK. In Panagiotopoulou, Argyro & Carle, Ursula (Hrsg.): *Sprachentwicklung und Schriftspracherwerb. Beobachtungs- und Fördermöglichkeiten in Familie, Kindergarten und Grundschule.* Baltmannsweiler: Schneider, 12–22.

Ulich, Michaela & Mayr, Toni (2007): *seldak. Sprachentwicklung und Literacy bei deutschsprachig aufwachsenden Kindern. Begleitheft zum Beobachtungsbogen seldak. Teil 1 – Konzeption und Bearbeitung des Bogens.* Freiburg i.B.: Herder.

Wenzel, Ramona; Schulz, Petra & Tracy, Rosemary (2009): Herausforderungen und Potenzial der Sprachstandsdiagnostik – Überlegungen am Beispiel von LiSe-DaZ. In Lengyel, Drorit; Reich, Hans H.; Roth, Hans-Joachim & Döll, Marion (Hrsg.): *Von der Sprachdiagnose zur Sprachförderung.* Münster u.a.: Waxmann, 45–70.

Die Untersuchung von Wechselwirkungen zwischen interkultureller Interaktion und Integration in der InterMig-Studie

Elisabetta Terrasi-Haufe, Anastassiya Semyonova, Tobias Kallfell, Elena Lebedeva & Julia Schmidt

1. Ziele des Forschungsvorhabens im Überblick

Im vorliegenden Beitrag werden der theoretische Hintergrund und die empirische Anlage des Projekts „Interkulturelle Interaktion und Integration am Beispiel jugendlicher russischsprachiger Migranten in Niedersachsen (InterMig)"[1] vorgestellt.

Im Rahmen der InterMig-Studie wird eine Gruppe von jugendlichen Spätaussiedlern[2] über einen Zeitraum von 18 Monaten im Kontext des Sprachförderunterrichts des *Niedersächsischen Zentrums für Integration* und in dem daran anschließenden Fachunterricht in weiterführenden Schulen begleitet. Im Zentrum des Interesses steht dabei der Aspekt der Interkulturalität schulischer Interaktion. Dabei wird die adäquate Bewältigung interkultureller Unterrichtsinteraktionen im Zusammenhang mit weiteren Einflussfaktoren analysiert: der Entwicklung von interkultureller Kompetenz einerseits und der der globalen Sprachkenntnisse andererseits. Dadurch soll untersucht werden, inwieweit die Gestaltung von adäquaten interkulturellen Unterrichtsinteraktionen von den vorhandenen Sprachkenntnissen und der interkulturellen Kompetenz der Jugendlichen abhängt. Weiterhin geht es darum, zu überprüfen, ob die Fähigkeit zur adäquaten Bewältigung von interkulturellen Unterrichtsinteraktionen, die wesentlich von den beiden genannten Einflussfaktoren abhängt, wiederum auf den Prozess der Integration der untersuchten Probanden zurückwirkt.

In der Studie geht es also um die Beantwortung folgender Fragen: Kann man davon ausgehen, dass der Integrationsprozess umso erfolgreicher verläuft, je adäquater die interkulturellen Unterrichtsinteraktionen bewältigt

---

[1] Das Projekt wurde vom *Niedersächsischen Ministerium für Wissenschaft und Kultur* (*MWK*) gefördert und lief von 2008 bis 2011.

[2] Im vorliegenden Beitrag wird aus Gründen der Lesbarkeit die Form des generischen Maskulinums bevorzugt.

werden? Inwieweit befähigen gute Sprachkenntnisse und eine hohe interkulturelle Kompetenz die Schüler dazu, adäquat im Unterricht zu interagieren? Existiert ein kritisches Niveau an interkultureller Kompetenz, das für die Bewältigung interkultureller Interaktionen benötigt wird, oder aber ein kritisches Sprachniveau, das zur Entwicklung interkultureller Kompetenz erforderlich ist?

Das Forschungsprojekt umfasst damit zwei wesentliche Bereiche, die anhand einer Longitudinalstudie erforscht werden: die multiperspektivische Untersuchung authentischer interkultureller Interaktionen im schulischen Sprachförder- und Fachunterricht auf der einen Seite und die Beobachtung ihrer Wechselwirkungen mit Sprachkenntnissen, interkultureller Kompetenz und Integration auf der anderen Seite. Dies setzt Folgendes voraus:

1) Die Entwicklung von Evaluationsinstrumenten, um die interkulturelle Kompetenz und den Prozess der Integration sowie die globalen Sprachkenntnisse der zu untersuchenden Zielgruppe zu erfassen.
2) Die Erforschung problematischer Aspekte interkultureller Unterrichtsinteraktionen zwischen jugendlichen Spätaussiedlern und Mitgliedern der Aufnahmegesellschaft im Rahmen einer qualitativ ausgerichteten Untersuchung.
3) Die Bestimmung von Wechselwirkungen zwischen dem Verhalten in interkulturellen Unterrichtsinteraktionen einerseits und der Entwicklung von interkultureller Kompetenz und Integration sowie den globalen Sprachkenntnissen andererseits im Rahmen einer quantitativen Untersuchung.
4) Die Formulierung von entsprechenden Empfehlungen für die Integrationsarbeit mit jugendlichen Spätaussiedlern speziell im Hinblick auf die Besonderheiten interkultureller Interaktionen in Unterrichtssituationen im institutionellen Kontext Schule.

Nach einer sechsmonatigen Phase der Entwicklung der Erhebungsinstrumente, die in einer der Hauptstudie vorgeschalteten Pilotstudie mit einer Laufzeit von ebenfalls sechs Monaten getestet wurden, wurden vier Erhebungen durchgeführt. Im Folgenden soll die empirische Anlage dieser interdisziplinären und triangulierenden Untersuchung zusammen mit ihrem theoretischen Hintergrund geschildert und deren Vor- und Nachteile reflektiert werden.

2. Theoretischer Hintergrund und Bestimmungen

2.1. Unterrichtsinteraktion

Interaktion wird im Rahmen der vorliegenden Untersuchung als ein konstruktivistischer Aushandlungsprozess betrachtet, bei dem sich mindestens zwei Individuen wechselseitig in ihrem Verhalten aufeinander beziehen und Zeichen unterschiedlicher Natur sequenziell und simultan produzieren. Die soziale Wirklichkeit wird dabei als etwas dynamisch Prozesshaftes angesehen, das ständig durch das Handeln von Menschen und durch deren darauf bezogene Interpretationen sowie deren Weltwissen produziert und reproduziert wird. Weiterhin zentral ist in diesem Zusammenhang die Berücksichtigung der *Multimodalität* von Interaktion (vgl. Elstermann & Reitemeier 2007: 73-75), die über mehrere Kanäle (akustisch, visuell, proxemisch, usw.) stattfindet.

Voraussetzung für das Gelingen von Interaktion ist, dass die Interagierenden in der Lage sind, die verwendeten Zeichen zu deuten und zu kontextualisieren, d.h. zu dem erzeugten sozialen sowie interaktionalen Kontext in Bezug zu setzen. Für die Analyse von Interaktion bedeutet dies, dass die Analyse auf mehreren miteinander verbundenen Ebenen stattfinden muss. Ausgehend von der Mikroebene, auf der sich verbales und non-verbales Verhalten beobachten lässt, ist auf der direkt damit verbundenen gesprächsanalytischen Ebene der Interaktionsverlauf zu untersuchen. Dieser wird seinerseits von Aspekten des äußeren Kontexts, in dem die Interaktion stattfindet, mitbestimmt: neben dem Ort, dem Zeitpunkt und dem Zweck der Interaktion spielt auch die individuelle Ebene eine Rolle, d.h. die kultur-, geschlechts- und soziodemographischen Merkmale der Gesprächsteilnehmer sowie ihre Wissensbezugssysteme.

Zur Deutung der sich in der Interaktion vollziehenden Interaktionspraktiken bzw. zur gegenseitigen Verständigung bedienen sich die Interagierenden des ihnen zur Verfügung stehenden deklarativen und prozeduralen Wissens, das verschiedene Ebenen umfasst: die nonverbale, die verbale, die konversationelle, die individuelle sowie die institutionelle. Die Beschaffenheit von Interaktionen hängt also eng mit dem jeweiligen Kontext, in dem sie vorkommen, zusammen. Findet Interaktion in einem Unterrichtskontext statt, kann davon ausgegangen werden, dass sie stark von der dem Unterricht zugrunde liegenden Institution Schule geprägt wird.

> *„Unterricht [ist] ein komplexes, institutionell organisiertes Geschehen [...], an dem kommunikative, soziale, affektive und kognitive Prozesse beteiligt*

> *sind, das dem Zweck dient, der nachfolgenden Generation das nötige fachliche, soziale und kulturelle Wissen einer Gesellschaft zu vermitteln",*

so Becker-Mrotzek und Vogt (2009: 9). Unterricht ist folglich eine Form von Interaktion, die eine gesellschaftliche zentrale Funktion erfüllt. Es gilt, die nachfolgende Generation mit ausgewählten Wissensbeständen auszustatten und mit ihnen kulturelle und soziale Handlungsweisen einzuüben. Schule kann damit als zentrale Institution der Gesellschaft und Unterricht als institutionell relevantes Ereignis betrachtet werden. So wird Unterricht in hohem Maße durch die speziell in der Institution Schule vorfindbaren Rahmenbedingungen (z.B. curriculare Vorgaben, Rahmen-lehrpläne, materielle Ausstattung, Hierarchie und Machtverhältnisse usw.) geprägt. Diese werden ihrerseits durch geschichtliche, politische und wirtschaftliche Faktoren bestimmt.

Die Handlungsmöglichkeiten der Gesprächsteilnehmer im Unterricht sind folglich institutionell festgelegt. Dadurch unterscheidet sich Interaktion in der Schule von Interaktionen in (privaten) Alltagssituationen, was sich unter anderem in der Sprache zeigt, die im Unterricht benutzt wird und die nach Gogolin (2007: 28) auch in ihrer mündlichen Form die Merkmale der *konzeptionellen Schriftlichkeit* besitzt („Bildungssprache").

Unterricht ist natürlich auch als Lehr- und Lernprozess zu betrachten. Durch die Unterrichtsinteraktion verändern sich die Wirklichkeitskonstruktionen bzw. die Wissensstrukturen der Beteiligten, wobei die Vermittlungsmethoden und das Verhältnis zwischen den Interagierenden von den institutionellen Rahmenbedingungen mitbestimmt werden. Aus dieser Tatsache heraus haben sich im Laufe der Zeit die Gesetzmäßigkeiten des Unterrichtsdiskurses auf der Lehr-Lern-Ebene herausgebildet, die sich als institutionalisiertes Musterwissen auf die Interaktion auswirken. Unterrichtsinteraktion vollzieht sich folglich als komplexe Verflechtung einer didaktischen Ordnung (mit solchen Merkmalen wie z.B. vorhandenes Wissen, Lernziele und verfügbare Methodik), einer thematischen und einer kommunikativen Ordnung (z.B. interaktive Verhaltensformen) (vgl. Becker-Mrotzek & Vogt 2009). All die in diesem Abschnitt dargestellten Aspekte müssen bei einer multiperspektivischen Untersuchung authentischer interkultureller Unterrichtsinteraktionen, wie sie in diesem Projekt angestrebt wird, berücksichtigt werden.

2.2. Kultur, interkulturelle Kompetenz und Integration

Da das hier angestrebte Analysesystem zur Erforschung von interkulturellen Interaktionen in der Schule eingesetzt werden soll, müssen die Spezifika interkultureller Interaktion berücksichtigt werden. Bestimmt man interkulturelle Unterrichtsinteraktion als das wechselseitig aufeinander bezogene Verhalten mindestens zweier Individuen unterschiedlicher kultureller Herkunft in der Institution Schule, stellt sich als erstes die Frage nach dem vorausgesetzten Kulturbegriff.

Dieser ist in diesem Zusammenhang auch für die Bestimmung des Konzepts der interkulturellen Kompetenz von zentraler Wichtigkeit. Diesem Forschungsvorhaben liegt ein hybrider Kulturbegriff zugrunde. Unter Berücksichtigung von Klaus P. Hansens (2003: 198) Konzept von *Multikollektivität* kann jedes Individuum als zu unterschiedlichen Kollektiven zugehörig betrachtet werden und es kann angenommen werden, dass jedes der Kollektive, denen es angehört, seine kulturelle Identität geprägt hat und sein individuelles Wissenssystem durch das für das Kollektiv relevante Wissen bereichert hat. Interkulturelle Interaktion wird folglich als die Begegnung von Individuen, die verschiedenen Kollektiven angehören, in einem gemeinsamen Raum gesehen.

Das Empfinden von Andersartigkeit kann gegenseitig oder aber auch einseitig sein. Es hängt sowohl von objektiven Faktoren (z.B. einer anderen Aussprache) als auch von subjektiven Faktoren (z.B. einem als ungewöhnlich empfundenem Aussehen) sowie von der Konstruktion von Zugehörigkeit ab, die in der Interaktion vorgenommen wird (vgl. Hausendorf 2006). So gesehen, kann allerdings jede Interaktion, in der ein Abgrenzungsprozess zwischen den Interagierenden stattfindet, als interkulturelle Interaktion betrachtet werden. In Anbetracht der aktuellen sozialwissenschaftlichen Diskussion zum Thema *Kulturalisierung* (vgl. Wimmer 2008) soll der Fokus dieser Untersuchung auf den lokalen interkulturellen Prozessen liegen, die in der Institution Schule stattfinden.

Die Bestimmung von Kultur als hybridem Wissenssystem führt mit sich, dass für alle oben dargestellten Ebenen im deklarativen und prozeduralen Wissen der Gesprächsteilnehmer Unterschiede bestehen können. Diese Unterschiede können das Wissen über nonverbale Zeichen genauso wie jenes über die im Unterricht benutzte Sprache, den sequenziellen Verlauf einer Unterrichtsinteraktion, die institutionellen Verhältnisse oder die kulturelle, geschlecht- und soziodemographische Charakterisierung der Interagierenden betreffen. Auf all diesen Ebenen können die unterschiedlichen

Wissenssysteme kollidieren, Verständigungsprobleme entstehen und entsprechende individuelle oder institutionelle Lösungen entwickelt werden.

Aus interaktionaler Perspektive sind diese Probleme als Kontextualisierungsschwierigkeiten zu betrachten. Nach Gumperz (1982: 129-131) *Kontextualisierungskonzept* benutzen Interagierende bestimmte Zeichen (Kontextualisierungshinweise), um auf das für die angemessene Interpretation ihrer Aktivitäten relevante Hintergrundwissen zu verweisen. Erst dann, wenn die aktuellen Verhaltensweisen vor dem Hintergrund dieses relevanten Hintergrundwissens gesehen werden, erhalten sie ihre spezifische soziale Bedeutung (Günthner 2010: 296ff.). Die Kontextualisierung betrifft nicht nur den situativen Kontext sondern auch den kontextuellen Rahmen der Interaktion. Das Erkenntnisinteresse der Kontextualisierungs-forschung betrifft die Rekonstruktion kulturspezifischer Indexikalität und deren Auswirkung auf die Interaktion (vgl. Günthner 2010). Die Fähigkeit, Kontextualisierungshinweise trotz differierenden Hintergrundwissens in der Interaktion adäquat zu deuten, bestimmen wir im Rahmen dieser Unter-suchung als in der Interaktion angewandte interkulturelle Kompetenz.

Die Operationalisierung von interkultureller Kompetenz zu Messzwecken umfasst nach Byram (2000: 10) oder Bolten (2007), Lüsebrink (2005), Straub (2007) und Deardorff (2006) drei bis fünf Komponenten oder „Dimensionen“. Dabei sind folgende besonders herauszuheben:

- Die affektive Dimension, die alle Einstellungen und Gefühle, die interkulturelle Begegnungen betreffen, einschließt: Ängste, Hemmnisse und Vorurteile genauso wie Hoffnungen, Neugier, Engagement, Toleranz und Akzeptanz.
- Die kognitive Dimension, die zwar oft auf das spezifische Wissen von Individuen über Werte und Normen unterschiedlicher Kulturen reduziert wird, aber gezwungenermaßen auch die kognitiven Fertigkeiten umfasst, die benötigt werden, um solches Wissen aufzubauen.
- Die pragmatische Dimension, die sich auf die Fähigkeit bezieht, in interkulturellen Interaktionen angemessen zu kommunizieren und zu agieren, indem sowohl kulturspezifisches Wissen als auch kommunikative Fertigkeiten eingesetzt werden.

Daneben wird interkulturelle Kompetenz hier sowohl als kulturspezifische als auch kulturübergreifende Kompetenz bestimmt.

Der gemeinsame, in der interkulturellen Begegnung konstituierte Raum – der „Zwischenraum“ nach Jameson (1992) oder der „Dritte Raum“ nach Bhabha (1994) – wird von Bhabha als ein Ort beschrieben, in dem die Bedeutung und die Symbole von Kultur keine ursprüngliche Einheit oder Beständigkeit haben und in dem die gleichen Zeichen von den als 'Grenzüberschreiter' („border crosser") betrachteten Interagierenden bestimmt, übersetzt, rehistorisiert und neu gelesen werden können (Bhabha 1994: 37-38). In diesem gemeinsamen Raum kommt es zu Prozessen interkulturellen Lernens, d.h. die divergierenden Wissenssysteme der Interagierenden nähern sich einander an. Die von beiden wahrgenommenen Unterschiede werden gegebenenfalls soweit nivelliert, dass eine Aufnahme des „Einen" in eins der Kollektive des „Anderen" möglich wird. Integriert ist man dann, wenn man durch Fremd- und Selbstzuordnung als einer Gruppe zugehörig betrachtet wird.

Interdisziplinäre Untersuchungen zur Interaktionsfähigkeit von jugendlichen Spätaussiedlern und Kontingentflüchtlingen in authentischen Kommunikationssituationen sind bisher kaum durchgeführt worden, im schulischen Bereich fehlen sie ganz. In der Integrationsforschung finden unterschiedliche empirische Erhebungsmethoden Anwendung, die von repräsentativen, standardisierten Befragungen in Form von Fragebögen über narrative Interviews bis hin zur Dokumenten- und Strukturanalyse und der ethnographischen Beobachtung reichen. Dabei werden unterschiedliche Indikatoren zur Messung einzelner Dimensionen von Integration berücksichtigt, denn Integration wird als ein mehrdimensionaler Prozess mit unterschiedlichen Verläufen betrachtet (Esser 2003: 47-49). Demnach sind folgende Bereiche der Integration zu beobachten (vgl. Esser 2003: 50):

- die strukturelle Integration, d.h. die Kulturation als der Erwerb von notwendigen Kenntnissen und Fertigkeiten, um so auf adäquate Weise an der neuen Gesellschaft partizipieren zu können (z.B. Kenntnis der Werte und Normen, entsprechende Sprachbeherrschung) sowie die Platzierung, d.h. die Besetzung bestimmter gesellschaftlicher Positionen, die es den Akteuren erst ermöglicht, spezielle Kenntnisse und Wissen zu erwerben;
- die sozial-kulturelle Integration, die den Aufbau interethnischer sozialer Beziehungen (z.B. gute Nachbarschaftskontakte, Freundschaften oder auch binationale Ehen) sowie den Sprachgebrauch (z.B. Sprachstil, Repertoire an Ausdrucksmöglichkeiten) umfasst;
- die kulturelle bzw. identifikatorische Integration, die die mentale, emotionale Verbundenheit der Migranten mit ihrer neuen Aufnahmegesellschaft bezeichnet.

Abbildung 1 zeigt in einer für Projektzwecke entwickelten Grafik, die auf Grundlage der Ausführungen von Esser erstellt wurde, die verschiedenen Bereiche von Integration.

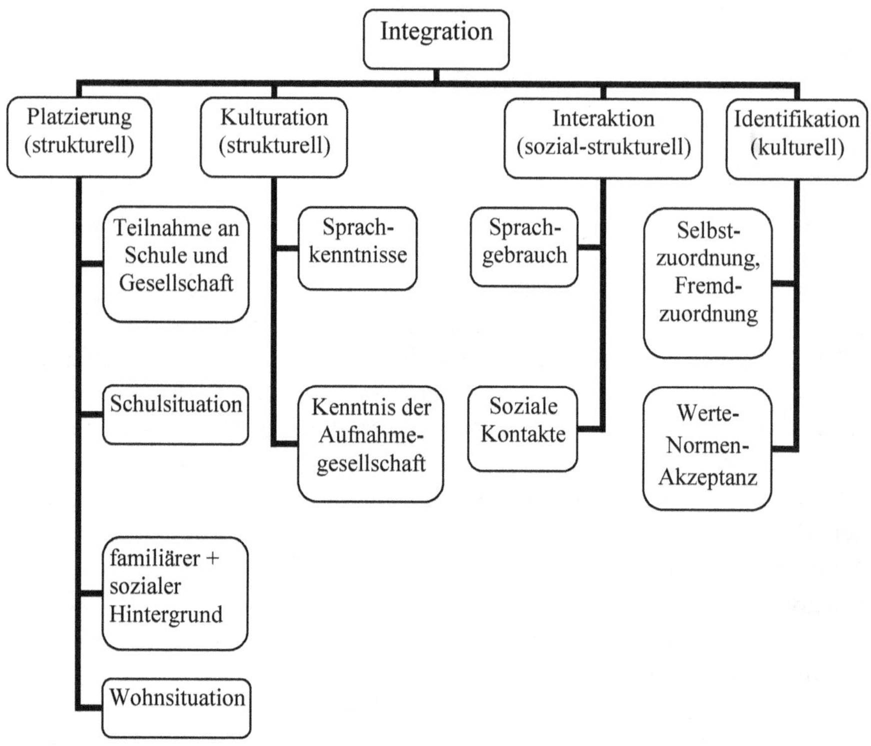

Abb. 1. Operationalisierung von Integration

Die Ausführungen von Esser lassen sich durch die Migrationstheorie von Eisenstadt (1952) ergänzen (vgl. dazu Sekler 2008: 6ff.). Demnach wird das Ergebnis des Integrationsprozesses auch von zwei vorausgehenden Migrationsphasen bestimmt – von der „Wanderungsmotivation“ und dem „physischen Übergang“. Während erstere auf die Gefühle und Bedingungen verweist, die zum Verlassen des Herkunftslandes geführt haben, bezeichnet die zweite solche Erfahrungen, die bei der unmittelbaren Ankunft im Aufnahmeland gemacht werden. Dazu zählen nicht nur der Ortswechsel, sondern auch einschneidende soziale Veränderungen. Nicht nur, dass die Etablierung von sozialen Kontakten und das Ausfüllen bestimmter Rollen die Zugewanderten verunsichert, sie müssen sich auch „resozialisieren“, d.h. mit den neuen soziokulturellen Gegebenheiten vertraut machen und sich gegebenenfalls umorientieren.

Für die Untersuchung der interkulturellen Kompetenz und Integration jugendlicher russischsprachiger Migranten an deutschen Schulen wurde letztlich ein Erhebungsinstrument entwickelt, das einzelne Annahmen und Aspekte der jeweiligen Forschungsansätze zu einem komplexen Gebilde zusammenfügen soll und dabei die hier dargestellten Konzepte in sich integrieren kann.

2.3. Sprachstandsmessungen

Sprachstandsmessungen sind Verfahren, mit denen sich zu einem bestimmten Erhebungszeitpunkt die sprachlich-kommunikativen Fähigkeiten von Sprachenlernenden in der eigenaktiv und diskontinuierlich-prozesshaft aufgebauten Zielvarietät einschätzen lassen (vgl. Ehlich 2007: 25). Bei ein- bzw. zwei- oder mehrsprachigen Sprechern bezeichnet der Begriff Zielvarietät jeweils etwas anderes. In Abhängigkeit von der Sprachaneignungsmodalität kann man darunter die variable Annäherung an die Erst- bzw. Zweit-/Dritt- oder Fremdsprache verstehen. Eine solche Momentaufnahme der in größerem oder geringerem Umfang ausgeprägten sprachlich-kommunikativen Fähigkeiten eines Zweit-, Dritt- oder Fremdsprachenlerners ist mehr oder weniger differenziert, je nachdem welche sprachlich-kommunikativen Kompetenzbereiche bei der Erhebung berücksichtigt werden und welche der verfügbaren Verfahren zur Messung des Sprachstands eingesetzt werden. Der Grad dieser Differenzierung ist a priori allerdings aus zweierlei Gründen begrenzt.

Auf der einen Seite muss man sich bei der Messung des Sprachstandes auf eine Auswahl sprachlicher Erscheinungen, die als repräsentative Indikatoren für dahinterliegende Aneignungsmechanismen gelten können, beschränken, da es in der Praxis unmöglich ist, die gesamte Bandbreite der sprachlich-kommunikativen Fähigkeiten im Detail zu erfassen (vgl. Reich 2008: 422). Auf der anderen Seite fehlt es der Forschung zur individuellen Sprachaneignung sowohl in theoretischer als auch in empirischer Hinsicht in zahlreichen Bereichen noch an Grundlagenforschung und somit auch an präzisen Kenntnissen (vgl. Ehlich, Bredel & Reich 2008: 14). Erst in jüngster Zeit widmet man sich z.B. verstärkt den Fragen, in welchen Phasen sich die verschiedenen sprachlich-kommunikativen Kompetenzbereiche entwickeln und wie die Kompetenzzuwächse in einzelnen Teilbereichen des sprachlichen Handelns andere Teilbereiche beeinflussen (vgl. ebd.: 21). Ohne dieses Wissen aber ist der Auswertung der erhobenen sprachlichen

Daten zwangsläufig eine Grenze gesetzt, die wohl erst mit fortschreitendem Erkenntnisgewinn in der Forschung überwunden werden kann.

Nach Reich (2007) lassen sich grundsätzlich vier Verfahrenstypen zur Messung des Sprachstandes unterscheiden. So kann man in Form von *Schätzverfahren* mittels Fremd- und Selbsteinschätzungen erste aufschlussreiche Angaben zum Sprachstand eines Sprechers gewinnen. Bei *Beobachtungen* beschreibt man systematisch und detailliert das sprachliche Handeln der Probanden in ihrer alltäglichen Lebensumwelt, z.B. in der Schule. Darüber hinaus existieren *profilanalytische Verfahren*, bei denen man Video- oder Audioaufnahmen von natürlichen oder quasi-natürlichen sprachlichen Handlungssituationen anfertigt, die nachträglich ausgewertet und analysiert werden. Ein letzter Verfahrenstyp sind *Tests*. Diese steuern und reduzieren weitgehend das sprachlich-kommunikative Handeln der Probanden und erfassen meist in stark kontrollierten Handlungssituationen auf standardisierte Weise einzelne sprachliche Kompetenzbereiche. Der große Vorteil eines standardisierten Tests ist, dass er systematische Vergleiche zwischen den Testleistungen ermöglicht, was bei den bisher genannten Verfahren nur sehr eingeschränkt möglich ist (vgl. dazu auch Ehlich 2007: 43f.).

Betrachtet man die aktuelle Diskussion um entsprechende Verfahren zur Feststellung des Sprachstands von Kindern und Jugendlichen mit Migrationshintergrund, fällt auf, dass einem Überangebot im vorschulischen und Primarschulbereich mangelnde Angebote im Sekundarschul-bereich gegenüberstehen (vgl. Schnieders & Komor 2007; Reich 2008: 427). Für jugendliche Zweit- bzw. Fremdsprachenlerner gibt es keine ähnlichen Anstrengungen in Bezug auf den Einsatz und die Entwicklung von adäquaten Sprachstandsmessinstrumenten oder gar Sprachfördermaßnahmen wie für Kinder im Vorschul- oder Primarbereich, (vgl. Baur & Spettmann 2008: 430). Stattdessen scheint die Sekundarstufe I als Unter-suchungsgegenstand sogar mehr und mehr an Bedeutung zu verlieren, obwohl gerade in der Sekundarstufe I ein hoher sprachlicher Förderbedarf bei Jugendlichen mit Migrationshintergrund festzustellen ist und sich in diesem Bildungsabschnitt Schulkarrieren entscheiden. So werden Schüler in der Sekundarstufe I in größerem Maße mit Fachsprache und Schriftlich-keit konfrontiert als in der Grundschule (vgl. Benholz & Iordanidou 2005: 5). Insbesondere in diesen Bereichen benötigen schulische Quereinsteiger mit Migrationshintergrund gezielte Hilfen und Unterstützungsangebote. Doch die Verantwortung für den schulischen Erfolg lastet vor allem auf den zugewanderten Jugendlichen und ihren Eltern (vgl. Sekler 2008: 194ff.).

3. Forschungsdesign

Die empirische Basis dieser Untersuchung bilden die Ergebnisse einer Longitudinalstudie, bei der eine quantitative und eine qualitative Studie kombiniert werden. Eine Gruppe von neu eingereisten Spätaussiedlern und Kontingentflüchtlingen im Alter von 12 bis 16 Jahren wurde über einen Zeitraum von insgesamt 18 Monaten begleitet. In dieser Zeit wurden im Rahmen einer quantitativen Studie ihre globalen Sprachkenntnisse, ihre interkulturelle Kompetenz und der Grad ihrer Integration in regelmäßigen Abständen erhoben und miteinander in Beziehung gesetzt. Um zu erforschen, wie globale Sprachkenntnisse und interkulturelle Kompetenz in authentischen, interkulturellen Interaktionen zusammenwirken und wie sich die potentiellen Fortschritte auf ihre Ausgestaltung auswirken, wurden ergänzend zur quantitativen Erhebung einzelne Fallstudien durchgeführt. Letztere beinhalten Videoaufnahmen sowie Transkriptionen und Analysen von Gesprächen zwischen jugendlichen Spätaussiedlern und Mitgliedern der Aufnahmegesellschaft im Kontext des schulischen Sprachförderunterrichts im Rahmen der Beschulungsmaßnahmen des Niedersächsischen Zentrums für Integration, (unmittelbar nach ihrer Ankunft) und der weiterführenden Schulen (nach dem Übergang in die Regelschule). Diese Daten wurden wiederum durch retrospektive Interviews mit den Interaktionspartnern und ethnographische Studien in den betroffenen Institutionen ergänzt. So wurden letztlich Daten zu den interkulturellen Unterrichtsinteraktionen auf Basis der transkribierten Videoaufnahmen untersucht, die durch retrospektive Interviews (vgl. 3.1.) und ethnographische Studien ergänzt wurden (vgl. 3.2.). Weiterhin wurden Sekundärdaten anhand von Fragebögen (vgl. 3.3) sowie Sprachstandsmessungen (vgl. 3.4) erhoben.

3.1. Videoaufnahmen und retrospektive Interviews

Um die interkulturellen Interaktionen im Unterricht angemessen unter-suchen zu können, werden einzelne Sequenzen, d.h. Schulstunden oder Teile daraus, auf Video aufgenommen und unter Berücksichtigung des theoretischen Rahmens dahingehend ausgewertet, wie die jugendlichen Spätaussiedler und die Mitglieder der Aufnahmegesellschaft, interkulturelle Begegnungen im unterrichtlichen Kontext interaktiv bewältigen. Dabei geht es darum, zentrale unterrichtsrelevante Aspekte zu erforschen und zu typologisieren, um bestimmte kulturspezifische Muster aufzudecken. Bei der

Analyse werden z.B. folgende Mikro- und Makrophänomene berücksichtigt: verbale und nonverbale Kommunikation, Sprechaktsequenzen/ Muster, Redewechsel, Eröffnung- und Beendigungsverfahren, das Melde- und Rückmeldeverhalten, Beziehungsarbeit, Aushandlungsprozesse, Irritationen, Face-Work, die thematische Steuerung, Ordnung und Verschiebung bis hin zur Gestaltung der Unterrichtseinheiten, ihrer Phasierung und Sozialformen. Ein Schwerpunkt der Analyse der verbalen Kommunikation bildet die Untersuchung von Lerner- und Bildungssprache (s. 3.3). Daneben wird vor allem den kulturspezifischen Eigenschaften der Lehrer-Lerner und Lerner-Lerner-Interaktion große Aufmerksamkeit geschenkt.

Die für die Analyse erforderlichen Videoaufnahmen wurden im Rahmen der qualitativen Studie erhoben. Die Filmaufnahmen wurden in den jeweiligen Unterrichtsräumen mit zwei Kameras durchgeführt, einer fest-stehenden Kamera zum Filmen der Lehrkraft sowie der Tafel und einer beweglichen Kamera zum Aufnehmen des Unterrichtsgeschehens. Im Anschluss daran wurden die Videoaufnahmen zu den authentischen interkulturellen Unterrichtsinteraktionen, die im Kontext des schulischen Sprachförder- und Fachunterrichts stattfanden, anhand von EXMARaLDA nach den HIAT Transkriptionskonventionen transkribiert, annotiert und im Hinblick auf die oben genannten Fragestellungen ausgewertet.

Das Videomaterial wurde um retrospektive, d.h. sich auf die jeweils aufgenommenen Schulstunden beziehende, Interviews ergänzt, die mit den Beteiligten durchgeführt wurden, um eine nachträgliche Befragung beispielsweise in Bezug auf Irritationen und Aspekte der Kommunikation von Zugehörigkeit und Positionierung im Klassenzimmer durchzuführen. Diese Interviews enthalten außerdem aufschlussreiche Ansichten der Schüler nicht nur zum Unterricht in Friedland selbst, sondern auch zum fremdsprachlichen Unterricht in den Herkunftsländern.[3]

3.2. Ethnographische Studien

Die ethnographischen Studien umfassen als Teil der qualitativen Studie sowohl fokussierte narrative Interviews mit den jugendlichen Probanden als auch Beobachtungen zum Unterricht und zur persönlichen Lebenssituation in den verschiedenen Übergangsphasen. So wurden z.B. Beobachtungen

---

[3] Letzterer rückte erst vereinzelt ins Zentrum des Interesses (vgl. Glowka 1995; Ezhova-Heer 2009), obwohl auch die schulische Sozialisation in den Herkunftsländern keine unbedeutende Rolle für die erfolgreiche Integration ins deutsche Schulsystem spielt.

auf dem Pausenhof, in Freizeiteinrichtungen und -veranstaltungen, in Unterkünften und Wohnungen sowie an den Wohnorten einzelner Probanden durchgeführt. Sie finden also in den jeweils beteiligten Institutionen statt, aber je nach Möglichkeit auch im privaten Umfeld der Probanden. Die Daten der ethnographischen Studien liefern nicht nur wichtige Erkenntnisse zum Einfluss kontextueller und institutioneller Faktoren auf die Ausgestaltung der zu analysierenden interkulturellen Interaktionen, sondern ermöglichen auch eine Einschätzung zu Einstellungen und Meinungsbildern der Probanden im Hinblick auf verschiedene (unterrichtsspezifische) Themenbereiche.

In den fokussiert narrativen Interviews können die Schüler z.B. zu den wahrgenommenen Unterschieden zwischen dem Unterricht im Herkunftsland, im GDL Friedland und in den besuchten weiterführenden Schulen befragt werden sowie zu ihren sozialen Kontakten und zu weiteren für den Integrationsverlauf relevanten Erfahrungen. Die somit gewonnenen Daten können im Rahmen von teilnehmenden Beobachtungen in den verschiedenen Institutionen und der Befragung weiterer beteiligter Aktanten (Lehrer, Personal, Mitschüler, usw.) validiert werden.

3.3. Fragebögen

Zu den Herausforderungen der InterMig-Studie gehörte die Entwicklung eines Erhebungsinstruments zur Erfassung von Integration und von interkultureller Kompetenz.

Die Vorteile psychometrischer Fragebögen sind ihre Praktikabilität und die Möglichkeit der quantitativen Datenauswertung. Aus diesem Grund wurden sie als Erhebungsinstrumente bevorzugt, zumal es sich nicht um das einzige Erhebungsverfahren in dem triangulierenden Design der Studie handelt und die Daten durch andere Verfahren zusätzlich erweitert und validiert werden können.

Die Deskriptoren zur Messung von Integration wiederum beruhen auf Operationalisierungen, die auf humankapitalspezifischen, kulturellen und bildungspolitischen Modellen sowie Ergebnissen aus der Diskriminierungsforschung fußen. In der InterMig-Studie können sie in acht Themenbereiche gegliedert werden: in biographische Daten, in Daten zur Umsiedlung nach Deutschland sowie zur Schullaufbahn, in Daten zu den besuchten Deutschkursen und Integrationsmaßnahmen, in Daten zum familiären Hintergrund, zur Sprachpraxis, zur Kenntnis der Aufnahmegesellschaft, in

Daten zu Erfahrungen in der Schule, zum Wohlbefinden und nicht zuletzt in kulturspezifische Indikatoren.

Um die Kenntnis der Aufnahmegesellschaft und kulturspezifisches Wissen zu erfassen, werden entsprechende Items aus kulturkontrastiven Arbeiten zur deutschen und russischen Kultur entnommen und altersgerecht formuliert. Dazu zählen folgende, als relevant erachtete thematische Aspekte: Eigentumsverhältnisse, Gender, Gesellschaft, Hierarchien, Kollektivismus vs. Individualismus, kommunikative Distanz, Tabus, Leistungsorientierung, räumliche Distanz, Recht/Gesetz, Unsicherheitsvermeidung, Volk/Zugehörigkeit/Identität, Zeit/Zeitkonzepte. Darüber hinaus wurden punktuell die von Volkmann (2002: 28-29) benannten kulturellen Schwerpunktthemen berücksichtigt: Beziehungsstrukturen (z.B. Individuum ↔ Gesellschaft, Freund ↔ Feind, Männerbilder ↔ Frauenbilder) sowie Konventionen und Rituale, die sich auf Kommunikation beziehen (z.B. Rituale zu verschiedenen Festen, sprachliche Benimmregeln, Anreden, paraverbale bzw. nonverbale Kommunikationsmuster).

Auf dieser Grundlage wurde ein Set von vier Fragebögen entwickelt, die von den Probanden direkt nach ihrer Ankunft in Deutschland und dann im Abstand von jeweils sechs Monaten bearbeitet werden sollten, um so individuelle Entwicklungen im Bereich der Integration und der interkulturellen Kompetenz zu dokumentieren. Weiterhin mussten für das Erhebungsverfahren neben den in Abschnitt 2.2 dargestellten theoretischen Bestimmungen auch die Spezifika der Probandengruppe berücksichtigt werden sowie der longitudinale Erhebungsverlauf der Studie. Eine weitere Schwierigkeit bestand in der altersgerechten Formulierung der verschiedenen Items, der angemessenen Übersetzung ins Deutsche und in der Auswahl der Skalierung.

Da der Fragebogen den Probanden im Rahmen der Longitudinalstudie vier Mal vorgelegt wird, werden die biographische Daten und die Daten zur Umsiedlung nach Deutschland nur bei der ersten Erhebung erfragt. Bei den Angaben zur Sprachpraxis, zur Schullaufbahn, zu den besuchten Deutschkursen und den Integrationsmaßnahmen sowie zum familiären Hintergrund wurden ab der zweiten Datenerhebung nur solche Fragen gestellt, die Auskünfte über Veränderungen geben. Daten zu den Erfahrungen in der Aufnahmegesellschaft, in der Schule und zum Wohlbefinden, zu den (kulturunabhängigen und -spezifischen) Indikatoren sowie zur Entwicklung interkultureller Kompetenz werden alternierend in der ersten und dritten bzw. zweiten und vierten Erhebung erhoben.

Im Anschluss an die einzelnen Erhebungen werden alle Daten mit PASW/SPSS erfasst und in einem triangulierenden Verfahren so ausgewertet, dass auch die jeweiligen Ergebnisse der anderen Erhebungen (Videoaufnahmen, retrospektive Interviews, ethnographische Studie, Sprachstandsmessung) dazu in Beziehung gesetzt werden können.

3.4. Verfahren zur Sprachstandsmessung

Die Auswahl von adäquaten Verfahren zur Messung des Sprachstandes hängt – wie in 2.3. dargestellt – einerseits vom Untersuchungsgegenstand und vom Verwendungszweck der erhobenen Daten ab, andererseits von forschungsrelevanten Faktoren wie Praktikabilität, Testökonomie und Zielgruppenadäquatheit. Im Rahmen der InterMig-Studie geht es um zwei- bzw. mehrsprachige Lerner im Jugendalter, die in ihren Herkunftsländern vorwiegend russischsprachig sozialisiert wurden, was die Auswahl eines entsprechenden Sprachstandsmessinstruments bereits stark vorbestimmt. In jedem Fall ist der Einsatz eines multiplen und differenzierten Verfahrens anzustreben, das verschiedene Aspekte berücksichtigt und vielfältige Informationen erhebt.

Im quantitativen Teil der Studie werden die Sprachkenntnisse der jugendlichen Spätaussiedler über einen Zeitraum von 18 Monaten insgesamt vier Mal mittels eines Testformats gemessen: Bei ihrer Einreise zum ersten Mal und dann alle sechs Monate. Zur Durchführung dieser Sprachstandsmessungen ist ein Evaluationsinstrument entwickelt worden, das neben deutsch- und russischsprachigen C-Testbatterien auch einen Selbsteinschätzungsbogen umfasst. Diese Testbatterien orientieren sich am bereits bestehenden Verfahren der C-Tests (Grotjahn 2010), allerdings an der altersangemesseneren Variante, bei der nur jedes dritte Wort beschädigt ist (vgl. Baur und Spettmann 2008: 432). Ein weiteres Ziel besteht darin, das C-Test-Verfahren für die Zielsprache Deutsch an den Gemeinsamen Europäischen Referenzrahmen für Sprachen (GER) anzulehnen. Hierzu gab es erst wenige Vorstöße in der Forschung (vgl. Baur & Spettmann 2005; Baur, Grotjahn & Spettmann 2006; Becker de Niño 2006).

Im Vorfeld der Hauptstudie sind zwei Testbatterien à sechs Texte zusammengestellt, an einer Versuchsgruppe getestet und im Anschluss überarbeitet worden. Für die verschiedenen Erhebungen der Hauptstudie wurde dann eine Testbatterie[4] ausgewählt und anschließend nach dem diagnostischen Verfahren von Baur und Spettman (2008: 430-441) ausgewertet. Anders als das klassische Auswertungsverfahren ermöglicht dieses insofern eine exaktere Analyse, weil bei der Beurteilung der Testbatterie verschiedene Lösungsmöglichkeiten unterschieden werden können. Dadurch ist es möglich, treffendere Aussagen über die Sprachschwierigkeiten anzustellen. Um eine genauere Situierung der Neuankömmlinge vorzunehmen, wurden für die Zwecke der Untersuchung sechs deutschsprachige Texte stellvertretend für vier Niveaus des GER verwendet – und zwar für die Niveaus A1 bis B2, wobei die unteren Niveaus nochmals in A1.1 und A1.2 sowie A2.1 und A2.2. aufgesplittet wurden. Die Texte wurden Lehrwerken für die entsprechenden Niveaustufen entnommen und an einigen Stellen überarbeitet. Darüber hinaus wurden auch die Erstsprachenkenntnisse der Probanden in Form russischsprachiger C-Tests erhoben. Dies geschah mit dem Ziel, Abhängigkeiten in der Entwicklung der Erst- und Zweitsprache zu erfassen und in longitudinaler Perspektive Aussagen über den Sprachverlust der Probanden machen zu können.

Der mehrmalige Einsatz einer C-Testbatterie ermöglicht es, Vergleiche zwischen verschiedenen Erhebungszeitpunkten anzustellen,[5] und er erlaubt es, den globalen Sprachstand der Probanden sowohl individuell als auch gruppenspezifisch einzuschätzen. Gleichzeitig handelt es sich bei dem C-Test um ein praktikables und zeitökonomisches Instrument, was v.a. im Rahmen einer Langzeitstudie, die sich in verschiedenen institutionellen Kontexten bewegt, ein bedeutender Vorteil ist.

Weiterhin füllen alle Probanden einen eigens für diese Studie entwickelten Selbsteinschätzungsbogen aus, auf dem sie mittels der an den GER angelehnten Deskriptoren, die ins Russische übersetzt wurden, für die vier Fertigkeiten Auskunft darüber geben, wie sie ihre Sprachkenntnisse selber einschätzen. Der Grad der Zustimmung zu den Deskriptoren wird über eine Skala ausgedrückt. Als Ankerniveaus wurden die Niveaustufen A1 und B1 festgelegt. Die Bögen zur Selbsteinschätzung bestehen aus deutschsprachigen Anschauungstexten, die durch eine Visualisierung unterstützt werden und so den jugendlichen Probanden als Bezugspunkt dienen. Letztlich wird

---

4 Ausgewählt wurde die Testbatterie, bei der die Ergebnisse weniger stark streuten und bei der sich anhand der Lösungsquote ein deutlicherer Anstieg bei der Textschwierigkeit nachweisen ließ.

5 Beim mehrmaligen Einsatz ist allerdings darauf zu achten, dass die C-Tests im Anschluss nicht mit den Lernern gemeinsam besprochen werden oder ihnen gar die Lösungen verraten werden. Dies könnte zu einem Lerneffekt führen, der die Ergebnisse verzerrt.

durch diese Gestaltung eine höhere Altersangemessenheit des Selbsteinschätzungsbogens erzielt, denn ohne konkretes Anschauungsmaterial haben sich die GER-Deskriptoren als zu abstrakt für die Zielgruppe erwiesen.

Auf Grundlage der erhobenen Daten lässt sich für alle Probanden ein individuelles Sprecherprofil erstellen, das sich im Laufe der Langzeiterhebung mehr oder weniger verändern kann. So lässt sich über einen längeren Zeitraum nachvollziehen, wie sich die globalen Sprachkenntnisse der Probanden und ihre Selbsteinschätzungen zu den vier Fertigkeiten im Laufe der Zeit entwickeln. Man erhält auf diese Weise ein recht differenziertes Bild der jeweiligen Probanden, das dann in Bezug zu anderen Daten gesetzt werden kann.

4 Reflexion der empirischen Anlage und Ausblick

Ein derart komplexes triangulierendes Verfahren bietet den Vorteil, dass in Zusammenhang mit einem Untersuchungsgegenstand recht umfassende und vielfältige Datenmengen erhoben werden, doch die parallel zur Durchführung der Studie stattfindende Dateneingabe und -analyse sowie die Kombination der verschiedenen Datensätze erfordert viele Ressourcen. Handelt es sich um eine longitudinale Studie sollte zwischen den verschiedenen Erhebungszeitpunkten genügend Zeit eingeplant werden, um im schlimmsten Fall auch unvorhersehbare organisatorische Herausforderungen meistern zu können. Nicht zu unterschätzen ist z.B. der Zeitaufwand, der betrieben werden muss, um einerseits den Kontakt zu den Probanden aufrechtzuerhalten und andererseits Kontakte zu den weiterführenden Schulen herzustellen. Dies wurde in diesem Fall zusätzlich dadurch erschwert, dass viele Probanden nach ihrem Fortzug aus Friedland mehrere Schulwechsel durchlebten. Darüber hinaus erfordert die Kontaktpflege mit jüngeren Probanden nicht nur viel Zeit, sondern auch Einfühlungsvermögen. Nicht zuletzt sollte auch Zeit für die Aufklärungsarbeit von Eltern und für die Öffentlichkeitsarbeit in den beteiligten Institutionen eingeplant werden. Gegenseitige Informations- und Erfahrungsaustausche sind ebenso von Vorteil wie die Durchführung von gemeinsamen Veranstaltungen oder Weiterbildungen etc.

Auch die rechtliche Ebene ist bei den Planungen zu berücksichtigen. So müssen vom Gesetzgeber erlassene Richtlinien zum Datenschutz und zur Verwendung von personenbezogenen Daten unbedingt beachtet werden, indem z.B. Einwilligungen von den Eltern und den betroffenen Probanden eingeholt werden. Der zeitliche Aufwand, der mit einer solchen Informations- und Aufklärungsarbeit verbunden ist, sollte nicht unterschätzt werden. In Abstimmung mit den jeweiligen Institutionen sollten Informationsveranstaltungen durchgeführt werden. Deswegen ist es ratsam, auf Kooperationspartner zurückzugreifen, die in räumlicher Nähe zur Universität liegen. Denn je größer die Distanz zwischen Kooperations- und Projektpartner, desto schwieriger gestaltet sich die Koordination von gemeinsamen Terminen. Im Idealfall sollte man auf solche Kooperationspartner zurückgreifen, die bereits Erfahrungen im Bereich empirischer Arbeit gemacht haben und damit eine gewisse Routine mitbringen. Auf diese Weise lässt sich langwierige und ggf. auch ergebnislose Überzeugungsarbeit vermeiden.

Bei der Durchführung der Befragungen hat sich in Bezug auf unsere Zielgruppe als Vorteil erwiesen, dass die Fragebogen-Items altersangemessen, d.h. nicht zu abstrakt formuliert wurden. Es erscheint als überaus sinnvoll, die entwickelten Fragebögen zunächst in einer Pilotphase zu testen und anschließend alle potentiell unverständlichen Fragen zu überarbeiten. Wenn es bei der Bearbeitung des Fragebogens zu schwerwiegenden Irritationen bei den Probanden kommt, kann das zu erheblichen Problemen führen. Weiterhin hat sich bei der praktischen Arbeit heraus-gestellt, dass beim Ausfüllen des Fragebogens durch die jugendlichen Probanden nicht mit Lob und Dankbarkeit gespart werden sollte.

Für die Sprachstandsmessungen hat sich die genaue Bestimmung der Textschwierigkeit der in der Testbatterie verwendeten Texte als problematisch erwiesen.[6] Anhand der relativ vagen Vorgaben des Referenzrahmens ist es nicht ohne Weiteres möglich, eine geeignete Auswahl an Texten zu treffen und diese zuverlässig auf einer Niveaustufe zu verorten. Lehrwerke, die für die entsprechenden Niveaustufen konzipiert wurden, bieten zwar einen ersten Anhaltspunkt für die Suche nach Texten, sollten aber anhand weiterer Kriterien überprüft und im Bedarfsfall bearbeitet werden. Hier sollte man im Idealfall auf Erfahrungswerte aus der Unterrichtspraxis zurückgreifen. Für den Rahmen der vorliegenden Studie hat es sich als sinnvoll erwiesen, die Testbatterie im Rahmen der Pilotstudie zu erproben und ungeeignete Texte auszutauschen. Darüber hinaus ist es sinnvoll, ein Expertenranking durchzuführen.[7]

---

[6] An dieser Stelle sei auf die bis heute gültigen Ausführungen von Bolten (1992: 197-200) verwiesen.

[7] Zur Durchführung eines Expertenrankings vgl. ausführlicher Tobias Kallfell (in Vorbereitung): Das Sprachstandsmessinstrument im Kontext des Projekts InterMig. In:

Letztlich lässt sich festhalten, dass jegliche empirische Arbeit mit Herausforderungen verbunden ist, die auch bei einer sorgfältig geplanten Studie nicht alle bereits im Vorfeld antizipiert werden können. Oft zeigen sie sich erst bei der praktischen Arbeit selbst[8] und insbesondere ein solch komplexes triangulierendes Forschungsdesign wie das der InterMig-Studie verlangt ein gewisses Maß an Flexibilität. Doch der Aufwand lohnt sich, denn die verschiedenen Datensätze lassen sich miteinander gut in Verbindung bringen und ergeben auf diese Weise ein sehr detailliertes Bild der einzelnen Probanden. Nur so findet man Antworten auf die eingangs erwähnte Frage, wie die verschiedenen Untersuchungsgegenstände zusammenhängen und welche Wechselwirkungen sich zwischen den verschiedenen Gegenstandsbereichen beobachten lassen.

Abschließend ist noch festzuhalten, dass die Umsetzung eines solch ambitionierten Forschungsdesign einer engagierten, kooperationsfreudigen und v.a. interkulturellen Arbeitsgruppe bedarf. Dies ist für die Entwicklung angemessener Instrumente, die Durchführung der umfassenden Datenerhebung und die Auswertung des interkulturellen Datenmaterials unerlässlich.

Die InterMig-Studie wurde im Herbst 2011 abgeschlossen. Zurzeit werden zwei Bände mit Ergebnissen und Materialien aus der Studie zur Publikation vorbereitet. Sie erscheinen voraussichtlich in der zweiten Jahreshälfte 2012.

5. Literatur

Baur, Rupprecht S. & Spettmann, Melanie (2005): Arbeiten mit C-Tests und Lückentests für DaF im Rahmen des Gemeinsamen Europäischen Referenzrahmens. Material für Lehrende/Lehren, Lernen und Beurteilen. http://www.daf-netzwerk.org/arbeitsgruppen/ag4/ (18.04.2012).

Tagungsband zur Jahrestagung der Gesellschaft für Interkulturelle Germanistik (erscheint 2012).

8 In der Forschungsliteratur werden praktische Probleme bei der empirischen Arbeit äußerst selten thematisiert, was wohl darauf zurückzuführen ist, dass man letztlich kein „Rezeptwissen" vermitteln kann. Dennoch kann eine solche Diskussion dabei helfen, die Forscher für bestimmte Problembereiche zu sensibilisieren. Schließlich hängt der Erkenntnisfortschritt der Forschung nicht nur von immer differenzierter geführten Forschungsdebatten und der Ausarbeitung von theoretischen Modellen ab, sondern auch von den Methoden der Datenerhebung und den menschlichen Eigenschaften des Forschers, zu denen beispielsweise Geduld, Toleranz, Einfühlungsvermögen und aufrichtiges Interesse an den Probanden zählen.

Baur, Rupprecht S.; Grotjahn, Rüdiger & Spettmann, Melanie (2006): Der C-Test als Instrument der Sprachstandserhebung und Sprachförderung. In Timm, Johannes-Peter (Hrsg.): *Fremdsprachenlernen und Fremdsprachenforschung: Kompetenzen, Standards, Lernformen, Evaluation.*Tübingen: Narr, 389–406.

Baur, Rupprecht S. & Spettmann, Melanie (2008): Sprachstandsmessung und Sprachförderung mit dem C-Test. In Ahrenholz, Bernt & Oomen-Welke, Ingelore (Hrsg.): *Deutsch als Zweitsprache.* Baltmannsweiler: Schneider Verlag Hohengehren, 430–445.

Becker de Niño, Annette (2006): Sprachstandstests und Sprachförderung in Integrationskursen. *Essener Linguistische Skripte – elektronisch* 6 (1): 7–30.

Becker-Mrotzek, Michael & Vogt, Rüdiger (2009): Unterrichtskommunikation. Linguistische Analysemethoden und Forschungsergebnisse.Tübingen: Narr.

Benholz, Claudia & Iordanidou, Charitini (2005): Sprachliche Förderung von Schülerinnen und Schülern mit Migrationshintergrund in der Sekundarstufe I. Allgemeine Überlegungen und Literaturempfehlungen. Ministerium für Schule und Weiterbildung des Landes NRW.

Bhabha, Homi K. (1994): *The Location of Culture*. London: Routledge.

Bolten, Jürgen (1992): Wie schwierig ist ein C-Test. Erfahrungen mit dem C-Test als Einstufungstest in Hochschulkursen Deutsch als Fremdsprache. In Grotjahn, Rüdiger (Hrsg.): *Der C-Test. Theoretische Grundlagen und praktische Anwendungen*. Bochum: Brockmeyer, 193–203.

Bolten, Jürgen (2007): *Interkulturelle Kompetenz*. Erfurt: Landeszentrale für Politische Bildung Thüringen.

Byram, Michael S. (2000): Routledge Encylopedia of Language Teaching and Learning. London: Routledge.

Deardorff, Darla K. (2006): Interkulturellen Kompetenz – Schlüsselkompetenz des 21. Jahrhunderts. Bertelsmann Stiftung: Gütersloh.

Ehlich, Konrad (2007): Sprachaneignung und deren Feststellung bei Kindern mit und ohne Migrationshintergrund – was man weiß, was man braucht, was man erwarten kann. In BMBF Bonn/Berlin: BMBF, 11–77.

Ehlich, Konrad; Bredel, Ursula & Reich, Hans H. (2008): Sprachaneignung – Prozesse und Modelle. In BMBF, 9–34.

Elstermann, Mechtild & Reitemeier, Ulrich (2007): Bericht über die 13. Arbeitstagung zur Gesprächsforschung vom 28.-30. März 2007 in Mannheim. *Gesprächsforschung - Online-Zeitschrift zur verbalen Interaktion* (8): 73–82.

Esser, Hartmut (2003): What Substance Is There to the term 'Leitkultur'. In Cuperus, René; Duffek, Karl A. & Kandel, Johannes (Hrsg.): *The Challenge of Diversity. European Social Democracy Facing Migration, Integration and Multiculturalism*. Innsbruck: StudienVerlag, 47–58.

Esser, Hartmut (2006): Sprache und Integration: die sozialen Bedingungen und Folgen des Spracherwerbs von Migranten. Frankfurt a.M. u.a.: Campus Verlag.

Ezhova-Heer, Irina (2009): Schreiben an russischen und deutschen Schulen. Unter besonderer Berücksichtigung der Textproduktion russischsprachiger Aussiedler und Spätaussiedler. Frankfurt a.M. u. a.: Lang.

Gogolin, Ingrid (2007): *Institutionelle Übergänge als Schlüsselsituationen für mehrsprachige Kinder*. Deutsches Jugendinstitut e.V. München. http://www.dji.de/bibs/384_8312_Expertise_Gogolin_Uebergaenge.pdf (18.04.2012).

Glowka, Detlef (1995): Schulen und Unterricht im Vergleich. Russland und Deutschland. Münster (u. a.): Waxmann.

Grotjahn, Rüdiger (2010): *Der C-Test: Beiträge aus der aktuellen Forschung*. Frankfurt a. M. [u.a.]: Lang.

Gumperz, John Joseph (1982): *Discourse strategies*. Cambridge [u.a.]: Cambridge Univ.Press.

Günthner, Susanne (2010): Strategien interkultureller Kommunikation. In Hoffmann, Ludger (Hrsg.): *Sprachwissenschaft. Ein Reader*. Berlin / New York: de Gruyter, 283–299.

Hansen, Klaus Peter (2003): *Kultur und Kulturwissenschaft*. Paderborn: UTB.

Hausendorf, Heiko (2006): Diskurs- und Konversationsanalyse: Untersuchung politischer Kommunikation am Beispiel der Kommunikation von Zugehörigkeit. In Schmitz, Sven-Uwe & Schubert, Klaus (Hrsg.): *Einführung in die Politische Theorie und Methodenlehre*. Opladen: Budrich, 147–169.

Hu, Adelheid (2003): Schulischer Fremdsprachenunterricht und migrationsbedingte Mehrsprachigkeit. Tübingen: Narr.

Jameson, Frederic (1992): *Postmodernism, or, the cultural logic of late capitalism*. Durham, NC: Duke University Press.

Lüsebrink, Hans-Jürgen (2005): *Interkulturelle Kommunikation: Interaktion, Fremdwahrnehmung, Kulturtransfer*. Stuttgart: Metzler.

Reich, Hans H. (2007): Forschungsstand und Desideratenaufweis zu Migrationslinguistik und Migrationspädagogik für die Zwecke des Anforderungsrahmens. In BMBF, Bonn/ Berlin: BMBF, 120–170.

Reich, Hans H. (2008): Sprachstandserhebungen, ein- und mehrsprachig. In Ahrenholz, Bernt & Oomen-Welke, Ingelore (Hrsg.): *Deutsch als Zweitsprache*. Baltmannsweiler: Schneider Verlag Hohengehren, 420–429.

Schnieders, Guido & Komor, Anna (2007): Eine Synopse aktueller Verfahren der Sprachstandsfeststellung. In BMBF Bonn/ Berlin: BMBF, 261–342.

Sekler, Koralia (2008): Integration junger Aussiedler und Spätaussiedler in Deutschland: Studie zur derzeitigen Situation. Hannover: Univ., Diss.

Straub, Jürgen (2007): Kompetenz. In Straub, Jürgen; Weidemann, Arne & Weidemann, Doris (Hrsg.): *Handbuch interkulturelle Kommunikation und Kompetenz*. Stuttgart: Metzler, 35–47.

Wimmer, Andreas (2008): Elementary Strategies of Ethnic Boundary. *Ethnic and Racial Studies* 31 (6): 1025–1055.

Register

www.ingramcontent.com/pod-product-compliance
Lightning Source LLC
Chambersburg PA
CBHW070016100426
42740CB00013B/2519

* 9 7 8 3 1 1 0 4 8 4 6 8 7 *